十三經清人注疏

春秋穀梁經傳補注

下

〔清〕鍾文烝 撰

駢宇騫 郝淑慧 點校

春秋文公經傳第五補注第十三

文公，僖公子，史記名興。母聲姜。以襄王二十六年即位。

穀梁　范氏集解　鍾文烝詳補

元年春王正月，公即位。繼正，即位，正也。繼正，謂繼正卒也。隱去即位以見讓，桓書即位示安忍，莊、閔、僖不言即位，皆繼弒。【補曰】杜預曰：「先君未葬而公即位，不可曠年無君。」文烝案：公羊言一年不二君，不可曠年無君，杜用爲說。踰年未葬得稱公者，自己國臣民稱之，成、定並同。李賢後漢書注引穀梁傳曰：「承明繼體則守文之君也。」傳無此文，蓋後學者說傳語，在外傳及章句中。

二月癸亥，日有食之。○【撰異曰】公羊作「癸亥朔」，王引之據漢書五行志以爲「朔」是衍字。師古注劉向傳所引已衍。案：陸淳纂例所據本、唐石經本皆誤衍。

天王使叔服來會葬。傳例曰：「天子、大夫稱字，蓋未受采邑，故不稱氏。字者貴稱，故可獨達也。」【補曰】左傳曰「內史叔服」，周禮內史中大夫一人，下大夫二人，叔服蓋下大夫也。注引稱字例在定十四年傳，依後王子虎卒傳前一說，則叔服本王子，不以王子氏，蓋省文也。此事在時例。葬曰會，言會，明非一人之辭。其志，重天子之禮也。諸侯喪，天子使大夫會葬，禮也。【補曰】此本公羊、杜預也。疏後一説，此釋得書所由。五年傳解會葬之處，二者互言之。文烝案：此不獨互言也。傳文至簡，每以一傳包前後經文，此以天子使人會葬爲重，則以知諸侯使人會葬爲恆事也。以會葬僖公爲重，則以知凡公與夫人之喪，天子使人含賵之等皆爲恆事也。又以知賵仲子、含賵成風志者亦爲重也，又以知會葬成風志者尤爲重也。若然，傳於賵仲子言不及事，於含賵成風言兼事不周事，又別爲解者，彼二文又兼有是義，傳但就一邊言之也。諸侯之禮有志者，邾、滕之奔喪會葬則以君親來志也，秦襚成風則與賵仲子略同也，亦皆重之之義。

夏四月丁巳，葬我君僖公。薨稱公，舉上也。葬我君，接上下也。僖公葬而後舉謚，謚所以成德也，於卒事乎加之矣。【補曰】疏曰：「重發傳者，桓不以禮終，僖則好卒，二者既異，故傳詳之。」

天王使毛伯來錫公命。毛，采邑。伯，字也。天子上大夫也。【補曰】亦不知爲上、爲中。此事蒙上月。○【撰異曰】錫，左氏、唐石經及宋本作「賜」，段玉裁曰：「非也。」禮有受命，無來錫命，錫命非正也。【補曰】疏曰：「重發傳者，桓薨後見錫，此即位見錫，嫌其得正，故傳發之。」劉敞據韓嬰詩傳及鄭君詩箋説，以爲嗣君三年喪畢以士服見於王，王於廟命之，錫之黻冕圭璧。文公喪未畢而命之，成公喪既畢而不受命於天子，皆非禮。何休以爲古者三載考績，三考黜陟幽明。文公新即位，功未足施而錫之，非禮也。何氏自據九錫爲説。

晉侯伐衛。

叔孫得臣如京師。【補曰】叔孫得臣，公子牙孫莊叔。左傳曰：「如周拜。」

衞人伐晉。

秋，公孫敖會晉侯于戚。禮卿不得會公侯，春秋尊魯，內卿大夫可以會外諸侯。戚，衞地。【補曰】注首句本左氏盟翟泉傳。彼傳曰「在禮卿不會公侯，會伯子男可也」，杜預曰：「大國之卿當小國之君，故可以會伯子男。」文烝案：此左氏一家之言，未可用也。注末句卽下年盟垂斂傳文，又加一「卿」字。其實傳之大夫卽卿也。傳不於柔會宋公、陳侯發例，又不於此發例者，隨意而發，非有深義。疏曰：「傳以伯者至尊，不可云得會。」非也。

冬十月丁未，楚世子商臣弒其君髡。鄭嗣曰：「商臣，繆王也。髡，文王之子成王也。不言其父而言其君者，君之於世子有父之親，有君之尊，言世子所以明其親也，言其君所以明其尊也，商臣於尊親盡矣。」【補曰】鄭嗣注本何休。何云：「言君者所以明有君之尊，又責臣子當討賊也。」此删一句，不如本文爲善，末句增足，淺贅。髡之被弒，爲其欲黜世子。○【撰異曰】髡，左氏作「頵」。日髡之卒，所以謹商臣之弒也。夷狄不言正不正。徐乾曰：「中國君卒，正者例日，簒立不正者不日，夷狄君卒皆略而不日，所以殊夷夏也。今書日，謹識商臣之大逆爾，不以明髡正與不正。」【補曰】此與成九年莒潰同意，此謹無父，彼謹無君也。孟子曰：「無父無君是禽獸也。」程子曰：「禮一失則爲夷狄，再失則爲禽獸，愚觀穀梁兩傳，而知聖人有憂之也，是故中國詳之，夷狄略之，中國也而夷狄則亦略之，夷狄也而禽獸乃更詳之，文相錯而義相成也。是故夷狄之辭，無時而可同中國者也，君臣父子之教，有時而不論，中國夷狄者也。推之全經而皆通，俟之百世而不惑。」

公孫敖如齊。

二年春王二月甲子，晉侯及秦師戰于彭衙，秦師敗績。彭衙，秦地。【補曰】李光地曰：「敗秦師于殽，罪秦也。及秦師戰敗績，稍恕秦也。」文烝案：此戰甲子，郩戰乙卯，戰以喪禮處之，故子卯不避。○【撰異曰】衙，公羊或作「牙」。

丁丑，作僖公主。作，爲也，爲僖公主也。爲僖公廟作主也。主，蓋神之所馮依，其狀正方，穿中央，達四方。天子長尺二寸，諸侯長一尺。【補曰】公羊曰「爲僖公作主」，故何注加一「廟」字解之，范襲之，非也。「狀正方」以下亦本何休也。徐彥謂皆孝經說文。孔廣森曰：「案：山海經曰『桑封者，桑主也，方其下而銳其上，而中穿之，加金，主之有穿』，此其足證者。覲禮設方明以依神，方明以木爲之，方四尺而設六玉。」鄭君曰：「設玉者，刻其木而著之，若然，六面皆刻而午貫相通，其所謂穿中央達四方者歟？設玉加金事亦同矣，蓋古主之遺象。」疏曰：「麋信引衛次仲云：宗廟主皆用栗，右主八寸，左主七寸，廣厚三寸。若祭訖，則內於西壁埳中，去地一尺六寸。右主謂父也，左主謂母也。」范注與何休、徐邈同，與衛氏異。其藏之也，白虎通亦云藏之西壁，或如衛說。去地高下則無文以明之。文烝案：麋所引衛宏說，據漢書儀，則帝主九寸，后主七寸，藏太室西壁埳中，祭則設座於埳下。立主，【補曰】說正禮。喪主於虞，禮平旦而葬，日中反而祭，謂之曰虞，其主用桑。【補曰】虞，安也，以安神。天子九虞，諸侯七，卿大夫五，士三。既虞，埋重於道左而有主。吉主於練，期而小祥，其主用栗。【補曰】疏曰：「案：莊公之喪已二十二月，仍譏其爲吉禘，今方練而作主，猶是凶服。而曰吉主者，三年之喪，至二十五月猶未合全吉，故公子遂有納幣之譏。莊公喪制未二十五月而禘祭，故譏其爲吉。此言吉者，比之虞主，故爲吉也。此雖爲練作之主，終入廟以辨昭穆，故傳以吉言之。」文烝案：檀弓曰：「殷練而祔，周卒哭而祔，孔子善殷。」夫躋祔於祖必有主，主必爲吉主，明周之吉主，卒哭作之，故左傳例曰，凡君薨，卒哭而祔，祔而作主。而舊說解此句爲「喪主」，失其實也。此傳及公羊皆至練時作主，似據殷制，或者殷、周之禮，諸侯得通用。抑或魯有王禮，避周從殷，皆未可知矣。注用桑、用栗，皆本公羊。何休曰：「夏后氏以松，殷人以柏，周人以栗。」杜預亦同，但不說夏耳。何休又曰：「埋虞主於兩階之閒，易用栗也。」虞用桑者，桑猶喪也，取其名與其麤觕，所以副孝子之心。練用栗者，取其戰栗謹敬。禮士虞記曰：「桑主不文，吉主皆刻而謚之。」蓋爲禘祫時別昭穆也。疏曰：「徐邈注盡與之同，范亦當不異。」孔廣森據五經異義載公羊及禮戴說，虞主埋於堂兩楹之閒，又一說埋之於廟北墉下，以爲何氏所稱非師說。作

僖公主，譏其後也。 僖公薨至此已十五月。【補曰】蓋是時練祭後期歟？公羊曰：「欲久喪而後不能也。」何休以爲文公亂聖人制，欲服喪三十六月，十九月作練主，又不能卒竟，故以十五月。

作主壞廟有時日，於練焉壞廟， 禮親過高祖則毀其廟，以次而遷。【補曰】注以「毀」訓「壞」，非也。脩壞曰壞，猶撋汙曰汙，治亂曰亂，古人語如此。所脩之廟謂死者祖之廟，於今君爲曾祖，卽他日之新宮也。必脩之者，練之明日，當以所作主祔於此廟。據士虞禮記、檀弓「卒哭而祔」者，以祭之明日，知練而祔者亦以祭之明日也。既祔，仍以其主復於寢，卽左傳所謂「特祀於主」。鄭君士虞記注曰：「凡祔已，復於寢，如既祫，主反其廟。」是也。曾子問曰：「當七廟五廟無虛主，虛主者，惟天子崩、諸侯薨與去其國、與祫祭於祖爲無主耳。吾聞諸老聃曰：『天子崩，國君薨，則祝取羣廟之主而藏諸祖廟。』禮也。卒哭成事而後主各反其廟。」推此知練而祔者，練而各反廟，廟無虛主，又無二主，則各主皆如舊，而所祔新主之復於寢必也。迨大祥禫後，三年喪畢，

然後今君高祖之父遷。依公羊馮君章句則遷廟之主藏於大祖大室北壁中，既遷則謂之毀廟，乃以曾祖之主遷焉，而新主遷於曾祖之處謂之新宮。大戴禮有諸侯遷廟篇，卽喪畢遷主新宮之禮，其末云「擇日而祭」，蓋卽閔二年傳、士虞記之吉祭或禘或祫者也。朱子據遷廟篇君臣皆玄服，明其爲除喪而遷。張履又據君臣皆乘車，且有「出入門及大溝渠」之文，明其爲從寢之廟，其説皆是也。自來説穀梁者皆以壞廟爲毀廟，則與大戴之遷廟相混，鄭君士虞記注、盧辯遷廟篇注、孔穎達王制正義、賈公彦周禮鬯人疏遂謂自寢遷廟在練時。楊氏疏曰：「作主在十三月，壞廟在三年喪終，而傳連言之者，此主終入廟，入廟卽易檐，其事相繼，故連言之，非謂作主壞廟同時也。或以爲練而作主之時則易檐改塗，故此傳云『於練壞廟』，於傳文雖順，舊説不然，故不從之，直記異聞耳。」至朱子則曰：「穀梁言壞舊廟，不言遷新主，安知其非於練而遷舊主，於三年而納新主邪？」朱子此語可謂破的，但其言壞舊廟遷舊主亦沿舊解之誤。張履作毁廟論、祔祭論，知穀梁所言爲殷制，然亦但謂毁廟非遷廟。竊以毁廟云者，名有廢除，事殊隳壞，且穀梁不應此句説遠廟而下文説新宮，其不可通也甚矣。壞廟之道，易檐可也，改塗可也。將納新神，故示有所加。【補曰】范此解可用。練之明日祔，亦得云納新神也。檐，屋櫋聯也。説文檐爲㮰，㮰爲梠，梠爲楣，楣爲秦名屋櫋聯。齊謂之㡯，楚謂之梠。何休説新宮云「易其西北角」。塗者，堊飾壁，禮所謂白盛也。兩言可者，略辭。大戴禮有諸侯釁廟篇，成廟，釁之以羊，君臣亦皆玄服，與遷廟篇相次，彼時事多，練則略矣。易檐改塗爲壞廟之道，則壞爲脩壞，而廟指新宮甚明。

三月乙巳，及晉處父盟。晉大夫陽處父。不言公，處父伉也，【補曰】疏曰：「重發傳者，高傒存氏，處父去族，嫌異，故重發之。」爲公諱也。諱公與大夫盟，去處父氏。公親如晉，使若與其君盟，如經言邾儀父矣。不書地者，公在晉也。莊二十二年秋七月丙申，及齊高傒盟于防，不去高傒氏者，公不親如齊，不與其君盟，於恥差降。」【補曰】爲公諱者，釋經去處父氏與公羊同也。去氏所以爲諱者，卑者以國氏，既不言公，則若內卑者與外卑者盟，是全乎諱也。如晉與大夫盟較莊之盟防，其恥尤甚，故爲之諱，亦緣盟既書日，不嫌非公，得以成其諱文，故下文遂云「何以知其與公盟？以其日也」。注謂若邾儀父，本何休說，頗迂曲，宜删去「公親如晉」三句。**何以知其與公盟？**【補曰】問經文何以見之？**以其日也。**【補曰】存日以見公盟。**何以不言公之如晉？所恥也。**【補曰】盟於晉都而晉君不出，卑公已甚，是所恥也。**出不書，反不致也。**【補曰】出不言公如，故反亦不致，皆諱恥也。既以去大夫氏爲諱出，反又諱者，諱莫如深也。不地而存日則有所見矣，故諱恥從深。

夏六月，公孫敖會宋公、陳侯、鄭伯、晉士縠盟于垂斂。垂斂，鄭地。【補曰】不日者，蓋以盟事可惡，如祝、柯之例歟？或以霸國大夫盟數國之君始於此，與齊高傒又不同，故特變其例以示異。左傳稱士縠爲司空，晉司空非卿，以爲能堪卿事，故書。○【撰異曰】縠，本又作「穀」，唐石經作「穀」，左氏、公羊作「縠」，左亦又作「穀」。斂，左氏作「隴」，徐彥公羊疏曰：「左氏作『垂隴』。」**內大夫可以會外諸侯。**【補曰】言可者，時既多有其事，春秋別內於外，異其辭耳。傳特發此，又明外大夫不可也。或傳欲以此意明此盟不日之義，故不於上年會戚發之。唐石經無「外」字。

自十有二月不雨，至于秋七月。建午之月，猶未爲災。【補曰】杜預曰：「周七月，今五月也，不雨足爲災，不書旱，五穀猶有收。」文烝案：不雨之文不在七月下者，雨而後書不雨，則七月雨矣，其文不得在下。胡安國、程端學說皆非也。月令正義引鄭君釋廢疾曰「春秋凡書二十四旱」，考異鄭說「分爲四部」，各有義焉。孔廣森曰：「今檢經實二十六旱，凡大雩十九，大旱二，不雨二，歷時不雨加自文者三，是爲四部。昔夏侯勝以洪範諫昌邑王曰『天久陰而不雨，臣下有謀上者』。文公之篇書久不雨者三，卒致仲遂逆謀，嗣子遘禍，此其效也。」文烝案：漢書五行志曰「皇極之常陰，劉向以爲春秋亡其應，一曰久陰不雨」是也，孔因附成爲說。**歷時而言不雨，文不憂雨也。**僖公憂民，歷一時輒書不雨，今文公歷四時乃書，是不勤雨也。**不憂雨者，無志乎民也。**無恤民志。【補曰】言春秋以爲無志也。疏曰：「莊三十一年冬不雨，不發傳者，以一時不雨輕故也。下十年、十三年意亦與此同，故十三年省文不發。」

八月丁卯，大事于大廟，躋僖公。大事，祫也。時三年之喪未終而吉祭於大廟，則其譏自明。【補曰】疏曰：「杜預言『其譏已明』，謂前已書吉，則此亦同譏。范云『其譏自明』，謂不待譏責，其惡足顯。」文烝案：何休曰：「不言吉祫者，就不三年不復譏，略爲下張本。」又案：躋僖公亦遂以爲常，不言初者，定篇有從祀文，不須加初，從可知。○【撰異曰】躋，周禮大宗伯注引作「隮」。**大事者何？大是事也，著祫嘗。**祫，合也。嘗，秋祭。【補曰】公羊曰：「大事者何？大祫也。大祫者何？合祭也。」蓋未知祫嘗之說。祫嘗者，祫而兼嘗，謂先祫而後嘗也。詩魯頌曰「秋而載嘗」，毛傳曰：「諸侯夏禘則不礿，秋祫則不嘗，唯天子兼之。」毛謂諸侯之禘祫當廢五廟一時之祭，魯則祫而兼嘗，不廢時祭，乃天子之禮，故特言秋而載嘗，即傳祫嘗之說也。祫而兼嘗則不得直書祫，以其是天子禮，故特大是事以著之。言著祫嘗者，申上「大是事」一句意也。傳與毛傳多通，此文宜以毛爲證。何休云：「禮天子特禘特祫，諸侯禘則不礿，祫則不嘗。」與毛亦同也。禘當行於周之夏，而魯之中葉，禘無常月，不兼行時祭。禮惟八月之祫嘗爲宗廟極盛之祭，故詩頌僖公但言嘗不言禘，而春秋禘不書大事也。祭統言成王、康王賜魯外祭郊社，內祭大嘗禘，以一「大」字貫嘗禘二文。大禘即明堂位之六月禘，大嘗則明堂位所未備，卽此傳祫嘗也。祭統前舉夏殷之時祭，春礿夏禘，秋嘗冬烝，又詳言禘嘗之義，篇末乃言大嘗大禘，既以承前文，又以別前文也。此祭在八月，而國語以爲烝，韋昭謂用冬祭之禮，乖謬不可據也。崔靈恩曰：「祫以秋者，以合聚羣主，其禮最大，必秋時萬物成熟，大合而祭之。祫者，合也。說文曰：『祫，大合祭先祖親疏遠近也。』」

祫祭者，毀廟之主陳于大祖，未毀廟之主皆升，合祭于大祖。祫祭者，皆合祭諸廟已毀未毀者之主於大祖廟中，以昭繆爲次序，父爲昭，子爲繆。昭南鄉，繆北鄉，孫從王父坐也。祭畢則復還其廟。【補曰】此約何休注文。何休曰：「大祖，周公之廟。陳者，就陳列大祖前。大祖東鄉，昭南鄉，穆北鄉，其餘孫從王父。父曰昭，子曰穆，昭取其鄉明，穆取其北面，尚敬，自外來曰升。」文烝案：周公爲魯大祖，周則后稷歟？或曰后稷爲始祖，文王爲大祖，蓋非也。通典引逸禮曰「祫祭七尸」。公羊「合祭」作「合食」，又繼之曰「五年而再殷祭」。韋玄成、劉向以來，皆言三年祫，五年禘，通典引徐邈曰「五年再殷，凡六十月中，分每三十月殷」，徐說非也。禘以夏，祫以秋，由禘而祫纔二十餘月，已踰二年，故言三年祫。由祫而禘，有三十餘月，距前禘凡六十月，爲五年也。禘與祫其禮略同，所以異於祫者，王肅聖證論引禘于大廟逸禮云「其昭尸穆尸，其祝辭總稱孝子孝孫」，又云「皆升合於大祖」。通典引禘于大廟禮「毀廟之主升合食而立二尸」，又云「獻昭尸如穆尸」，又云「毀廟之主，昭共一牢，穆共一牢」。又引韓嬰詩傳云「禘取毀廟之主，皆升合食於大祖」。又劉向五經通義云：「禘者，諦也。取已遷廟主，合食大祖廟中。」據此諸文，知禘不及未毀廟主。春秋經傳多直云禘于某公，知未毀廟皆特禘，但如世室武宮之等。親盡而廟不毀，親盡則必就大廟昭穆之列，不毀則又比親廟特禘之禮也。禮以禘于大廟名篇，亦兼見親廟等之特禘，故祝辭兼稱孝子。周頌序、雝「禘大祖」，大祖謂后稷，其文言孝子、言皇考、言烈考文母，蓋亦據親廟二祧言。或序之大祖，實指文王歟？何休以爲禘異於祫者，功臣皆祭。案：周禮有「功祭于大烝」，何説非也。○祫之名亦多矣，五經異義左氏説「歲祫及壇墠，終禘及郊宗石室」。歲祫似是歲一祫，或是祫以歲計，卽三歲之殷祭，而皆與通典引劉歆、賈逵所言之祫不同。又左傳大夫亦有殷祭，據大傳言「大夫士有大事，省於其君，于祫及其高祖」，是大夫士殷祭亦名祫也。𡨋時祭亦有稱祫者，王制曰「天子犆礿，祫禘祫嘗祫烝；諸侯礿犆，禘一犆一，祫嘗祫烝祫」，彼舉夏、殷四時祭名，而犆祫之文或上或下，祫與犆對，不專祭稱，但以其合祭親廟主於大廟亦謂之祫。其實穀梁之祫嘗謂祫而兼嘗，王制之祫嘗謂於嘗則祫。穀梁之祫，三歲一祫；王制之祫，一歲三祫，二祭截然不同。曾子問言「祫祭於祖，則祝迎四廟之主」，渾言祫祭則二祭得兼包也。又士虞記古文「始虞之祭謂之祫事」，鄭君曰「以與先祖合爲安。」此則殷祫、時祫之外更有祫名也。躋，升也。【補曰】公羊、爾雅同。爾雅作「陞」。先親而後祖也，逆祀也。舊説僖公，閔公庶兄，故文公升僖公之主於閔公之上耳。僖公雖長，已爲臣矣，閔公雖小，已爲君矣，臣不可以先君，猶子不可以先父，故以昭穆父祖爲喻。甯曰：「卽之於傳則無以知其然，若引左氏以釋此傳，則義雖有似而於文不辨。高宗，殷之賢主，猶祭豐于禰，以致雊雉之變，然後率脩常禮。文公傎倒祖考，固不足多怪矣。親謂僖，祖謂莊。【補曰】疏曰：「親謂僖，祖謂閔，僖繼閔而立，猶子之繼父，故以昭穆祖父爲喻，此於傳文不失。而范謂莊爲祖，其理非也。」文烝案：傳以祖父爲喻，當如舊説及疏，若下文昭穆之説則依段氏説爲順，見閔二年。又論於下。逆祀則是無昭穆也。【補曰】閔爲穆，僖則昭也。逆者，謂升僖於穆，北面西上，閔繼而東，并同爲穆，是無宗廟昭穆之禮。國語亦曰「非昭穆也」。兄弟所以異昭穆者，以受國爲人後爲重，既異昭穆，卽與父子相繼無異。僖雖不禰閔，而閔世次當考廟，於僖有禰道，故文雖不祖閔而閔世次當王考廟，於文有祖道。上文以僖爲親，閔爲祖，而左氏曰「子不先父」，公羊曰「先禰後祖」，其說逆祀，皆與傳同，由其相爲昭穆，故舉以相喻也。此說詳具於後漢周舉議奏。賈公彦周禮冢人疏、劉敞爲兄後議、趙汸左傳補注、當代通人萬斯同、金榜、段玉裁、孔廣森等皆所依用。范引舊說謂升僖於閔上者，卽何休說也。何休云「升，謂西上」，惠公與莊公當同南面西上，隱、桓與閔、僖當同北面西上，繼閔者在下，緣僖爲庶兄，置於閔上，是未思兄弟同昭穆之說，於三傳、國語實不可通也。無昭穆則是無祖也，【補曰】此祖謂大祖也，昭穆相繼，皆承大祖之統。無祖則無天也，祖，人之始也，人之所仰天也。【補曰】天者，祖之所自出，非以祖爲天也。古人稱王者天，大祖亦謂配天，范因致誤。故曰文無天，【補曰】文無天，猶言隱十年無正、桓無王、桓無會、定無正也，此指下五年經王使不稱天而言。劉逢祿說公羊引傳此數語亦如是解之。春秋言天之文，唯施於王，一言天子，義亦不異，大祭大變，都不斥言，故知文公無天，指彼二文明矣。言故曰者，是聖門相承之說。無天者是無天而行也。【補曰】此猶釋隱十年無正曰隱不自正；釋桓無王曰無王之道，遂可以至；釋定無正曰定之始，非正始。曰，見無以正也，明彼經著無天之文者，是見文公之無天而行也。自「逆祀則是」以下極論躋僖之惡，以解無天之文，明爲春秋所深惡也。五經異義「從左氏說爲大惡，不從公羊、董仲舒說爲小惡」，是也。昭穆祖天，遞推而上，亦莊三年傳母子天子之義也。又嘗論之，禮器：「孔子曰：『臧文仲安知禮？夏父弗綦逆祀而弗止也。』」左傳載之，謂文仲「從逆祀」，不知彼文論魯事，故無禮不知者臧孫罪也。春秋書王法，故無天者文公惡也。君子不以親親害尊尊，此春秋之義也。尊卑有序，不可亂也。【補曰】親親者，僖於閔爲兄，於文爲父，宜親僖也。尊尊者，閔於僖爲君，於文有祖，道宜尊閔也。親親尊尊，人道之大，二者一揆，尊理常伸。僖兄也，而無升道，不以親禰害其尊祖也。桓君也，而有治文，不以親公害其尊王也。文姜母也，而有絶道，不以親母害其尊父也。哀姜小君也，而有弗受文，不以親夫人害其尊先公也。蒯聵父也，而亦有弗受文，不以親父害其尊王父也。諸若此類，皆春秋之義，傳承上推本廣言之也。疏曰：「稱春秋者，以嫌疑之閒，須取聖證。」案：疏說固可通，要是廣有所包，故言春秋也。

冬，晉人、宋人、陳人、鄭人伐秦。

公子遂如齊納幣。喪制未畢而納幣，書非禮。【補曰】如得禮，經當直言如齊，不仍史文。公羊曰：「譏喪娶也。」以爲娶雖在三年之外，而三年之內不圖婚，三年之恩疾，有人心焉者宜於此焉變也。董仲舒曰：「春秋之論事莫重乎志，納幣之月在喪分，故謂之喪娶。」

三年春王正月，叔孫得臣會晉人、宋人、陳人、衛人、鄭人伐沈。沈潰。沈，國也。潰之爲言，上下不相得。

夏五月，王子虎卒。叔服也。【補曰】叔服書王子書名者，卒例也。左傳成元年尚載叔服語，此傳則與公羊同。此不卒者也。何以卒之？外大夫不書卒。【補曰】疏曰：「重發之者，尹氏則以爲魯主，此爲會葬，事異，故重發之。」以其來會葬，我卒之也。會葬在元年。【補曰】史書卒者，自以其來赴卒之，所以赴我者，則以其嘗會葬我故也，此君子所取義也。五年會葬成風者不卒，彼不赴故也。彼文或作毛伯，則即後書札子殺者。或曰以其嘗執重以守也。僖二十四年，天王出居于鄭，叔服執重任以守國。【補曰】或說以會葬者不書卒，此自以其執重而來赴，而君子取其義也。如或說，葢不以王子虎爲叔服，叔服下大夫耳，安得執重以守？是亦如左傳以爲王叔文公，國語所謂太宰文公也。

秦人伐晉。

秋，楚人圍江。

雨螽于宋。○【撰異曰】公羊「螽」皆作「蠓」，獨此亦是「螽」字。外災不志，此何以志也？【補曰】疏曰：「重發之者，志災或爲王者之後，或爲甚而録之，故不得一例。」曰災甚也。【補曰】此以甚志，明雖非王者，後亦志也。公羊諸螽皆爲記災，唯此雨螽及哀十二年十二月螽爲記異，與傳不同也。公羊定元年傳曰「異大乎災」，何休曰：「異者，非常可怪，先事而至者。災者，有害於人物，隨事而至者。」成十六年「雨，木冰」，傳曰「志異也。」其甚柰何？茅茨盡矣。茅茨猶盡則嘉穀可知。茨，蒺蔾。【補曰】疏曰：「徐邈云：『禾稼既盡，又食屋之茅茨。』范與徐異。」王樵曰：「徐說嘗驗有之。」著於上見於下，謂之雨。【補曰】傳以星宜言隕，螽宜言雨，董仲舒所謂「或降於天，或發於地」，不可同也，故重發例。漢書五行志說此經引穀梁傳曰「上下皆合言甚」，傳無此句，葢亦後學者說傳語，在外傳及章句。案：左傳曰「隊而死也」，公羊曰「死而墜也」，疏曰：「公羊與考異郵皆云『螽死而墜於地』，故何休云『螽猶衆也，死而墜者，象宋羣臣相殘害也，禍自上下異之云爾』。今穀梁直云『茅茨盡矣。著於上見於下謂之雨』，與讖違，是爲短。鄭君云『穀梁意亦以宋薄德，後將有禍，故螽飛在上，墜地而死。』言茅茨盡者，著甚之驗，於讖何錯之有乎？」文烝案：公羊言異也，故董仲舒、何休言大夫專恣，據後事推之；穀梁言災也，故劉向言宋殺大夫無罪，據前事推之。鄭君意崇讖緯，姑作調人以災異爲一，不復截然分別，於理固通，但非昔人家法，亦學者所當知矣。至於董、劉、何、鄭所推之是非，可姑無論耳。

冬，公如晉。

十有二月己巳，公及晉侯盟。【補曰】凡朝而盟、來聘而盟者，皆言及，以內及外，以尊及卑之常辭也，不入內爲志之例。

晉陽處父帥師伐楚救江。【補曰】自此外大夫始稱某帥師、稱將。汪克寬曰：「書帥師百有三十，僖以前書帥師僅九，皆內大夫，文、宣以後，外大夫多書帥師，定、哀之閒尤數數書之，大夫之强可見矣。」文烝案：文以前列國亦有大夫爲將，且帥重師者。趙汸本陳傅良說，以爲雖卿將但稱人，將尊師少與將卑師少者同，雖卿帥重師但稱師，將尊師衆與將卑師衆者同，以征伐自諸侯出，其臣之尊卑不足辨，此夫子修春秋於內從其恆稱以見實，而於外變文以示義也。至文以後，征伐自大夫出，則大夫將書大夫矣。張應昌以爲楚大夫將則至成六年始見，高澍然以爲秦稱人、稱師爲達例，終春秋大夫未强，故不見大夫將，二國皆小異也。吕大圭以爲大夫而交政於中國自晉文翟泉之盟始，大夫而專征伐之權自晉襄伐楚救江始。〇【撰異曰】左氏「楚」下有「以」字，段玉裁曰：「淺人所增。」文烝案：劉敞春秋權衡曰：「公羊脱『以』字。」後來皆依劉說，段氏獨得。

此伐楚，其言救江何也？江遠楚近，伐楚所以救江也。時楚人圍江，晉師伐楚，楚國有難，則江圍自解。【補曰】江遠未易可救，伐楚正所以救之，此與宣元年救陳皆未至所救之國。彼以下有「會棐林」文，得直言救，此不得直言，故須言伐楚矣。伐楚亦不直言者，張自超以爲商臣弒君，疑於得討賊之義。又諸侯之用師於楚者，唯齊桓一書伐，晉定一書侵，使於處父之師直書伐，則前繼齊桓而後駕晉定，故必曰救江。張說亦有理，要以救者遂其意，致其志。凡救皆是善文，明此亦善之，與諸直言救者一例也。若然，傳言「伐楚所以救江」，而僖十八年云「伐衞所以救齊」，其救自爲一事，宣元年云「伐鄭所以救宋」，於經別無救文，三者辭同意異，又須分別觀之也。

四年春，公至自晉。

夏，逆婦姜于齊。【補曰】出姜也。其曰婦姜，爲其禮成乎齊也。婦禮成于齊，故在齊便稱婦。【補曰】婦者，已配之稱，謂成昏也。禮大夫以上不問舅姑在否，皆至三月見宗廟，然後成婦禮。劉向列女宋恭伯姬、齊孝孟姬傳皆有是言，賈、服、何氏説春秋並同。曾子問曰：「女未廟見而死，歸葬於女氏之黨，未成婦也。」其逆者誰也？親逆而稱婦，或者公與？何其速婦之也！鄭嗣曰：「皆問者之辭。問者以使大夫逆例稱女，而今稱婦，爲是公親逆與，怪稱婦速，故反覆推之。」【補曰】逆便稱婦，明非姑婦之婦矣，知是公逆。曰：公也。【補曰】公親逆，故不月。其不言公何也？據莊二十四年公如齊逆女言公。非成禮於齊也。非，責。【補曰】失禮重，故沒公文，而以稱婦見其失。若不責其成禮於齊，則但當言公如齊，從親迎恆事不志之例。而下書夫人婦姜氏至自齊，史舊文葢本言「公如齊逆女」，或當言「逆婦爲變文」，下葢有「夫人婦姜氏至自齊」之文也。曰婦，有姑之辭也。【補曰】此言稱婦有二義也，下無至文，明逆與至共文，以逆文爲至文也，逆稱婦爲夫婦之婦，至稱婦，又爲姑婦之婦，至所以別有姑無姑者，見宣元年何休説。其不言氏何也？【補曰】據從魯辭，凡姓皆以氏配。貶之也。何爲貶之也？夫人與有貶也。邵曰：「夫人能以禮自防，則夫婦之禮不成於齊，故譏公而夫人與焉。」【補曰】疏曰：「宣元年已有，傳，今復特發之者，彼書夫人，此直云婦姜，嫌文異，故彼此明之。然彼稱夫人，又書至，此不然者，公羊傳曰『其謂之逆婦姜于齊何？

娶乎大夫者略之也』。徐邈亦以爲不書至，不稱夫人，下娶賤略之。若以諸侯下娶大夫，便爲略賤，則大夫亦不得上娶諸侯，且天子得下婚諸侯，何爲諸侯不得下娶大夫？是公羊之言不可以解此也。蓋不稱夫人不言至者，以其婦禮成於齊，故異於餘稱。傳云『夫人與有貶也』者，解不稱氏之意，非釋不稱夫人也。」文烝案：不稱夫人者，文不得言逆夫人也。不言至者，遂已稱婦姜，婦有二義，足以包至，不須言至矣。何休曰：「稱婦姜至，文也，逆與至共文。」其說是也。劉敞曰：「禮之於人大矣，是存則存，是亡則亡。文公之不能保其後嗣者，由無以刑其妻也，夫人之不能安其位者，由無以謹於禮也，此正始之道也。」劉用左傳卿不行之說，而謂夫人不能早避喪娶之辱，今斷章取之。

狄侵齊。

秋，楚人滅江。

晉侯伐秦。【補曰】程端學曰：「楚滅江不恤而躬伐秦，伐楚則遣大夫，晉侯之報復，情不可掩矣。」

衞侯使甯俞來聘。○【撰異曰】徐彥公羊疏曰：「正本作『速』字，故賈氏云公羊曰『甯速』是也。」段玉裁曰：「衞甯速見僖二十六年，即甯莊子也。僖二十八年、三十年左傳皆記武子事，則此聘必武子矣。公羊非也。公羊彼作『遬』，此亦當作『遬』。」

冬十有一月壬寅，夫人風氏薨。僖公母，風姓。【補曰】當云僖公妾母。○【撰異曰】段玉裁曰：「據杜氏長曆，十一月庚子朔，十二月庚午朔，又稱十二月無壬寅，五年正月四日也。日月必有誤，則杜所據本實作『十有二月壬寅』。」楊昌霖曰：「今三家經皆作『十有一月』，蓋據杜說改之。十一月庚子朔，三日得壬寅，然非經之舊矣。」

五年春王正月，王使榮叔歸含，且賵。含，口實也。禮記曰：「飯用米貝，弗忍虛也。諸侯含用玉。」榮叔，天子之上大夫也。榮，采地。叔，字。【補曰】注首句本公羊。尸所沐米，即以飯之。依鄭君禮記注，天子葢用黍，諸侯用粱，大夫用稷，天子之士亦用粱，諸侯之士用稻也。貝亦飯所用，諸侯飯以貝而含以玉，通言之皆爲含，故隱元年傳曰「貝玉曰含」，已論之矣。元年王使皆稱天，此與下會葬王使皆不稱天者，所謂文無天也。桓之春月，有月無王，文之於王使，有王無天，其意相類也。傳於此不言者，文屬王使而義起躋僖，故就彼傳一言之。荀子曰：「春秋之微也。」又曰：「春秋言是其微也。」又曰：「春秋約而不速，於此爲甚矣。」含，一事也；賵，一事也；兼歸之，非正也。禮含賵襚各異人。【補曰】孔廣森曰：「禮上客弔含，上介致賵。」其曰且，志兼也。【補曰】加且以顯其兼。以上公羊並同。其不言來，不周事之用也。何休曰：「四年夫人風氏薨，九年秦人來歸僖公、成風之襚，最晚矣，何以言來？」鄭君釋之曰：「秦自敗于殽之後，與晉爲仇，兵無休時，乃加免繆公之喪而來，君子原情不責晚。用，或作辭。」【補曰】不言來，若其不接公，以其不周事，若不致諸公然。趙匡曰：「春秋之文從簡，加減一字皆有義。」文烝案：周，猶給也，不給事，即下言早晚。賵以早，乘馬曰賵，乘馬所以助葬，成風未葬，故書早。而含以晚。已殯，故言晚。國有遠近，皆令及事，理不通也。禮雜記曰：「含者執璧將命，曰『寡君使某含』，相者入告。出曰『孤某須矣』。含者入，升堂致命，子拜稽顙。含者坐委於殯東南，有葦席，既葬，蒲席。降，出反位。」明君之於臣有含賵之義，所以助喪盡恩。含不必用，示有其禮。【補曰】疏曰：「舊解以爲傳言含賵，上關天子之於諸侯及夫人耳。雜記所云，唯論諸侯自相於何者，諸侯及夫人於天子，有疾當告，天子遣使問之，有喪則致含，故未殯足以及事。其諸侯相於，示其禮而已，不責其晚也。今恐不然，范云不通，是傳之不通，何得天子與諸侯禮異？明范以傳爲非也。」文烝案：疏說頗得范意，其實范謂「含不必用」與傳亦得兼通。此含距喪三月，傳譏其晚，豈謂含必在殯前哉？疏引鄭君釋廢疾云：「天子於二王後之喪，含爲先，襚次之，賵次之，賻次之，餘諸侯含之賵之，小君亦如之。於諸侯之臣，襚之賵之，其諸侯相於，如天子於二王後；於卿大夫，如天子於諸侯；於士，如天子於諸侯之臣。」京師去魯千里，王室無事，三月乃含，故不言來以譏之。文烝以爲鄭君最得之矣。此「以」字各本作「已」，與上句岐異，今依唐石經、左傳正義引及俞皋集傳釋義本改。二字通用。

「賻次之」句，依箴膏肓增。

三月辛亥，葬我小君成風。

王使毛伯來會葬。【補曰】毛，當爲「召」。榮叔、召伯皆大夫，不知其上中。○【撰異曰】毛，左氏、公羊作「召」。疏曰：「左氏、公羊及徐邈本並云『召伯』，此本作『毛伯』，疑誤。」文烝案：左傳曰「召昭公。」會葬之禮於鄙上。從竟至墓，主爲送葬來。【補曰】通謂凡會葬也。下年傳曰「處父主竟上之事」，杜預曰：「來不及葬，不譏者，不失五月之內。」

夏，公孫敖如晉。

秦人入鄀。

秋，楚人滅六。

冬十月甲申，許男業卒。○【撰異曰】徐彥公羊疏曰：「業，正本作『辛』字。」

六年春，葬許僖公。

夏，季孫行父如陳。行父，季友孫。【補曰】季文子也。行父之父齊仲，名無佚。

秋，季孫行父如晉。

八月乙亥，晉侯驩卒。○【撰異曰】驩，公羊作「讙」。周語字从「馬」，晉語从「言」。

冬十月，公子遂如晉。【補曰】月者爲葬。

葬晉襄公。【補曰】杜預曰：「卿共葬事，文、襄之制也。」案：左傳古者使下大夫。

晉殺其大夫陽處父。稱國以殺，罪累上也。【補曰】重發傳者，衛成在外，晉襄已葬，嫌不同也。襄公已葬，其以累上之辭言之何也？【補曰】疏曰：「徐邈解『襄公已葬』謂春秋之例，君殺無罪之大夫則是失德，不合書葬，今襄公書葬則是無罪。而『以累上之辭言之者，以襄公漏泄陽處父之言故也。舊解亦云襄公罪輕，故不追去葬文。今以爲傳云襄公已葬者，謂卒哭日久，葬在前，殺在後，是罪累不合及君，故起累上之問，非是釋合書葬以否。君漏言也。【補曰】何休曰：「自上言泄下曰漏。」上泄則下闇，下闇則上聾，且闇且聾，無以相通。臣闇不言，君無所聞，上下否塞。【補曰】王引之曰：「闇與瘖同。瘖謂不言，聾謂無聞也。墨子曰：『臣下重其爵位而不言，近臣則喑，遠臣則唫。』晏子春秋曰：『近臣嘿，遠臣瘖。』又曰：『朝居嚴則下無言，下無言則上無聞矣。下無言則吾謂之瘖，上無聞則吾謂之聾。』說苑曰：『嚴則下喑，下喑則上聾，聾、喑不能相通。』語意並與此同。說文『闇』，从門音聲。」古讀『闇』

若『陰』，故與『瘖』多通用。」夜姑殺者也，殺處父。【補曰】左氏、公羊略同。夜姑之殺奈何？曰晉將與狄戰，使狐夜姑爲將軍，【補曰】時將中軍者直稱將軍也。國語鄭人以詹伯爲將軍，當晉文公時，晉將軍爲正卿，故宣二年傳曰「子爲正卿」。趙盾佐之。陽處父曰：「不可。古者君之使臣也，使仁者佐賢者，不使賢者佐仁者。邵曰：「賢者，多才也，戰主于攻伐。仁者，有惻隱之恩，不如多才者有權略。」【補曰】此亦仁者居守之意。案：論語「事其大夫之賢者，友其士之仁者也」，又徐彥引古之賢仁也，又毛詩傳「國君友其賢臣，大夫士友其宗族之仁者」，皆以仁次於賢，可與傳相證。劉敞傳改「仁」爲「能」，後儒遂謂穀梁子不識「仁」字，真一曲之見也。字有數義，言非一端，已論於隱二年。今趙盾賢，夜姑仁，其不可乎！」襄公曰：「諾。」謂夜姑曰：「吾始使盾佐女，今女佐盾矣。」稱處父語以語之，故傳曰漏言也。夜姑曰：「敬諾。」襄公死，處父主竟上之事，待諸侯會葬在鄙上。【補曰】「之」字各本脫，今依唐石經、劉敞傳、吕本中集解本、俞皐集傳釋義本補正。夜姑使人殺之，君漏言也。親殺者夜姑，而歸罪於君，明由君言而殺之，罪在君也，故稱君以殺。故士造辟而言，詭辭而出，辟君也，詭辭而出，不以實告人。【補曰】王引之曰：「辟，當爲『膝』，隸字『膝』、『辟』之左右旁皆相似，故『膝』誤爲『辟』也。造，讀爲蹙，蹙者，促也，近也。蹙膝而言者，君臣促膝密語，不使左右聞之也。漢、魏、六朝、唐人文言造膝，言造膝之言，言造膝詭辭者，如魏志中山恭王傳、舊唐書李吉甫傳、漢郎中鄭固碑等共十二事皆用此傳語，蓋舊本多作『造膝』，范本傳寫誤耳。」曰用我則可，不用我則無亂其德。此士對君言之辭。【補曰】用，謂用其言。亂其德，猶詩云「二三其德」，不用而商之於人，是二三也。韓子進士策問曰：「問書稱『汝則有大疑，謀及乃心，謀及卿士』，以至於庶人、龜筮。考其從違，以審吉凶，則是聖人之舉事興爲，無不與人共之。」於易則又曰：「君不密則失臣，臣不密則失身，機事不密則害成。」春秋亦有譏漏言之詞，又似不與人共而獨運者，是二説者其信有是非乎？抑所指各殊而學者不之能察也？樊汝霖注引蘇洵曰：「聖人之道，有經有權有機。曰經者，天下之民舉知之可也；曰權者，民不得而知之矣，羣臣知之可也；曰機者，雖羣臣亦不得而知之矣，腹心之臣知之可也。」此書與易、春秋所指各殊也。

晉狐夜姑出奔狄。○【撰異曰】夜，左氏、公羊作「射」。案：古讀「夜」若「豫」，讀「射」若「序」。

閏月不告月，猶朝于廟。禮天子以十二月朔政班告于諸侯，諸侯受於禰廟，孝子尊事先君，不敢自專也。言朝者，緣生以事死，親存朝朝莫夕，不敢泄鬼神，故事畢感月始而朝之。【補曰】疏曰：「范別例云『書不告朔有三，皆所以示譏』，則此文一，公四不視朔二，襄二十九年公在楚三。」文烝案：范以公在楚入例，乃用左氏説，又不以不告月爲不班朔，而以書不告爲譏，皆涉左傳，非也。此注自「孝子」以下皆本何休。公羊亦以不告朔解不告月。何休曰：「禮諸侯受十二月朔政於天子，藏於大祖廟，每月朔朝廟，使大夫南面奉天子命，君北面而受之，比時使有司先告朔，慎之至也。受於廟者，孝子歸美先君云云。」何休又曰：「朝者，因視朔政爾。」又後十六年四不視朔，注曰不舉不朝廟者，禮月終，於廟先受朔政乃朝，明王教尊也。朝廟私也，故以不視朔爲重。何氏之意，以此告朔即論語之告朔，告朔後乃受朔政。受朔政者，即後之視朔是也。受朔政後乃朝廟，則此之朝廟是也。范依十六年傳改大祖廟爲禰廟，亦以此告朔即論語之告朔。十六年傳注援論語之文證受朔之事，似以告朔即是受朔，此注又似以受朔政與朝廟爲一，謬矣。何氏説此禮節次自是明順，今惟以禰廟易其所謂大祖廟可耳。以祭法考之，禰廟、王考廟、皇考廟皆月祭，然則朝廟者祭此三廟也。先以餼羊告朔於禰廟，乃受朔政，乃復朝祭於三廟。不告月者何也？不告朔也。【補曰】告朔，猶言班朔，即周禮「大史頒告朔于邦國」，亦即十六年傳云「天子告朔於諸侯」，下傳「天子不以告朔」是也。公羊之告朔亦此意。大戴禮虞戴德孔子曰：「天子告朔於諸侯，率天道而敬行之，以示威於天下。」又用兵孔子曰：「夏桀、商紂不告朔於諸侯。」皆與論語之告朔異。「四不視朔」言公，不告月不言公，知是論天子班朔之事矣。不告月不郊，與凡言不者皆略異。不告朔則何爲不言朔也？閏月者附月之餘日也，積分而成於月者也。一歲三百六十日餘六日，又有小月六，積五歲得六十日，而再閏，積衆月之餘分以成此月。【補曰】附月，附於前月也。王念孫曰：「古書『於』、『爲』二字同用，『成於月』，成爲月也。僖二十年『近爲禰宮』，近於禰宮也。」公羊曰「天無是月」，又曰「是月非常月」，孔廣森曰：「非年年常有之月也。」說文『閏』字下解曰『餘分之月，五歲再閏。』」戴震曰：「日循黃道右旋，斜絡乎赤道而南北者，寒暑之故也。其隨大氣而左，準赤道爲出沒者，晝夜之故也。凡三百六十五日，小餘不滿四分日之一，日躔發斂一終，月道斜交乎黃道，凡二十七日，小餘過日之半，月逡其道一終，日月之會，凡二十九日，小餘過日之半，以起朔，十二朔，凡三百五十四日有奇分，而近歲終，積其差數置閏月，然後時序之從乎日行發斂者以正，故堯典曰『朞三百有六旬有六日，以閏月正四時，成歲。』」文烝案：閏所附月無常月，不得定名爲某月朔，故變告朔言告月也。若日事遇朔曰朔，則不言閏月可。天子不以告朔，而喪事不數也。閏是叢殘之數，非月之正，故吉凶大事皆不用也。【補曰】十二月各有其政，著在明堂、月令，閏所附無常月，則無常政，故天子不班告朔，此正解經「不告月」三字，當與閏月連讀見義。下句言喪服以年計者，其行事不宜敷是月，指葬齊景公言也。猶之爲言，可以已也。郊然後三望，告朔然後朝廟，俱言猶，義相類也。既廢其大而行其

「正四時」從史記。

細，故譏之。【補曰】注非也。因視朔，故朝廟，因天子班告朔，故視朔，不告月則無視朔之禮，何以朝廟爲乎？故爲「可以已」之辭也。文於閏朝廟者，亦桓公黷祀之類，時魯君臣以僖公爲聖賢，故服喪欲久，祫嘗躋主，閏猶朝祭，皆過乎禮，或容此朝祭專於禰廟矣。蘇轍、胡安國以爲此言「猶」者，幸其不已之辭。劉敞意林引王安石説以爲不郊矣。幸其猶三望，不告朔矣；幸其猶朝于廟，愈乎已則可矣。劉氏自爲説則曰，以爲可以已者，是猶逐其父者，而謂之曰，可并逐母也。以爲愈乎已者，是猶紾兄之臂者，而曰我且徐之也。君子不然，彼不郊而三望，自謂猶愈乎已，故譏之；彼不告朔而朝廟，自謂猶愈乎已，故非之。文烝案：王氏此説，蘇軾亦同，二蘇、王、胡既失其義。劉氏書當時謂其用意太過，此類是也。猶三望，猶朝于廟，猶繹，事異辭同，從傳爲允。疏曰：「重發傳者，前爲三望發，此是朝廟，嫌異，故重明之。范例猶有五等，發傳者三，僖三十一年猶三望，獨發傳者，據始也。宣三年、成七年皆不發傳者，從例可知也。此年發傳者，朝廟與三望異也。宣八年猶繹，發傳者，嫌仲遂有罪，得不廢禮，又繹祭與朝廟禮異故也。」

七年春，公伐邾。

三月甲戌，取須句。取邑不日，此其日何也？據僖二十六年公伐齊取穀不日。不正其再取，故謹而日之也。僖二十二年，公已伐邾取須句，過而不改，於此爲甚，故録日以志之。【補曰】疏曰：「哀元年冬，仲孫何忌帥師伐邾；二年王二月，季孫斯、叔孫州仇、仲孫何忌帥師伐邾，取漷東田及沂西田。彼比年伐邾而取兩邑，經不書日。今僖之與文，父子異人，特言謹而日之者，以文公是不肖之君，緩主逆祀，取邑致討，不得序列於諸侯，譏其過而不改，故録日以見惡。」文烝案：哀公時，魯屢虐邾，其惡易見，故取漷東、沂西自從常例書時，其月者，爲下事起耳。此則相隔十九年，父子異人，恐其惡不明，故日以顯之。疏説未了。不致者，以是惡事故。

遂城郚。【補曰】郚，魯邑。遂，繼事也。因伐邾之師。【補曰】當云因取須句之師。重發傳者，上是伐國取邑，此是城，嫌非繼事也。

夏四月，宋公壬臣卒。【補曰】宋成公也。不日者，蓋不正。不葬者，或是宋亂魯不會。○【撰異曰】壬，本或作「王」，唐石經作「王」，左氏、公羊作「王」。左亦或作「壬」。

宋人殺其大夫。稱人以殺，誅有罪也。【補曰】重發傳者，此非討賊，又無名氏，故重舉衆辭之例。疏曰：「昭公杵臼未即位，國内無君，故不稱名氏，從未命大夫例。」文烝案：疏非也。不稱名氏，在祖之位也。據左傳，所殺者，公孫固、公孫鄭也，二子皆孤卿之官，固則爲大司馬，僖二十五年論之備。惟稱人是有罪之辭，恐左氏所載有是非失實者。史記宋世家曰：「成公卒，成公弟禦殺太子及大司馬公孫固而自立爲君。宋人共殺君禦而立成公少子杵臼，是爲昭公。」其事與左傳異，而以公孫固爲大司馬最爲可據，以昭公爲少子不正，又足明後文弑不書日之義。

戊子，晉人及秦人戰于令狐。令狐，秦地。【補曰】言秦地者，依傳在外之文爲説也。左傳曰：「戊子，敗秦師于令狐，至于刳首。己丑，先蔑奔秦。」杜預曰：「從刳首去也。令狐在河東，當與刳首相接。」釋例土地名令狐在晉地名中，刳首在秦地名中，杜據左傳僖二十四年秦納晉公子，濟河，圍令狐；成十一年晉侯在令狐，秦伯不肯涉河，使史顆盟晉侯于河東；故知令狐是晉地，在河東，接秦刳首。而經文當據刳首爲説。今臆測之，或令狐一地而兩屬，如閻爲晉地，而周亦得有闔田之比。其屬秦者，别名刳首，蓋又如温之有郟。郟者，杜預以爲温别邑，温已屬晉，而郟田猶屬周，正與刳首相類。周、晉争郟，皆以温爲言。説文解「郟」字曰：「晉之温地。」是郟亦通稱温，正猶經之通稱令狐矣。以戰爲文，兩不稱師，又不言某師敗績者，皆是略之。河曲亦同也，略之亦因其亟戰。傳於河曲始言亟戰者，河曲尤甚，又有變文。公羊兩傳皆曰「何以不言師敗績？敵也。」失之。

晉先蔑奔秦。○【撰異曰】蔑，公羊作「眜」，「眜」下有「以師」二字。眜，今本作「昧」，唐石經不誤，徐彦曰：「左氏、穀梁作『先蔑』。」不言出，【補曰】何休曰：「據楚囊瓦俱戰而奔言出。」在外也。【補曰】在外，在竟外也。公羊亦曰「遂在外也」。何休曰：「起其生事，成於竟外，從竟外去。」徐彦曰：「以此言之，則令狐非晉地，伯莒爲楚地亦明矣。」文烝案：二句包公孫敖、公孫歸父言之。輟戰而奔秦，以是爲逃軍也。輟，止也。爲將而獨奔，故曰逃軍。【補曰】此又言經於止戰之後，特著奔秦之文者，以是爲逃軍故也。冉有用矛於齊師，孔子曰：「義也。」子路曰：「魯有事於小邾，不敢問故，死其城下可也。」然則逃軍者，人臣之大罪。楚囊瓦事正與此同，傳亦并爲彼見義。

狄侵我西鄙。

秋八月，公會諸侯、晉大夫盟于扈。扈，鄭地。其曰諸侯，略之也。晉侯新立，公始往會，晉侯不盟，大夫受盟。既以喪娶，又取二邑，爲諸侯所賤，不得序于會，諱使若扈之盟，都不可知，故略之。【補曰】疏後一説，諸侯不序，使若扈之盟，諸侯都不可知。文烝案：范本公羊何休説，非也。傳云「略之」者，與城緣陵同義。彼傳曰「散辭」，亦是略之，此曰「略之」亦是「散辭」，文異而意互相備，一見桓德之衰，一著晉霸之衰。吕大圭謂此與十五年、十七年皆略而不序者，莫有主是盟之辭，齊履謙亦以爲散盟、散會之辭，其説皆是也。緣陵之城，未知公在否，公雖在，亦當不出公，此異於城，故言公也。上言諸侯則下言晉大夫，屬文之宜也。既略之，故不日，亦不致。左傳載諸國爲齊侯、宋公、衛侯、陳侯、鄭伯、許男、曹伯、晉趙盾。

冬，徐伐莒。

公孫敖如莒莅盟。莅，位也。其曰位何也？前定也。其不日，前定之盟不日也。【補曰】疏曰：「重發傳者，以徐伐莒，而往莅盟，嫌非兩國交盟之例，故明之。」文烝案：此不日又不月者，文承「伐」下，從伐例，蓋以徐伐爲主。

八年春王正月。

夏四月。

秋八月戊申，天王崩。襄王。【補曰】左傳、史記皆名鄭。范注贅。王崩不去天者，事不涉會，不得取義於公。

冬十月壬午，公子遂會晉趙盾盟于衡雍。衡雍，鄭地。

乙酉，公子遂會雒戎盟于暴。鄭地。【補曰】四日不能再出。不爲繼事辭者，內大夫兩事並受命則各書之，此常例也。又兩事並在日例，言日則不言遂，亦是常例。疏以爲下事若直言遂會雒戎，恐遂爲繼事辭，兩名不辨，故再稱公子。案：疏非也。疏據公羊一事再見則卒名，傳無是例。○【撰異曰】公羊「雒」上有「伊」字，穀梁、左氏皆或作「伊、雒之戎」，音義云：「誤。」左氏音義云：「後人妄取傳文加耳。」暴，公羊本又作「曝」，俗字也。

公孫敖如京師，弔周喪。【補曰】左傳文也。公不奔喪，非禮也。說見定元年。不至復。丙戌，奔莒。

【補曰】言不者，可以然而不然之例。○【撰異曰】「至」下各本衍「而」字，今依唐石經刪正。左氏有「而」字，文烝案：左氏經如桓十八年之「與」字，三年之「以」字，及此「而」字，皆非文例，當由後人妄增。不言所至，未如也，若其已行，當如公子遂至黄乃復，今不言所至而直言復，知其實未如也。未如則未復也。未如而曰如，不廢君命也。雍曰：「受命而出，義無私留，書如京師，以顯命行。于下不書所至，以表不去之罪。」未復而曰復，不專君命也。復者，事畢之辭，未如，故知其未復。加畢事之文者，言君命無輒專之道。【補曰】言復不言乃者，未如未復，無所至，皆其人自爲之，乃文無所施。其如，非如也；其復，非復也。【補曰】其如非如京師，又不返。唯奔莒之爲信，【補曰】言如言復，皆爲奔起，明其意在奔莒，左傳謂從莒女己氏也。不言出，公羊曰：「遂在外也。」杜預曰：「受命而出，自外行。」卽上年例云在外，蓋踰竟則卽東行，亦以見其未如未復也。故謹而日之也。【補曰】意在奔莒則有罪，故言日以謹之。賈逵說左氏曰：「日者，以罪廢命，大討也。」本傳義也。歸父無罪，故有遂文，不言日也。疏曰：「襄二十三年冬十月乙亥，臧孫紇出奔邾，傳曰『其日』，正臧孫紇之出也。注云正其有罪，彼云正其有罪，則此亦正其有罪。兩處發傳者，此其如非如，其復非復，臧孫則實奔，嫌其意異，故舉二者以包其餘。成十六年冬十月乙亥，叔孫僑如出奔齊亦同此例，故不復發之。若然，僑如亦是有罪書日，而彼注引徐邈云『禮大夫去』云云與此異者，書日之義有二種之意：一爲正罪，一爲兼君恩。知者以閔二年公子慶父出奔莒，文承九月下而不書日，傳稱慶父不復見，明罪重合誅，故去日以見恩絶，則書日者有恩可知。以此推之，歸父、公子慭不書日之從例可知也。然歸父有罪，非成公逐之者，歸父父殺嫡立庶，宜世不長，魯人逐之，實得其罪，但惡成公逐父之使耳。不言歸父，無罪也。」文烝案：慶父、歸父、公子慭不日之義各異，疏不得其說。歸父之父有罪，歸父何罪乎？徐邈君恩之説，無當於傳。魯於慶父、歸父亦非無恩，皆不可通也。○此事後人書之則曰丙戌公孫敖出奔莒而已。春秋出名氏於上，録日於下，加三句六字，去「出」字，事備而義精矣。左傳曰「以幣奔莒」，不書，不可書也。家勤國曰：「公不奔喪而卿行，是諸侯不有天子；敖如京師不至復，是大夫不有諸侯。」

螽。【補曰】蒙上月。

宋人殺其大夫司馬。司馬，官也。【補曰】亦曰司武。馬者，武也。其以官稱，無君之辭也。何休曰：「近上七年，宋公王臣卒，宋人殺其大夫不言官，今此在三年中言官，義相違。」鄭君釋之曰：「七年殺其大夫，此實無君也，今殺其司馬，無人君之德耳。司馬、司城，君之爪牙，守國之臣，乃殺其司馬，奔其司城，無道之甚，故稱官以見輕慢也。」傳例稱人以殺，殺有罪也，此上下俱失之。【補曰】十五年注以「無君爲不臣」是也，鄭說非也。不稱名姓，在祖之位也。左氏事迹可徵，其是非予奪，皆未可信。但此與上七年皆稱人以殺，稱人則已見罪，而彼直云殺其大夫，此復稱官者，蓋因下事書宋司城二文相連，不可空言大夫，無以相別，故下言司城，則此言司馬，而因此司馬之文又以見祖位及在祖位者之實，乃爲前後諸文之樞紐，此聖者之作，自然之妙也。傳因下文稱官，是無君之辭，故於此亦順而言之，不可以辭害意。左傳稱其人曰「大司馬公子卬」。

宋司城來奔。司城，官也。【補曰】宋避先君武公名，變司空爲司城。其以官稱，無君之辭也。【補曰】疏曰：「重發傳者，嫌奔殺異也。」文烝案：列國官名，自行人以外內外無書者，此欲表其無君，何以必稱其官？蓋其時司城官屬悉來奔，實如左傳之說，故稱官以著之。崔氏舉族皆出則書齊崔氏，司城官屬皆來則書宋司城，各從其實，其義一也。若然，經以其官屬皆來稱官，而傳釋爲無君之辭者，官屬悉奔，朝廷空虛，擅權無君，於斯爲著。傳所云無君即指其以官屬來也，是知上文司馬乃因此司城之文而書以相別。傳於上亦釋爲無君者，釋文雖同，其意異也。司城名氏，左傳曰「蕩意諸」。來奔者不言出，舉其接我也。【補曰】疏曰：「此是來奔之始，故發傳。郕伯、宋子哀等不發者，從此例可知。」文烝案：此言接我者，亦接公也。或有公不在而言來奔者，當與介葛盧同例，亦容不至國都，大概是以接公爲文。

春秋文公經傳第五補注第十四

穀梁　范氏集解　鍾文烝詳補

九年春，毛伯來求金。【補曰】金，黃金也。凡金幣，黃爲上，此亦求賻之類。傳曰：「錢財曰賻」，錢者赤金爲之，若是赤金，當言賻矣。漢書食貨志曰：「大公爲周立九府圜法：黃金方寸，而重一斤；錢圜函方，輕重以銖。」〇或疑此金是赤金未鑄爲錢者，左傳：「鄭伯朝楚，楚子賜之金，曰：『無以鑄兵！』故以鑄三鍾。」明是赤金也。求車猶可，求金甚矣。凱曰：「求俱不可，在喪尤甚。不稱使者，天子當喪未君也。」【補曰】喪求甚於凡求，求金又甚於求賻。注解不稱使，本公羊，卽隱三年例云「無君也」。彼無君，謂未踰年，又當如左傳說爲未葬。此無君，則左傳云「未葬」是也。公羊兩處並云「當喪未君」，又因此經謂未三年不稱王，且曰「以天子三年然後稱王」，亦知諸侯於其封內三年稱子。考之於經，景王未三年，書「天王殺其弟佞夫」，敬王未三年，書「天王居于狄泉」魯閔公未三年，上附莊卷，而其稱公作謚，繫世入廟，仍同他公。穀梁、左氏皆無義例，則公羊未可信也。坊記曰：「未沒喪不稱君。」曲禮曰：「天子未除喪，曰予小子。生名之，死亦名之。」皆與公羊説同。案：論語子張曰：「書云：『高宗諒陰，三年不言。』何謂也？」子曰：「何必高宗，古之人皆然。君薨，百官總己以聽於冢宰三年。」又孟子稱堯崩舜立，舜崩禹立，禹崩啟立，皆在三年喪畢後。竊意公羊、坊記、曲禮所言者自是先代之制，而周世則不然。吕大圭據顧命、康王之誥疑彼時已變制矣。

夫人姜氏如齊。歸寧。【補曰】姜氏，謂出姜。此書非禮也。范本杜預，依左傳例。何休則以爲奔父母喪。父母者，齊大夫家也，蓋未可據。下有二月、三月，則此如是正月，上求金不以此如特出月，明夫人與公異例。

二月，叔孫得臣如京師。【補曰】月者，爲葬日。京，大也。師，衆也。【補曰】二訓，公羊、爾雅同。言周，必以衆與大言之也。【補曰】何休曰：「天子之居，地方千里，周城千雉，宫室官府，制度廣大，四方各以其職來貢，莫不備具，所以必自有地者。治自近始，故據土與諸侯分職而聽其政焉。」

辛丑，葬襄王。【補曰】公不親會葬，非禮也。說見定元年。天子志崩不志葬，舉天下而葬一人，其道不疑也。【補曰】不志葬，不疑於不葬，猶諸侯之時葬正也。魯史之制，宜辟周史，故得以不志葬爲義，若周史則不得矣。列國亦各有史，故略書時者則爲正，凡春秋之文，以簡約爲主。志葬，危不得葬也。不得備禮葬。【補曰】志葬者，以月爲例，猶諸侯之月葬故也。疏曰：「重發傳者，桓王七年始葬，襄王則七月而葬，嫌異，故重發之。」文烝案：桓是改葬，志葬猶不志也，彼傳亦不説，桓重發之者，所以起下。日之，甚矣，其不葬之辭也。王室微弱，諸侯無復往會葬。【補曰】葬天子而加日，甚於危不得葬，直是不葬之辭，猶諸侯之日葬危不得葬也。不葬之辭，謂非舉天下而葬一人之辭也。注以諸侯無復往會葬解之，當改言無復親往則通。

晉人殺其大夫先都。

三月，夫人姜氏至自齊。【補曰】疏曰：「范例云，夫人行有十二，例時，此致而書月者，蓋以非禮而致，故書月以刺之，餘文書月者，當條皆有義耳。夫人行十二者，文姜七如齊，再如莒，聲姜會齊侯于陽穀，于卞，并數此出姜是十二也。」文烝案：夫人行例時，至例月。何休曰：「月者，婦人危重，從始至例。」卑以尊致，病文公也。夫人行例不致，乃以君禮致，刺公寵之過。【補曰】注末句非也，病不可以爲刺。文公嬖頃熊而姜氏無寵，反言寵之過，非事實也。傳言夫人以君禮致，儼如國君然，是由公之不知禮，故足爲病也。夫人所以不得致者，婦人既嫁不踰竟，既無踰竟之事，安有告廟飲至之禮？故公宜致，夫人不宜致，始嫁宜致，既嫁不宜致。文姜、聲姜雖踰竟，皆不行告至之禮也。禮雜記及何休説皆言夫人得奔父母喪，宜出則卽宜致，傳所不言，似未足據矣。疏引徐邈云卑以尊致者，文公娶齊大夫女爲妻，故初逆姜氏，不稱夫人，今致以夫人禮，與逆自違，故疾公也。案：徐用公羊説，而以前不稱夫人爲卑，此稱夫人爲尊，殆非傳意。

晉人殺其大夫士縠及箕鄭父。○【撰異曰】縠，本又作「穀」，左氏、公羊作「穀」。稱人以殺，誅有罪也。【補曰】重發傳者，此有「及」文，嫌異故也。鄭父，累也。【補曰】重發傳者，鄭父非公子，嫌異故也。

楚人伐鄭。

公子遂會晉人、宋人、衛人、許人救鄭。【補曰】案：左傳晉趙盾、宋華耦、衛孔達皆大夫也，稱人者，非霸國獨用兵，猶從伐沈之例。

夏，狄侵齊。

秋八月，曹伯襄卒。

九月癸酉，地震。穀梁説曰：「大臣盛，將動有所變。」【補曰】國語伯陽父曰：「陽伏而不能出，陰迫而不能烝，於是有地震。」注引穀梁説，蓋以爲陽微陰盛，君弱臣强之象。此年之震，疏曰：「何休、徐邈並云由公子遂陰爲陽行，專政之所致也。」孔廣森曰：「昭二十三年八月乙未地震，越二日丁酉，周地亦震，南宫極死而經不書，知諸書地震皆據魯。」

震，動也。【補曰】公羊、爾雅同也。隱、僖篇「震」既訓雷，以雷能動物，故「震」之義又爲動。凡一字數義者，皆如此。易卦之震，其本義爲動，不爲雷，震與動，古今語也。説卦傳曰：「震，動也。」是以今語通古語，爲震卦之本訓，八卦皆同也。晏子春秋稱「維星絶，樞星散，地其動」，又稱「鉤星在駟心之閒，地其動」，是當時通言地動。春秋言地震不言地動者，策書用字之例，皆因乎古也。地不震者也，【補曰】何休曰：「天動地静者常也。」文烝案：素問、周髀算經及書考靈耀説地亦圓而動不止，但人不覺其動，故曰不震者也。管子曰：「天曰虚，地曰静。」震，故謹而日之也。【補曰】疏曰：「范例云，地震五，例日。」

冬，楚子使萩來聘。【補曰】會雩書楚子，别欲見義，其後還書人，則書子斷自此始。蘇轍曰：「至是齊、晉日衰，楚人接迹於中國，於是書其君臣，與諸侯比。」孔廣森曰：「商臣弑父而得稱子以使者，其罪惡固不待貶絶而見。」文烝案：韓子詩云：「春秋書王法，不誅其人身。」許翰稱之，當以此意求之。若如周子云「春秋正王道」，又云「誅死者於前」，便未及此。韓子説春秋曰：「不誅其人曰謹，嚴曰深。」其文辭皆甚確。○【撰異曰】萩，或作「菽」。段玉裁曰：「『茮』之俗也。」左氏、公羊作「椒」，公羊亦或作「萩」。案：古讀「椒」若「萩」也。楚無大夫，無命卿。其曰萩何也？以其來，我褒之也。【補曰】褒之，猶言進之，以其來我，故進之而得目言萩也。楚君初見新意，楚臣猶依舊例。

秦人來歸僖公、成風之襚。【補曰】稱秦人無君臣者，從遠國例略之，或微者也。不去來者，原情不責之，見上五年注。既不責之，故亦不月。張洽曰：「時秦、楚交病中國，秦欲伐晉而歸禭於魯，猶楚欲圖北方而萩來聘也。」秦人弗夫人也，言秦人弗以成風爲夫人，故不言夫人。【補曰】若以成風爲夫人，當直言成風，今繫僖公言之，明爲弗夫人之辭。孔廣森難傳曰：「若妾母必以其子氏者，令惠公、僖公尚在，何以稱之？」文烝案：宰咺、秦人兩事本以歸妾母志，其以可辭受之，因以見正者，適因惠、僖已没故也，若二公尚在，則亦直文見譏矣，此不足疑也。范以不言夫人爲弗夫人之辭，非也。正嫡夫人亦未有既没而稱夫人者，夫人乃生時之稱，唯何休知之，後儒皆不省。即外之弗夫人而見正焉。見不以妾爲妻之正。【補曰】秦人蓋曰此所以禭僖公之成風者，故可因以見正，繫諸僖公，就使秦禭莊公之成風，君子亦必以其可辭受之，因以見正也。志者，與賵仲子略同。孔穎達曰：「是時服除已久，始來弔贈，當以變禮待之。」檀弓曰：「衛將軍文子之喪，既除喪而後越人來弔，主人深衣練冠待於廟，垂涕洟。子游曰：『將軍文氏之子其庶幾乎？亡於禮者之禮也，其動也中。』」

葬曹共公。

十年春王三月辛卯，臧孫辰卒。

夏，秦伐晉。【補曰】何休曰：「謂之秦者，晉先眜以師奔秦，可以足矣，而猶不知止，故夷狄之。」孫復曰：「晉自令狐之戰不出師者三年，其厭戰之心可見，而秦又起此役，故曰秦以狄之。」孫覺曰：「以其易世相讎，但曰秦以狄之。」程子曰：「秦唯以報復爲事，夷狄之道也。」文烝案：四說大概得之，但以師奔秦，非穀梁之義，令狐後晉不出師，又與左傳不合耳。傳稱秦之爲狄，自殽之戰始，而此文狄秦，仍爲變例者。彼傳秦爲狄，惟於書君卒見其義，自餘猶從中國例。秦君狄也，秦國非狄也，秦君以有狄道而狄之。秦國本周舊都也，其取義與滕相似。

楚殺其大夫宜申。僖四年傳曰「楚無大夫」，而今云「殺其大夫」者，楚本祝融之後，季連之胄也，而國近南蠻，遂漸其俗，故棄而夷之。今知内附中國，亦轉强大，故進之。【補曰】前已書殺其大夫得臣矣，非自此始進楚也。内附中國亦不始此，荆人來聘，宜申獻捷，彼時何嘗不與中國親？亦何嘗不强大乎？文之時，晉衰而楚益强，於諸書楚子見其義，不得説之於此。范之疏而不檢甚矣。

自正月不雨，至于秋七月。【補曰】汪克寬曰：「正月上不繫王者，歲首書王，所以著一歲十二月皆承天子之正朔，故此年及十三年總書不雨，但紀月數而已，非歲首比也。」歷時而言不雨，文不閔雨也。不閔雨者，無志乎民也。【補曰】重發傳者，此專在本年，嫌異也。

及蘇子盟于女栗。女栗，某地。蘇子，周卿士。【補曰】女栗當云地闕。下句本杜預。王卿之執政者，左傳謂之卿士，故杜以卿士言之，是天子之上大夫也。杜又曰：「僖十年，狄滅温，蘇子奔衛。今復見，蓋王復之。」傳例曰：「及者何？内卑者也。」趙匡、劉敞、葉夢得以爲公及之，諱而不與，蓋非。左傳曰：「頃王立故也。」案：此奉王命，當在喪畢後，未必蒙月。左氏以爲秋七月，特據經測之。不月者，以卑者與王臣特盟，故略而異之，同諸盟齊，不從宿例。自此周復微。○【撰異曰】女，公羊或作「汝」。栗，各本誤作「粟」，今依音義、唐石經改正。

冬，狄侵宋。

楚子、蔡侯次于厥貉。厥貉，某地也。【補曰】亦當云地闕。左傳曰：「將以伐宋。」孫覺曰：「此次遂稱楚子，下伐麇又以爵書，自是楚益强。」○【撰異曰】厥，公羊作「屈」。

十有一年春，楚子伐麇。○【撰異曰】麇，公羊作「圈」。

夏，叔彭生會晉郤缺于承匡。承匡，宋地。【補曰】叔彭生，公子牙孫叔仲惠伯。張大亨曰：「文之篇六卿並見。」文烝案：成篇亦有六卿。○【撰異曰】唐石經初刻「叔」下有「仲」字，磨改去之。左氏音義云：「叔彭生本或作叔仲彭生，『仲』衍字。」板本、左氏有「仲」字。匡，作「筐」，唐石經皆不誤，湻化本、他宋本同。

秋，曹伯來朝。

公子遂如宋。

狄侵齊。【補曰】左傳曰「鄋瞞侵齊，遂伐我」，謂即下長狄。

冬十月甲午，叔孫得臣敗狄于鹹。【補曰】敗夷狄，雖非疑戰不日，此日者，蓋大得臣之功。公羊以爲其言敗，其日，其地，皆大之也。鹹，魯地。不言帥師而言敗，何也？據僖元年公子友帥師敗莒師于麗，獲莒挐，稱帥師。【補曰】前伐沈救鄭乃稱將不稱帥師之例，此言敗，則當言帥師矣。内事言敗，非公也，不直言師則言某帥師。直敗一人之辭也。【補曰】欲明所敗者一人，故不以衆辭加之。一人而曰敗何也？【補曰】據敗亦衆辭。以衆焉言之也。言其力足以敵衆。傳曰：長狄也，弟兄三人，【補曰】何休以爲相類如兄弟，非親兄弟，與左傳異。

弟兄，唐石經初刻及各本皆作「兄弟」，誤涉公羊文，今依石經磨改及十行本、俞皋集傳釋義本、李廉會通本乙正。佚害中國，佚，猶更也。【補曰】佚，即「迭」字，故訓更。孟子「迭爲賓主」，張鎰所見本或作「佚」。宋本大戴禮禮三本「情文佚興」，元本作「迭」。音義曰：「害，本又作『宕』。」案：各本皆同，音義一本作「宕」，如是「宕」字，范應有注。楊疏言「更害中國」，所據本亦作「害」，今依音義正本、楊疏、唐石經改正。瓦石不能害。肌膚堅强，瓦石打擿，不能虧損。【補曰】打，當从木。叔孫得臣，最善射者也。射其目，身横九畝。廣一步長百步爲一畝。九畝，五丈四尺。斷其首而載之，眉見於軾。兵車之軾，高三尺三寸。【補曰】軾者，車前曲木，左右曲向後，接兩輢。何休説長狄，蓋長百尺，杜預以爲蓋長三丈。何據考異郵云「兄弟三人，各長百尺，别之國，欲爲君。」又據關中記云「秦始皇二十六年有長人十二，見於臨洮，身長百尺，皆夷狄服」。杜據魯語云：「僬僥氏長三尺，短之至，長者不過十之。」其長短皆與傳小異也。此長狄，公羊以爲記異，蓋如臨洮之見，偶然之事。左傳則鄋瞞國也。孔穎達説左傳曰：「如傳文，長狄有種，種類相生，當有支胤，唯獲數人。云其種遂絶，深可疑之。國語仲尼之言以爲自虞以來，命守封、隅之山，賜以淶姓，則是世爲國主，緜歷四代，安得更無支屬唯有四人？且君爲民心，方以類聚，不應獨立三丈之君，使牧八尺之民。又三丈之人誰爲匹配？豈有三丈之妻爲之生産乎？人情度之，深可惑也。」文烝案：孔氏特發此疑，今姑存而不論。左傳有可信者，論於下。然則何爲不言獲也？據莒挐言獲。【補曰】此非所據也。如上所云，在獲例，不在敗例，何爲以敗言之，不言獲邪？曰：古者不重創，不禽二毛，故不言獲，爲内諱也。不重創，恤病也。不禽二毛，敬老也。仁者造次必於是，顛沛必於是，故爲内諱也。既射其目，又斷其首，爲重創。鬢髮白，爲二毛。【補曰】左傳宋襄公曰：「君子不重

淶，即「釐」字，作「漆」者誤。

傷，不禽二毛。」傷卽創也。月令曰：「瞻傷察創。」鄭君曰：「創之淺者曰傷。」此對文也，散文則通，故說文、廣雅云：「傷，創也。」廣雅又云：「創，傷也。」說文亦云：「刅，傷也。」或作「創」。此並王念孫廣雅疏證說也。重創、禽二毛，皆爲不仁，獲之爲言也，亦重創、禽二毛之屬也，故變文言敗，而不言獲，所以爲內諱。尋傳意，本汎論事理，非指射目斷首爲重創，注失其解，於理不通矣。傳先言「直敗一人」，「以衆言之」，卽引舊傳記其事，以明此敗異於他敗。非敗獨得言敗者，大之也。又解不言獲之義，以明此獲通於他獲。實獲皆不言獲者，諱之也。疏曰：「長狄兄弟，更害中國，禍害爲深，得臣能立功於一時而標名於萬代，其庸大矣。若其不諱，何以不書？且晉獲潞子尚書於經，魯獲長狄棄而不録，詳內略外之義，豈其然哉？知內不言獲之例不施於此也。」案：疏說迂曲，此卽內不言獲之例耳。公子友欺紿棄師則言獲以惡之，得臣殺敵致果則不言獲以諱之，惡者變文，諱者常文，諱輕於惡，凡內所以不言獲者，正是諱耳。此傳曰諱莒挐，傳曰惡華元，夏齧傳曰不與非與，義皆相通。○射禮以中爲獲，鄭君鄉射注曰：「射，講武田之類也，因是見爲國之思患而防也。」春秋以獲爲敗，傳曰爲內諱也，因是見用兵以不殺爲武也。」其之齊者，王子成父殺之，則未知其之晉者也。【補曰】公羊與此同。據左傳，魯所獲者僑如。齊王子成父所獲者榮如，在齊惠公之二年，傳誤作齊襄公，當依史記正之。晉所獲者焚如，在滅潞時。又宋獲緣斯在春秋前，宋武公時衛獲簡如在齊獲之後。緣斯者，僑如之先，僑如弟曰焚如，焚如弟曰榮如。季弟曰簡如。襄三十年晉師曠言：「叔孫莊叔敗狄于鹹，獲長狄僑如及虺也、豹也，而皆以名其子。」左傳人名事迹當非虛妄，大氐左氏考史，博采而尚詳，聖門解經，核實而舉要。

十有二年春王正月，郕伯來奔。【補曰】公羊曰：「失地之君也。何以不名？兄弟辭也。」左傳：「郕，文之昭也。」何休曰：「月者，前爲魯所滅，今來見歸，猶當加意厚遇之。」文烝案：魯前與齊共圍郕，非滅也，或至此始失國耳。左傳以爲郕世子，趙匡、劉敞疑之。月者，以是同姓兄弟，故仍史文録月。舊史小國君奔皆月，君子皆略之從時例。○【撰異曰】郕，公羊作「盛」。

杞伯來朝。僖二十七年稱子，今稱伯，蓋時王所進。

二月庚子，子叔姬卒。其曰子叔姬，貴也，公之母姊妹也。同母姊妹。【補曰】公羊曰：「其稱子何？貴也。其貴柰何？母弟也。」與傳意同。傳以父爲男子之美稱，於子則直曰貴之、尊之，不言男子，明女子亦得通稱，故大夫以上稱子，則其妻稱内子。今以君之母姊妹貴，故舉其貴者，猶母弟稱弟，母兄稱兄，皆以同母爲貴也。何休曰：「不稱母妹而繫先君言子者，遠别也。禮男子不絶婦人之手，婦人不絶男子之手」，何氏遠别之義可用，其言繫先君非也。孔廣森又引詩齊侯之子、東宮之妹，以爲君之母妹貴有殊矣。其一傳曰：許嫁以卒之也。【補曰】稱「其一傳曰」者，蓋引舊傳爲更端之辭，或「其一」二字衍也。疏曰：「上傳言母姊妹貴，故録卒。下傳言許嫁諸侯，故録卒。似上下意乖者，傳欲見雖貴非許嫁不書，上下足成，非乖也。許嫁乃書卒者，以其卽貴之漸故也。徐邈云：「上傳云子叔姬者，杞夫人見出，故不言杞。下傳云許嫁者，言是别女，非杞叔姬也，理亦足通。」文烝案：疏說及徐皆非也。「貴」釋書「子」義，「許嫁」釋書「卒」義，不泥「其一」二字，則文意甚明。僖九年伯姬卒已發傳，重起例者，此稱子，嫌有異，故舉舊傳重明之。公羊亦正如是。男子二十而冠，冠而列丈夫，三十而娶；女子十五而許嫁，二十而嫁。禮二十而冠，冠而在丈夫之列。譙周曰：「國不可久無儲貳，故天子諸侯十五而冠，十五而娶。娶必先冠，以夫婦之道，王教之本，不可以童子之道治之。禮十五爲成童，以次成人，欲人君之早有繼體，故因以爲節。書稱成王十五而冠，著在金縢。周禮媒氏曰：『令男三十而娶，女二十而嫁。』内則云：『女子十五而笄。』説曰許嫁也。是故男自二十以及三十、女自十五以及二十皆得以嫁娶，先是則速，後是則晚。凡人嫁娶，或以賢淑，或以方類，豈但年數而已。若必差十年乃爲夫婦，是潑賢淑方類，苟比年數而已，禮何爲然哉？則三十而娶，二十而嫁，説嫁娶之限，蓋不得復過此爾。故舜年三十無室，書稱曰鰥。周禮云，女子年二十有未嫁者，仲春之月，奔者不禁，奔者，不待禮聘，因媒請嫁而已矣。甯謂禮爲夫之姊妹服長殤，年十九至十六，如此，男不必三十而娶，女不必二十而嫁明矣，此又士大夫之禮。」【補曰】引譙周者，五經然否論文也，見通典所引説成王冠。疏曰：「注言此又士大夫之禮者，謂喪服所言，多陳士大夫之禮，猶不待二十，明諸侯以上早娶，禮在不疑。」文烝案：三十、二十之文，周禮内則、大戴禮本命、書大傳、毛詩傳皆同，五經異義從左氏説。人君早娶，以三十、二十爲庶人禮。王肅聖證論謂三十、二十者，男女嫁娶之限，禮言其極，不是過耳。男十六精通，二十而冠，女十四血化，十五而許嫁，於此以往，皆可嫁娶。以爲此家語孔子對哀公之言也。幷官聖妃，家語記其娶，謂孔子年十九，凡此並可與譙、范説相證矣。白虎通引穀梁傳曰：「男二十五繫心，女十五許嫁，感陰陽也。」通典引同，今傳無此文，亦是爲穀梁學者説傳語，在外傳及章句。

夏，楚人圍巢。

秋，滕子來朝。

「幷官聖妃」四字見漢碑。又廣韻引魯先賢傳孔子妻幷官氏，明刻家語始誤「并」爲「幷」。

秦伯使術來聘。術，秦大夫。【補曰】術不氏，從楚、吳例也。秦非楚、吳比，有師則亦得有大夫，但觀温之會，秦人序莒、邾君下，翟泉之盟，秦人序陳、蔡大夫下，皆在最末，秦雖親晉，當時猶以遠國視之也。殽戰後，與晉世讎，遂合於楚，春秋於是乎狄秦，既遠且狄，不可與萩札異例。莊二十六年徐邈說有未盡者。○【撰異曰】術，公羊作「遂」。徐彥曰：「左氏、穀梁皆作『術』字，經亦有作『術』字者，疑『遂』字誤。」案：月令「徑術」，學記「術有序」，鄭君謂即周禮「遂」字，聲近「遂」。答張逸云：「述，讀如『遂事不諫』之『遂』。」

冬十有二月戊午，晉人、秦人戰于河曲。河曲，晉地。【補曰】公羊曰：「河曲疏矣，河千里而一曲也。」不言及，秦、晉之戰已亟，故略之也。亟，數也。夫戰必有曲直，以一人主之，二國戰鬭數，曲直不可得詳，故略之，不言晉人及秦人戰。【補曰】亟訓數者，頻數也。爾雅曰：「屢，亟也。」又曰：「亟、屢、數，疾也。」曲直之說，與戰甗傳注引鄭君說異，非也。及者，以主及客，晉、秦之戰，則必以晉爲主，此略之不言晉及者，爲其亟戰也。若然，罪晉爲其亟戰，明十年罪秦亦同，傳於此發之，舉一隅使人以三隅反也。鄭伐許亦爲其一歲再伐，亦足包其義，傳文至簡至密，細心則知，葉夢得、程端學妄譏此傳何哉？趙鵬飛曰：「夫有血氣者莫不有忿心，人之所以異於豺狼者，以其忿而能懲耳。今秦、晉忿而不懲，俱斃而後已，與豺狼何異？故以鏖鬬目焉。」

季孫行父帥師城諸及鄆。○【撰異曰】鄆，公羊作「運」，此字後皆同。稱帥師，言有難也。【補曰】疏曰：「凡城之志皆譏，此傳不解譏與不譏，直釋其帥師之意耳。但此城得時，又畏莒爭鄆，書雖是譏，情義通許，故傳以『有難』釋之，不言譏之意。」文烝案：城直言城者，其常也。卿親帥師則有難矣，傳發通例也。此城鄆，汪克寬以爲莒、魯之爭實始此。

十有三年春王正月。

夏五月壬午，陳侯朔卒。【補曰】陳共公也。不葬者，蓋魯不會。

邾子蘧篨卒。【補曰】邾文公。〇【撰異曰】唐石經左氏初刻作「蘧蒢」，後並磨去艸頭。板本同初刻。唐石經公羊初刻並从竹，後並改从艸。板本則上字从艸，下字从竹，惟穀梁石經、板本皆並从竹，爲得其正。段玉裁曰：「二字並當从竹。蘧篨，竹席也，此以器爲名。」

自正月不雨，至于秋七月。

大室屋壞。屋者主於覆蓋，明廟不都壞。【補曰】何休曰：「言屋者，重宗廟，詳録之。」案：爾雅曰：「壞，毀也。」說文曰：「毀，缺也。」此當蒙月，謹之。左傳曰「秋七月」。〇【撰異曰】大，公羊作「世」。漢書五行志曰：「大室屋壞。」穀梁、公羊經曰「世室」。案：穀梁以「世」釋「大」，志因謂經同公羊也。大室屋壞者，有壞道也，譏不脩也。【補曰】疏曰：「高者有崩道，下者有壞道，既有壞道而書之者，譏魯久不繕脩。」文烝案：公羊曰：「久不脩。」杜預釋例曰：「大室之屋，國之所尊，朽而不繕，久旱遇雨，乃遂傾穨，不共之甚，故特書之。」中庸曰：「春秋脩其祖廟。」大室，猶世室也。世世有是室，故言世室。【補曰】大、世義相近。孔穎達論世子、世叔申之屬，左氏經作「世」字，傳皆爲「大」，明古「世」、「大」義通。公羊曰：「世世不毀。」范用其意。周公曰大廟，爾雅曰：「室有東西廂曰廟。」伯禽曰大室，羣公曰宮。爾雅曰：「宮謂之室，室謂之宮。」然則其實一也，蓋尊伯禽而異其名。【補曰】伯禽，周公子魯公也。三句通釋經例，與公羊同。周之后稷廟稱大廟，文、武稱世室，親廟稱某宮，是天子亦同。禮宗廟之事，君親割，割牲。夫人親舂，舂粢盛。【補曰】疏曰：「徐邈云：『禮記曰「君執鸞刀而封牲」，彼據初殺牲之時，非是割牲之事。』徐言非也。」文烝案：國語觀射父曰：「天子禘郊之事，必自射其牲，王后必自舂其粢。諸侯宗廟之事，必自射牛、封羊、擊豕，夫人必自舂其盛。」周禮射人：「祭祀則贊射牲。」鄭君曰：「烝嘗之禮，有射豕者。」敬之至也。爲社稷之主，而先君之廟壞，【補曰】社稷之主，謂君也。禮運孔子曰：「天子祭天地，諸侯祭社稷。」明諸侯所祭，社稷最重，故以稱之。蔡邕獨斷曰：「天子社稷，土壇方廣五丈，諸侯半之。社稷二神同功，故同堂別壇，俱在未位。」條牒論曰：「稷壇在社壇西，俱北鄉，營並壇共門。或曰在社壇北。」五經異義今孝經說：「社爲土神，稷爲穀神，句龍、后稷其配食者。」鄭君從其說。極稱之，志不敬也。極稱，言屋壞不復，依違其文。【補曰】所謂盡而不汙也。漢書五行志載左氏說曰：「前堂曰大廟，中央曰大室；屋，其上重屋尊高者也，象魯自是陵夷，將墮周公之祀也。」賈逵、服虔、杜預注皆以爲「大廟之室」，此不可通於穀梁、公羊。而陳奐作詩傳疏合以爲一，以爲大廟者路寢大廟，即明堂、月令左右介中央之大廟，實爲明堂大廟，鄭君所謂大寢南堂者也。明堂位曰：「大廟，天子明堂。」此明堂爲路寢明堂，周、魯同制也。魯自魏公之世，以大廟爲周公廟，厲公之世以大廟大室爲魯公廟，至五廟中別有大祖廟，乃是文王廟，即左傳之周廟，絶非大廟，其在周，則懿王之世以文王爲文世室，孝王之世以武王爲武世室。世室卽路寢之大廟，大室雖並稱世室，而前堂大廟則爲文王廟，中央大室則爲武王廟。凡陳氏所說，新奇繆盭，學者宜辨之矣。一經之義，羣籍所關，固須參會而通，亦不可牽合爲說。得則爲康成氏之括囊大典，網羅衆家，

介、个，正俗字。

不得則爲夏侯建之章句小儒，破碎大道；二百年來之經術，當以是權之。方東樹欲一概抹倒，則亦過也。

冬，公如晉。

衛侯會公于沓。沓，地也。【補曰】當云地闕。○【撰異曰】公羊無「公」字。

狄侵衛。

十有二月己丑，公及晉侯盟。還自晉。○【撰異曰】左氏「還」上有「公」字。還者，事未畢也。【補曰】疏曰：「莊八年『師還』，傳曰『遝也』，嫌不得如彼例，故復發傳。春秋還例有四，范別例云三者，蓋直據內爲三，不數晉士匃。」自晉，事畢也。【補曰】疏曰：「以其與致文同也。」文烝案：事畢者，返至國也。事未畢者，返而在路也。本但當爲至國之辭，以有他事，加在路之辭，不可沒其本辭也。

鄭伯會公于棐。棐，鄭地。【補曰】兩書會公者，公爲主也，謝湜得之。兩會皆不盟，故書之如此，邾子來會亦同。若會而復盟，則當書曰公及衛侯盟于沓，公及鄭伯盟于棐，公及邾子盟于比蒲，從凡內爲志之文矣。是故會戎于潛、會齊侯于防，戎爲主，齊爲主也。會公于沓、會公于棐，來會公，公爲主也。○【撰異曰】棐，公羊作「斐」，亦或作「棐」。

十有四年春王正月，公至自晉。【補曰】此亦後事小則以先事致之例。孔廣森曰：「月者，正月也。」文烝案：公一出三爲諸侯所榮，於事無危，故劉敞據以駮危致之例，必如孔說乃通。

邾人伐我南鄙。

叔彭生帥師伐邾。

夏五月乙亥，齊侯潘卒。【補曰】齊昭公也。不葬者，或是齊亂，魯不會。

六月，公會宋公、陳侯、衛侯、鄭伯、許男、曹伯、晉趙盾。癸酉，同盟于新城。新城，宋地。【補曰】七年略不序，此從常文。此盟同外楚，事較善也。不於會上日者，趙匡以爲既行會禮，別日又盟。不地會與溴梁異者，以同外楚爲重，雞澤並同義也。盟不復舉諸侯者，無中事，故馬陵、柯陵、雞澤、戲、京城北、平丘六者皆同義也，惟首戴別欲見義。張洽曰：「許自晉文、襄圍伐後，始與盟會。」文烝案：左傳七年盟扈已有許。同者，有同也，同外楚也。【補曰】齊霸同盟同尊周，晉霸同盟同外楚。晉盟至此言同者，時楚强盛，晉不能制，非若文、襄之世。不疑不同，外之不須言同也。七年之盟及此後晉盟不言同者，皆本無外楚之事。

秋七月，有星孛入于北斗。劉向曰：「北斗貴星，人君之象也；孛星，亂臣之類。」言邪亂之臣將並弑其君。【補曰】漢書五行志：「劉以爲君臣亂於朝，政令虧於外，則上濁三光之精，五星贏縮，變色逆行，甚則爲孛。北斗，人君象，孛星，亂臣類，簒弑之表也。星傳曰『魁者，貴人之牢』。又曰『孛星見北斗中，大臣諸侯有受誅者』。一曰魁爲齊、晉。夫彗星較然在北斗中，天之視人顯矣，史之有占明矣，時君終不改寤。是後，宋、魯、莒晉、鄭、陳六國咸弑其君，齊再弑焉。」文烝案：左傳載叔服言：「不出七年，宋、齊、晉之君皆將死亂。」劉所本也。月者，歷日也。孛之爲言，猶茀也。【補曰】言猶者，義相近也。案：說文「孛」者，𣎵部字，與「𡙇」字爲聯緜叠韻之字。「𡙇」亦𣎵部字。「茀」者艸部字。𣎵爲艸木盛𣎵𣎵然，𡙇孛爲艸木之皃，茀爲多艸，是二字之本義相近也。就本義引申之，則「孛」爲凡盛之偁，「茀」爲凡多之偁，以

「茀」釋「孛」，猶以「多」釋「盛」也。孛星光芒四出，蓬蓬孛孛然，以其光盛，故謂之孛，以其光多，故釋以茀也。又「誖」、「悖」字从孛，「拂」字从弗，皆有亂義，凡物盛多則易亂。董仲舒以孛星爲闇亂之貌，何休以爲邪亂之氣，「孛」之爲「茀」，兼取亂義也。孛、茀古又同音，凡字義相類者聲多相同，或相近似也，此訓詁之理也。昭十七年有星孛于大辰，左傳載申須語謂之彗，五行志向、歆說及杜預依之。公羊曰：「孛者何？彗星也。」何休曰：「狀如篲。」爾雅曰：「彗星爲欃槍。」郭璞曰：「亦謂之孛。」而左傳昭二十六年齊有彗星，晏子春秋、史記齊世家並載晏子語，以爲孛甚於彗，是孛與彗異矣。今案：齊、魯至近，不應魯不見齊星，竊疑孛大而彗小，故書孛不書彗。漢書文穎注分別彗、孛、長三星，未知古法如何？但對文則孛、彗有別，散文則通言彗，故經書「孛」而左氏、公羊以爲「彗」。爾雅又以「彗」該「孛」也。開元占經引尸子與爾雅同，又引荆州占天棓、天槍、天欃、茀星四者皆爲彗。**其曰入北斗，斗有環域也。**據孛于大辰及東方皆不言入，此言入者，明斗有規郭，入其魁中也。【補曰】注「規郭」解「環域」。環域者，營域也。入魁中，卽公羊所云「北斗有中也」。春秋運斗樞曰：「北斗七星：第一天樞，第二旋，第三機，第四權，第五衡，第六開陽，第七搖光。」第一至第四爲魁，第五至第七爲杓，合而爲斗。開元占經引河圖曰：「北斗第一星開樞受，第二星提旋序，第三星機耀緒，第四星權拾取，第五星玉衡拒，第六星開陽紀，第七星搖光吐。」

公至自會。

晉人納捷菑于邾，弗克納。○【撰異曰】捷，公羊作「接」。**是郤克也。**【補曰】左傳曰「晉趙盾」，公羊曰「郤缺」。疑「克」字誤。**其曰人何也？**【補曰】不稱帥師，猶當稱將。**微之也。何爲微之也？長轂五百**

乘，長轂兵車，四馬曰乘，一乘甲士三人，步卒七十二人，五百乘合三萬七千五百人。【補曰】轂在輪中央，兵車之輪高六尺六寸，轂長三尺二寸，以其長五分之，輿下得一，輿外得三，於內外閒留一以置輻。曰長轂者，指輿外所見之尺九寸二分以爲名也。注一乘七十五人之數本司馬法，而司馬法又有一說：一乘甲士十人，步卒二十人。金鶚曰：「江永以爲『七十五人者，丘甸之本法；三十人者，調發之通制』，其說是也。一乘三十人，戰止用二十五人，以步卒五人將重車。重車者，每兵車五乘而一乘，一乘亦二十五人，杜牧孫子注所謂『炊家子十人固守，衣裝五人，廄養五人，樵汲五人』是也。」金說合周禮「五伍爲兩」之文，確不可易。此之五百乘，凡一萬二千五百人，爲一軍之制。古禮大國二軍，此已得其半，故爲多也。左傳曰：「以諸侯之師八百乘。」公羊曰：「革車八百乘。」緜地千里，過宋、鄭、滕、薛，夐入千乘之國，欲變人之主，緜，猶彌漫。夐，猶遠也。變人之主，謂時邾已立貜且，邾小國，而言千乘者，大郤克之事。【補曰】夐與迥、泂通。韓詩曰「于嗟夐兮」，此千乘就大國之賦言耳，賦與軍異法，說見隱元年。至城下然後知，何知之晚也。征不廟算，正其得失。勞師遠涉，乃至城下，邾以義拒，然後方悟。貶之曰人，不亦宜乎？【補曰】注言邾以義拒，依左氏、公羊也。弗克納，未伐而曰弗克何也？【補曰】納稱帥師，皆爲伐文，此不言帥師，知無伐事，故曰未伐。克，能也，勝也。弗克其義也。非力不足，義不可勝。【補曰】公羊郤缺曰：「非吾力不能納也，義實不爾克也。」傳例曰：「弗，內辭也。」趙匡曰：「弗克納，言失之於初而得之於末也，愈乎遂也。」捷菑，晉出也，貜且，齊出也。姊妹之子曰出。【補曰】公羊同。注用爾雅文。何休以爲外孫。貜且正也，捷菑不正也。正，適。【補曰】左傳「邾文公元妃齊姜生定公，二妃晉姬生捷菑」，一正一不正，故其義弗克，四句申上意也。不正則當言邾捷菑，見嫌直名者，挈於郤克也。捷菑不正非君，故可以霸國大夫挈之。糾正本不當繫國，宜言公子或言子，亦挈者內君納之故也。孔穎達以爲捷菑不言邾者，下有「于邾」之文，又引劉炫云「已去邾國，又非邾君，故不稱邾捷菑也」。

九月甲申，公孫敖卒于齊。【補曰】案：左傳敖奔而復，復而又適莒，至是又求復，許之。將來，及齊而卒。奔大夫不言卒，而言卒何也？據閔二年公子慶父出奔莒後不言卒。【補曰】不言卒者，經例因史例也。爲受其喪，不可不卒也。【補曰】將有其末，不得不録其本。其地，於外也。成十七年，公孫嬰齊卒于貍蜃。傳曰「其地，未踰竟」。宣八年，仲遂卒于垂。垂，齊地，然則地或踰竟，或未踰竟。凡大夫卒在常所則不地，地者，皆非其常所，隨其所在而書其地耳，不係於踰竟與不踰竟。【補曰】注殊費辭。踰竟者，竟外外也。未踰竟者，國都之外亦外也。內君、內夫人、內大夫、外君苟死於外，無不地者，無二例也。疏曰：「垂不發傳者，此及貍蜃既發傳，而垂非他國都，又非魯竟內，在兩端之閒，故不復釋。」

齊公子商人弒其君舍。○【撰異曰】音義：「殺，音試，本又作『弒』。」舍未踰年，其曰君何也？【補曰】據弒奚齊稱君之子，其正例當直稱子，此當言弒齊子。成舍之爲君，所以重商人之弒也。舍不成君，則殺者非弒也。【補曰】注言殺者非弒，奚齊亦在二十六弒君之內，注非也。傳意在「重」字，即公羊所云「成死者而賤生者」也。禮雜記曰：「君薨，大子號稱子，待猶君也。」鄭君曰：「謂未踰年也。」明凡未成爲君者皆有可成之爲君之理，但春秋不成奚齊獨成舍者，張洽曰「以獻公殺適立庶而奪之，以舍之正而與之」是也。此類王通所謂輕重之權衡，曲直之繩墨也。董仲舒曰：「春秋痛之中有痛，無罪而受其死者，申生、奚齊、卓子是也；惡之中有惡者，已立之，已殺之，不得如他臣之弒君者，齊公子商人是也。故晉禍痛而齊禍重，春秋傷痛而憝重，是以奪晉子繼位之辭，予齊子成君之號，詳見之也。」董言「己立之，己殺之」，本公羊文。憝，惡也。今繁露本作「敦」。**商人其不以國氏何也？**據隱四年衞祝吁弑其君完不言公子。**不以嫌代嫌也。**春秋以正治不正，不以亂平亂，舍不宜立，有不正之嫌，商人奪權，有當國之嫌，故不書國氏，明不以嫌相代。【補曰】案：左傳記齊桓之子曰，武孟無虧也、惠公元也、孝公昭也、昭公潘也、懿公商人也、公子雍也，皆異母兄弟，内嬖如夫人者所生。孝公、昭公日卒爲正，後此惠公日卒亦爲正，皆時事之宜也。今昭公卒而舍立，左傳但言「子叔姬妃齊昭公生舍」，不言舍不宜立，明舍非不正。范注失之。傳言嫌者，謂舍未踰年，有未成君之嫌耳。**舍之不日何也？未成爲君也。**【補曰】疏曰：「若舍不正，雖成君亦不合書日，而去未成君者，春秋不正見者，雖庶亦得書日，鄭伯突、齊侯小白是也。今商人爲不欲以嫌代嫌，故不去公子，則舍不正之嫌，前已著見，不正已見，例當書日，爲未成君，故不日耳。」文烝案：疏説甚辯，實曲説也。一句之文，何云前見乎？舍正宜日，實未成君，故不日。

宋子哀來奔。其曰子哀，失之也。言失其氏族，不知何人。【補曰】疏曰：「舊解失之者，謂未達稱子之意」。非范意。文烝案：范以「失其氏族」解「失」字，疏引舊解以「未達稱子意」解「失」字，其意皆是，其辭皆非也。失之者，謂子哀不氏而稱子，師説失其傳也。傳云「失之」，即公羊云「無聞焉爾」。公羊言「無聞」者三：紀子伯也，夏五也，宋子哀也。傳於紀子伯備「或曰」之文，於「夏五」發傳疑之義，惟此與公羊同。家鉉翁曰：「穀梁、公羊皆以爲無所考，後儒不必强爲之説，左傳高哀爲卿，不義宋公而出，遂來奔。書曰子哀，貴之。」家氏以爲在卿大夫之位，見君之危，委而去之，爲臣不忠，罪莫大焉，乃謂春秋貴而不名，以苟免爲見幾，有傷名教。

冬，單伯如齊。單伯，魯大夫。【補曰】莊元年、十四年之單伯，蓋其祖父也。孫復、張洽嘗言之，通皆不卒者，與柔、溺同。若是王臣，不得言「如」，公羊言「王者無外」，何休以爲言「如」則有外也。

齊人執單伯。【補曰】若是王臣，又不可言執。私罪也，【補曰】解經不言行人也。公羊曰：「稱行人而執者，以其事執也；不稱行人而執者，以己執也。」單伯淫于齊，齊人執之。【補曰】淫于齊，是私罪也，下言叔姬同罪，此言淫于齊，是謂單伯至齊與子叔姬淫矣。然則傳亦如左傳以子叔姬爲舍之母，與公羊「道淫」之説異。

齊人執子叔姬。【補曰】稱子者，亦母姊妹。母姊妹有兩叔姬者，質家字積於仲，文家字積於叔，男女所同也。前當是妹，此當是姊。左傳曰「子叔姬妃齊昭公」前無「歸齊」文者，蓋與鄭伯姬同。叔姬同罪也。【補曰】與單伯同罪，言淫也，同罪則同執。不言齊人執單伯及子叔姬者，男女之際，非夫婦不可言及也。劉敞雖不用同罪之説，亦曰此一事也。曷爲再言齊人，嫌也。程端學亦曰不可以臣及君夫人也。公羊曰「使若異罪然」，未得其義。不直言遂執子叔姬者，當用公羊此語。

十有五年春，季孫行父如晉。

三月，宋司馬華孫來盟。司馬，官也，其以官稱，無君之辭也。泰曰：「擅權專國，不君其君，緣其不臣，因曰無君。上司馬、司城皆不名，而此獨名者，以華孫奉使出盟，爲好於我，故書官以見事，録名以存善。」【補曰】案：華孫無君，而必稱司馬以著之者，義與司城同。左傳云「其官皆從之」，此得其實。官屬皆從，故不得不稱官也。盟會之事，卿行旅從而已，今乃空其官屬，無留治政者，非專擅無君之人安得若是？故傳曰「無君之辭也」。左氏服虔説以爲華耦侈而不度，空官廢職，魯人貴之，非君子貴之，可與傳義相證也。此與奔異，故又發傳也。左傳華孫名耦，而注以孫爲名，非也。胡安國謂猶季孫、叔孫、仲孫、臧孫之類。今考厚氏，亦稱厚孫，或作后孫，皆是當時呼之如此。春秋宋司馬爲祖之位，不可言其名，故但謂之華孫。此非被殺，亦不可言其名者，以其既著司馬之文，故不欲名之，來盟是善事，非來奔比，故彼直云司城，而此不直云司馬也。不稱使者，方欲爲無君之辭，故不言使，異於孫良夫。傳「其以」二字，各本誤作「以其」，今依唐石經、十行本、俞臯集傳釋義本、李廉會通本乙正。○蘇軾嘗言春秋自有妙用，惟丘明識其用，微見端兆。愚於司城、司馬二條得之。蘇氏之論，破繩約之見也。愚之説杜，揣測之私也。來盟者何？前定也。不言及者，以國與之也。【補曰】疏曰：「重發傳者，不稱使，嫌異常故也。」

夏，曹伯來朝。

齊人歸公孫敖之喪。【補曰】大夫既卒皆書字，此猶稱敖者，喪初歸從卒例也。不言來歸者，魯因孟氏之請，乃受其喪。孔穎達謂「非有專使特來」是也，無專使則不接公矣。案：左傳：「齊人或爲孟氏謀，飾棺寘諸堂阜，於是卞人以告，敖之子難，猶毁以爲請，立于朝以待命。許之，取而殯之，齊人送之。」

六月辛丑朔，日有食之。鼓，用牲于社。

單伯至自齊。【補曰】若是王臣，又不得言至。陸淳、劉敞已言之。大夫執則致，致則名，此其不名何也？據昭十四年意如至自晉稱名。天子之命大夫也。

晉郤缺帥師伐蔡。戊申，入蔡。【補曰】疏曰：「伐入兩舉者，伐而不卽入，故兩舉之。」趙匡以爲伐之不服而後入，所以兼惡蔡。許翰、高閌、張洽以爲言伐言入甚晉也。文烝案：與哀公伐邾、入邾同。

秋，齊人侵我西鄙。○【撰異曰】板本、左氏或脫「秋」字，唐石經及諸宋本有。其曰鄙，遠之也。其遠之何也？不以難介我國也。介，猶近也。【補曰】王引之曰：「介，當爲『尒』，『尒』古『邇』字，形與『介』相似，故譌爲『介』。莊十八年傳『不使戎邇於我也』，注曰：『邇，猶近也。』音義云：『邇，一本作介。』十九年傳『不以難邇我國也』，音義亦云：『邇，本又作介，彼兩「介」字亦「尒」之譌。』陸氏於三『介』字並音『界』，失之。疏曰：「重發傳者，以莊十九年三國伐我，今齊人獨來，嫌異，故重明之。」

季孫行父如晉。

冬十有一月，諸侯盟于扈。諸侯皆會而公獨不與，故恥而略之。【補曰】疏曰：「舊解『公獨不與』謂七年時，今以爲正謂此年。」文烝案：注云「不與」者，指此文言之，其意則承七年傳略之爲說，於彼誤以爲諱，故此以爲恥，其實非也。此不國別序者，亦從散辭例而略之。左傳曰：「尋新城之盟，且謀伐齊也。齊人賂晉侯，故不克而還。書曰『諸侯盟于扈』，無能爲也。」左氏得之，公自以有齊難不會耳。諸侯者，晉侯、宋公、衞侯、蔡侯、陳侯、鄭伯、許男、曹伯。

「能爲」下本有「故」字，王念孫云衍。

十有二月，齊人來歸子叔姬。【補曰】何休曰：「月者，閔録之，從無罪例。」其曰子叔姬，貴之也。【補曰】重發傳者，前是卒，此是出，嫌異也。其言來歸何也？【補曰】非問稱來歸，問何以不直言齊子叔姬來歸，而言齊人來歸之也。傳省「齊人」二字。父母之於子，雖有罪，猶欲其免也。凱曰：「書來歸，是見出之辭。有罪之人，猶與貴稱。書之曰子者，蓋父母之恩，欲免罪也。【補曰】凱注非也。此釋稱齊人來歸之義，文意甚明。前稱齊人執之，是見與單伯同罪之辭，此稱齊人來歸之，是見齊免其罪之辭。父母之於子，欲其得免，故順而書之，不從諸直言來歸者例也。何休說公羊曰：「叔姬於文公爲姊妹，言父母者，時文公母在，明孝子當申母恩也。」通典引董仲舒春秋決獄曰：「春秋之義，父爲子隱。」謂此事也。范凱不審傳意，乃以稱子爲言，子是母姊妹之貴稱，豈論其有罪無罪乎？

齊侯侵我西鄙。遂伐曹，入其郛。郛，郭。【補曰】郭，外城也。疏曰：「公羊云：『郛者何？恢郭也。』此不發傳者，春秋惟有此事而已，非例所及，故略之。」文烝案：此亦上伐入兩舉之例，言郛以別於都。張大亨說是。

十有六年春，季孫行父會齊侯于陽穀，齊侯弗及盟。弗及者，內辭也。【補曰】言是言弗通例。及，與也。唐石經初刻直云「弗者」。行父失命矣，齊得內辭也。行父出會失辭，義無可納，故齊侯以正道拒而弗受。不盟由齊，故得內辭。【補曰】注非也。行父之會，左傳以爲公使請盟，齊侯不肯，則行父爲失命矣。行父非別有失命之事，齊不肯盟，卽是失命。臣失君命，君臣交恥，故不言齊侯不肯及盟，而得從內辭例。若曰行父已去，齊弗與盟，非不肯也。其實會陽穀下加言「弗及盟」，則其不肯及盟足見，特立文微而婉耳。

夏五月，公四不視朔。【補曰】言不者，可以然而不然之例。天子告朔于諸侯，諸侯受乎禰廟，禮也。每月天子以朔政班于諸侯，諸侯受而納之禰廟，告廟以羊。今公自二月不視朔，至于五月，是後視朔之禮遂廢，故子貢欲去其羊。【補曰】范注辭不別白。諸侯每月朔以特羊祭告禰廟，乃北面受朔政，受之卽是視之，亦曰聽朔。莊十八年傳又謂之朝朔，其實一也。自是遂行朝廟禮，則禰廟、王考廟、皇考廟三廟皆祭，此言受乎禰廟，而玉藻云「聽朔於大廟」，所聞異說，殆難强同。或者大廟最尊，禰廟最親，禮所通許乎？又覲禮侯氏釋幣于禰，文王世子其在軍則守於公禰，鄭君據曾子問文知是遷廟主載以行者，以爲親之故言禰。而書甘誓則謂之祖，或者祖、禰同義。苟非對文，皆得通稱乎？疑不敢質也。注末二句之誤，論於下。

公四不視朔，公不臣也。以公爲厭政以甚矣。

天子班朔而公不視，是不臣。【補曰】疏曰：「三朝記云『周衰，天子不班朔於天下』，彼據周末全不能班之，此時尚或班或不班。」文烝案：楊引三朝記即大戴禮用兵之文，彼文云夏桀、商紂不告朔於諸侯，楊誤記也。傳言經書「公四不視朔」，明公失受朔禰廟之禮，是不臣也。不臣之惡，厭政所致。厭，倦也。直書其事，以爲公之倦政至此甚也。甚云者，不視朔而至四，連曠大典，是爲已甚。厭政甚即不臣甚，史記其事而君子取其義也。不舉不朝廟者，何休曰：「受朔政乃朝，故以不視朔爲重。」何氏是也。或時公猶朝廟，亦未可知也。左氏、公羊解經皆以爲公有疾，大失經旨。趙匡曰：「十二公除文之外，無書不視朔者，豈皆無病？足知病不視朔，常事不書。」文烝以爲君不視朔，或因疾，或因有事，皆非過惡。史皆不書，不須書，且不勝書也。公羊又曰：「何言乎公有疾不視朔？自是公無疾不視朔也。然則曷爲不言公無疾不視朔？有疾猶可言也，無疾不可言也。」夫使公自此遂不視朔，則當書曰「二月，公初不視朔」，否則書「夏六月，公初不視朔」，或直言「初不視朔」，以見魯自此遂廢視朔之禮。春秋文有隱諱，而事皆從實，何不可言之有？不當以有疾見後之無疾，乃欲見其所必不能見也。公自二月至五月不視朔，則六月後還復視朔可知，宣公以後亦皆視朔可知，經文甚明，公羊自擾之耳。若然，論語記子貢欲去告朔之餼羊，而夫子有愛羊愛禮之論。彼文當定、哀時，既不告禰，豈復視朔乎？蓋自文四不視朔而宣、成、襄、昭或踵其失，至定、哀時加數，故子貢感而傷之。其實未嘗全廢不行，故雖廢禮之月，有司猶供餼羊，而夫子言我愛其禮也。范上注用公羊義，又以論語證成之，倍經反傳，而於論語亦失事實焉。自此後至定、哀，無故不視朔皆不書者，文始廢禮，後乃效尤，積習生常，恬不知怪。史既不記，經遂無文，要以從此一譏亦足見義矣。

六月戊辰，公子遂及齊侯盟于師丘。師丘，齊地。○【撰異曰】師丘，左氏作「郪丘」，公羊作「犀丘」。徐彥公羊疏曰：「正本作『菑丘』，故賈氏云公羊曰『菑丘』，穀梁曰『師丘』是也。」今左氏經作「郪」字。復行父之盟也。春，齊侯不與行父盟，故復使，遂脩之。【補曰】此盟內爲志，前命行父請盟明矣。左傳以爲納賂，故得盟。

秋八月辛未，夫人姜氏薨。僖公夫人。【補曰】文公母。

毀泉臺。【補曰】據左傳，泉宮之臺也。公羊謂即莊公所築郎臺。何休曰：「築毀譏同，知例皆時。」喪不貳事，【補曰】王制有此文，鄭君曰：「貳之言二也。」貳事，緩喪也。喪事主哀，而復毀泉臺，是以喪爲緩。【補曰】李光地曰：「緩喪，猶云不專意於喪。」以文爲多失道矣。緩作主，躋僖公，四不視朔，毀泉臺之類。【補曰】緩喪則失道，注專解「多」字也。疏曰：「春秋爲尊親者諱，而舉其多失道者，仲尼之脩春秋所以示法，若罪皆諱，何以見其褒貶？故桓公弒逆之主，罪無遺漏，亦其比也。至於書經，文辭委曲，則亦是諱，何者？文實逆祀而云躋僖，文從後多不視朔，直言四不視朔而已。文稱毀泉臺則似嫌其奢泰，是亦臣子爲尊親諱之義也。然取二邑大室屋壞，不與扈盟，亦是失道。注不言之者，云云之類，足以包之也。」文烝案：疏論不視朔之事非也。不與扈盟，又非失道，說皆見前。自古爲之，今毀之，【補曰】既是緩喪，又是毀先祖之所爲，皆爲失道。不如勿處而已矣。若以夫人居之而薨者，但當莫處。【補曰】公羊同范，兼用左氏說。

楚人、秦人、巴人滅庸。【補曰】戴溪曰：「秦、楚相遠，其所以得伐庸者，由巴蜀以通道。」趙鵬飛曰：「楚至是西連巴秦，繞出周晉之後，中國諸侯在其掌握矣。」案：此蓋在時例。

冬十有一月，宋人弑其君杵臼。泰曰：「傳稱人者，衆辭，衆之所同，則君過可知。」又曰：「稱國以弑其君，君惡甚矣，然則舉國重於書人也。」【補曰】宋昭公也。賈逵以爲稱人者，君惡及國人。其說得之。稱人之例，不必定因魯史之舊。左氏載續經哀十四年齊人弑其君壬于舒州，或據彼文以爲史有稱人之例，非也。彼上文書夏四月齊陳恆執其君寘于舒州，弑文蒙執，故略稱人，不可引以爲證也。此弑不日，史記說可信，前已論之。陳恆之弑，左傳曰六月甲午，史文承月下無日，知舊史弑亦有不日者。諸弑不日，似多取舊史成例，但齊簡公非不正，又難相通。或者諸弑皆日，特因陳恆略稱人，故亦略不日歟？疑不能明也。○【撰異曰】杵，公羊作「處」。

十有七年春，晉人、衛人、陳人、鄭人伐宋。衛序陳上，蓋主會者降之。【補曰】杜預曰：「自閔、僖以下終於春秋，陳侯常在衛侯上，今大夫會在衛下。傳不言陳公孫寧後至，則寧位非上卿故也。」與范異，范非也。案：左傳晉荀林父、衛孔達、陳公孫寧、鄭石楚皆大夫也，稱人者，或欲示討賊之義，故爲衆辭。國語稱趙宣子請師於靈公以伐宋，曰：「大者天地，其次君臣，所以爲明訓也。」乃發令于大廟，使旁告於諸侯，治兵振旅，鳴鍾鼓，以至于宋。是知晉本以討賊興師，特不成討耳。

夏四月癸亥，葬我小君聲姜。○【撰異曰】聲，公羊作「聖」。案：白虎通曰：「聖者，聲也。」

齊侯伐我西鄙。

六月癸未，公及齊侯盟于穀。【補曰】毋喪十一月而盟，不去日也，與莊同。

諸侯會于扈。言諸侯者，義與上十五年同。【補曰】案：此亦略之爲散辭。左傳曰：「晉侯復合諸侯于扈，平宋也。書曰『諸侯』，無功也。」平宋者，宋鮑新立，會以定之，與北杏同。杜預謂「傳言復合，則如上十五年會扈之諸侯」，明宋亦在矣。上伐不成討，故此會爲無功，於此略之，則言伐不嫌也。公亦以有齊難不與會。

秋，公至自穀。【補曰】離會致者，齊方虐我，危之也，危之故以地致。胡銓曰：「見扈之會，公弗與也。」高閌同。

冬，公子遂如齊。

十有八年春王二月丁丑，公薨于臺下。臺下，非正也。【補曰】疏曰：「僖是小寢，此則臺下，嫌異，故重發之。」

秦伯罃卒。【補曰】秦康公也。秦始書卒不日，又不葬。案：秦與魯本疏遠，至穆公始與中夏會盟，至康公歸襚來聘，情好漸親，故彼赴卒而我録以名也。文之六年，穆公卒，不應彼不來赴，蓋君子削之矣。所以削之者，蓋敗殽後以秦爲狄，故從夷狄不卒之例。至康公書卒，少進之。至惠公書日，又少進之，皆從夷狄例也。夷狄有少進之例。不言正不正，故康公實是秦世子，可以不日也。至若桓公以後不書名者，又別有義，於彼論之。史記十二諸侯年表以爲繆公葬殉以人，從死者百七十人，君子譏之，故不言卒。此必用公羊家舊說，與傳夷狄不卒之例少異，而以爲狄之則同，以人殉，亦狄道也。何休以罃爲繆公，妄也。不葬者，蓋亦君子去之，以爲夷狄故也。○【撰異曰】公羊昭五年注秦伯嬰，稻名。徐彦疏曰：「文十八年經作『罃』字，今此作『嬰』字者，誤也。寧知非彼誤者，正以文十八年秦伯罃卒之下賈氏云『穀梁傳云「秦伯偃不道」，公羊曰「嬰」，』知公羊與左氏同，皆作『罃』字矣。」案：今穀梁亦作「罃」，不作「偃」，蓋誤。

夏五月戊戌，齊人弒其君商人。【補曰】齊懿公也。不以爲討賊而以爲弒君者，本非討賊。張洽所謂三年事之，一旦弒之。程端學以爲與晉殺大夫里克意同，春秋正名之義也。日者，大惡不正，前已見非，未成君可以日也。

六月癸酉，葬我君文公。

秋，公子遂、叔孫得臣如齊。【補曰】左傳曰：「惠公立故，且拜葬也。」是時公子遂見宣公於齊侯而請立之。使舉上客而不稱介，上客，聘主也。【補曰】介者，助也，副也，左右也。古者主有擯，客有介。士匄侵齊，傳稱歸命乎介；會于向，叔老爲介；宋享趙文子，叔向爲介；叔弓如滕，子服椒爲介。則言介者非獨聘矣。不正其同倫而相介，故列而數之也。禮大夫爲卿介，遂與得臣俱爲卿，是以同倫爲副使，故兩言之，明無差降。【補曰】說文曰：「倫，輩也。」此爲凡書如、及、會盟、用兵諸列數者發例，王臣亦從此例，惟列國則略之。徐彦引穀梁「相」下有「爲」字。○此弒立始謀也。黃澤曰：「說春秋當求事情，如公子遂、叔孫得臣如齊，兩卿如齊，雖桓公霸諸侯時魯亦未嘗如此，原其事情，雖爲賀惠公立，謝齊會葬，然亦是爲立宣公之地。自二卿如齊至明年六月齊人取濟西田，凡十三事，而八事皆爲齊，而子卒、夫人姜氏歸于齊，公即位，皆遂之爲也。一歲之閒，書卿聘齊者六，此果何爲哉？如此推尋，則知是公子遂殺適立庶，急欲求齊以定公位，故冒喪娶齊女、棄濟西田，此所謂事情。」黄略本孫覺、吕本中、胡安國、洪咨夔、家鉉翁說。

冬十月，子卒。子赤也。諸侯在喪既葬之稱。【補曰】既葬，故不名。范云子赤，依公羊也。據左傳則名惡。又左傳公子遂殺惡及視，并殺叔彭生，公羊亦載殺彭生事。而彭生不書刺、不書卒者，何休曰：「舉弑君爲重。」案：何義固是，但當是魯史本已不書，君子不得增之也。何氏以春秋爲夫子博采諸國書而作，不以爲據魯史，故其說柔、溺之不卒爲無恩禮，杞伯姬之不卒爲無服，彭生之不卒爲舉重，其義未嘗不是，而不知皆策書之本然。**子卒不日，故也。**故，殺也。不稱殺，諱也。【補曰】觀其不日，則知有變故矣。此「故」固是弑，不得訓「故」爲「弑」。

夫人姜氏歸于齊。【補曰】左傳謂之出姜，又曰「魯人謂之哀姜」，其說曰「大歸也」。**惡宣公也，**姜氏，子赤之母，其子被殺，故大歸也。宣公亦文公之子，其母敬嬴，惡不奉姜氏。【補曰】疏曰：「注并言敬嬴者，欲明宣公晟敬嬴所生，則非惡敬嬴也。舊解宣公不使其母奉養姜氏，故言之，理亦通也。」文烝案：敬嬴，當作「頃熊」。**有不待貶絶而罪惡見者，**泰曰：「直書姜氏之歸，則宣公罪惡不貶而自見。」【補曰】貶絶，或貶或絶也，罪惡顯則直文可也。**有待貶絶而惡從之者，**齊小白以國氏之類是也。【補曰】罪惡隱則直文未可也。二句爲全經大例，不特出春秋於上者，省文也。公羊於昭元年傳亦曰：「春秋不待貶絶而罪惡見者，不貶絶以見罪惡也。貶絶然後罪惡見者，貶絶以見罪惡也。」孔廣森以爲此類皆讀經之要法。**姪娣者，不孤子之意也。**言其一人有子則共養。【補曰】或姪或娣有子，通夫人三人共養之，是不孤之。公羊曰：「姪者何？兄之子也。娣者何？女弟也。」**一人有子，三人緩帶，**共望其禄。【補曰】疏曰：

「上文直云姪娣者，所以分別尊卑，明夫人須媵妾之意。下文總言三人緩帶者，欲見有子則喜樂之情均，貴賤之意等。今宣公爲人君，不尊養姜氏，非緩帶之謂也。緩帶者，優游之稱。」文烝案：傳言「三人」，謂夫人及其姪娣也。頃熊非姜氏姪娣，據左傳是文公二妃。春秋時，諸侯娶女不合九女之制，又有違禮再娶者，傳特依正禮言耳。右媵左媵，班次在適姪娣上，與夫人亦爲三人。又右媵亦有姪娣，左媵亦有姪娣，合之亦各爲三人。傳但以適姪娣與夫人爲三人者，略言之，足相包也。何休公羊注曰：「必以姪娣從者，欲使一人有子，二人喜也，所以防嫉妬，令重繼嗣也，因以備尊尊親親也。」孔廣森曰：「禮婦人無子當去，諸侯夫人雖無子，媵有子，適得不去，重黜尊也。易曰『得妾以其子』，此之謂也。」一曰就賢也。若並有子則就其賢，謂年同也。宣公不奉哀姜，非此之謂，故惡之。【補曰】疏曰：「宣以庶子篡立，非關就賢，范言宣不能奉養哀姜，則是非賢之事，故云非此之謂。」文烝案：「范云並有子者，謂夫人無子而姪娣等並有子也。左傳論天子諸侯立子之法曰：「太子死，有母弟則立之，無則立長，年鈞擇賢，義鈞則卜。」據此文，則凡無太子適子者皆準此制。「年鈞擇賢」即傳之「就賢」，故注依以爲說，此論立庶子之法也。文公太子適子並已被殺，故傳既明「緩帶」之義，又援「就賢」之文，以見宣之可惡。

季孫行父如齊。

莒弒其君庶其。傳例曰：「稱國以弒其君，君惡甚矣。」【補曰】莒紀公也。疏曰：「注引傳例者，嫌小國無大夫，例不稱臣名，明弒逆事重，不從凡常無大夫之例也。舊解稱國者，謂惡於國人，并虐及卿大夫。稱人者，謂失心於民庶。此乃涉於賈逵之說。」文烝案：賈逵及劉歆、許淑、潁容說左氏，皆言君惡及國朝則稱國以弒，君惡及國人則稱人以弒，其說得之，蓋卽穀梁家舊義也。注引例在成十八年傳。不日者，莒從夷狄例，其卒皆不日，其弒亦皆不日，不論其正不正，與吳悉同也。夷狄惟子弒父必書日，元年傳所云是也。○左氏以爲莒大子僕弒君，襄三十一年以爲公子展輿弒君，劉敞極言其非。葉夢得曰：「左氏謂莒紀公多行無禮於國，犂比公虐。」其言是也，以爲僕與展輿之弒則妄矣。孟子曰：「吾於武成取二三策而已。」文烝案：左氏謂大子僕以寶玉來奔，宣公命與之邑，季文子使司寇出諸竟，亦是也。杜預以爲「未見公而文子出之，故來奔不書」。國語則謂公使僕人以書命文子，而里革更其書，流之於夷。大意不異。而上文亦謂僕弒紀公，又左氏文子之對、國語宣公、里革之書，並有弒君之語，是則魯人皆知莒世子弒君，史必書之，夫子必不革之矣，而豈可信哉？左氏浮誇，國語誣淫，洵韓、柳之特見。

春秋宣公經傳第六補注第十五

宣公，文公子，史記名倭。母頃熊。以匡王五年即位。

穀梁　范氏集解　鍾文烝詳補

元年春王正月，公即位。繼故而言即位，與聞乎故也。【補曰】疏曰：「重發傳者，桓篡成君，宣篡未踰年君，嫌異，故發之。」文烝案：宣不去王，故元年之王亦爲平文，宣與桓少異。篡成君與未成君，既如疏說。而桓與翬共行弒，宣但爲遂所立，趙鵬飛嘗言之，要以春秋既稱王治桓，則不嫌宣元之王無治宣之義，特立文有輕重之差耳。張洽曰：「宣十八年閒皆書王者，法已舉於前矣。天理不可以常亡，王法不可以久廢。」

公子遂如齊逆女。不譏喪娶者，不待貶絕而罪惡自見。桓三年傳曰：「逆女親者也，使大夫非正也。」【補曰】疏曰：「引彼傳例者，嫌譏喪娶，不責親迎，故引例以明之。」

三月，遂以夫人婦姜至自齊。【補曰】以者，不以者也。義在成十四年傳。其不言氏，喪未畢，故略之也。夫人不能以禮自固，故與有貶。【補曰】疏曰：「婚禮遲速，由於夫家，陽倡陰和，固是其禮，而責夫人者，一禮不備，貞女不從。夫人姜氏，若其不行，公得無喪娶之譏，夫人無苟從之咎，故責之。」文烝案：公羊謂譏公喪娶，故貶夫人，夫人與公一體。注依文四年傳。夫人與有貶而疏申之，與公羊微異。其曰婦，緣姑言之之辭也。【補曰】疏曰：「重言此者，嫌喪娶辭略，并明不與陳人之婦同。」文烝案：何休說公羊曰：「有姑當以婦禮至，無姑當以夫人禮至，故分別言之。」高閌曰：「見頃熊妾也而姑之也。」遂之挈，【補曰】疏曰：「挈者，謂去氏族而直書名。」徐邈以挈爲擧，非也。」文烝案：挈實是擧，擧而直言之耳。由上致之也。上，謂宣公。【補曰】謂君稱臣名以告廟，朱子疑此類是史官所書如此。

夏，季孫行父如齊。【補曰】左傳曰：「如齊納賂以請會。」

晉放其大夫胥甲父于衛。放，猶屏也。屏，除。【補曰】放者，棄置於此，不得他適，與屏義相近。所以異於奔者，杜預釋例曰：「奔者，迫窘而去，逃死四鄰，不以禮出也。放者，受罪黜免，宥之以遠也。」稱國以放，放無罪也。【補曰】君放之也，與殺同例。

公會齊侯于平州。平州，齊地。離會，故不致。【補曰】左傳曰：「會于平州，以定公位。」

公子遂如齊。【補曰】左傳曰：「如齊拜成。」杜預曰：「謝得會。」

六月，齊人取濟西田。【補曰】何休曰：「月者，惡內甚於以邾婁子益。」內不言取，言取，授之也，【補曰】明亦易辭。以是爲賂齊也。宣公弒立，賂齊以自輔，恥賂之，故書齊取。【補曰】注謂諱賂言取，用何休說，非也。經著授之之辭者，以是爲賂齊故也。凡受賂則言取，取郜大鼎，宋賂魯也；取濟西田，魯賂齊也。程子以爲齊受之以助不義，故書「取」是也。張洽曰：「桓誘鄭以許田，宣賂齊以濟西田，以利自固，前後一轍。使鄭莊、齊惠不貪其利，則桓、宣必不能自立矣。故春秋曰假、曰取，蔽罪鄭、齊。」張略本葉夢得說。顧奎光以爲鄭假齊取與魯取鼎同，亂賊所畏，不在强大而在無欲也。趙汸曰：「禮國亡大縣邑，公卿大夫士皆厭冠哭於大廟三日，君不舉此取田邑，所以必書於策。」趙本葉夢得說僖取濟西田。

秋，邾子來朝。

楚子、鄭人侵陳，遂侵宋。〇【撰異曰】楚子，鄂本公羊作「楚人」，誤也。遂，繼事也。【補曰】重發傳者，楚是夷狄，又有與國，嫌義例有異故也。

晉趙盾帥師救陳。【補曰】此即下棐林之師也，實未救陳。言救者，致其志，說見下。善救陳也。【補曰】重發傳者，疏曰：「陳近楚屬晉，嫌救非善，故釋之。又救之者爲善，所以駮鄭之過也。」

宋公、陳侯、衛侯、曹伯會晉師于棐林，伐鄭。棐林，鄭地。〇【撰異曰】棐，公羊作「斐」。列數諸侯而會晉趙盾，大趙盾之事也。大其衛中國攘夷狄。其曰師何也？據言會晉師，不言會晉趙盾。以其大之也。以諸侯大趙盾之事，故言師。師者，衆大之辭。【補曰】疏曰：「齊侯救邢，惡不及事，楚子滅蔡，滅非其罪，晉、宋侵鄭，失匍匐之義，故皆貶之而稱師。今此稱師以大之者，所謂春秋美惡不嫌同辭也。」文烝案：傳言「以其大之」者，謂以此文欲大趙盾之事，承上言之也。注言諸侯大之，非也。疏論救邢亦非也。公羊以爲不言趙盾者，「君不會大夫之辭」，既稱師以大之，則公羊所云之義亦在其中。趙鵬飛曰：「權以與其功，正以定其分，權正並用而春秋之法存乎其閒，非聖人不能脩也。」于棐林，地而後伐鄭，疑辭也。此其地何？則著其美也。泰曰：「夫救災恤患，其道宜速，而方云會于棐林，然後伐鄭，狀似伐鄭有疑，須會乃定。曰：非也。欲美趙盾之功，故詳録其會地」。【補曰】傳義泰未得之。王引之曰：「『鄭』字衍文，桓十五年傳曰『地而後伐，疑辭也』，此傳卽承前傳言之，『伐』下不當有『鄭』字。」文烝案：王説是也。傳先言「于棐林」者，出經文也。又言「地而後伐，疑辭」者，泛論春秋之例也。又言「此其地何？則著其美」者，言此之以棐林地則非疑辭，乃特明救陳之師所至之地，所以著其美，與上善救陳之義相爲終始也。孔穎達曰：「陳在宋南，楚先侵陳，去陳乃侵宋也。陳既被侵，方始告晉，晉人起師救陳，楚又移師侵宋，晉師比至於鄭，楚師既已去矣，故諸國會于棐林，同共伐鄭。棐林，鄭地。明晉始至鄭，不得與楚相遇，故竟無戰事。言救陳者，致其意耳。」孔説足與此傳相發。趙匡駁傳誤矣。

冬，晉趙穿帥師侵崇。【補曰】崇者，附秦小國。當從左傳。○【撰異曰】崇，左氏字亦作「密」，公羊作「柳」。趙坦曰：「周禮縫人注『柳之言聚』，尚書大傳注『柳，聚也』。齊人語。廣雅：『崇，聚也。』此必齊人讀『崇』爲『柳』。」

晉人、宋人伐鄭。伐鄭，所以救宋也。時楚、鄭侵宋。【補曰】疏曰：「經不言救宋者，以上有楚子、鄭人侵陳遂侵宋之文，今云晉人、宋人伐鄭，明救宋可知。」文烝案：楚、鄭侵宋之師早已去矣，以是時晉與宋共伐鄭，故言所以救宋也。經自不得有救文，與狄人伐衞所以救齊相類。」

二年春王二月壬子，宋華元帥師及鄭公子歸生帥師戰于大棘，宋師敗績，獲宋華元。大棘，宋地。○【撰異曰】孔穎達左氏正義曰：「此華元、歸生及哀二年趙鞅、罕達，客主各言帥師者，皆是將尊師衆，故並具其文。或於『歸生』之下無『帥師』之字，脱耳。」獲者，不與之辭也。華元得衆甚賢，故不與鄭獲之。【補曰】疏曰：「注言得衆，故不與獲，然則晉侯失民亦言獲者，晉侯雖失衆，諸侯無相獲之道，故亦不與秦獲也。徐邈云：『獲是不與之辭，與者當稱得也。定九年「得寶玉大弓」是也』。弓玉與人不類，徐言非也。」文烝案：「不與之辭，施於兵獲則爲通例，凡書「獲」，蓋多因史文之舊，而其義則或以「不與獲」爲義，或以「引取之」爲義。傳於此發「不與」之例，謂書「獲」即見「不與」之義，不可更求「與之」之文以解傳，猶於麟言「引取之」，亦謂書「獲」即見「引取之」之義，不須更求「直取非引」之文以解傳也。戰所得俘，本當言獲，言獲即是不與。麟至既以「狩」爲文，狩所得獸，亦本當言獲，言獲即是引取之。寶玉、大弓，國之重器，器物之類，本當言得，失而復得，又當言得。「獲」與「得」訓釋雖同，而用字各不相假，皆史例之舊也。左傳例凡獲器用曰得，得用焉曰獲。姚鼐以爲器用者其器可用，用焉者謂人民走獸之屬能自動用其身，異於器之待人而爲用也。陸淳纂例「用力禽之曰獲，非用力禽之曰得」，與左氏亦兼通也。易曰：「田獲三狐，得黄矢。」獲、得連文而各别。又曰「王用出征，獲匪其醜」，「公用射隼于高墉之上，獲之，无不利」，「田獲三品」，「得金矢」，「得黄金」，「君子得輿」，「或繫之牛，行人之得」，「失得勿恤」，「无喪无得」，「億喪貝，七日得」，「或得其桷」，「得其資斧」，「婦喪其茀，七日得」，此類皆與春秋相符，足知古人用字之例矣。隨有求得，隨有獲，得其大首，獲明夷之心，皆兩爻相承而異其文。得主、得朋、得女妻、得士夫、得友、得臣、得妾、得童僕、得敵，此類又自爲一例，難以俘獲比之。言盡其衆以救其將也。先言敗績而後言獲，知華元得衆心，軍敗而後見獲。晉與秦戰于韓，未言敗績而君已獲，知晉侯不得衆心明矣。以三軍敵華元，【補曰】「敵」當爲「救」，轉寫誤也。此承救其將言之。三軍謂宋師，宋爵稱公，得準元侯方伯之制，故言三軍也。或云三軍者，當時言軍之通稱，故子曰「三軍可奪帥」，子路曰「子行三軍」。華元雖獲，不病矣。何休曰：「書獲，皆生獲也，如欲不病華元，當有變文。」鄭君釋之曰：「將帥見獲，師敗可知，不當復書『師敗績』。此兩書之者，明宋師懼華元見獲，皆竭力以救之，無柰不勝敵耳。華元有賢行，得衆如是，雖師敗身獲，適明其美，不傷賢行。今兩書敗獲，非變文如何？」【補曰】敗獲兩書，常例也，非變文也。凡師敗者，或君將，或大夫將。君傷言君敗，重君也；大夫傷則於師敗中包之，別於君也。若被獲，則無論君大夫，皆書敗書獲。獲既重於傷，而敗亦不可不書也。韓戰師敗君獲而不言敗，傳云「失民」，明特爲變文矣。既有彼變文，故此文有盡其衆以救其將之意，有不病華元之意，比類相較，其義自顯，豈謂非常例乎？鄭說無以折何氏，而劉敞疑之，抑殊不察。

秦師伐晉。

夏，晉人、宋人、衞人、陳人侵鄭。

秋九月乙丑，晉趙盾弒其君夷皋。【補曰】晉靈公。○【撰異曰】皋，公羊作「獆」。穿弒也，穿，趙盾從父昆弟。盾不弒，而曰盾弒何也？以罪盾也。其以罪盾何也？曰靈公朝諸大夫，【補曰】朝者，公羊以爲使諸大夫皆內朝也。其下文云趙盾已朝而出，與諸大夫立於朝，則外朝矣。而暴彈之，暴，殘暴。【補曰】廣雅曰：「暴，猝也。」此如「已孤暴貴」、「灘水暴益」之「暴」，謂出其不意，猝彈之也。左氏、公羊皆謂從臺上彈之。觀其辟丸也。【補曰】說文：「丸，圜也。傾側而轉者。」公羊曰「是樂而已矣」，謂以是爲笑樂。趙盾入諫，不聽，【補曰】左氏、公羊又有殺膳宰事，因此事入諫。出亡至於郊，禮三諫不聽則去，待放於竟三年，君賜之環則還，賜之玦則往。必三年者，古疑獄三年而後斷。易曰「係用徽纆，寘于叢棘，〔一〕三歲不得，凶」是也。自嫌有罪當誅，故三年不敢去。【補曰】左氏、公羊謂靈公召盾飲食，將殺之，盾乃出也。注首四句，疏謂本公羊、荀卿書。趙穿弒公而後反趙盾。招使還。史狐書賊曰：「趙盾弒公。」史，國史，掌書記事。狐，其名。【補曰】董狐也，晉史所書如是。左傳乃曰「趙盾弒其君」，公羊則直同經文，皆誤，趙汸言之矣。趙又云此與魯史諱內惡不同，劉敞論此事則以諱惡爲仲尼新意。文烝以爲列國之史，諸侯制也，魯史王禮也。隱、閔、子般、子惡之弒，舊史本書薨卒，君子從而立不地不日之法也。以吾說求之，乃可解劉知幾之惑。盾曰：「天乎！天乎！予無罪。告天言己無弒君之罪。孰爲盾而忍弒其君者乎？」迴己易他，誰作盾而當忍弒君者乎？【補曰】王念孫曰：「注非也。爲，猶謂也，言誰謂盾而忍弒其君也。公羊曰『誰謂吾弒君者乎』是其證。古書『爲』字或與『謂』同義，二字可互用。」史狐曰：「子爲正卿，入諫不聽，出亡不遠，君弒，反不討賊則志同，志同穿也。志同則書重，非子而誰？」盾是正卿，又賢，故言重。【補曰】傳明晉本以盾弒赴，不以穿。葉夢得曰：「左氏傳史不傳經，故雖得於三言，而莫知春秋之義，正在於志同則書重，乃略而不言。」故書之曰晉趙盾弒其君夷臯者，過在下也。鄭嗣曰：「成十八年晉弒其君州蒲，傳曰『稱國以弒其君，君惡甚矣』。然則稱臣以弒，罪在臣下也。趙盾弒其君，不言罪而曰過者，言非盾親弒，有不討賊之過。」【補曰】言故書之者，明史從赴書。盾弒而君子仍之，上言以罪盾，此言過在下，互辭。曰：於盾也見忠臣之至，於許世子止見孝子之至。邵曰：「盾以亡不出竟，反不討賊，受弒君之罪，忠不至故也。止以父病不知嘗藥，受弒父之罪，孝

〔一〕「係」原作「繼」，「寘」原作「示」，據中華書局影印清阮元重刻宋版十三經注疏本周易正義改。

不至故也。」【補曰】曰者，目經意也。疏曰：「春秋必加弑於此二人者，所以見忠孝之至故也。忠孝不至則加惡名，欲使忠臣覩之，不敢惜力，孝子見之，所以盡心，是將來之遠防也。盾與止加弑是同，而許悼書葬，晉靈不書葬者，止失嘗藥之罪輕，故書葬以赦止，盾不討賊之罪重，故不書晉侯葬，明盾罪不可原也。」文烝案：晉從弑君不葬之例，許仍存史文。蘇轍曰：「言忠臣之至、孝子之至者，所以爲教也，非以爲法也。孟子言以不義取之於民者猶禦也，充類至義之盡也。充類至義之盡而名之曰禦則可，以禦誅之則不可，故春秋以弑君責之，非以弑君誅之也。

冬十月乙亥，天王崩。匡王也。【補曰】史記襄王子頃王壬臣，世本名巨，頃王子匡王班。范注贅王室事，自女栗後，文十四年春頃王崩不志，至此乃志。

三年春王正月，郊。牛之口傷。之口，緩辭也。傷自牛作也。牛自傷口，非備災之道不至也，故以「緩辭」言之。【補曰】公羊亦云「緩」。疏曰：「舊解范別例云言『之』凡三十五，范既總爲例，則言『之』者並是緩辭，傳於執衛侯云『言之，緩辭也』，則其餘不發者亦緩可知耳。」文烝案：下句申上「緩」意也，傷自牛作，非人所能，不得責人不敬，故爲緩辭，與成七年「緩辭」同意。此牛不須免，見成七年注。

改卜牛，牛死，乃不郊。事之變也。牛無故自傷其口，易牛改卜復死，乃廢郊禮，此事之變異。【補曰】後牛又自死，非人所能，謂之變而已。乃者，亡乎人之辭也。譏宣公不恭致天變。【補曰】注解「亡乎人」非也，說見僖三十一年。疏曰：「重發傳者，嫌牛死于卜郊不從異也，不言免牛而云不郊者，牛死不行免牛之禮，故直言不郊也。」

文烝案：所改卜之牛卽公羊及郊特牲所謂稷牲、稷牛也。此牛又死若傷，不得又有牛，則不郊矣。公羊曰：「曷爲不復卜？養牲養二卜，帝牲不吉，則扳稷牲而卜之。帝牲在于滌三月，於稷者唯具是視。」公羊之意以初時十月繫牲於滌宫，帝牲稷牲並繫，十月、十一月、十二月共有三月。今因帝牲有災，謂之不吉，則改卜稷牲爲帝牲，帝牲還是在滌之牲，其稷牲但須視其體具所以爲可，若再有牲變，則無復有牛可爲帝牲，當止不郊，故再變不復卜也。但改卜之稷牲何以決其必吉？啖助以爲不吉則亦不郊，或恐此卜但示有其事，不復細論，蓋因前此十月繫牲時二牲已皆卜而得吉故歟？郊特牲曰：「帝牛不吉，以爲稷牛，帝牛必在滌三月，稷牛唯具。」孔穎達曰：「爲，猶用也。用稷牛而爲帝牛，其祭稷之牛，臨時別取用。」此皆與公羊同，知穀梁意亦不異。

猶三望。【補曰】前牛傷，後牛死，並在正月，皆不可知其在某日。三望是上辛與否？抑或非用辛？無以言之。屬上「天王崩」而書郊之變，同於他文。不譏卜郊牛者，董仲舒曰：「春秋之義，國有大喪者止宗廟之祭而不止郊祭，不敢以父母之喪廢事天地之禮也。父母之喪，至哀痛悲苦也，尚不敢廢郊也，孰足以廢郊者？故其在禮亦曰喪者不祭，唯祭天爲越紼而行事。」又曰：「春秋譏喪祭不譏喪郊。」杜預曰：「王崩未葬而郊者，不以王事廢天事。」又引「曾子問：『天子崩未殯，五祀不行，既殯而祭。』自啟至於反哭，五祀之祭不行，已葬而祭。」文烝案：杜意又有與舊異者，謂君薨既祔，作主以後，宗廟四時常祭亦得行，不用三年不祭之說。杜非也。

葬匡王。【補曰】蒙上月。

楚子伐陸渾戎。○【撰異曰】左氏「戎」上有「之」字。公羊作「伐賁渾戎」。音義：「賁音奔。」案：古「陸」字與

「睦」通。說文「𡕥」，古文「睦」，與「賁」相似。

夏，楚人侵鄭。

秋，赤狄侵齊。【補曰】自此赤狄四見，白狄三見。孔穎達曰：「謂之赤、白，其義未聞，蓋其俗尚赤衣、白衣也。」文烝案：以左傳、國語、呂氏春秋、杜氏後序引汲冢紀年考之，莊三十二年狄伐邢、僖三十三年晉人敗狄于箕，皆白狄也。閔二年狄入衛、僖二十四年狄伐鄭、文七年狄侵我西鄙，皆赤狄也。經皆通言不別，至此別之者，亦北燕，從史文之例。何休以爲「進稱赤」，非也。

宋師圍曹。

冬十月丙戌，鄭伯蘭卒。

葬鄭穆公。【補曰】葢不蒙月，在時葬正例。

四年春王正月，公及齊侯平莒及郯。莒人不肯。【補曰】莒大於郯，故以莒及。王葆說是。爾雅曰：「肯，可也。」月者，從平例。及者，内爲志焉爾。【補曰】重發傳者，嫌平不入例也。平者，成也。【補曰】重發傳者，以内平外，嫌有異也。不肯者，可以肯也。凱曰：「君子不念舊惡，況爲大國所和平？」【補曰】平例稱人，故不肯平者亦稱人，與渝平同。

公伐莒，取向。向，莒邑。伐猶可，取向甚矣。以義兵討不平，未若不用兵以義使平者也，故曰猶可也。

【補曰】注非也。直言伐者，容有義兵，所以爲可。今加言取向，言伐又言取，則貪其利而已，所以爲甚。隱四年引舊傳曰「言伐言取，所惡也」，傳以凡諸義兵爲可，而曰猶者，諸侯未賜弓矢，不專征伐，雖較善，已非大平法。**莒人辭，不受治也。**乘義取邑，所以不服。【補曰】治，討也。不受治，卽上不肯平也。言平人國而取其邑，則不肯平者轉有辭。**伐莒，義兵也。**討不釋怨。【補曰】義兵者，假義以爲兵名，是亦義也。案：孟子曰「春秋無義戰」，趙岐注曰：「春秋所載戰伐之事，無應王義者也。」章指又曰：「征伐誅討，不自王命，故曰無義戰也。然則孟子所謂義，非卽傳所謂義。」又曰：「彼善於此則有之矣，善則傳所謂義耳。」**取向，非也，乘義而爲利也。**【補曰】義利渾言則通，析言則別，易文言傳、左傳並曰「利者，義之和也」，國語曰「義者，利之足也」，墨子經曰「義，利也」，二者通也。論語「君子喻於義，小人喻於利」，大學言「以義爲利」，孟、荀並言先義後利，則二者別也。董仲舒言「義養心，利養體」。至朱子以天理人欲爲説，意尤切至。「天理」字本樂記，乃程伯子所以得不傳之學者矣。齊桓伐楚，韓非謂其義於名而利於實，宣公乘義爲利，幷其所假之義而失之，與凡伐取者同，故還從所惡常例。不致者，從例也。

秦伯稻卒。【補曰】秦共公。

夏六月乙酉，鄭公子歸生弑其君夷。【補曰】鄭幽公，後改爲靈公。左傳以爲公子宋弑君，歸生從之者耳。李廉據後十年鄭改葬謚時，斲子家之棺而逐其族，疑實歸生弑。

赤狄侵齊。

秋，公如齊。

公至自齊。

冬，楚子伐鄭。【補曰】上年侵，下年又伐，明此非討賊矣。

五年春，公如齊。

夏，公至自齊。

秋九月，齊高固來逆子叔姬。【補曰】月者，爲下卒。○【撰異曰】左氏此處無「子」字。段玉裁曰：「後人據傳妄刪經字耳。其實傳是省文。」諸侯之嫁子於大夫，主大夫以與之。婚禮主人設几筵于廟以待迎者，諸侯大夫尊卑不敵，故使大夫爲之主。來者，接內也，不正其接內，故不與夫婦之稱也。來者，謂高固。高固，齊之大夫，而今與君接婚姻之禮，故不言逆女。【補曰】此注視莒慶傳爲詳。「來者」一句誤。疏曰：「重發傳者，莒慶，小國之大夫；高固，齊之尊卿，而娶公之同母姊妹，嫌待之禮殊，故發傳明其不異也。徐邈云，傳言『吾子』，是宜公女也，理亦通耳。」文烝案：徐非也。孔穎達據公孫茲如牟，知高固亦因來聘而自逆。

叔孫得臣卒。【補曰】疏曰：「不日則惡可知矣。何休云，知公子遂欲弑君而匿情不言，未審范亦然以否。」

冬，齊高固及子叔姬來。及者，及吾子叔姬也。爲使來者，不使得歸之意也。高固受使來聘而與婦俱歸，故書「及」以明非禮。莊二十七年冬杞伯姬來，僖二十八年秋杞伯姬來，皆不言所及，是使得歸之意。【補曰】疏曰：「經既言『及子叔姬』，傳何須更言『及吾子叔姬也』？以方欲解『及』爲非禮，故上張其文也。」「濼之會去『及』

爲非禮，此書「及」爲非禮者，公與夫人之行須言「及」，以別尊卑。陽穀之會言「公及夫人姜氏」，而濼之會以夫人之伉不言「及」，故知去「及」爲非禮。今叔姬歸寧當以「獨來」爲文，高固奉命宜云「來聘」，經總之言「來」，故知書「及」爲非禮。」文烝案：凡内女書「來」者，皆不使得歸也，此必以爲使來，明其不使得歸者，彼皆是諸侯夫人直來，則非禮可知。子叔姬爲大夫妻，大夫妻有歲一歸宗之禮，直言「來」，嫌使得歸，故總言之以見義。本以其隨夫偕來，譏其非禮，故傳順經意釋之也。其實大夫妻歲歸宗惟同國則可，嫁他國者亦不得無事歸宗，與夫人同。就使叔姬獨來，經直書曰齊高叔姬來，亦是不使得歸之意，傳例所謂婦人既嫁不踰竟也，特此處未暇論耳。范注失之。○左傳曰：「反馬也。」説亦可通於傳。反馬不親行，此因聘親自反馬也。杜預曰：「禮送女留其送馬，謙不敢自安，三月廟見，遣使反馬。」孔穎達曰：「謙不敢自安者，若被出棄，將乘之以歸也。」

楚人伐鄭。

六年春，晉趙盾、衛孫免侵陳。此帥師也，其不言帥師何也？據元年趙盾帥師救陳言帥師也。【補曰】元年稱帥師救陳，此亦帥師可知，疏得之。不正其敗前事，故不與帥師也。元年救而今更侵之。【補曰】元年救陳下，四國君會晉趙盾，變文書曰會晉師，是與趙盾以帥師之明文也。前變文與帥師，此變文不與帥師，其文相對，明經意不正其敗前事矣。

夏四月。

秋八月，螽。

冬十月。

七年春，衞侯使孫良夫來盟。來盟者，前定也。不言及者，以國與之。不言其人，亦以國與之。不日，前定之盟不日。【補曰】疏曰：「重發傳者，宋華孫不稱使，此則稱使，嫌異，故重發之。言不日者，據及荀庚盟之屬有日也。」文烝案：「不言其人」二句，僖三年、成三年傳俱有之，乃釋成三年及荀庚盟之屬，注詳成三年。此不日又不月者，左傳曰「始通，且謀會晉」，蓋以公得會晉自此始，故不月以異之歟？首句「者」字，各本脱，今依唐石經及余仁仲萬卷堂經注本、吕本中集解本、俞皋集傳釋義本補正。余本存者，自宣公起，何煌校出。

夏，公會齊侯伐萊。

秋，公至自伐萊。

大旱。【補曰】竟九月雩不得雨，故不言大雩爲災，故不言不雨。

冬，公會晉侯、宋公、衞侯、鄭伯、曹伯于黑壤。黑壤，某地。【補曰】當云晉地，即昭二十五年之黄父。

八年春，公至自會。

夏六月，公子遂如齊，至黃乃復。蓋有疾而還。黃，齊地。【補曰】公羊曰：「有疾也。」注當去「蓋」字。乃者，亡乎人之辭也。鄭嗣曰：「大夫受命而出，雖死，以尸將事。今遂以疾而還，失禮違命，故曰亡乎人。言魯使不得其人也。」【補曰】注解「亡乎人」非也，說見僖三十一年。重發傳者，前是天災，此是有疾，其事異也。復者，事畢也，不專公命也。遂以疾反，而加「事畢」之文者，是不使遂專命還。【補曰】事畢，謂至國，下云「反命」是也。此與公孫敖同義。上注「以尸將事」之義宜說於此。

辛巳，有事于大廟。【補曰】此蓋禘也，諸侯禘或犆或祫，此禘于大廟，祫與否無以言之。何休曰：「書有事者，爲不去樂張本。」鄭君禘祫志曰：「說者以爲有事謂禘，爲仲遂卒張本，故略之言有事耳。」何、鄭意皆得之。鄭所引說者，謂左氏說，彼傳無禘文，言禘非也。國之大事，在祀與戎，古者稱祀戎皆曰有事，故言有事也。日者，不去樂，失禮例當日。下又有「壬午繹」，須此起之。此祭雖無失禮亦當日，仲遂本不卒者，卒之不當日明矣。仲遂卒于垂。祭于大廟之日而知仲遂卒。垂，齊地。爲若反命而後卒也。先書復，後言卒，使若遂已反命于君而後卒于垂。【補曰】垂是齊地，遂卒在辛巳前，今以君聞卒之日爲其卒日者，見臣子之義，與公孫嬰齊同意。又因遂卒本不當日也，不移卒文於辛巳祭前者，本不當卒，若先出卒文，雖疏之，未足見意。此公子也，其曰仲何也？疏之也。僖十六年傳曰：「大夫不言公子公孫，疏之也。」【補曰】疏曰：「遂見疏而去公子，經不可單稱遂卒，以遂於後以仲爲氏，故稱仲遂卒也。」文烝案：大夫卒不可直名者，嫌是不命大夫，若無駭、俠之等也。遂之身已以仲爲氏，劉炫以爲受賜，得之。疏言遂於後以仲爲氏，非也。何爲疏之也？是不卒者也。遂與宣公共弒子赤。【補曰】是弒君賊，不當書卒者。不疏則無用見其不卒也。若書公子，則與正卒者同，故去公子以見之。則其卒之何也？據公子翬不書卒。以譏乎宣也。其譏乎宣何也？聞大夫之喪則去樂卒事。去籥萬，卒祭事，言今不然。【補曰】去樂者，凡有聲無聲之屬悉去之也，今不去樂卒事，故卒仲遂以譏宣。但宣雖去樂卒事而壬午猶繹，非禮，當先書去樂卒事以明正，繼書壬午猶繹以示譏，仍不得不卒仲遂，其理易見，故傳不具言耳。何休曰：「禮大夫死，爲廢一時之祭；有事於廟而聞之者，去樂卒事；卒事而聞之者，廢繹。」文烝案：傳言「是不卒者也」，以譏乎宣也。昭十四年傳曰：「意如惡，然而致見君臣之禮也。」兩傳意同。李光地說下「猶繹」曰：「檀弓載仲尼言卿卒不繹，則遂之功罪姑無論矣。韓子詩云春秋書王法，不誅其人身，此類是也。」文烝案：劉敞亦云春秋之設辭也，非其人之謂也，蓋其道之謂也。

壬午，猶繹。【補曰】各本此經下衍「萬入去籥」四字，今依唐石經、十行本删正。猶者，可以已之辭也。繹者，祭之旦日之享賓也。【補曰】疏曰：「旦日，猶明日也。謂之繹者，繹陳昨日之禮。」文烝案：公羊曰：「祭之明日也。」爾雅曰：「又祭也。」何休以爲繹繼昨日事。孫炎以爲祭之明日，尋繹復祭也。享賓者，賓尸，謂以尸爲賓而享之。天子諸侯曰繹，以祭之明日；卿大夫曰賓尸，與祭同日。繹亦是賓尸，異其名耳，故傳以「享賓」解「繹」也。何休曰：「殷曰肜，周曰繹。繹者，據今日道昨日；肜者，據昨日道今日。祭必有尸者，節神也。禮天子以卿爲尸，諸侯以大夫爲尸，卿大夫以下以孫爲尸。」

萬入，去籥。萬，舞名。籥，管也。【補曰】此本杜預。萬入籥入，與諸書入者異也。去，徹也，藏也。訓「藏」字或作「弆」，後人别之耳。鄭君周禮注曰：「去樂藏之也。」又引此而曰「萬言入則去者不入，藏之可知。」鄭言藏是也，言不人非也。籥卽在萬中，昭十五年「籥入」、「去樂」，不可言「樂不入」明矣。以其爲之變，譏之也。內舞去籥，惡其聲聞，此爲卿變於常禮，是知其不可而爲之。【補曰】公羊曰：「萬者何？干舞也。籥者何？籥舞也。其言萬入去籥何？去其有聲者，廢其無聲者，存其心焉爾。存其心焉爾者何？知其不可而爲之也。」何休曰：「干，謂楯也，能爲人扞難而不使害人，故聖王貴之以爲武樂。萬者，其篇名。武王以萬人服天下，民樂之，故名之云爾。籥，所吹以節舞也。吹籥而舞，文樂之長。去其有聲者，不欲令人聞之也。廢，置也。置者，不去也，齊人語。」文烝案：傳文簡略，須以公羊證明之。何氏解「萬」字不合古義。詩曰：「方將萬舞。」毛傳曰：「以干羽爲萬舞。」陳奐曰：「樂記『羽籥干戚，樂之器也』，干舞有干與戚，羽舞有羽與籥，羽舞亦曰籥舞。干舞爲武舞，以舞大武，羽籥舞爲文舞，以舞大夏。曰萬者，又兼二舞以爲名也。」韓詩傳：「萬，大舞也，以干羽舞，故爲大舞。」逸周書世俘：「籥人奏武，王入進萬。」孔晁注曰：「武以干羽爲萬舞。」春秋言「萬人去籥」，明萬必有籥。左傳：「考仲子之宮，將萬焉。公問羽數于衆仲。」明萬必有羽。孔穎達引異義公羊說「樂萬舞以鴻羽，取其勁輕，一舉千里」，又引韓詩說「以夷狄大鳥羽」，則萬舞有羽，古無異說。萬舞或可省言干，故公羊謂萬爲干舞，雖專言干舞，不謂萬無羽籥，故異義所載公羊說以萬爲羽，正與傳相補備。何休以爲萬取武王以萬人服天下之義，不爲羽籥舞之兼號。鄭君詩箋以萬爲干舞，籥翟乃爲籥舞。誤矣。夏小正傳曰「萬也者，干戚舞也」，蓋亦誤。陳疏申明毛義，詳確可據，自呂祖謙發其端矣。夏小正、商頌皆有萬，而何休以爲起武王者，本春秋說文。蓋以小正未足據，商頌則宋襄公時詩也。郊特牲以「朱干、設錫，冕而舞大武」爲諸侯之潛禮，則侯國之祭本無干舞。祭統稱成王、康王賜魯大嘗、禘，「朱干玉戚以舞大武，八佾以舞大夏，此天子之樂也」。明魯不與他國同。郝懿行爾雅義疏說籥，據詩傳、說文、禮注、左傳四語，陳疏所無，以意裨足之。

風俗通、廣雅、詩音義諸文，以爲吹籥短於笛而三孔，舞籥長於笛而六孔，或七孔。趙汸曰：「禮樂者，先王大典，其節文之末，皆精義所存，諸侯不得妄有損益。王制變禮易樂者爲不從，不從者君流，故猶繹之失，去樂之得，史皆書之，以謹亡失之漸。」文烝案：此所謂周禮在魯而君子尤重之也。○夫子於魯之禮樂蓋兢兢焉，入大廟則每事問。告顏淵爲邦則述魯之舊法，斯春秋之志也。皇侃說論語行夏之時，謂祭祀田獵播種也。乘殷之路，謂郊乘素車也。服周之冕，謂郊廟用衮冕也。樂則韶舞，謂郊禘大賓，備四代之樂，從虞氏始也。

「郊禘大賓」四字辨訂。

戊子，夫人熊氏薨。宣公妾母。【補曰】何休以爲卽僖所娶楚女。宣爲僖之妾子，乖異難據。孔廣森謂楚以熊爲氏，羋爲姓，或其公族屈氏、鬭氏之屬可更以熊爲姓。○【撰異曰】熊，左氏作「嬴」。

晉師、白狄伐秦。

楚人滅舒、鄝。【補曰】羣舒也。左傳曰：「楚子彊之，及滑汭。盟吳、越而還。」洪咨夔曰：「循江而下，以及於淮，與吳、越接壤也。」案：此在時例。○【撰異曰】鄝，本又作「蓼」，左氏、公羊作「蓼」。

秋七月甲子，日有食之，既。

冬十月己丑，葬我小君頃熊。文夫人姜氏大歸于齊，故宣公立己妾母爲夫人，君以夫人禮卒葬之，故主書者不得不以爲夫人，義與成風同。【補曰】疏曰：「成風再貶，自外妾母不譏者，從一譏故也。」文烝案：注首二語本鄭君駁異義說，見通典。凡適母被廢則妾母得爲夫人也，此不可通於穀梁，前論之。左傳曰：「葬敬嬴。旱，無麻，始用葛茀。」○【撰異曰】頃熊，左氏作「敬嬴」。案：頃、敬古通用。說苑以南宮敬叔爲頃叔。趙匡謂「頃」是惡謚，追尊不應加惡謚。非也。

雨，不克葬。葬既有日，不爲雨止，禮也。雨，不克葬，喪不以制也。徐邈曰：「案經文是己丑之日葬，喪既出而遇雨，若未及己丑而卻期，無爲逆書此日葬。禮喪事有進無退，又士喪禮有潦車載蓑笠，則人君之張設，固兼備矣。禮先遷柩於廟，其明昧爽而引，既及葬日之晨，則祖行遣奠之禮設矣。故雖雨猶終事，不敢停柩久次。」【補曰】疏曰：「舊解案禮庶人縣封，葬不爲雨止，明天子諸侯不觸雨而行。傳言不爲雨止者，謂不得止葬事而更卜遠日。喪不以制者，謂不得臨雨而制喪事，豈有諸侯執紼者五百人觸雨而行哉？是徐邈之說，理之不通。今案：傳文云「喪不以制」，是喪事不以禮制，上文「不爲雨止」禮也，明爲雨止則非禮可知，安得云傳意葬爲雨止乎？又且范引徐注不言其非，何爲述范義而違之？未及己丑而卻期者，謂雨之與葬皆是己丑之日也，若未及己丑之日而遇雨，其葬期有卻者，何爲逆書己丑日葬也？孔廣森曰：「穀梁之說謂既發引至於堩，不可因雨而乖有進無退之義，又非可若日食止柩道右以須明復，故有潦車之載，蓑笠之備。若其在廟祖遣，柩猶未行，雨霑服失容，自當却改期日。」此孔氏因徐注、楊疏而加詳，又略本王制、正義之說，以通合左傳、王制之文也。今案：左傳曰：「雨，不克葬，禮也。禮，卜葬先遠日，辟不懷也。」王制曰：「庶人縣封，葬不爲雨止。」鄭君曰：「縣封當爲縣窆，雖雨猶葬，以其禮儀少。」孔穎達正義又引許慎異義公羊說「卿大夫臣賤，不能以雨止」。左氏說則與王制同，以爲此皆謂已發在路及葬也。又引鄭君釋廢疾「雖庶人葬爲雨止」，以爲此謂在廟未發也。其人君無論在廟在路，及葬皆爲雨止，故公羊說「雨不克葬」，謂天子諸侯也。左氏說「卜葬先遠日，辟不懷也」，惟穀梁說「葬既有日，不爲雨止」，許慎以爲非也。正義又云「鄭無駁」，與許同。許引論語云「死葬之以禮」，以爲以雨而葬是不行禮。何休注亦同。孔廣森欲通之於穀梁，乃取徐邈說，指已發在路，不別人君人臣。又據王制文謂士以上皆爲雨止，則庶人雖未發亦不止，皆不合先儒所論。孔又別爲説曰，昔魏葬惠王，雪及牛目，有司請弛期，襄王弗許，而惠子託爲欒水齧王季墓事以説之，可知雨不克葬爲禮，是則以大雪比甚雨，亦先儒所未言。竊嘗論之，王制、左氏説「庶人不爲雨止」，公羊説「兼及卿大夫」，其言已歧異矣。王制下文言「喪不貳事」，亦屬庶人，而穀梁此年傳「不爲雨止」、文十六年傳「喪不貳事」，皆言人君之禮，則知王制爲記述之疏謬，而左氏、公羊皆未可用，許慎、何休、鄭君、孔穎達及穀梁舊解皆失之也。雨有甚不甚，葬有未發已發之別，傳但大概言之，謂葬既卜得日，於禮無止，止則以爲非制耳。徐注、楊疏、孔廣森亦皆失之也。

庚寅，日中而克葬。【補曰】何休曰：「別朝莫者，明見日乃葬也。」文烝案：日中者，時加午也。而，緩辭也，足乎日之辭也。【補曰】疏曰：「與定十五年『日下稷，乃克葬』二文相對爲緩急。」文烝案：公羊曰：「而者何？難也。乃者何？難也。曷爲或言而或言乃，乃難乎而也。」公羊意與傳同。時加於午，視日下稷爲早，是以其足乎日而爲緩辭也。緩亦是難，視彼爲緩耳。

城平陽。【補曰】杜預釋例曰：「此東平陽也。」杜以左氏哀二十七年傳之平陽爲西平陽。

楚師伐陳。【補曰】僖之篇楚兩稱師，一以公以之，一以敗也。自此後始有師。

九年春王正月，公如齊。有母之喪而行朝會，非禮。【補曰】孔廣森曰：「月者，正月也。」文烝案：疏引往月危往之例，以爲此朝書月即是非禮之異文，不知正月書月者非必在危例。襄公母以四年七月薨，其冬公如晉不月，明書月不以其非禮，非禮易見，無假於月也。禮庶子爲後，爲其母緦，今以爲夫人，則不用此制。禮服問有「近臣從服唯君所服」之語。

公至自齊。

夏，仲孫蔑如京師。【補曰】仲孫蔑，公孫敖孫孟獻子也。蔑父文伯，名穀，其叔父惠叔，名難。左傳是春「王使來徵聘」。

齊侯伐萊。

秋，取根牟。【補曰】疏曰：「當爲國名。」案：杜預以爲東夷國，故疏從之。滅夷狄例時，說亦可通。但穀梁此處無傳，則非國也。取邑例時，當是取邑。諸取國及邑不出主名者，孔廣森曰：「蓋微者取之。」如孔說，則皆是內稱人之文，與入杞、伐邾同，與取濟西田異，未敢定也。

八月，滕子卒。【補曰】滕昭公。

九月，晉侯、宋公、衛侯、鄭伯、曹伯會于扈。【補曰】月者，爲下卒日。

晉荀林父帥師伐陳。

辛酉，晉侯黑臀卒于扈。【補曰】晉成公也。公羊曰：「扈者何？晉之邑也。」案：扈本鄭地，不知何時入晉。

其地，於外也。外，謂國都之外，諸侯卒於路寢則不地。【補曰】國都之外及竟外，皆外也，注專指此文，但以國都之外解「外」字，非傳意也。地以地名，不地以會者，成十三年傳曰「公大夫在會曰會」，徐邈謂內君大夫在焉者也。此會公不在，故不言卒于會，傳雖無説，以彼傳推之，或當然也。公羊以爲「未出其地，故不言會」。「未出其地」，即傳所謂「未踰竟」，孫覺從之，説亦可通。其日，未踰竟也。傳例曰：「諸侯正卒則日，不正則不日。」舊説踰竟亦不日，然則諸侯不正而與已踰竟無以別之矣。案：襄七年鄭伯卒于操，此年晉侯卒于扈，文正與襄二十六年許男卒于楚同，恐後人謂操、扈是國，故於疑似之際，每爲發傳曰「未踰竟也」。【補曰】此注甚錯謬。傳言在外未踰竟者當書日，與在竟外者不同，明書日爲未踰竟之通例，不以正不正論也。在竟外而卒，苟非明書其所卒之國，則正不正悉不日，傳舉此以見彼。而舊説因謂踰竟不日，大概得之，説詳成十三年。此不葬者，疏曰「蓋魯不會」。

冬十月癸酉，衛侯鄭卒。【補曰】衛成公也。不葬者，殺其母弟叔武失德，亦篡立之比也。前無見文，故去葬以明之。

宋人圍滕。

楚子伐鄭。○【撰異曰】子，各本誤作「人」。今依唐石經、十行本改正。

晉郤缺帥師救鄭。

陳殺其大夫泄冶。【補曰】大戴禮保傅、賈子書、韓詩外傳皆曰「靈公殺泄冶，而鄧元去陳以族從」。不書鄧元出奔者，史本無之。○【撰異曰】泄，左氏作「洩」，唐石經公、穀亦皆作「洩」，避諱改也。稱國以殺其大夫，殺無罪也。【補曰】重發傳者，泄冶忠賢，異於申侯，將詳其事，故復發文。泄冶之無罪如何？陳靈公通于夏徵舒之家，【補曰】傍淫曰通。謂徵舒母夏姬，鄭穆公女，御叔妻也。公孫寧、儀行父亦通于其家，二人陳大夫。【補曰】此「于」字各本脫，今依唐石經、余本、俞臯集傳釋義本補正。或衣其衣，或衷其襦，衷者，襦在衷也。【補曰】「在衷」或作「在裏」。說文曰：「衷，裏褻衣。」「襦，短衣也。」釋名有反閉襦，有單襦，有要襦。杜預曰：「衷，懷也。」以相戲於朝。泄冶聞之，入諫曰：「使國人聞之則猶可，使仁人聞之則不可。」【補曰】仁人，愛君者也。公卿宣淫，可令聞乎？君愧於泄冶，不能用其言而殺之。【補曰】孔子稱比干爲仁，泄冶庶幾近之。王肅家語載孔子語謂泄冶不得同比干，引詩板篇與左傳文同，皆不足據也。何休說公羊言「泄冶有罪」，似用左傳，其作膏肓，則以爲無罪，蓋以左傳究不可用。

春秋宣公經傳第六補注第十六

穀梁　范氏集解　鍾文烝詳補

十年春，公如齊。

公至自齊。

齊人歸我濟西田。○【撰異曰】公羊、唐石經磨改及鄂本「西」下有「之」字，誤衍也。公娶齊，齊由以爲兄弟，反之，齊由以婚族，故還魯田。爾雅釋親曰：「婦之黨爲婚兄弟。」【補曰】公羊僖二十五年何休注曰：「宋、魯之閒，名結婚姻爲兄弟。」爾雅釋親婚姻章曰：「壻之父爲姻，婦之父爲婚。父之黨爲宗族，母與妻之黨爲兄弟。婦之父母，壻之父母相謂爲婚姻。兩壻相謂爲亞。婦之黨爲婚兄弟，壻之黨爲姻兄弟。」郭璞注曰：「古者皆謂婚姻爲兄弟。」釋親題章凡四：曰宗族，曰母黨，曰妻黨，曰婚姻，通言之皆族也。尚書歐陽、夏侯説、禮戴説九族者謂父族四：父之姓，五屬之内也，父女昆弟適人有子也，身女昆弟適人有子也，身女子子適人有子也；母族三：母之父母也，母之昆弟也，母之女昆弟適人有子也；妻族二：妻之父也，妻之母也。竊以司徒族黨之名，皆取聚義。小雅「兄弟昏姻」之句並顯親情，各得通稱，非無意矣。不言來，【補曰】據鄆、讙、龜陰田言來。公如齊受之也。【補曰】受者，受於齊侯也。諸言來者，皆專使接公之文。此田公如齊受之，公至自齊，而齊人歸之，其歸或無專使接公，不得言來。或雖有專使，而以公之親受爲重，於此可略，亦不須言來。趙匡難此傳，非也。「濟西田」上加言「我」者，亦以公如齊受之，則齊人未歸之前，此田已屬我，故特加「我」於歸時，以與不言來之義相爲接足。傳釋「不言來」，則此意亦兼見。公羊以爲言「我」者，未絶於我，齊已言取之，其實未之齊。何休曰：「齊已言語許取之，其人民貢賦尚屬於魯。不言來者，明不從齊來。」如公羊、何氏之義，則書「取」既爲虛文，書「歸」亦非實事，劉敞駁之是矣。

夏四月丙辰，日有食之。

己巳，齊侯元卒。傳例曰：「言日不言朔，食晦日，則此丙辰晦之日也。己巳在晦日之下，五月之上，推尋義例，當是閏月矣。文六年傳曰「閏月」者，附月之餘日，言閏承前月而受其餘日，故書閏月之日繫前月之下。蓋史策常法，文有定例，閏有常體，無嫌不明，故不復每月發傳。哀五年公羊傳曰「閏月不書，此何以書」？推此言之，則春秋固有在閏月而不冠以閏者矣。至於閏不告月，猶朝于廟，閏月葬齊景公，不正其閏，無以言其事，故書見變禮。」【補曰】徐邈謂日食是三月晦日，經冠以四月耳。見隱三年，范非也。其論書閏不書閏之義則得之。

齊崔氏出奔衛。氏者，擧族而出之之辭也。何休曰：「氏者，譏世卿也，卽稱氏爲擧族而出，尹氏卒寧可復以爲擧族死乎？」鄭君釋之曰：「云擧族死，是何妖問甚乎？擧族而出之之辭者，固譏世卿也，崔杼以世卿專權，齊人惡其族，今出奔，既不欲其身反，又不欲國立其宗後，故孔子順而書之曰『崔氏出奔衛』，若其擧族盡去之爾。」【補曰】擧，盡也。公羊之義不可通於傳。傳無譏世卿義，直謂擧族出耳。蓋崔氏在位者不止一人，今並去國，經辭尚簡，不可悉書，則書崔氏而已。此自不得以尹氏爲比。左傳以爲崔杼，趙鵬飛考校時代，疑其非杼，爲附會之説。家鉉翁亦云。

公如齊。【補曰】左傳曰：「奔喪。」杜預曰：「公親奔喪，非禮也。」公出朝會奔喪會葬，皆書如，不言其事，史之常也。」趙汸曰：「宣之事齊恭矣，而莫甚於奔其喪。」黄仲炎曰：「宣以不義得國，畢干乘之魯，唯齊是聽，孟子所謂人役者也」。文烝案：此蒙上月，所以危之，與成十年同。

五月，公至自齊。【補曰】致亦月者，亦危之，非但爲下弑日，成十一年亦同此往月致月有懼之例。

癸巳，陳夏徵舒弑其君平國。

六月，宋師伐滕。月者，蓋爲下齊惠公葬速起。【補曰】疏曰：「宋師伐滕，外事也。歸父如齊，又不當月。諸侯時葬，正也，月葬，故也。今上有齊逐崔氏之文，又非五月而葬，明書月爲葬惠公。」文烝案：注「速」字可删去，疏「又非」句亦當删。

公孫歸父如齊。【補曰】歸父，遂之子子家。

葬齊惠公。【補曰】上年不會晉葬，於齊則卿往，以事晉者事齊矣。

晉人、宋人、衛人、曹人伐鄭。

秋，天王使王季子來聘。其曰王季，王子也。【補曰】王子已爲大夫，而未受采邑，無氏，又不得以季繫王子，故繫於王。王季，猶言周季也。左傳謂之「劉康公」，杜預曰：「其後食采於劉。」其曰子，尊之也。子者，人之貴稱。【補曰】公羊曰：「其稱王季子何？貴也。其貴柰何？母弟也。」公羊説是也。貴卽尊也，爲大夫故字，以母弟而爲大夫，故尊之加言「子」。尊之言子，猶諸侯之弟來我，舉其貴者言弟也。一言弟，一不言弟者，天子之尊其弟兄，尤不得以屬通也。聘，問也。【補曰】重釋聘者，王季子尊，故備文。又王聘終於此也。

公孫歸父帥師伐邾，取繹。○【撰異曰】繹，公羊作「蘱」。案：左傳文十三年「邾遷于繹」。此所取孔穎達以爲別有繹邑，近在邾都旁。或當作「蘱」爲是。

大水。

季孫行父如齊。【補曰】左傳曰：「初聘于齊。」杜預曰：「齊侯初即位。」

冬，公孫歸父如齊。【補曰】左傳曰：「伐邾故也。」杜預曰：「魯侵小，恐爲齊所討，故往謝。」

齊侯使國佐來聘。【補曰】孔廣森曰：「未踰年而稱侯以使者，既於王見居喪之正法，其餘即悉因其廢禮之實，以刺譏當世矣。」

饑。【補曰】傳例：「二穀不升謂之饑。」言饑，蓋包饉與康矣。此饑由秋大水也。莊七年秋，大水，無麥苗，周之秋苗可更種，惟無麥耳。冬不至饑，故彼冬無饑文。餘諸水旱、螟螽之等，雖傷二穀以上，不至於無，或偶無一穀，冬皆不至饑也。饑例時。○【撰異曰】本或作「飢」。案：「飢」者，假借字。

楚子伐鄭。

十有一年春王正月。

夏，楚子、陳侯、鄭伯盟于夷陵。夷陵，齊地。【補曰】杜預曰：「辰陵，陳地。」文烝案：陳未葬而稱侯，陳靈、蔡靈之葬與他例不同，則陳成、蔡平之稱侯亦與他例不同也。外盟不日，此又不月者，以楚遂主盟，故略之甚，猶盟齊、盟鹿上之意也。○【撰異曰】夷，左氏、公羊作「辰」。

公孫歸父會齊人伐莒。

秋，晉侯會狄于欑函。欑函，狄地。【補曰】左傳言：「郤成子求成於衆狄，衆狄疾赤狄之役，遂服於晉。會于欑函，衆狄服也。」蓋此會乃晉所以翦赤狄之羽翼，爲十五年滅之之地。不言及，外狄也。所以異之於諸夏。【補曰】黄池之會書晉侯及吴子者，言及之文也。彼會若魯不與，當書晉侯及吴子會于黄池，吴不得從列數之例，以殊會爲外，以書尊及卑爲進。今不言晉侯及狄會，明是外之，猶吴之殊會矣。此義施於會，不施於盟，不得以衞人及狄盟爲難。黄池又進吴稱子，則別有義也。傳「也」字，各本脱，今依唐石經、余本、吕本中集解本、俞皋集傳釋義本、李廉會通本補正。

冬十月，楚人殺陳夏徵舒。變楚子言人者，弑君之賊，若曰人人所得殺也。其月，謹之。【補曰】人人得殺者，即是衆辭，從殺有罪例也。孔穎達曰：「不稱大夫者，諸放殺及執他國之臣皆不言某國大夫，以人臣卑賤故也。」文烝案：凡殺他國君亦不稱君，皆例耳。疏曰：「其月謹之者，不能自討，藉楚之力，禍害必深，故書月爲謹之。」文烝案：下有丁亥，此亦當月。此入而殺也。其不言入何也？據入國乃得殺。【補曰】繫陳而不地，明是殺之於陳。左傳亦曰「入陳，殺夏徵舒」。外徵舒於陳也。【補曰】晉人執衞侯不言入衞，曰不外王命於衞，楚人殺陳夏徵舒不先言入陳，曰外徵舒於陳，觀此兩義，信所謂師受，而知非以其心意議矣。故春秋之微也，惟傳顯之，春秋約而不速，惟傳使人優柔求之。其外徵舒於陳何也？據徵舒陳大夫不應外。明楚之討有罪也。雍曰：「經者書楚子入陳殺夏徵舒者，則入者內不受，是無以表徵舒之悖逆，楚子之得正。」【補曰】討得其罪，不可不明其義，此卽論語請討齊陳恆之意，與下各自爲義也。公羊以爲貶楚子稱人，「不與外討」，又以爲「雖內討亦不與」，「諸侯之義，不得專討」，「實與而文不與」，是不達事理之言，當以下傳所云「猶可」者爲定論也。傳於城楚丘云不與齊侯專封，解經書城而不書衞遷之意，書城仍非譏也。文既不與，何由知其實與？趙匡曰：「凡春秋得變之正，皆變文以許之，乃是文與，何得云不與乎？」

丁亥，楚子入陳。入者，內弗受也。日入，惡入者也。【補曰】重發傳者，嫌討賊無罪也。何用弗受也？【補曰】據討賊可受。不使夷狄爲中國也。楚子入陳，納淫亂之人，執國威柄，制其君臣，傎倒上下，錯亂邪正，是以夷狄爲中國。【補曰】注非也。夷狄，謂楚也。爲，治也，治亦討也。以夷狄治中國而討罪，不可以訓，故於此還從弗受常例，若不使得然。苟非夷狄，則須有特異之文以當入文矣。此與下事又不相涉，下事下自見義。六經奧論曰：「穀梁解經，大氐在於尊王室，抑外夷，明賞罰，此三條備之。」

納公孫寧、儀行父于陳。○【撰異曰】寧，公羊作「甯」。納者，內弗受也。【補曰】重發傳者，彼納君，此納大夫，嫌異故也。輔人之不能民而討猶可，雍曰：「輔相鄰國有不能治民者而討其罪人則可，而曰猶可者，明鄰國之君無輔相之道。」【補曰】注言不能治民，其理是，其說非也。「能」讀爲「柔遠能邇」之「能」。鄭君詩箋曰：「能，猶侞也。」「侞」與「如」通，謂侞順也。不能民者，不順民也。王念孫曰：「書言「不能厥家人」，左傳言「入而能民」、「不能其民」、「不能其大夫」、「不能外內」，公羊言「不能乎母」並同義。」文烝案：人之不順民者，謂繼世之君未順乎民者也。言爲他國討賊之道若但以之輔人則猶可，若如下所云「入人以制人」則不可也。「猶」字義當如注說。孔穎達王制正義曰：「魯無弓矢之賜，陳恆弑君，孔子請討之者，春秋之時，見鄰國簒逆亦得專征伐。」此足與傳相證。**入人之國，制人之上下，使不得其君臣之道不可。** 二人與君昏淫當絕，而楚强納之，是制人之上下。【補曰】上下卽君臣，制之則不得其道矣。疏曰：「麋信云：『二子不繫陳者，以其淫亂，明絕之也。』或當上有入陳之文，下云『于陳』，故省文耳，無義例。」文烝案：麋氏非也，疏是也。陸湻閩於師曰：「討徵舒，正也，故書曰『人』，許其行義也。入人之國，又納淫亂之臣，邪也，故明書其辟，以示非正也。春秋之義，彰善癉惡，纖介無遺，指事原情，瑕瑜不掩，斯之謂也。」張洽曰：「聖人予善之弘，待人之公，先旌其討賊之義，然後著其入陳，且納亂臣之罪，游、夏不能與者也。」程端學以爲視其所以者，當觀其所由，書殺於前，書入與納於後，其由來者顯矣。○案：莊王入陳縣陳，因申叔時言復封陳，此左傳所載也。史記陳世家曰：「孔子讀史記，至楚復陳，曰：『賢哉楚莊王！輕千乘之國而重一言。』」王肅家語因之。夫使此言果夫子之言，何以經文絕無所見？經但言入，不言滅，於縣陳、封陳之曲折，無以言之也。司馬遷所謂「孔子讀史記」者，乃當時公羊家謬說，所謂求周史記，得百二十國寶書者也，以爲春秋不專據魯史記者也。卽此以觀，益知其言不足信。大氏秦穆、楚莊，春秋以爲夷狄而略之，皆未嘗賢之，亦不以霸待之。自二國日强，競相追美，左氏、公羊附和成說，孟子亦因時俗之論，稱秦穆之霸，而於百里奚、孫叔敖皆樂道焉，遂滋後人之紛紜矣。風俗通及趙鵬飛、家鉉翁、趙汸皆嘗論之，學者當據穀梁二伯之文，以明春秋專家之學。

十有二年春，葬陳靈公。 傳例曰：「失德不葬，君弑，賊不討不葬，以罪下也。日卒時葬，正也。」靈公淫夏姬，殺泄冶，臣子不能討賊，踰三年然後葬，而日卒時葬何邪？」泰曰：「楚已討之矣，臣子雖欲討之，無所討也，故君子卽而恕之，以申臣子之恩。稱國以殺大夫，則靈公之惡不嫌不明，書葬以表討賊，不言靈公無罪也。踰三年而後葬，則國亂居可知矣。非日月小有前卻，則書時不嫌。」【補曰】注「楚已討之」三句本公羊。疏曰：「未五月謂之前，過五月謂之卻。言葬有前卻，則書月以見故，今三年始葬，非是小有前卻，故書時不嫌也」。文烝案：書月見故者，雖適五月亦書，疏非也。此注「踰三年而」以下當改云「文承上事則有故居可知矣」，故書時不嫌，亦鄭莊公不日之例也。劉敞曰：「既葬而後乃討賊，賊雖已討，葬猶不追書也，閔公是已。討賊雖遲而葬，在討賊之後則葬得書，陳靈公是已。凡君弑賊不討不敢葬，父弑讐不復不敢葬，不敢葬則亦不敢除其服，是故寢苦枕戈，志必復而後已。」此賊不討不書葬之義也，所以春秋有其賊未討，雖久弗葬而弗非也。

楚子圍鄭。

夏六月乙卯，晉荀林父帥師及楚子戰于邲，晉師敗績。邲，鄭地。【補曰】韓非、淮南子並曰楚莊王勝晉於河、雍之閒。雍卽灉也。疏曰：「徐邈云：『先林父者，內晉而外楚。』」文烝案：此晉荀林父救鄭之師也。左氏、公羊同。左氏以爲晉聞鄭及楚平，乃濟河而戰，故不得以救鄭書。高澍然曰：「若書救鄭及楚戰，似楚圍未撤，鄭守未下，晉以戰爲救，皆非事實矣。」績，功也。【補曰】爾雅同。又曰：「功、績，成也。」墨子經曰：「功利民也。」孔廣森曰：「敗績猶周禮言師不功。」功，事也。【補曰】轉相訓。爾雅曰：「績，事也。」日，其事敗也。【補曰】疏曰：「舊解此戰事書日者，爲敗之故也。特於此發之者，二國兵衆，不同小國之戰，故特發之。徐邈云：『於此發傳者，深閔中國大敗於彊楚也。』

今以「曰」爲語辭，亦足通也。但舊解爲「日月」之「日」，疑不敢質，故皆存耳。」」文烝案：徐說是也。「曰」當音「聿」。左傳例「曰大崩、曰敗績」。

秋七月。

冬十有二月戊寅，楚子滅蕭。【補曰】傳以蕭爲微國。滅例中國日，卑國月。此在月例日者，蓋以蕭近宋之國，楚莊夷狄之盛，故進而詳之。疏引徐邈云：「蕭君有賢德，故書日。」文烝案：徐說以晉滅潞氏推之，但此無以其君歸之文，未必於君身取義。

晉人、宋人、衛人、曹人同盟于清丘。清丘，衛地。【補曰】案：左傳晉原縠、宋華椒、衛孔達皆大夫也，稱人者，蓋以晉師新敗，霸業已衰，故略之。既著同外楚文，則無嫌爲卑者。

宋師伐陳。○【撰異曰】徐彥公羊疏曰：「宋師伐陳者，案諸家經皆有此文，唯賈氏注者闕此一經，疑脱耳。」

衛人救陳。【補曰】疏曰：「此不言善者，衛、宋同盟外楚，今反救陳，不足可善，故傳不釋。」文烝案：此是傳略不具耳。經論其大義，不屑屑論之。衛人救陳，楚人救衛，楚公子貞帥師救鄭，皆善也。趙孟何曰「讀春秋者不可於細事上求」是矣。

十有三年春，齊師伐莒。○【撰異曰】公羊作「伐衛」。汪克寬曰：「前後無齊、衛交怨之事。」

夏，楚子伐宋。【補曰】自九年以來，連書楚子凡八事。莊王會盟征伐，皆身親之。李光地曰：「見中國政在大夫，宜其不競於楚。」

秋，螽。

冬，晉殺其大夫先穀。○【撰異曰】穀，一本作「縠」。唐石經磨改作「穀」，左氏、公羊作「縠」。

十有四年春，衛殺其大夫孔達。

夏五月壬申，曹伯壽卒。

晉侯伐鄭。

秋九月，楚子圍宋。【補曰】疏曰：「徐邈云：『圍例時，此圍久，故書月以惡之。』」文烝案：月或爲下葬。

葬曹文公。

冬，公孫歸父會齊侯于穀。

十有五年春，公孫歸父會楚子于宋。【補曰】地以宋者，與僖二十七年同説。高澍然曰：「僖會盟于薄，復會盟于宋，歸父復會于宋，宋東北與魯接壤，懼楚師及己，故先納款。」

夏五月，宋人及楚人平。【補曰】月者，例也。平之正例，内外皆月。○【撰異曰】陳岳春秋折衷曰：「左、穀

「宋人及楚平」，公羊作「及楚人平。」」案：左、穀皆作「及楚人平」，陳氏誤。平者，成也。【補曰】疏曰：「重發傳者，嫌外内異也。」案：當云此無内文，嫌有異。善其量力而反義也。各自知力不能相制，反共和之義。【補曰】小國事六國，大國比小國，義也。人者，衆辭也。平稱衆，上下欲之也。【補曰】上下，謂君及臣民。左氏賈逵注曰：「善其與衆同欲。」謝湜曰：「宋見圍凡九月，外無隻輪匹馬之援，内有析骸易子之變，宋人知怨之不可以結也，故請和於楚以求平。楚人知忿之不可以恃也，故受宋之和而與之平。二國之平，衆所同欲也。」外平不道，【補曰】不道者，經例因史例也。以吾人之存焉道之也。吾人，謂大夫歸父。【補曰】此猶外釋不志，以公之與之盟目之。

六月癸卯，晉師滅赤狄潞氏，以潞子嬰兒歸。○【撰異曰】「潞」字，國語或無「水」。滅國有三術：術，猶道也。中國謹日，卑國月，夷狄不日。卑國，謂附庸之屬。襄六年傳曰「中國日，卑國月，夷狄時」，此謂三術。【補曰】疏曰：「中國日者，衛滅邢之類是。卑國月者，無侅入極、齊侯滅萊之類是。夷狄不日者，楚滅江黄、吴滅州來之類是。此不云夷狄時而云不日者，方釋潞子嬰兒書日之意，故云不日。」文烝案：傳特發例於此者，因變例以明正例，此論經例耳，舊史則皆日也。疏論滅萊非也。萊本夷狄，非正例。滅州來當改爲滅巢。其曰，潞子嬰兒賢也。【補曰】「曰」字當爲「日月」之「日」，謂以賢故進書日也。進之當從卑國例月，而日者，爲以其君歸，從沈、許、頓、胡例也。既日之，故亦名之，與四君同。若夔滅在時例，則夔子不名矣。若然，書名者與書日之文相足，書日爲賢則書名非絶之，乃與常例異也。疏曰：「書日以表其賢，書名以見滅國，所謂善惡兩舉。」其説未是。

秦人伐晉。

王札子殺召伯、毛伯。【補曰】被殺不名者，別於卒也。札子非大夫則名，大夫則字，皆常例。案：左傳時有召桓公、召戴公，此殺者，召戴公、毛伯衛也。王札子者，當上之辭也。【補曰】當上之辭者，謂不稱王人以殺，是以王命殺也。王札子猶言周札子，札子者，名也。左傳謂之王子捷，是羣王子也。王子未爲大夫則皆名，佞夫、瑕、猛、朝等皆同。殺召伯、毛伯，不言其何也？解經不言殺其大夫。【補曰】據凡稱人者，皆言其大夫。兩下相殺也。【補曰】兩下者，兩臣，兩臣相殺，不得爲衆，非衆辭不得稱人，故亦不得言其，言其則不辭。兩下相殺，不志乎春秋，此其志何也？矯王命以殺之，非忿怒相殺也，【補曰】詐稱曰矯，以非兩下忿怒，故志也。故曰以王命殺也。以王命殺，謂言王札子殺召伯、毛伯，是知以王命而殺之。【補曰】以王命殺，是之謂「當上」。以王命殺則何志焉？【補曰】以王命殺則是王殺也。左傳記晉殺胥童、齊殺高厚、莒殺意恢、楚殺郤宛之等，未嘗非矯君命，而經概從君殺之文，是其比也。但春秋多記列國殺大夫，而王殺此外不見，或以列國之殺爲專殺，而王殺則異歟？故又據以問。爲天下主者天也，【補曰】萬物本乎天。繼天者君也，【補曰】天之子取尊稱。君之所存者命也。【補曰】人之於人，以言受命。爲人臣而侵其君之命而用之是不臣也，爲人君而失其命是不君也，【補曰】君臣皆惡，至於矯殺，故不可不志。劉向說苑：「子夏曰：『春秋者，記君不君、臣不臣、父不父、子不子者也，此非一日之事也，有漸以至焉。』」君不君，臣不臣，此天下所以傾也。【補曰】政亡則國家從之，申足上意也。沈棐曰：「見天子之柄非獨不行於諸侯，而且不行於卿士矣。上下相夷，王室益衰，不可救止。」文烝案：荀子曰：「天地者，生之始也；禮義者，治之始也；君子者，禮義之始也。故天地生君子，君子理天地，君臣父子，兄弟夫婦，始則終，終則始，與天地同理，與萬世同久，夫是之謂大本。故喪祭、朝聘、師旅一也，貴賤、殺生、奪與一也，君君臣臣、父父子子、兄兄弟弟一也，農農士士、工工商商一也。」

秋，螽。

仲孫蔑會齊高固于無婁。無婁，杞邑。【補曰】依公羊字，即隱四年、昭五年之牟婁也。當云莒邑。○【撰異曰】無，公羊作「牟」。

初稅畝。【補曰】急就篇：「種樹收斂賦稅租。」顏師古曰：「斂財曰賦，斂穀曰稅，田稅曰租。」王應麟曰：「漢志稅以足食，賦以足兵。」文烝案：依丘甲三軍例，此亦當月。但國以民爲本，今改舊法，厚斂於民，內之大惡，較彼二事爲甚，故略不爲謹月文。若是國之常事，哀用田賦，亦同此也。初者，始也。【補曰】亦著爲令。古者什一，一夫一婦，佃田百畝，以共五口，父母妻子也。又受田十畝，以爲公田，公田在內，私田在外，此一夫一婦爲耕百一十畝。【補曰】孟子曰：「夏后氏五十而貢，殷人七十而助，周人百畝而徹，其實皆什一也。」何休曰：「以什與民，自取其一爲公田。」姚鼐曰：「一在什之外，凡傳記言十一而稅則一在十中，言什一而藉及徹則一在十外。」文烝案：漢高帝輕田租，十五而稅一。文、景以後，常三十而稅一，以爲定制。蓋郡縣之天下，其用較古爲儉，古者千里之畿，五等之國，其城郭宮室宗廟祭祀之禮，諸侯幣帛饔飧，百官有司，委曲煩多，必什一然後足用，自堯、舜已然矣。藉而不稅，藉此公田而收其入，言不稅民。【補曰】孟子曰：「助者，藉也。」疏曰：「徐邈曰：『藉，借也。謂借民力治公田，不稅民之私也』。」范注以藉爲賦藉，理亦通。」文烝案：王制、孟子皆有此語。初稅畝，非正也。【補曰】言穀出過藉。古者三百步爲里，名曰井田，【補

五服卽是九州，而方五千里，較之方三千里幾三倍何歟？或謂要荒二服，夷蠻之地，甚寬，而周之揚、荆二州，悉爲要荒，他州亦時有之，終無以知其

曰】六尺爲步，三百步者謂廣與長也。九章方田術依秦、漢之制，畝廣一步，長二百四十步。周制廣一步，長百步爲一畝；廣百步，長百步爲百畝；廣三百步，長三百步爲一里，九百畝。大戴禮王言亦曰「三百步而里」，里者，謂方里，故孟子曰「方里而井」，以上韓詩外傳盡同也。開方之數卽積其里之方之數而乘之，如王制云「州方千里」，則其積百萬里矣。四海之內九州，斷長補短，方三千里則其積九百萬里矣。書皋陶謨「弼成五服，至于五千」，歐陽、夏侯說中國方五千里，則其積二千五百萬里矣。至於自此至彼，如傳云縣地若干里，某去某若干里者，但據一邊袤長，不計積方。又但據人跡屈曲，非計鳥路徑直，當分別觀之也。「井田」二字，於文皆象形，井謂之畫。「畫」字下亦象田四界，古者畫九州，畫井，其始也。八卦、六書，皆取畫名，又轉爲繪畫。九數之序則先方田，明井田爲萬法本，故易說曰「井，法也」。下文「井竈」之井，蓋因井田得名，易卦有井，指其物言之，易說訓法，本其始言之。說文字作「丼」，云：「八家一井，象構韓形，・罋象也。〔一〕古者伯益初作井。」許氏以井竈爲本義，殆失之。伯益初作井，豈唐虞前無「井」字乎？井田者九百畝，公田居一，出除公田八十畝，餘八百二十畝，故井田之法，八家共一井，八百畝餘二十畝，家各二畝半爲廬舍。【補曰】孟子曰：「井九百畝，其中爲公田。八家皆私百畝，同養公田。」又曰：「詩云『雨我公田，遂及我私』。惟助爲有公田。由此觀之，雖周亦助也。」何休曰：「聖人制井田之法而口分之，一夫一婦，受田百畝，以養父母妻子。五口爲一家，公田十畝，廬舍二畝半，凡爲田一頃十二畝半。八家而九頃，共爲一井，故曰井田。廬舍在內，貴人也。公田次之，重公也。私田在外，賤私也。井田之義：一曰無泄地氣，二曰無費一家，三曰同風俗，四曰合巧拙，五曰通財貨。因井田以爲市，故俗語曰市井。多於五

〔一〕「・」原脫，據說文解字井部補。

孳也。孟子云「海內之地方千里者九」，與王制同。

口，名曰餘夫，餘夫以率受田二十五畝，十井共出兵車一乘。司空謹別田之高下善惡分爲三品：上田一歲一墾，中田二歲一墾，下田三歲一墾，肥饒不得獨樂，墝埆不得獨苦。故三年一換主易居，財均力平，兵車素定。」私田稼不善則非吏，非，責也。吏，田畯也。言吏急民，使不得營私田。【補曰】說文曰：「禾之秀實爲稼，莖節爲禾。」毛詩傳曰：「種之曰稼，斂之曰穡。」此稼謂禾稼也。田畯者，爾雅曰：「農夫也。」毛詩傳曰：「田大夫也。」公田稼不善則非民，民勤私也。【補曰】孟子曰：「公事畢，然後敢治私事。」初稅畝者，非公之去公田而履畝，十取一也，【補曰】疏曰：「何休云：『宣公無恩信於民，民不肯盡力治公田，故公家履踐案行，擇其善畝穀最好者稅取之。』故曰履畝。徐邈以爲除去公田之外又稅私田十之一也。傳稱『與民已悉』，則徐言是。」文烝案：徐說以爲什二，杜預亦以爲然。漢書五行志劉向云：「是時，民患上力役，解於公田。宣是時初稅畝，稅畝，就民田畝擇美者稅其什一。」與何說同，與杜、徐說異。姚鼐曰：「謂去公田之名，而通九百畝履畝十取一，是與民已悉。」孔廣森曰：「去公田而九家同井，每畝稅取其什之一，近貢法也。或以爲什二而稅，非也。論語言二者，是哀用田賦以後耳。」案：趙鵬飛、呂大圭說並同此。以公之與民爲已悉矣，悉，謂盡其力。【補曰】自古者三百步至此，申明上意。古者公田爲居，八家共居。【補曰】謂以二十畝爲八家廬舍也。詩曰：「中田有廬。」何休曰：「在田曰廬，在邑曰里。」案：上文「去公田」句當如劉、何、趙、呂、姚、孔之說，若不知公田實耕八十畝，則其義不明，故傳復言此。井竈葱韭盡取焉。損其廬舍，家作一園，以種五菜，外種楸桑，以備養生送死。【補曰】疏曰：「損，謂減損也。五菜者，世所謂五辛之菜。」文烝案：井所以汲，竈所以炊，皆養生所重，居之所急。葱韭之屬，宜種者多，舉以該其餘，當如注說。何休曰：「種穀不得種一穀，以備災害，田中不得有樹，以妨五穀。還廬舍種桑荻雜菜，畜五母雞，兩母豕，瓜果種疆畔，女尚蠶織，老者得衣帛焉，得食肉焉，死者得葬焉。」此二句又以發上未盡之意，故三稱古者。○何休又論在邑之事曰：「一里八十户，八家共一巷，中里爲校室，選其耆老有高德者名曰父老，其有辯護伉健者爲里正，皆受倍田，得乘馬吏民。春夏出田，秋冬入保城郭。田作之時，春，父老及里正旦開門，坐塾上，晏出後時者不得出，莫不持樵者不得入，五穀畢入，民皆居宅。里正趨緝績，男女同巷，相從夜績，至于夜中，故女功一月得四十五日作，從十月盡正月止。男女有所怨恨，相從而歌，飢者歌其食，勞者歌其事。男年六十、女年五十無子者，官衣食之，使之民閒求詩，鄉移於邑，邑移于國，國以聞于天子，故王者不出牖户，盡知天下所苦，不下堂而知四方。十月事訖，父老教于校室，八歲者學小學，十五者學大學，其有秀者移于鄉學，鄉學之秀者移于庠，庠之秀者移于國學。學于小學，諸侯歲貢小學之秀者于天子，學于大學，其有秀者命曰進士，行同而能偶，別之以射，然後爵之。」

冬，蝝生。【補曰】爾雅曰：「蝝，蝮蜪。」説文、董仲舒説「蝗子也」，劉向亦謂蝗始生。何休曰：「始生曰蝝，大曰螽。」蝝，非災也。【補曰】此「非」字，「是非」之「非」也。言蝝不足爲災，例所不志也。公羊曰：「蝝生不書。」其曰蝝，非稅畝之災也。凡春秋記災未有言生者，蝝之言緣也，緣宣公稅畝，故生此災以責之。非，責也。【補曰】注説失之。言今所以志蝝者，責其以稅畝貪利之惡，而致此蝝，則足爲災，故志之也。責者，經責之。公羊曰：「此何以書？幸之也。幸之者何？猶曰受之云爾。受之云爾者何？上變古易常，應是而有天災，其諸則宜於此焉變矣。」公羊意與傳合。傳上言「非災」，下言「非稅畝之災」，文意與襄六年傳上言「非滅」，下言「非立異姓」云云正同。許翰曰：「觀乎災異則見政事，觀乎政事以知災異，是謂念用庶徵。」數語可與傳相發。

饑。【補曰】此饑由秋螽，螽不甚而饑矣。○【撰異曰】陸湻纂例曰：「公羊無此經。」案：今公羊有。

十有六年春王正月，晉人滅赤狄甲氏及留吁。甲氏、留吁，赤狄別種。晉既滅潞氏，今又并盡其餘邑也。滅夷狄時賢嬰兒，故滅其餘邑猶月。【補曰】疏曰：「非國而云滅者，甲氏、留吁，國之大邑，而晉盡有之，重其事，故云滅。留吁言及者，蓋小於甲氏。」文烝案：滅國獲君既日之，故滅邑月之。

夏，成周宣榭災。成周，東周，今之洛陽。宣榭，宣王之榭。爾雅曰：「室有東西廂曰廟，無東西廂有室曰寢，無室曰榭。」傳例曰：「國曰災，邑曰火。」【補曰】疏曰：「不言京師者，爾時成周非京師故也。公羊傳云：『宣謝者何？宣宮之謝也。』故范亦同之。」文烝案：何休曰：「宣王之廟不毀者，有中興之功。」孔廣森曰：「凡邑有宗廟先君之主曰都，成周者，周之下都，得有先王廟，若漢時原廟矣。」爾雅郭璞注曰：「榭即今堂堭。」○【撰異曰】榭，本或作「謝」。公羊作「謝災」，左氏作「火」。周災不志也，【補曰】疏曰：「徐邈所據本云『周災至』，注云『重王室也』。今遍檢范本，並有『不』字，則不得解與徐同。」文烝案：疏「至」字乃「志」之誤，謂徐本無「不」字耳，徐本是也。外災不志，而宋爲王者後則志，周災則志，皆是經例因史例也。徐云「重王室」，其義允當，蓋范本誤衍「不」字也。劉敞曰：「宋災猶志，況周災乎？所駮雖是，失之不考。」其曰宣榭何也？【補曰】據外災皆不別所燒。以樂器之所藏目之也。移風易俗，莫善於樂，是故貴其器。【補曰】公羊曰：「何言乎成周宣謝災？樂器藏焉爾。」何休曰：「宣王中興，所作樂器。」文烝案：周詩既備，而其器用張陳，周官具焉，宣王承亂更作之。今存石鼓十，形如鼓耳，非樂器，然亦宣王作器之證矣。陳倉石鼓始見於劉昭引三秦

[illegible]，或謂秦文公物，亦近之。然鼓文「鼎𪔂[illegible][illegible][illegible]」五字固籀文也。

秋，郯伯姬來歸。爲夫家所遣。【補曰】傳例「反曰來歸」，在成五年。左傳曰「出也」，公羊曰「大歸曰來歸」。何休曰：「嫁不書者，爲媵也；來歸書者，後爲嫡也；死不卒者，已棄有更適人之道，或時爲大夫妻，故不得待以初也。棄歸例，有罪時，無罪月。」文烝案：何氏於紀叔姬以爲其後爲嫡，於此亦言後爲嫡，其實媵不得爲嫡也。鄭君曰：「女君卒，貴妾繼室攝其事耳，不得復立爲夫人。」杜預説左氏亦曰「夫人薨，不更聘，必以姪娣媵繼室」。繼室者，攝治內事，猶不得稱夫人，故謂之繼室也。啖助曰：「不書嫁而書出，或嫁時夫未爲君也。」此卽賈逵適世子之説，劉敞亦云。

冬，大有年。五穀大熟爲大有年。

十有七年春王正月庚子，許男錫我卒。

丁未，蔡侯申卒。【補曰】莊侯甲午之子。甲午卒不書。

夏，葬許昭公。

葬蔡文公。

六月癸卯，日有食之。【補曰】徐彥引顏安樂公羊説以爲十四日日食。孔廣森曰：「案：史記漢文帝二年亦十二月望日食，陰陽之異，容有非可理度意測者，但傳無明文，未知顏氏所本。」

己未，公會晉侯、衞侯、曹伯、邾子同盟于斷道。己未亦閏月之日。斷道，晉地。【補曰】非閏也。説見隱三年日食。同者，有同也，同外楚也。【補曰】重發傳也。疏曰：「不於清丘發傳者，清丘魯不會，故重舉於此以包之，幷包下蟲牢、馬陵、蒲、戚、柯陵、虚朾之類。」

秋，公至自會。

冬十有一月壬午，公弟叔肸卒。【補曰】叔肸，謚曰惠伯，見杜預釋例世族譜，蓋據世本。凡公子不爲大夫者不卒，時重肸賢，隆其恩禮，比之大夫，爲之謚，遂立叔氏，故史得記卒也。不言公之弟者，以賢舉，不從緩辭例。其曰公弟叔肸，賢之也。【補曰】賢之，故稱弟，又不爲緩辭，又加字。其賢之何也？宣弑而非之也，宣公殺子赤，叔肸非責之。非之則胡爲不去也？曰兄弟也。何去而之？言無所至。與之財，則曰我足矣，宣公與之財物，則言自足以距之。【補曰】室家治生之道，亡求有，有求多，今曰我足，雖是距辭，亦所謂古之沈冥，常內足於懷。織屨而食，織屨賣以易食。終身不食宣公之食。【補曰】下「食」謂祿也，秩也。江永曰：「食與祿，通言之則同，分言之，有田者爲祿，無田者授之粟爲食。周禮司士『以功詔祿，以久奠食』是也。食亦名秩，左傳惠王奪子禽祝跪與詹父田，而收膳夫石速之秩，明散官無田有秩也。」文烝案：叔肸不食宣公祿秩，又合於伯夷、叔齊之用心，何休引論語曰「篤信好學，守死善道，危邦不入，亂邦不居，天下有道則見，無道則隱」。劉敞引論語「作者七人，不降其志，不辱其身，身中清，廢中權」。君子以是爲通恩也，以取貴乎春秋。泰曰：「宣公弑逆，故其祿不可受。兄弟無絶道，故雖非而不去。論情可以明親親，言義足以厲不軌。書曰公弟，不亦宜乎？」【補曰】以是爲通恩者謂不去也。疏曰：「衞侯之弟專去君，傳云『合於春秋』，此不去君云『取貴於春秋』者，易稱『君子之道，或出或處，或默或語』，專以衞侯惡而難親，恐罪及己，故棄之而去，使君無殺臣之惡，兄無害弟之愆，故得合於春秋。此叔肸以君有大逆，不可受其禄食，又是孔懷之親，不忍奮飛，使君臣之節兩通，兄弟之情俱暢，故取貴於春秋。叔肸書字專直稱名者，叔肸內可以明親親，外足以厲不軌，比專也賢乎遠矣，故貴之稱字。專雖合於春秋，無大善可應，故直書名而已。」

十有八年春，晉侯、衛世子臧伐齊。

公伐杞。【補曰】不致者，惡事也。

夏四月。

秋七月，邾人戕繒子于繒。【補曰】賈逵曰：「邾使大夫往殘賊之。」文烝案：稱人者，亦從衆辭例。言戕則見邾惡，非見繒罪，可知衆辭無所嫌也。執用日，戕月，非必爲下卒日。○【撰異曰】此二「繒」字或作「鄫」。戕，猶殘也。棁，殺也。棁，謂捶打殘賊而殺。地于繒，惡其臣子不能距難。【補曰】言猶者，義相近。詩鄭箋直言「戕，殘也」，是以爲本訓。公羊曰：「殘賊而殺之也。」「棁」字舊從手，今改從木。説文曰：「棓，棁也。」「棁，木杖也。」字林亦云「木杖」。廣雅曰：「棓、棁，杖也。」顏師古急就篇注曰：「棁，小棓也。今俗呼爲袖棁，言可藏於懷袖之中也。」後漢書禰衡傳曰：「手持三尺棁杖。」説文「木杖」，或作「大杖」，蓋誤也。杖爲棁，杖之亦爲棁，猶言言授之縶以縶其馬，其義相因。邾人杖殺繒子，此殘之實。音義曰：「棁，或作撲，普木反。」亦通。注「打」字亦當從木，説文曰「撞也」，宅耕切。棓、棒、朾、打，皆正俗字。地于繒者，明在國都，楚子虔誘蔡侯般殺之于申則不於國都也。不名者，趙汸以爲繒子卒不志於魯，此特以戕死録，故不名。

甲戌，楚子呂卒。商臣子莊王。【補曰】楚始書卒，楚卒皆日，皆不葬，義見成十四年注。○【撰異曰】呂，左氏、公羊作「旅」。案：漢書律曆志曰：「呂以旅陽宣氣。」又曰：「呂，旅也。」說文从肉旅聲之「膂」與「呂」爲一字。夷狄不卒，【補曰】疏曰：「據自此以前吳、楚君也。」文烝案：自此以前，莒君亦不卒，秦穆公亦不卒，疑惟吳爲史所本無。卒，少進也。【補曰】明莒、吳皆同例，秦亦然也。卒而不日，【補曰】疏曰：「據吳諸君也。」文烝案：莒卒亦皆不日，滕始亦不日，秦始亦不日，皆夷狄之。莒卒因史之舊，疑其餘不然。日少進也。【補曰】明滕與秦皆同例也。滕、秦始不日終日，莒、吳始終不日，楚始終日，此其異也。夷狄所以有少進例者，能脩政刑，行事中夏，不得不漸進之。日而不言正，不正，簡之也。中國君日卒，正也。不日，不正也。今進夷狄，直舉其日，而不論正之與不正。【補曰】簡，略也。亦明滕與秦皆同例也。略之者，既別於中國，亦因其政俗異宜，難以周禮責。如楚國之舉，恆在少者，晉叔向以棄疾爲居常矣。此傳爲滕、秦、楚、莒、吳五國書卒者發通例，傳文之簡而有條如此。

公孫歸父如晉。

冬十月壬戌，公薨于路寢。路寢，正寢也。【補曰】疏曰：「重發傳者，莊據始，故發之。宣篡弑有嫌，成承所嫌之下，故各發傳。」文烝案：路寢唯此三文，故傳備釋，成篇較略，此最略。傳「路寢」二字各本脫，今依唐石經、余本、呂本中集解本補正。

歸父還自晉。【補曰】疏曰：「大夫執則致，歸父非執而書其還者，爲出奔張本也。直名不氏者，凡致者由上致之，故例名，今不書歸父之氏，明有致命之義也。」文烝案：遂卒以言仲爲疏，慶父來以直言仲孫爲疏，知此還非以直名爲疏者。此還爲奔而書，事在奔例，無取疏義，明當從常文言公孫。特以文在還自晉之上，事未畢而若畢，得有致命之義而去氏也。各本此經下衍「至檉遂奔齊」五字，今依唐石經、十行本刪正。還者，事未畢也。自晉，事畢也。【補曰】疏曰：「復發傳者，嫌君臣異也。」文烝案：事畢者，至國之辭，以明其本欲至國而中路被逐，傳重發以起下也。范於「事未畢也」下注曰「莊八年秋師還是也」，八字贅甚滯甚，今刪。全書刪注，唯此一處。與人之子守其父之殯，人之子，謂歸父子也。言成公與歸父子共守宣公殯。捐殯而奔其父之使者，是亦奔父也。捐，棄也。奔，猶逐也。言成公棄父之殯，逐父之使。使，謂歸父也，父命未反而己逐之，是與親奔父無異。【補曰】喪不貳事，況於逐父之使。孟莊子猶不改父之臣，況於國君。以其緩喪不孝，謂之奔父，春秋之意也。「亦」各本誤作「以」，今依唐石經、余本、胡安國傳、俞臯集傳釋義本、程端學本義、李廉會通本改正。

至檉，遂奔齊。杜預曰：「檉，魯竟外，故不言出。」【補曰】卽文七年例云「在外也」。○【撰異曰】檉，左氏作「笙」。遂，繼事也。【補曰】疏曰：「重發遂例者，嫌出奔不得同於繼事也。」文烝案：歸父奔不謹日，異於公孫敖者，以從繼事例則不得日，傳并見此意也。必從繼事例者，明惡成公逐之，既惡成公，卽知其不惡歸父。左傳臧宣叔曰：「當其時不能治也，後之人何罪？」此定論矣。高澍然曰：「書遂著閗亂而奔之迹，非若敖奔莒之前定也。」

春秋成公經傳第七補注第十七

成公，宣公子，史記名黑肱，母蓋穆姜也。以定王十七年即位。

穀梁　范氏集解　鍾文烝詳補

元年春王正月，公即位。

二月辛酉，葬我君宣公。

無冰。【補曰】疏曰：「何休、徐邈並云此年無冰者，由季孫行父專權而委任之所致，范意不同。」文烝案：何氏引尚書曰「舒恆燠若」，又引易京房傳曰「當寒而温，倒賞也」。范意見桓十四年注，大致亦主洪範，但不指實耳。終時無冰則志，此未終時而言無冰何也？言終寒時無冰當志之耳，今方建丑之月，是寒時未終。【補曰】桓十四年傳曰「無冰時」。終無冰矣，加之寒之辭也。周二月，建丑之月，夏之十二月也。此月既是常寒之月，於寒之中又加甚常年，過此無冰，終無復冰矣。【補曰】疏曰：「終無冰矣，謂過此時無冰則終無冰也。加之寒之辭，謂於此月書者，以此月是常寒之月，加甚之辭，故麋信、徐邈亦云『十二月最爲寒盛之時，故特於此月書之』是也。」文烝案：詩豳風：「一之日觱發。」毛傳曰：「風寒，謂待風乃寒。」又「二之日栗冽」，毛曰：「寒氣，謂無風亦寒。」明周之二月，其寒加甚他月，是月無冰則終無冰矣。廙、徐及疏皆是，范別言「加甚常年」，失之。疏申注亦不用其說也。無冰爲恆燠，桓十四年傳明文也。疏又曰：「襄二十八年春無冰書時，則是終寒時，故不發傳。此在二月下三月上，故特發之。桓十四年無冰在正月下者，舊解正月自爲公會鄭伯，不爲無冰，或當月卻而節前，則周正月亦是常寒之月。」文烝案：舊解是。

三月，作丘甲。周禮：「九夫爲井，四井爲邑，四邑爲丘，丘十六井。」甲，鎧也。【補曰】不言井邑言丘者，賦法起於丘也。疏曰：「徐邈云：『甲有伎巧，非凡民能作，而强使作之，故書月以譏之。』」文烝案：稅畝田賦皆不月，而舍中軍亦月，則此月非譏，當依何休以爲重錄之，傳所謂謹也。作，爲也。【補曰】疏曰：「復發傳者，文同事異，不可以一例該之故也。范別例云，『作』例有六，直云『作』者三。僖公主丘甲、三軍。云新作者亦三：延廏、南門、雉門。」文烝案：延廏安得云作？范因左氏杜預說，誤以入例耳。丘爲甲也。使一丘之民皆作甲。【補曰】謂農民，公羊曰「丘使」。丘甲，國之事也，【補曰】此「丘」字蓋衍文，或是「作」字。丘作甲，非正也。【補曰】桓六年傳曰：「脩教明諭，國道也。平而脩戎事，非正也」。彼以國道言，此以國之事言，其意相類。丘作甲之爲非正何也？古者立國家，百官具，農工皆有職以事上，【補曰】謂農官、工官也。官者，民之長。古者有四民：【補曰】以下申足上意。有士民，學習道藝者。【補曰】疏曰：「何休云：『德能居位曰士。』范以居位則不得謂之民，故云『學習道藝。』」文烝案：處士賢者可爲公士，其事相因。有商民，通四方之貨者。有農民，播殖耕稼者。有工民。巧心勞手以成器物者。【補曰】因官及民，因農工及士商，備言之也。劉向說苑引春秋傳曰「四民均則王道興，而百姓寧」，傳無此文，當是外傳及章句說傳語。今本說苑脫「傳」字。漢書注引欒元語曰：「四民常均。」凡四民皆有官焉，士民者處士，若公士以上則官也。商農工之官，據周禮亦皆公士大夫也。考工記曰「坐而論道謂之王公；作而行之謂之士大夫；審曲面埶，以飭五材，以辨民器，謂之百工；通四方之珍異以資之謂之商旅；飭力以長地財謂之農夫；治絲麻以成之謂之婦功。」此所謂國有六職。夫甲非人人之所能爲也，各有業也。【補曰】能爲甲者工耳。考工記函人爲甲，又有鮑人。周禮槀人職曰「齎其工曰饗工」，此工官工民爲甲之事。孔穎達曰：「使一丘農民皆作甲，以農爲工，失其本業。」丘作甲，非正也。【補曰】重言以結上文。不言初者，旋罷之。左傳曰：「爲齊難故。」孔穎達曰：「備齊難暫爲之耳。」

夏，臧孫許及晉侯盟于赤棘。赤棘，晉地。【補曰】許辰之子臧宣叔。疏曰：「不日者，蓋謀爲鞌戰，歸我汶陽之田，至八年渝前約，故略之也。」文烝案：既不日又不月者，蓋略之甚。

秋，王師敗績于貿戎。貿戎，地。【補曰】疏曰：「不書月者，何休云：『深正之，使若不戰。』范雖不解，蓋不言晉敗及戰，故亦略其日月。」文烝案：王師敗績，異於諸侯，故直書時而已，不嫌與夷狄見敗同例。○【撰異曰】貿，左氏作「茅」，段玉裁曰：「史記、漢書皆作『貿』，古音同也。」不言戰，莫之敢敵也。【補曰】昔夏啟與有扈氏戰，書稱大戰于甘，紀實之辭也。春秋別起例以明義，蓋亦魯策書所據之周禮，君子因之。荀子曰「王者有誅而無戰」是也。不言敗之者，亦明莫敢敵。此公羊義。爲尊者，諱敵不諱敗；諱敵，使莫二也。不諱敗，容有過否？【補曰】以自敗爲文，但不言敗之者耳。不諱言敗，劉絢曰：「聖人立法垂後，示之以意而已。一書王師敗績于貿戎，而尊王之義，與王自取敗之道咸得而見矣。」李光地曰：「戰而勝猶恥也，戰之恥甚於敗，故諱戰也。」爲親者，諱敗不諱敵；諱敗，惜其毀折也。不諱敵，諸侯有列國。【補曰】有所不諱而後所諱顯，若全没其實，亦不得謂之諱。劉敞謂諱其義，非諱其實。高澍然以爲「文諱而實不諱，未嘗有一語矯誣」是也。尊尊親親之義也。尊則無敵，親則保全。尊謂王，親謂魯。【補曰】案：盧仝詩曰：「孔子父母魯，諱魯不諱周。」此韓子所譏五傳束高閣者矣。春秋不以親親害尊尊，而亦不奪人所私，故曰伯母叔母疏衰，踊不絶地，姑姊妹之大功，踊絶於地。如知此者，由文矣哉！由文矣哉！踊申其情，敗掩其辱，尊不可干，示有私恩而已矣。然則孰敗之？晉也。【補曰】此與戎伐凡伯相似。貿戎者，戎之種而屬晉，實爲晉地，時晉之貿戎人敗王師於其地，不可言王師敗績于晉，故言「于貿戎」也。傳不言貶晉而戎之者，從伐凡伯傳可知。公羊曰：「孰敗之？蓋晉敗之，或曰貿戎敗之。」不知貿戎卽晉，傳聞不審也。左傳謂晉侯平戎于王。劉康公背盟欺晉，徼戎而伐之，敗績于徐吾氏。事或有之。僖二十二年晉及秦遷陸渾之戎于伊川，昭九年晉率陰戎伐潁，二十一年晉帥九州之戎納王。戎事涉周者，皆晉爲之也。

冬十月。季孫行父禿，晉郤克眇，衞孫良夫跛，曹公子手僂，【補曰】禿，無髮也。眇，小目也。跛，蹇也，謂曲脛。僂，傴也，謂曲脊。此文「眇」、「跛」字當互易。郤克之跛見左傳、國語，范注下年傳以郤克爲跛，沈文何引穀梁云「晉郤克跛，衞孫良夫眇」，自唐定本始誤，而楊氏作疏因之，陸德明亦誤。下句之次同誤。同時而聘於齊。【補曰】公羊曰：「晉郤克與臧孫許同時而聘於齊。」何休曰：「不書，恥之。」齊使禿者御禿者，使眇者御眇者，使跛者御跛者，使僂者御僂者。御，音迓。迓，迎也。【補曰】注本爾雅文。孔廣森曰：「迓，迎護賓者也。聘禮記卿大夫迓，大夫士迓，士皆有迓。」蕭同姪子處臺上而笑之。蕭，國也。同，姓也。姪子，字也。其母更嫁齊惠公，生頃公。宣十二年，楚人滅蕭，故隨其母在齊。【補曰】蕭同姪子卽頃公母，范非也，論於下年。蒼頡篇曰：「笑，嘗弄也。」聞於客，客不說而去，相與立胥閭而語。移日不解，胥閭，門名。【補曰】疏曰：「卽周禮二十五家也。」文烝案：說文：「閭，里門也。」又引周禮「五比爲閭」。何休曰：「閭，當道門。解，散也。」齊人有知之者，曰：「齊之患必自此始矣。」穀梁子作傳，皆釋經以言義，未有無其文而橫發傳者。甯疑經「冬十月」下云「季孫行父如齊」，脫此六字。【補曰】范說又非也。此傳當與下「其日或日」相連，誤跳在此，蓋以傳合經者誤之耳。范以傳稱季孫聘於齊，經無爲不書其事，但經書如齊，不當錄月，二家經皆無之，自以何休說爲長。或當以季孫不說而去，聘事不成，故史無如齊之文。其事亦未審在何年也。○公羊以爲郤克跛，臧孫許眇，同時而聘于齊。左傳、國語但謂齊婦人笑郤子，最近事情。穀梁下傳亦但云「敖郤獻子」，與左傳、國語同。然則此傳云云，姑廣異聞耳，原不深信也。陸淳以街談巷議訾之，豈爲善讀傳乎？先儒既有解說，今亦聊說之而附以所見。

二年春，齊侯伐我北鄙。【補曰】左傳曰：「圍龍。三日，取之。」

夏四月丙戌，衛孫良夫帥師及齊師戰于新築，衛師敗績。新築，衛地。【補曰】時齊非桓公主盟時矣，直從以主及客之常例，不須以微齊起之，與莊二十八年異。

六月癸酉，季孫行父、臧孫許、叔孫僑如、公孫嬰齊帥師會晉郤克、衛孫良夫、曹公子手及齊侯戰于鞌，齊師敗績。鞌，齊地。【補曰】僑如，得臣子叔孫宣伯。公孫嬰齊，叔肸子子叔聲伯也。疏曰：「徐邈云：『四大夫不舉重者，惡魯猥遣四大夫用兵，亦以譏之也。然則諸國用兵亦應猥遣，何以不具書之？蓋是用兵重事，故詳內也。』」文烝案：外大夫無帥師文者，從內可知，內帥師總在嬰齊下者，亦從可知。六年仲孫蔑、叔孫僑如帥師，襄十年楚公子貞、鄭公孫輒帥師之等，皆此例。客言及者，由內及之。內言戰，亦與桓十三年同。○【撰異曰】僑，本又作「喬」。手，左氏作「首」，公羊一作「午」。其日，或曰日其戰也，或曰日其悉也。悉，謂魯四大夫時悉在戰也，明二者皆當日。【補曰】疏曰：「若是疑戰，雖四大夫在亦不得日，傳并見此意耳。」曹無大夫，【補曰】疏曰：「復發傳者，前爲崇羈，今爲戰，故重發之。」其曰公子何也？【補曰】略名之當言曹手，不當言氏，傳曰「公子之重視大夫」。以吾之四大夫在焉，舉其貴者也。不欲令內衆大夫與外卑者共行戰。【補曰】公子之重視大夫，是貴也。

秋七月，齊侯使國佐如師。己酉，及國佐盟于爰婁。【補曰】春秋事同而辭異，如僖、文之書不雨，屈完、國佐之盟，其最著者也。此二盟，劉絢、胡安國、張洽以爲王道曲直之繩墨。○【撰異曰】公羊傳覆舉經句「及」下有「齊」字，孔廣森疑公羊經作「齊國佐」。爰，左氏、公羊作「袁」。鞌去國五百里，爰婁去國五十里。國，齊國也。【補曰】謂國都。顧炎武日知錄曰：「穀梁傳『古者三百步爲里』，今以三百六十步爲里，而尺又大於古三之一強，今之六十二里弱，遂當古之百里。穀梁傳『鞌去國五百里』，今自歷城至臨淄僅三百三十里。左傳『黄人謂自郢及我九百里』，今自江陵至光州僅七百里。邾子謂吳二千里，不三月不至，今自蘇州至鄒縣僅一千五百里。孟子『不遠千里而來，千里而見王』，今自鄒至齊至梁亦不過五六百里。又謂舜卒鳴條，文王生岐周，相去千有餘里，今自安邑至岐山亦不過八百里。史記張儀說魏王言『從鄭至梁二百餘里』，今自鄭州至開封僅一百四十里。戚夫人歌『相離三千里，當誰使告汝』，貢禹上書言『自痛去家三千里』，今自琅邪至長安亦但二千餘里。趙則二千里而近。」壹戰縣地五百里，【補曰】壹，各本作

司馬法六尺爲步，今以五尺爲步，顧說則亦以六尺計。「而尺又大」二句，依沈彤日

知錄校本。顧氏又云：「二寸者，今之六分有半，今量最大於古，權次之，度又次之。」

「二」，今依唐石經、十行本改。焚雍門之茨，雍門，齊城門。茨，蓋也。【補曰】釋名曰「屋以草蓋曰茨」，卽考工記所謂葺屋。侵車東至海。侵車，侵伐之車。言時侵齊，過乃至海。【補曰】三句言自搴進師之事。君子聞之曰：「夫甚甚之辭焉，鄭嗣曰：「君子聞戰于搴，乃盟于爰婁，焚雍門之茨。侵車至海，言因齊之敗逼之甚。」【補曰】劉瓛孝經注曰：「夫，猶凡也。」師及國門又至海，甚之又甚也，君子以爲上言搴，下言爰婁，師文在中，凡有甚之又甚之辭焉。齊有以取之也。」齊之有以取之何也？敗衞師于新築，侵我北鄙，【補曰】以伐爲侵，通言之。敖郤獻子，謂笑其跛。【補曰】爾雅曰：「敖，傲也。」古通用。王逸楚辭注：「侮慢曰傲。」不舉秃眇僂者，明前傳姑載之，此記其實。齊有以取之也。【補曰】明上二事皆譏文，又笑跛非禮。爰婁在師之外。言師已逼其國。【補曰】疏曰：「爰婁去齊五十里，今在師之外，明晉師已逼到其國。師，謂晉師。」文烝案：卽經「師」字也。師退至爰婁而盟，傳將述其事，先以此句起之，兼爲盟召陵見例。郤克曰：「反魯、衞之侵地，以紀侯之甗來，甗，玉甑。齊滅紀，故得其寶。【補曰】左傳曰「紀甗」，傳及公羊曰「紀侯之甗」，汲冢紀年曰「紀公之甗」。何休以爲紀之甗邑，其土肥饒。或說「甗，玉甑」。杜、范皆云玉甑。說文曰：「甗，甑也。一穿。」〔一〕鄭衆考工記注曰：「甗，無底甑。」段玉裁曰：「蓋甑七穿而小，甗一穿而大。」以蕭同姪子之母爲質，齊侯與姪子同母異父昆弟，不欲斥言齊侯之母，故言「蕭同姪子之母」也，兼欲姪子笑。【補曰】案：此及下文兩言蕭同姪子之母，「之母」二字，皆衍文也。左傳作「蕭同叔子」，以爲是齊侯之母。杜預曰：「同叔，蕭君之字，齊侯外祖父。子，女也。難斥言其母，故遠言之。」公羊則作「蕭同姪子」，云是「齊君之母」。何休

〔一〕「一穿」，中華書局影印覆刻宋本「一」下有「曰」字。

曰：「蕭同，國名。姪子者，蕭同君姪娣之子，嫁與齊，生頃公。」史記齊世家作「蕭桐叔子」，晉世家作「蕭桐姪子」，並以爲是齊君母。此傳文當與公羊同，蓋蕭君名同，其姪娣所生女嫁齊而生頃公，故謂之蕭同姪子，卽前處臺上笑客者也。范不能以二傳、史記考正此傳衍字而曲爲之説，必不可通。使耕者皆東其畝，欲以利其戎車於驅侵易。【補曰】詩小雅言疆理天下之制曰「南東其畝」，毛傳曰：「或南或東。」案：畝所以有南東者，周禮遂人：「凡治野，夫閒有遂，遂上有徑。十夫有溝，溝上有畛。百夫有洫，洫上有涂。千夫有澮，澮上有道。萬夫有川，川上有路，以達于畿。」夫閒，兩夫之閒也。十夫以上，二十夫至二萬夫之閒也。此與考工記匠人之田首三夫及井閒、成閒、同閒、兩山之閒，其法各異，而阡陌之名，因之以生。凡畫畝必以川爲準，川東流者，川横路亦横，於是澮縱道縱，洫横涂横，溝縱畛縱，遂横徑横，則其甽縱而畝必東陳，風俗通云「南北曰阡，東西曰陌」是也。若川南北流者，自外至內，其縱横一一相反，則其甽横而畝必南陳，風俗通云「河東以東西爲阡，南北爲陌」是也。天下之川，大勢皆東流，河東之川獨南流，至大伾河又北流。齊之境內，必多南畝，今晉欲使盡東其畝，左氏所謂「無顧土宜」，卽下傳所謂「土齊也」。此皆程瑶田之説也。顧棟高曰：「齊與晉本遼遠，自景公滅潞，收狄遺土，於是晉地跨有東昌、曹、濮之境，與齊接壤，鞌之戰遂平行以入齊都。郤克欲使齊盡東其畝以利戎車者，以地逼近故也。」然後與子盟。」國佐曰：「反魯、衞之侵地，以紀侯之甗來，則諾，以蕭同姪子之母爲質，則是齊侯之母也，齊侯之母猶晉君之母也，晉君之母猶齊侯之母也。言尊同也。使耕者盡東其畝，則是終土齊也，凱曰：「利其戎車侵伐易則是以齊爲土。」【補曰】何休曰：「則晉悉以齊爲土地。」俞樾讀從周禮大司徒「土其地」，與瑞「土地」之「土」，以爲「土」者「度」之借字。度齊，猶國語云「規東夏」。不可。不可，謂若不許己言。【補曰】王引之曰：「范以左傳云『晉人不可』，賓媚人曰『子又不許。請收合餘燼，背城借一』，故以『不可』爲『不許己言』，不知此傳『不可』二字與『則諾』相對爲文，謂郤克之後，一說不可行也。」公羊曰：「與我紀侯之甗，請諾。反魯、衛之侵地，請諾。使耕者東畝，是則土齊也」，曰「不可」。「蕭同姪子者，齊君之母也，齊君之母猶晉君之母也」，曰「不可」。何注上曰「不可」云：「則晉悉以齊爲土地，是不可行。」注下曰「不可」云：「言至尊不可爲質。」彼文曰「不可」與「請諾」相對，猶此文「不可」與「則諾」相對也，當如何氏公羊注作解。若以爲不許己言，則文義下屬「請壹戰」句，上文「以蕭同姪子之母爲質」云云，遂成不了語矣。公羊上曰「不可」，今本脫，徐疏引一本有之。下曰「不可」，今脫「曰」字，後漢書注引有之。請壹戰，壹戰不克，請再，【補曰】「壹」字亦依唐石經、十行本改。再不克，請三，三不克，請四，四不克，請五，【補曰】疏曰：「齊爲晉所敗，兵臨城下，然則敗軍之將不可以語勇，驚弦之鳥不可以應弓，所以更能五戰者，齊是大國，邑竟既寬，收拾餘燼，足當諸國之師，故請以五也。」五不克，舉國而授，【補曰】舉，盡也。以上皆師中語。於是而與之盟。」【補曰】云於是者，謂退至爰婁。胡安國曰：「天下莫大於理，而强有力不與焉，亦可謂深切著明矣。」

八月壬午，宋公鮑卒。

庚寅，衛侯速卒。○【撰異曰】速，公羊作「遬」。

取汶陽田。【補曰】晉使齊還魯侵地，魯取之也。

冬，楚師、鄭師侵衛。【補曰】陳傅良曰：「此楚公子嬰齊也。其稱師何？楚猶未書大夫將也。」文烝案：是時楚共初立，嬰齊語於衆曰君弱。高澍然以爲楚政下逮之始，於是下文始具大夫氏名。而六年伐鄭亦具氏名矣。

十有一月，公會楚公子嬰齊于蜀。蜀，某地。【補曰】當云魯地，左傳甚明，杜注則在宣十八年傳。案：左傳「楚師侵衞，遂侵我師于蜀」，「侵及陽橋」，杜預曰：「公賂之而退，故不書侵。」張應昌本毛奇齡說，以爲史諱之，謂至春秋之終方書吴伐我。疑張說是也。楚僭王，其公子稱王子，家鉉翁謂春秋削之書公子。竊以魯春秋有周禮焉，史之舊也。月者，爲下盟日或危之。楚無大夫，【補曰】疏曰：「重發之者，屈完當齊桓非正例，得臣、宜申、萩不氏，今稱公子，故重發之。」文烝案：疏言「當齊桓」，公羊語也，當改云「成爲大夫」。其曰公子何也？嬰齊亢也。泰曰：「莊二十二年丙申，及齊高傒盟；文二年乙巳，及晉處父盟；傳曰不言公，高傒、處父亢也。此傳會嬰齊書公以明亢何乎？蓋言高傒、處父亢禮敵公，書公則內恥也。嬰齊初雖驕慢，終自降替，故于會則書公，以顯嬰齊之驕亢。于盟則稱人，以表嬰齊之服罪。然則向之驕正，足以表其無禮，不足以病公，則書公可也。」【補曰】疏曰：「重發亢義者，與高傒、處父又皆異，故各發之。」文烝案：楚嬰齊者，夷狄無大夫之文也。楚公子嬰齊者，中國有大夫之文也。嬰齊亢禮敵公，若書以夷狄之辭，則公之恥辱益甚，故從中國例，而傳明之也。注論書公義得之，但謂嬰齊終自降替，表其服罪，則由誤解下傳文。說見下。

丙申，公及楚人、秦人、宋人、陳人、衞人、鄭人、齊人、曹人、邾人、薛人、繒人盟于蜀。齊在鄭下，蓋時王所黜。【補曰】杜預依左傳以爲「齊非卿」，杜是也，范非也。○【撰異曰】徐彦公羊疏曰：「亦有一本無齊人者，脱也。」陸淳纂例本「齊人」下有「許人」，云「公羊無齊人，左氏無許人」。楚其稱人何也？怪楚向稱公子，今稱人。

於是而後公得其所也。【補曰】於是衆國大夫咸在，得從翟泉、澶淵以公會人之例，不以氏名見，是得其所也。案，左傳楚公子嬰齊、秦右大夫說、宋華元、陳公孫寧、衛孫良夫、鄭公子去疾，六國皆得有氏名者也。會與盟同月則地會不地盟，【補曰】溴梁是也。雞澤戊寅盟亦其類。又或地盟不地會，如新城及雞澤己未盟略不言者，方明此不宜地盟，故專舉不地盟之例。不同月則地會地盟，此其地會地盟何也？以公得其所，申其事也。公得其所，謂楚稱人。申其事，謂地會地盟。今之屈，向之驕也。【補曰】言今之屈而稱人者，即向之驕亢敵公者也。驕即亢也。一驕一屈，即此一人之身，故宜申其事以詳之。屈者，謂經有屈文，非是嬰齊真能自屈，嬰齊何爲至盟而忽屈乎？向，或作「鄉」、作「曏」，上注同。書公及者，以尊及卑，以內及外，從常例也。上言公會，則無嫌於內爲志，故此可從常例。趙汸曰「蒙會文言及」，得之。不致者，會夷狄與薄，宋同。又外皆無君，與翟泉、澶淵同。

三年春王正月，公會晉侯、宋公、衛侯、曹伯伐鄭。宋、衛未葬，而自同於正君，故書公侯以譏之。

【補曰】月者，爲下葬日。

辛亥，葬衛繆公。【補曰】危之者，從晉文公例。下宋葬亦同也。衛宣公但月者，五月而葬，時事或較愈。

二月，公至自伐鄭。【補曰】月者，爲下災日。

甲子，新宮災，三日哭。新宮者，禰宮也。謂宣公廟也。三年喪畢，宣公神主新入廟，故謂之新宮。

【補曰】注後三句本杜預。吕本中、崔子方以爲「當時之辭」是也，然非傳義，傳以新宮爲禰宮之常稱，不專以其新入廟。

三日哭，哀也。【補曰】何休曰：「痛傷鬼神無所依歸，故君臣素縞哭之。」其哀，禮也。宮廟，親之神靈所憑居，而遇災，故以哀哭爲禮。【補曰】公羊同，注本杜預也。檀弓曰：「有焚其先人之室則三日哭，故曰新宮火亦三日哭。」左傳記鄭災，三日哭，國不市。迫近不敢稱謚，恭也。迫近，言親禰也，桓、僖遠祖則稱謚。【補曰】迫，偪也。注「遠祖」指哀篇也。莊公丹楹刻桷，傳曰「斥言桓宮以惡莊也」，明此爲恭辭。其辭恭且哀，以成公爲無譏矣。【補曰】其辭，經之辭也。既盡其恭，又詳錄其哀哭，是以爲無譏。

乙亥，葬宋文公。【補曰】左傳曰「始厚葬用殉」。呂氏春秋曰：「宋未亡而東冢抇。」高誘曰：「文公冢也。」

夏，公如晉。

鄭公子去疾帥師伐許。

公至自晉。

秋，叔孫僑如帥師圍棘。【補曰】公羊曰：「棘者何？汶陽之不服邑也。」與左傳同。大氏此等處，穀梁多略也。莊二年伐於餘丘，傳言「病公子以譏公」，此圍棘及後圍費、圍鄆、圍郈亦其例矣。伐人邑與圍內邑不同，而非國言伐，非國言圍，皆是內事，取類不異。

大雩。

晉郤克、衛孫良夫伐牆咎如。【補曰】杜預曰：「赤狄別種。」○【撰異曰】牆，左氏作「廧」。案：「牆」與「廧」一字。公羊作「將」。

冬十有一月，晉侯使荀庚來聘。衞侯使孫良夫來聘。【補曰】月者，爲下盟日。

丙午，及荀庚盟。丁未，及孫良夫盟。其日，公也。【補曰】來盟不日，聘而盟則日。來者，接公之文，聘而盟亦承上「來」文，明皆公盟也，明皆非齊高傒、晉處父之比，非諱也。傳特以書日，明爲公者。疏曰：「以上文聘既接公，下言及則公文未顯，嫌不得再煩尊者，恐盟時無公，故傳云『公』以釋之。」案：疏說固可通，但未知經承「來」文，本自足以顯公，而傳之以書日爲說者，乃就一邊言也。經所以不言公及者，下文云「以國與之」是也。以其既足顯公，故得以不書公爲義，與來盟同。來聘而求盟，【補曰】彼來聘，因求盟也，此所以別於前定。不言及者，以國與之也。不言其人，亦以國與之也。徐邈曰：「不言及，謂凡書來盟者也，若宣七年衞孫良夫來盟是也。以國與之，謂舉國爲主，故直書外來爾。此先聘而後盟，故不言來盟，總言及而不復著其人，亦是舉國之辭。不言求，兩欲之也。【補曰】疏曰：「來聘是他求，言及，我欲也，是兩國同欲之文，非獨求之稱。」文烝案：及之固是我欲，而非以書及爲欲。凡聘而盟言及，及者尊卑內外之辭，朝而盟亦然，皆與凡內爲志言及者異例。

鄭伐許。鄭從楚而伐衞之喪，又叛諸侯之盟，故狄之。【補曰】疏曰：「叛諸侯之盟者，舊解以爲上文背晉，爲諸侯所伐是也。不於前年伐喪貶者，其罪不積，不足以成惡。鄭既伐喪背盟，一年之中，再加兵於許，故於此夷狄之。」文烝案：賈逵說左氏曰：「鄭，小國，與大國爭諸侯，仍伐許。不稱將帥，夷狄之，刺無知也。」何休說公羊曰：「謂之鄭者，惡鄭襄公與楚同心，數侵伐諸夏，自此之後，中國盟會無已，兵革數起，夷狄比周爲黨，故夷狄之。」賈言「仍伐」，何言「數侵伐」，楊言「一年再加兵」，程子、胡安國皆用其說，得經旨矣。

四年春，宋公使華元來聘。

三月壬申，鄭伯堅卒。○【撰異曰】公羊舊有二本，或作「堅」，或作「臤」。徐彥公羊疏曰：「鄭伯臤卒者，左氏作「堅」字，穀梁作「賢」字，今定本亦作「堅」字。」案：今穀梁不作「賢」。惠棟曰：「公羊『臤』、穀梁『賢』一字也。說文『臤』，古文以爲『賢』字，漢碑有『親臤』、『優臤』，即『賢』字。」又玉篇糸部引成公四年鄭伯絚卒，古千、古兩二切。陸淳纂例「堅」，公羊作「姫」，段玉裁謂玉篇「絚」乃「𦁤」之譌，从糸臣聲，即「緊」字。竊疑纂例「姫」亦「𦁤」之譌矣。

杞伯來朝。

夏四月甲寅，臧孫許卒。

公如晉。

葬鄭襄公。

秋，公至自晉。

冬，城鄆。【補曰】杜預曰：「公欲叛晉，故城而爲備。」左傳以爲晉侯見公不敬，公至自晉，欲叛晉。故杜云爾也。孔穎達曰：「釋例土地名魯有二鄆，文十二年城諸及鄆，杜云此東鄆，莒、魯所爭者。成十六年傳晉人執季文子，公待于鄆，杜云此西鄆，昭公所出居者。然則此爲欲叛晉，故城當西鄆也。」

鄭伯伐許。喪未踰年，自同於正君，亦譏之。【補曰】推傳例，諸侯在喪未葬、或葬而未踰年，凡會盟侵伐皆以稱子爲正，而稱子亦猶有譏，公侯伯子男當無異例也。鄭之子儀，被弑無謚，左傳始終稱鄭子。國語楚范無宇亦謂之鄭子，當時不以爲君也，知伯有子稱明矣。董仲舒説此以爲父伐人喪，子以喪伐人，春秋以其無子恩，不復稱子，謂之鄭伯，以辱之。

五年春王正月，杞叔姬來歸。【補曰】何休曰：「始歸不書，與郯伯姬同。」文烝案：齊子叔姬、郯伯姬蓋皆夫未爲君時歸之，此杞桓公夫人也。僖三十一年杞伯姬來求婦，或者是歟？又疑以禮不備，略其歸矣。文十二年之子叔姬是許嫁之女，左傳誤以爲絶於杞，杜預乃謂杞桓公立其娣爲夫人，孔穎達以爲娣亦字叔者，周之法積叔也。其説皆不足據。**婦人之義，嫁曰歸，反曰來歸。**【補曰】隱二年解「歸」。此解「來歸」，故各見之。疏曰：「范氏云出女例凡三：齊人來歸子叔姬一也，郯伯姬來歸二也，此杞叔姬來歸三也。又別引文十八年夫人姜氏歸于齊爲例。」文烝案：何休曰：「婦人有七棄、五不娶、三不去。嘗更三年喪不去，不忘恩也；賤娶貴不去，不背德也；有所受，無所歸，不去，不窮窮也。喪婦長女不娶，無教戒也；世有惡疾不娶，棄於天也；世有刑人不娶，棄於人也；亂家女不娶，類不正也；逆家女不娶，廢人倫也。無子棄，絶世也；淫泆棄，亂類也；不事舅姑棄，悖德也；口舌棄，離親也；盜竊棄，反義也；嫉妒棄，亂家也；惡疾棄，不可奉宗廟也。」大戴禮本命有「前貧賤，後富貴，不去」句，無「賤取貴」句。

喪婦，或作「喪父」，宜考。

仲孫蔑如宋。

夏，叔孫僑如會晉荀首于穀。穀，齊地。○【撰異曰】首，公羊作「秀」。

梁山崩。梁山，晉之望也。不言晉者，名山大澤，不以封也。許慎曰：「山者陽位，君之象也，象君權壞。」【補曰】

注首句爾雅文。不繫晉者，言梁山則爲晉山可知。注以王制説之，非是。沙鹿亦不繫國，沙非名山也。沙直言沙，梁加言山者，文不連鹿，不可單言梁，猶書禹貢或言荆，或言荆山，皆屬文之宜，荀子所謂累而成文。不日何也？據僖十四年秋八月辛卯沙鹿崩書日。高者有崩道也。【補曰】非同山足之林，仍從外災時例。有崩道則何以書也？【補曰】疑若非變異。曰梁山崩，壅遏河，三日不流，【補曰】言壅河害大，故書。公羊曰：「大也。」壅者，遏也。「遏」，衍字，下同。漢書五行志引此作「廱河」，公羊作「壅河」，並無「遏」字。晉君召伯尊而問焉。【補曰】左傳、國語、韓詩外傳皆作「伯宗」。伯尊來，遇輦者，【補曰】輦者，輓輦者。左傳曰「重人」，國語曰「大車當道而覆」。輦者不辟，使車右下而鞭之。凡車將在左，御在中，有力之人在右，所以備非常。【補曰】凡驂乘有車右，有御者，范言「將」是專謂兵車，有右，非也。兵車之制，若是君與元帥則皆居中，而御者在左，與乘車及他兵車不同，亦不可概云將左御中也。此「車」，傳車也。詩音義以「車」曰「傳」，以「馬」曰「遽」。輦者曰：「所以鞭我者，其取道遠矣。」所用鞭我之閒，行道則可遠。【補曰】韓詩外傳「取」作「趣」。伯尊下車而問焉，以其言有理，知非凡人。【補曰】下車敬之。曰：「子有聞乎？」【補曰】稱子，崇之。對曰：「梁山崩，壅遏河，三日不流。」伯尊曰：「君爲此召我也，爲之柰何？」輦者曰：「天有山，天崩之，【補曰】左傳、國語曰「山有朽壤而崩」。天有河，天壅之，雖召伯尊如之何？」伯尊由忠問焉。用忠誠之心問之。【補曰】由，古通以爲「猶」字，訓「用」非也。「忠問」，猶論語云「忠告」。輦者曰：「君親素縞，帥羣臣而哭之，素衣縞冠，凶服也。所以凶服者，山川國之鎮也，山崩川塞示哀窮。【補曰】周禮司服「大札大荒大烖素服」，鄭君曰：「君臣素服縞冠，若晉伯宗哭梁山之崩。」或以素縞之文俱爲冠。案：閒傳「大祥素縞麻衣」，鄭君曰：「素縞者，玉藻所云『縞冠素紕，既祥之冠。』」檀弓注又以縞冠當素服。左傳、國語曰「國主山川」，又伯陽父曰「國必依山川」。既而祠焉，斯流矣。」【補曰】流者，王充以爲水盛土散也。素縞而祠，示有人事耳。知天之變，盡人之常，輦者之言，所以爲善。伯尊至，君問之曰：「梁山崩，壅遏河，三日不流，爲之柰何？」伯尊曰：「君親素縞，帥羣臣而哭之，既而祠焉，斯流矣。」孔子聞之曰：「伯尊其無績乎！攘善也。」績，功也。攘，盜也。取輦者之言而行之，非己之功也。績，或作「續」，謂無繼嗣。【補曰】爾雅：「績，事也，業也，功也，成也。」又「續，績繼也。」「績」與「緝」通，故與「續」亦得同訓。此傳若作「績」而訓「功」，則文義不順。韓詩外傳述此事略與傳同，其字作「無後」，明傳義自謂繼嗣，績、續之字，得兩通也。以其事考之，左傳晉殺伯尊，其子州犂奔楚，在夫子生前，其後州犂仕楚見殺，又其後伯氏之族出，州犂之孫嚭仕吳，最後又仕越，似皆未可爲無後之證。以其理斷之，如疏引舊說云「伯尊蔽賢罪深，故被戮絕嗣，子夏雖匿聖人之論，能播教於西河，其罪既輕，故直喪明而已」。楊氏以爲天道冥昧，非人所知，徒爭罪之輕重，妄說受罪淺深，恐非聖賢之旨也。然則夫子言此者，蓋猶孟子云「不祥之實，蔽賢者當之」，此惡之之辭，非億之之辭，而被戮喪明等事，皆可無論矣。夫無後之爲大罰，人所知也；輦者之言之善而攘之者之爲大惡，人所忽也；正猶作俑象人，數典忘祖，亦皆人所忽，而皆謂之無後也。古書之文，參伍深思則了。

秋，大水。

冬十有一月己酉，天王崩。定王。【補曰】史記名瑜，匡王弟。國語注作「榆」，又作「揄」。○【撰異曰】「有」

字各本脱，今依唐石經補正。

十有二月己丑，公會晉侯、齊侯、宋公、衛侯、鄭伯、曹伯、邾子、杞伯同盟于蟲牢。蟲牢，鄭地。【補曰】後魯、衛侵宋渝盟不見有晉師，故還從書日常例。程子曰：「天王崩而會盟不廢，見其皆不臣。」本孫復説，胡安國同。

六年春王正月，公至自會。【補曰】孔廣森曰：「月者，正月也。」

二月辛巳，立武宮。舊説曰武公之宮廟毁已久矣，故傳曰不宜立也。禮記明堂位曰：「魯公之廟，文世室也，武公之廟，武世室也。」言世室則不毁也，則義與此違。【補曰】疏曰：「禮記，周末之書，以其廟不廢，故謂之世室耳。」孔廣森曰：「不云武世室者，立毁廟猶可言也，擬天子不可言也，春秋以其可辭書之。」文烝案：史記真公濞弟武公敖。立者，不宜立也。【補曰】重發傳者，嫌與立君異也。公羊同。蕭楚曰：「起而置之之謂立。」文烝案：左傳季文子以鞌之功立武宮。何休曰：「臧孫許伐齊有功，故立武宮。」

取鄟。【補曰】内諱滅，謂之取，皆以易辭書。公羊昭四年傳得之。諱者，經例因史例也。鄟，國也。【補曰】此獨釋鄟之爲國，明取根牟、取邿皆邑而非國也。滅例卑國月，此取亦蒙上二月，下良夫侵宋乃三月事，左傳有明文。取繒亦月，入極亦蒙上月，皆與此一例。至取根牟、取邿皆時，知自從取邑常例。

衛孫良夫帥師侵宋。

夏六月，邾子來朝。【補曰】月者，爲下卒日。

公孫嬰齊如晉。

壬申，鄭伯費卒。【補曰】鄭悼公也。不葬者，疏曰：「魯不會。」

秋，仲孫蔑、叔孫僑如帥師侵宋。

楚公子嬰齊帥師伐鄭。

冬，季孫行父如晉。

晉欒書帥師救鄭。○【撰異曰】公羊作「侵鄭」。董仲舒所謂楚與中國俠而擊之。汪克寬曰：「明年，楚復伐鄭，諸侯又救鄭，則非侵明矣。」

七年春王正月，鼷鼠食郊牛角。不言免牛者，以方改卜郊，吉否未可知。【補曰】范意以免牛者不郊之謂也，時方改卜後牛，後牛既定則當卜郊，郊或得吉，亦未可知，故此不言免牛，以其實不免也。不於宣三年「傷口」作注者，此下有「免牛」文，而彼文無之，故說於此也。疏未得其解。而孔穎達以爲前牛亦免，從下免省文，誤矣。說文曰：「鼷，小鼠也。」爾雅舊注曰：「色黑而小有毒。」博物志曰：「或謂之耳鼠。」玉篇曰：「食人及鳥獸皆不痛，今之甘口鼠也。」何休曰：「鼷鼠，鼠中之微者。」漢書五行志、京房易傳曰：「祭天不慎，厥妖鼷鼠齧郊牛角。」「劉向以爲近青祥，亦牛旤也」。羅願曰：「牛繫於牢，設楅衡以制其角，故鼷得食之。」各本此經下衍「改卜牛，鼷鼠又食其角，乃免牛」十二字。今依唐石經、十行本删正。不言日，急辭也。辭中促急不容之。【補曰】不言日，當爲「不言之」，謂牛角之閒無「之」字，異於郊牛之口也。注「之」字亦誤「日」，今改正。下注同。疏不知傳與注「日」字皆誤，其説難通。過有司也。【補曰】欲顯有司之過，故爲急辭。過，謂不敬。過有司卽過君也。哀元年傳曰「志不敬也」，與此互相備。郊牛日展觓角而知傷，展道盡矣，其所以備災之道不盡也。有司展察牛而卽知傷，是展察之道盡，不能防災禦患，致使牛傷，故不書之，以顯有司之過。觓，球球然，角貌。【補曰】疏曰：「展，省察也，言日日皆省察牛之觓角。」文烝案：祭義曰：「朔月月半，君巡牲。」説文曰：「觓，角皃。」今詩或作「捄」，爲假借字。或作「觩」，爲誤字。此觓角，角繭栗也，詩之「犉牡捄角」則角握若尺矣。備災之道不盡，不敬之過也，三句申過有司之意。

改卜牛，鼷鼠又食其角。又，有，繼之辭也。前已食，故曰繼。其，緩辭也。【補曰】凡言「其」者，皆緩辭，與言「之」同意。曰亡乎人矣，非人之所能也，【補曰】曰者，目經意也，非人所能，所以謂之亡乎人。孟子曰「非人之所能爲也，天也」，又曰「莫之爲而爲者，天也」。音義曰：「『能』亦作『耐』。」所以免有司之過也。至此復食，乃知國無賢君。天災之爾，非有司之過也，故言其以赦之。【補曰】注失其理。五經異義公羊説：「鼷鼠，神物，食牛角，咎在有司，又食，咎在人君。」范説正同。尋傳意，實不如此。備災之道不盡，謂之不敬，猶大室屋壞，由於不脩，亦謂之不敬也。不敬者，人之所爲，故直言牛角爲急辭，所以過有司也。既改卜牛，備災必盡，重復被食，非人所能，不敬之罪，無所可責，故言其角爲緩辭，所以免有司之過也。宣三年言之口爲緩辭，後牛又死，但謂之事之變，亦此意耳。過有司卽過君，有司免過，君亦可知。公羊家及范解語涉禨祥，文徒支贅，不可用也。何休曰：「不重言牛獨重言鼠者，言角牛可知。後食牛者，未必故鼠，故重言鼠。」

乃免牛。乃者，亡乎人之辭也。免牲者，爲之緇衣纁裳，有司玄端，奉送至于南郊。免牛亦然。【補曰】疏曰：「重發傳者，此再食乃免牛，嫌與他例別，故重發之。」免牲不曰不郊，免牛亦然。郊者用牲，今言免牲，則不郊顯矣。若言免牛，亦不郊，而經復書不郊者，蓋爲三望起爾，言時既不郊，而猶三望，明失禮。【補曰】杜預下注曰：「書不郊，閒有事。」疏曰：「春免牛，夏乃三望，故備言之。」文烝案：二句文體與襄十一年傳伐國不言圍邑四句同。

吴伐郯。【補曰】左傳載季文子之言謂「中國不振旅，蠻夷入伐而莫之或恤」，是卽春秋之義。周世自小雅盡廢，四夷交侵，幽王隕焉。入春秋，卽以會戎危公，垂四十年而楚見，又百年而吴見，君子治之，無所不盡其辭，故其於二國或同焉，或異焉，或外焉，或進焉，當以前後傳文比而觀之。○楚與吴、越代興，或謂與後世遼、金、元相似。今案：楚，荆州之夷也；吴、越，揚州之夷也，古所謂夷狄，九州之內者也；漢以來所謂夷狄，九州之外者也。由九州而四海，由四海而四荒四極，浸推浸遠，大運爲之，春秋之事，何可同也？雖然，有中國大一統之王則有春秋外夷狄之義，時異事異；名分不異，故春秋道名分，百世以俟聖人而不惑者也。

夏五月，曹伯來朝。【補曰】月者，爲下三望起。

不郊，猶三望。【補曰】言猶者，皆可以已。此在五月，尤非禮，正月再有牲變，已不郊矣。忽於五月行望禮，不知當時情事若何。

秋，楚公子嬰齊帥師伐鄭。

公會晉侯、齊侯、宋公、衛侯、曹伯、莒子、邾子、杞伯救鄭。〇【撰異曰】陸淳纂例曰：「左氏『晉侯』下有『齊侯。』」案：今三家皆有。

八月戊辰，同盟于馬陵。馬陵，衛地。

公至自會。【補曰】此二事偶則以後事致之例。

吳入州來。州來，楚地。【補曰】林之奇曰：「楚人禦吳以江，故用舟師，吳人撓楚以淮，故用車戰。前此吳自徐伐巢，淮西也；今入州來，淮北也。吳、楚争淮，自此始，自雞甫之師一敗而吳得州來，滅巢及鍾離矣。是則亡郢始於失淮。」〇【撰異曰】陸淳纂例曰：「公、穀皆作『州萊。』」案：今皆不作「萊」。

冬，大雩。雩，不月而時，非之也。【補曰】亦通秋言之，雩以月爲正，謂八月、九月。冬無爲雩也。【補曰】申上意也。疏曰：「八月、九月雩之正，不雩則不及事，故月以明之。既過此節，秋不書旱，則冬無爲雩也。」文烝案：秋不書旱，冬固不須雩，秋若書旱，其災已成，冬雩亦無及，故曰冬無爲雩也。此年葢竟九月雩不得雨，而不爲災，言旱則不可言雩，則又嫌得雨，本當言不雨以明之，因冬初又雩而得雨，冬言雩，而其曲折盡見，故秋末不須言不雨也。若然，昭二十五年、定七年並是兩雩，而前雩無所嫌者，以其同在一月一時，與此異也。秋既無災，冬亦無爲雩，故從時例，所以非之。

衛孫林父出奔晉。

八年春，晉侯使韓穿來言汶陽之田，歸之于齊。晉爲盟主，齊還事晉，故使魯還二年齊所反之田。【補曰】此本杜預而詳之。聘禮曰「若有言則以束帛如享禮」。其記曰「束帛加書以將命」，鄭君引此經爲證，并引告糴乞師。于齊，緩辭也，【補曰】似句首脱一「之」字，或省耳。疏曰：「『之』爲緩辭，自是常例，于齊之理未明，故特釋之。」疏非也。「田」上加「之」亦緩辭，不言，從可知。傳文簡略，往往如此。不使盡我也。若曰爲之請歸，不使晉制命于我。【補曰】盡者，唯其所命也。七年之中，一與一奪，晉之盡我，乃我之恥，故爲緩辭，婉其文不使盡，此申上句意也。不使盡我，猶莊八年不使齊師加威於郕矣。取汶陽田不加「之」，濟西、龜陰、漷東、沂西諸言田皆不加「之」，歸之于京師與歸于京師異義，明此經二「之」字非苟然者。趙鵬飛以爲春秋書法未有若是之詳且婉者，其説近是。因以見春秋辭句，緩急之閒，一字不可損益也。公羊不達此旨，但解「來言」爲內辭。聘禮明載「有言」之文，無關春秋新意，新意乃在緩辭耳。范言「爲之請歸」，既涉公羊之見，而孔廣森溺於公羊，反謂穀梁圈囿於辭例，非辭例何以觀春秋哉？竊以爲春秋、論語皆不與他書同，春秋，夫子之手筆也，片言隻字，自然入妙焉。論語，夫子之口説也，發聲送句，渾然畢肖焉。

晉欒書帥師侵蔡。

公孫嬰齊如莒。

宋公使華元來聘。

夏，宋公使公孫壽來納幣。婚禮不稱主人，宋公無主婚者，自命之，故稱使。納幣不書，書者賢伯姬，故盡其事。【補曰】案：紀履緰來逆女不稱使者，譏不親迎，傳有明文。今此納幣，本卿之事，稱使自是常文。此注本杜預，而杜本公羊，顯與傳違，宜删去「婚禮」四句。其言賢伯姬，亦似是而非，納幣與來媵爲類，當依來媵傳言以伯姬之不得其所，故盡其事，不當依致女卒災傳言賢伯姬也。疏曰：「書納幣三：莊公以非禮書，公子遂以喪録，此爲賢伯姬。」文烝案：舊史凡納幣皆書，君子有書有不書，以其所不書著其所書也。

晉殺其大夫趙同、趙括。

秋七月，天子使召伯來錫公命。【補曰】何休曰：「月者，例也，爲魯喜録之。」○【撰異曰】錫，左氏作「賜」。韓滉强説之，以爲正書「錫」，不正書「賜」。而陸佃爾雅新義乃以「錫」爲仁，「賜」爲義，其解尤鑿。段玉裁曰「賜」乃「錫」之譌字。左傳曰「召桓公來賜公命」，以「賜」訓「錫」。凡經作「錫」，傳作「賜」，文元年傳「毛伯衞來賜公命」，俗本改彼傳之「賜」爲「錫」者亦非也。案：陸淳纂例惟云公羊作「錫」，葉夢得傳唯云穀梁作「錫」，皆誤。禮有受命，無來錫命，錫命，非正也。【補曰】疏曰：「重發傳者，文踰年而賜，成八年乃賜，嫌異，故重發之。」曰天子何也？曰見一稱也。天王、天子，王者之通稱。自此以上，未有言天子者，今言天子，是更見一稱。【補曰】注首二句本杜預，其意則是，而未盡傳義。公羊曰：「元年春王正月，正也。」其餘皆通矣。此杜氏通稱之説也。穀梁亦謂是通稱，而以桓、文、成三錫命共有三稱，故於此言見一稱，即此一稱包前二文，明王與天王亦是各見一稱也。易乾鑿度及孟喜、京房説王爲美行之稱，天子爲爵號。左氏賈逵説畿内稱王，諸夏稱天王，夷狄稱天子，皆於春秋無所當。汪克寬曰：「書洪範云『天子作民父母，以爲天下王』，故立政周公稱成王曰『告嗣天子王矣』，王與天子兼言之。儀禮覲禮王與天子更互言之。左傳宰孔賜齊侯胙，富辛、石張請城成周，皆稱天子，答者亦曰天子，則信乎其爲通稱矣。」文烝案：詩小雅言「王于出征，以佐天子」，亦是兼且互也。惟周禮一書專言王，其與大戴禮朝事儀同文者，行人、司儀，皆以天子爲王。而典命一句亦言天子，其他則司弓矢、校人各一言天子，而司弓矢與考工記同文。司服一言天王，而與昏義同文。又世子之文甚多，無言大子者，而諸子職與燕義同文則否。覲於世子之一言大子也，王之三言天子，一言天王也，而今之成文可見者四焉。又職方之文全同周書，唯「公方五百里」至「男方百里」等句，其義可疑者，周書無之，直作「公侯伯子男」五字而已，是知周禮一書實有采集傳記者。小則依用，大則彌縫，其河閒獻王毛生之倫乎？

冬十月癸卯，杞叔姬卒。杜預曰：「前五年來歸者。女既適人，雖見出棄，猶以成人之禮書之。終爲杞伯所葬，故稱杞叔姬。」【補曰】注非也。杞叔姬不更適人，吾爲之變，故史録其卒。録卒自宜繫杞，左氏文十二年傳云「不言杞，絶也」，失之。

晉侯使士燮來聘。

叔孫僑如會晉士燮、齊人、邾人伐郯。【補曰】據左傳晉以郯事吴故也。高澍然以爲爲吴通道。吴通晉之道二：一由宋彭城，十八年左傳曰「毒諸侯而懼吴、晉」是也；一由郯道莒，是年左傳「晉侯使申公巫臣如吴假道於莒」是也。

衛人來媵。杜預曰：「古者諸侯娶嫡夫人及左右媵，各有姪娣，皆同姓之國，國三人，凡九女，所以廣繼嗣。魯將嫁伯姬于宋，故衛來媵。」【補曰】杜注大略本公羊也。何休曰：「言來媵者，禮君不求媵，諸侯自媵。夫人媵例時。」媵，淺事也，不志，此其志何也？【補曰】凡内女將歸而他國來媵者，史皆書之，君子以爲淺事，削而不志。以伯姬之不得其所，故盡其事也。不得其所，謂災死也。江熙曰：「共公之葬由伯姬，則共公是失德者也。傷伯姬賢而嫁不得其所。」【補曰】此當依范說，以爲災死。言以伯姬之不得其所者，卽襄三十年傳云「隱卒災也」。以伯姬卒災可隱，故盡其事。謂獨仍舊文，存其事也。言盡者，謂備其本末，納幣、三媵、歸宋，一事之本末也。常不志，特志，曰盡；常略，特不略，曰詳，皆卽公羊所謂録也。伯姬者，春秋之賢女，賢而卒災，故尤可隱，推極經義，賢意自見。言不得所，不須復言賢，故傳不言也。江熙以爲伯姬配失德之君卽是不得所之事，於理亦通，而傳於此無是意也。共公失德不葬，十五年傳文其失德卽謂不答伯姬，於彼傳論之，疏以江爲無所據，非也。

九年春王正月，杞伯來逆叔姬之喪以歸。【補曰】以者，不以者也。傳曰：夫無逆出妻之喪而爲之也。【補曰】疏曰：「叔姬既犯七出之愆，反歸父母之國，恩已絕矣。杞伯今復逆出妻之喪而違禮傷教，言其不合爲而爲之，是以書而記之，以見非。徐邈云『爲』猶『葬』也，言夫無逆出妻之喪而葬，理亦通矣。但范不訓『爲』爲『葬』也。」俞樾曰：「徐乃目言其事耳，非訓『爲』爲『葬』，『爲』當訓『治』，謂不當治其喪。」

公會晉侯、齊侯、宋公、衞侯、鄭伯、曹伯、莒子、杞伯同盟于蒲。蒲，衞地。【補曰】不日者，爲此秋執鄭伯以伐鄭，渝盟不信。祝柯盟爲惡之，亦略同。

公至自會。

二月，伯姬歸于宋。逆者非卿，故不書。【補曰】劉向列女傳曰：「伯姬者，魯宣公女，成公妹也。其母曰繆姜。」文烝案：伯姬不稱子，則非同母。

夏，季孫行父如宋致女。致敕戒之言於女。【補曰】注以「致」爲致命，與劉向列女傳同，而其言太略，義不了也。說具於下。致者，不致者也。【補曰】重發傳者，嫌與致妾母異也。婦人在家制於父，既嫁制於夫，如宋致女，是以我盡之也。刺已嫁而猶以父制盡之。【補曰】此解致者不致之意。盡，如八年「盡我」之「盡」，已嫁宋而魯致之，是以我盡之。不正，【補曰】以我盡之，故曰不正。故不與內稱也。內稱，謂稱使。【補曰】如者，內稱使之文，注甚謬。疏强爲之說，不可通也。內稱，謂稱伯姬，不稱伯姬而稱女，是不與內稱。傳意言致，故言女，非禮之常，異其文耳，非譏魯，亦非貶伯姬也。疏引徐邈言「伯姬責小禮違大節」，非是，惟言稱女則得之。又以不稱夫人爲說，外夫人安得稱夫人乎？父母之於子，雖爲諸侯夫人，猶曰吾伯姬，此內稱之義也。來逆稱叔姬，不稱女，曰不與夫婦之稱，致稱女，不稱伯姬，曰不與內稱，文可互明，義各有當。逆者微，故致女。【補曰】此論致女之由也，先儒說致女互有不同。何休曰：「古者婦人三月而後廟見稱婦，擇日而祭於禰，成婦之義也。父母使大夫操禮而致之，必三月者，取一時足以別貞信，貞信著然後成婦禮。」又孔穎達曾子問正義曰：「如鄭義則從天子以下至於士皆當夕成昏，舅姑没者，三月廟見，故成九年如宋致女，鄭云致之使孝，非是始致於夫婦。隱八年陳鍼子譏鄭公子忽先配而後祖，鄭以祖爲祖道之祭，應先爲祖道然後配合也。若賈、服之義，大夫以上，無問舅姑在否，皆三月見祖廟之後乃始成昏，故譏鄭公子忽先爲配匹乃見祖廟，故服虔注云如宋致女謂成昏也。」又杜預曰：「女嫁三月，又使大夫隨加聘問，謂之致女。所以致成婦禮，篤昏姻之好。」又左傳桓三年冬，齊仲年來聘，致夫人也。杜預曰：「古者女出嫁，又使大夫隨加聘問，存謙敬，序殷勤也。在魯而出則曰致女，在他國而來則總曰聘。」統觀諸説，賈、服、何、杜以致女爲致之使成夫婦，鄭以致女爲致之使孝。經不言致伯姬而言致女，言女者，正明其未成婦，則言致者，必是致以成之，賈、服、何、杜是也，鄭非也。但賈、服、何、杜以爲女嫁三月必有致女之禮，與左傳桓三年致夫人之文極合，而此傳云「逆者微，故致女」，又上文重發例云「致者，不致者也」，則左傳及賈、服、何、杜説皆未可用。明大夫以上之禮，雖至三月廟見始成昏，而要無致女之事也。劉向列女傳曰：「宋恭公不親迎伯姬，迫於父母之命而行，既入宋，三月廟見，當行夫婦之道，伯姬以恭公不親迎，故不肯聽命。宋人告魯，魯使大夫季文子如宋致命於伯姬。」疏引徐邈曰：「宋公不親迎，故伯姬未順爲夫婦，故父母使卿致伯姬使成夫婦之禮，以其責小禮違大節，故傳曰不與內稱，謂不稱夫人而稱女。」劉子政用穀梁家舊説，而徐注因之，大意皆是。劉以致命當經「致」字，爲范所本，但以用致夫人之致例之，或是致之於宋之廟也。伯姬始嫁，彼自告至，至此因伯姬不肯廟見成夫婦，故我使人致之。鄭君坊記注引此經，而曰：「是時宋共公不親迎，恐其有違而致之。」彼上文云「壻親迎，舅姑承子以授壻，恐事之違」。謂恐此女於昏事乖違，不親夫以孝舅姑也。如鄭此注，則不但以爲致之使孝，又不謂致女是常禮，是亦可與傳義相證也。詳其事，賢伯姬也。【補曰】詳者，謂言致女，不直言如宋也。魯變禮，故爲不正。伯姬守禮，故爲賢。前後文來媵皆國之常事，經盡其事，既以不得其所取義，此文致女非常事，乃足見伯姬之爲人，故經詳其事，則取義於賢伯姬。而傳與卒災傳同文也。

晉人來媵。媵，淺事也，不志，此其志何也？【補曰】凡内女已歸而他國來媵者，君子亦以爲淺事不志。以伯姬之不得其所，故盡其事也。【補曰】重發傳者，此在歸後，嫌有異也。

秋七月丙子，齊侯無野卒。

晉人執鄭伯。【補曰】晉侯稱人者，鄭有罪。

晉欒書帥師伐鄭。不言戰，以鄭伯也。欒書以鄭伯伐鄭，君臣無戰道。【補曰】傳以是役也，欒書以鄭伯伐鄭，而鄭與晉戰，戰重於伐，而書伐不書戰，故發其義。左傳無以鄭伯伐鄭而鄭與晉戰之事。爲尊者諱恥，不使臣敵君，王師敗績于貿戎是也。【補曰】當云如王師敗績之屬，下二句注皆同。爲賢者諱過，爲齊桓諱滅項是也。爲親者諱疾。雍曰：「欒書以鄭伯伐鄭，不言戰是也。鄭，兄弟之國，故謂之親，君臣交兵，病莫大焉，故爲之諱。【補曰】疏曰：「三者之外，尚有爲魯諱敗之事，不言者，因爲同姓諱疾，則文亦包魯可知。聖人有作，親疏一也。今乃以同姓爲別者，春秋之意，因親及疏，故仲尼書經，內外有別，既內外別，則親疏尊卑見矣。」文烝案：又有爲祖諱之事，亦於諱疾中包之，三句不特出，春秋者省文，公羊閔元年傳有此三語，皆無下一字。尊尊、賢賢、親親，春秋之大義也。孝經曰：「要君者無上，非聖人者無法，非孝者無親，此大亂之道也。」孟子曰：「天下有達尊三：爵一，齒一，德一。」其意並與春秋相表裏。啖助曰：「諱者，非隱其惡，蓋諱避之，避其名而遜其辭，以示尊敬。」

冬十有一月，葬齊頃公。

楚公子嬰齊帥師伐莒。【補曰】卓爾康曰：「楚兵未有至沂上者，今越淮、泗而伐莒，蓋爲備吳也，得莒則足以制鄭。」庚申，莒潰。其日，【補曰】凡潰，史皆日，君子略之。莒雖夷狄，猶中國也。莒雖有夷狄之行，猶是中國。【補曰】昭五年傳直以莒爲狄，與此互相明。案：左傳成風、叔孫婼皆以郯爲夷，仲尼學官於郯子，曰天子失官，學在四夷。郳、邾之爲夷，皆莒之類也。左傳又言「杞用夷禮」，杞即東夷，則似傳之言賅矣。晉侯以傅陽子歸謂之夷俘，本非夷，晉諱之耳，與諸國又不同。傳此二句，所以起下文，言彼固夷狄而中國者也，而今乃如下所云乎？大夫潰莒而之楚，是以叛其上爲事也。臣以叛君爲事，明君臣無道。【補曰】之，適也。大夫潰於莒而適楚師，是不能事其君上，而以叛爲事也。傳以叛上乃中國之大惡，故指而言之，若極論其理，則夷狄亦不得矣。左傳無大夫叛上之事，傳自有所受，與上一條同。各本皆作「知其上」。案：注云「臣以叛君爲事」，疏曰「莒帥衆民叛君從楚」。又僖四年疏云「莒潰書曰，惡大夫之叛」，傳文作「叛」明矣。「叛」與「知」字左畔相似，故誤爲「知」，今特改正。又疏曰：「范别例云，凡潰者有四，發傳有三，僖四年蔡潰，傳曰『潰之爲言，上下不相得』，文三年沈潰從例，可知此莒潰雖同，是不相得，但與君臣不和自潰散小異，故發傳。昭二十九年，鄆潰，彼鄆是邑，與國殊，故重發傳。」惡之，故謹而日之也。潰例月，甚之，故日。【補曰】二句結上文「其日」二字，猶紀侯來朝，上云「朝時，此其月何也？」下云「惡之，故謹而月之也」。公侵宋，上云「侵時，此其月何也？」下云「惡之，故謹而月之」。戊寅大夫宗婦覿、己酉邾人執繒子，並云「惡之，故謹而日之也」，亦略相似也。戰國策安陵君曰：「吾先君成侯，受詔襄王以守此地也，手受大府之憲。憲之上篇曰：『子弑父，臣弑君，有常不赦。國雖大赦，降城亡子不得與焉。』」此得春秋之義矣。疏曰：「上言莒猶中國，故日，下言惡之，故日，明若莒非中國，雖惡不得日也。」案：疏誤以「猶中國」句爲正解日義，是不審傳之文勢。又謂夷狄雖惡不得日，於文似合，於理實乖。傳言莒猶中國，以見莒之罪耳，豈謂以其猶中國故得日哉？夫春秋之視莒，介乎中國夷狄之閒者也，君臣父子之義，無閒於中國夷狄者也。楚，夷狄也，而未嘗無父子也，故世子弑君，謹而日之也。莒，夷狄而中國也，而未嘗無君臣也，故大夫叛上，謹而曰之也。樊遲問仁，子曰「居處恭，執事敬，與人忠，雖之夷狄，不可棄也。」人心之不可不存也，猶人倫之不可不正也，皆不以中國夷狄而有異，此聖人之大訓也。

楚人入鄆。【補曰】疏曰：「魯雖有鄆，此鄆非魯也，當從左氏爲莒邑。大都以名通，故不繫莒。」文烝案：此即文十二年之鄆，時屬莒耳。稱人者，嬰齊在莒，别以偏師入鄆，非嬰齊移師，不得爲繼事辭也。方苞、高澍然、葉酉説是。

秦人、白狄伐晉。

鄭人圍許。

城中城。城中城者，非外民也。譏公不務德政，恃城以自固，不復能衛其人民。【補曰】中者，中外之中，魯都非魯邑也。城之者，脩舊而又益之，若遷都之爲者也。中城而益則取之郛，古者天子諸侯城郭俱有定制，其居民則國中及郊，有六鄉三鄉，郊外曰野，有六遂三遂，皆吾民也。今公違魯舊制，以郛益城，城外之民將悉外之，故書以非之。非，責也。凡内書城皆是益城，皆有責其外民之意，此文尤足顯義，故傳特發之。范注既不了，劉敞、葉夢得遂詆傳失，尤非也。趙汸曰：「成城中城而後襄城西郛，定城中城而後哀城西郛。」

春秋成公經傳第七補注第十八

穀梁　范氏集解　鍾文烝詳補

十年春，衛侯之弟黑背帥師侵鄭。【補曰】稱弟，見其親且貴，不論其有罪無罪，異於弃殺。疏引范荅薄駁及其自爲説皆謂黑背以有賢行稱弟，非也。

夏四月，五卜郊，不從，乃不郊。夏四月，不時也。郊時極於三月。五卜，强也。【補曰】疏曰：「知其不可而強爲之。」文烝案：四月書五卜者，蓋十一月下辛卽卜，至三月下辛爲五卜，至此四月上辛而不郊也。或四月下辛又卜，爲第五卜，卽於是日決意不郊，因亦不復行免牲之禮。傳以爲強，後説似長。凡卜免牲不吉則不免，如後説，則不卜而不免也。「強」或作「彊」。乃者，亡乎人之辭也。【補曰】疏曰：「不時，亡乎人。重發傳者，嫌五卜與四卜異也。」文烝案：公羊曰：「其言乃不郊何？不免牲，故言乃不郊也。」哀元年傳曰：「卜免牲者，不吉則否。」此因卜免不吉，故不行免牲之禮也。其牲繫而待，六月上甲，然後左右之，亦見哀元年傳。彼注曰：「未左右時，監門者養之。」孔穎達曰：「不以其禮免，直使歸其本牧。」

五月，公會晉侯、齊侯、宋公、衛侯、曹伯伐鄭。【補曰】月者，蓋爲下卒日。不致者，蓋晉侯有疾，不成伐。左傳以爲在會者是晉世子州蒲，啖助、劉敞辯之。

齊人來媵。媵伯姬也。異姓來媵，非禮。【補曰】左傳例凡諸侯嫁女，同姓媵之。異姓則否。鄭君以爲納女於天子，稱備百姓，則得有異姓。又毛詩傳云「諸侯一取九女，二國媵之」，公羊同。謂三國來媵，非禮。何休以爲唯天子取十二女也。若然，此非禮有二，但經意則以伯姬之不得其所，故盡其事，非以非禮書也。致女齊媵，俱非禮，非賢之，非以其不得所，無容獨存史文。

丙午，晉侯獳卒。【補曰】晉景公。案：左傳：「秋，公如晉。晉人止公，使送葬。冬，葬晉景公。公送葬，諸侯莫在。魯人辱之，故不書，諱之也。」然則晉景不葬，乃仍魯史之舊。

秋七月，公如晉。【補曰】杜預曰：「親弔非禮。」文烝案：晉人止公，冬而會葬，會葬又非禮。說見襄三十一年。親弔喪則奔喪之比也。往反皆月，與宣奔齊喪同義。

冬十月。○【撰異曰】公羊無此三字。唐石經誤衍。段玉裁曰：「禮記中庸正義云，成十年不書冬十月，賈、服有說，則左經亦當無之。」

十有一年春王三月，公至自晉。【補曰】月者，從奔齊喪之例，又與會淮同，非但爲下盟日。

晉侯使郤犨來聘。○【撰異曰】犨，公羊作「州」，後同。亦或作「犫」。

己丑，及郤犨盟。

夏，季孫行父如晉。

秋，叔孫僑如如齊。【補曰】下十四年有逆女文，此如齊，蓋納幣也。納幣得禮，則直言如此，君子略其文，從恆事不志之例也。莊之納幣以二十二年冬至二十四年夏而逆女；文之納幣以二年冬至四年夏而逆婦姜；今此納幣在十一年秋，而十三年七月以前公不在國，故至十四年秋始逆女也。左氏於此但言「聘于齊，以脩前好」，殆失其實。杜預因不見納幣事，則以爲經文闕絕，宜無怪焉。

冬十月。

十有二年春，周公出奔晉。【補曰】周公，名楚。不月者，從外大夫例。周有入無出，鄭嗣曰：「王者無外，故無出也。宗廟宮室有定所，或即位失其常處，反常書入，內宗廟也。昭二十六年，天王入于成周是。」【補曰】疏曰：「言周者，總君臣言之。注直據天子者，以王者出入俱有成文。」其曰出，上下一見之也。鄭嗣曰：「上謂僖二十四年天王出居于鄭，下謂今周公出奔，上下皆一見之。」【補曰】上始言出居，至敬王言居不言出；下始言出奔，至王子瑕、王子朝言奔不言出，故曰一見之，文意與外內寮一疑之同。許翰、李廉頗得其解。言其上下之道，無以存也。【補曰】申上意也。出者，失天下之文，君不君，臣不臣，其道無以存此天下。上雖失之，下孰敢有之？今上下皆失之矣。上雖有不君之失，臣下莫敢效不臣之過，今復云周公之出，則上下皆有失矣。君而不君，臣而不臣，是無以存乎世，言周之所以衰。【補曰】疏曰：「僖二十四年傳曰『雖失天下，莫敢有也』，此云『上雖失之，下孰敢有之』，注觀經立說，故二處不同。」文烝案：注義非也。「上雖失之」二句卽承前傳言之。上雖失天下，臣下莫敢有之，既不敢有天下，則猶能爲天子守天下。傳所謂「大夫國體」，孟子所謂天位與共，於是乎見。今上下各見出文，明上既失之，下亦不能守之矣。周之衰也，由上下皆失之，故各一見以明義。其義既明，故後此遂從平文也。○傳解兩「出」字，總僖、成、襄、昭五文以爲說，其爲春秋本意，決然無疑。左氏、公羊亦知天子無出，自周無出，王者無外，而於其言出，則莫能明其說，乃沾沾然就一事求之，宜其膠滯瑣屑而終不能通也。穀梁之得，二家之失，大都如此。

夏，公會晉侯、衞侯于瑣澤。瑣澤，某地。【補曰】當云地闕。不致者，蓋此會無足善。左傳晉、楚爲成，故會。○【撰異曰】瑣，公羊作「沙」。案：定七年齊、衞之盟，左氏經作「沙」，傳作「瑣」。

秋，晉人敗狄于交剛。交剛，某地。【補曰】亦當云地闕。言敗不言晉師，與箕同。中國與夷狄不言戰，皆曰敗之。不使夷狄敵中國。【補曰】此發中國敗夷狄通例也。案：隱十年傳曰「內不言戰，舉其大者」，然則凡中國敗夷狄直言敗，乃從內直言敗外之例，范解失之。范見元年傳有「諱敵」之言而不審其文義，故一誤以爲外不敵內，再誤以爲夷狄不敵中國。如注說則外敗內何以直言戰？夷狄敗中國何以言戰言敗？莘、雞甫何以爲變例乎？夷狄不日。【補曰】此又發中國敗夷狄及夷狄相敗通例也。凡日以敗之者，成敗之也，不日以敗之者，直舉其勝者言也。結日列陳曰戰，故書戰皆日，不日者，謂之疑戰。至於中國敗夷狄，不須爲結日列陳之文，夷狄相敗，又不知結日列陳，一則槩書以疑戰之文，一則其事本是疑戰，皆不言戰，亦皆不得日，惟長岸言戰，然亦以疑戰而不日也。箕、交剛、婁林、長岸、檇李又皆不月以略之，惟大原蒙上月。疏曰：「不於箕役發傳者，以再敗狄師甚之，故發於此。」

冬十月。

十有三年春，晉侯使郤錡來乞師。【補曰】杜預曰：「將伐秦。」乞，重辭也。【補曰】疏曰：「重發傳者，公子遂内之始，此外之初，故發之。」古之人重師，故以乞言之也。【補曰】疏曰：「言古之人者，徐邈以爲引古以刺今。」文烝案：古者，春秋前也，策書之文，實因乎古，而君子取之，與定十五年傳云「喪急故以奔言之」同意。呂本中曰：「春秋之世，霸主之令小國，其強大恣横，有甚於平世天子之令諸侯者，而猶以乞師爲名，則是先王之禮意猶有髣髴存者，惜乎其君臣上下不能襲其號以求其意也。」

三月，公如京師。公如京師不月，月，非如也。時實會晉伐秦過京師也。公行出竟，有危則月，朝覲京師，理無危懼，故不月。【補曰】仍史文書月，明其本非如。非如而曰如，不叛京師也。因其過朝，故正其文，使若本自往。【補曰】不叛者，明不敢過也。案：公羊曰「不敢過天子也」，桓六年傳曰「諸侯不以過相朝也」，二傳互相明諸侯不以過相朝，故州公不得言朝，諸侯不敢過天子，故公得言如，此亦諸侯盡朝。左傳曰「公及諸侯朝王」。

夏五月，公自京師，遂會晉侯、齊侯、宋公、衛侯、鄭伯、曹伯、邾人、滕人伐秦。【補曰】何休曰：「閒無事復出公者，善公繫行。」公羊以不敢過天子爲繫行。繫者，何休曰：「猶更造之意也。」左傳有劉子、成子，公親在行，史必備録。經不書者，王沿謂嫌若實受王命也。又左傳稱「戰于麻隧，秦師敗績」，賈逵曰：「晉直秦曲，無辭不得，敵有辭，故不書戰。」杜預駮其説。文烝謂是略之，不欲以一秦敵九國君卿，故書伐而已。月者，爲下卒起。○【撰異曰】

唐石經左氏、穀梁皆作「公至自京師」，「至」字皆衍字也。余仁仲本、各本悉無「至」字。徐彥公羊疏曰：「『公』下『自』上有『至』字者，衍文。」齊侯，各本脱，今依唐石經、余本補正。言受命，不敢叛周也。使若既朝王，而王命已使伐秦。叛周，謂專征伐。【補曰】疏曰：「傳於公子遂已言不敢叛京師，此重發傳者，嫌君臣異例。」文烝案：上以「非如」之辭見義，此及公子遂二文皆以「繼事」辭見義，三者皆同意。高閌説此曰：「其辭若志敬而實志不敬，此春秋微辭。」

曹伯廬卒于師。【補曰】疏曰：「不日卒者，蓋非嫡子爲君故也。又僖四年注云『新臣卒于楚，故不日耳』，則此不日者或當爲卒于秦故也。若然，襄二十六年八月壬午許男甯卒于楚，注云『許男卒于楚，則在外已顯矣。』日卒明其正，二注不同者，以無正文。二理俱通，故爲兩解。或亦新臣非嫡子，不須兩解，理足可通耳。」文烝案：傳例在外日者爲其未踰竟，則知在竟外者例皆不日矣。在外未踰竟日者，晉侯黑臀、鄭伯髡原、宋公佐是也；在竟外不日者，許男新臣、曹伯廬、曹伯負芻、杞伯成是也。許男甯例當不日，而書日者，以其明言卒于楚，非若新臣不地及于師于會之不言國，故還從正卒書日之常例。蔡侯東國亦明言卒于楚，而不書日者，本非正嗣，雖在己國都内亦不日也。然則在外未踰竟者正不正皆日，在竟外而文不顯者正不正皆不日，在竟外而文顯者正則日，不正則不日，與常例同。若夫惡之而時卒者，悉不論其正與不正，在國内國外，竟内竟外。但新臣又不入此例耳，凡此中國諸侯書卒之別也。○【撰異曰】廬，左氏本亦作「盧」。

傳曰：閔之也。【補曰】閔其不卒於常所故地。公大夫在師曰師，在會曰會。【補曰】疏曰：「諸侯或從會，或從伐，皆閔其在外而死，故云卒于師于會也。卒于師則此曹伯廬及曹伯負芻是也，卒于會則杞伯成是也。許男新臣亦卒于師，彼以内桓師，故不書于師也。大夫之卒，例所不書，而與公同例者，舊解以爲春秋緣大夫之心，非謂外大夫書卒于師。

若然，傳不得云大夫，且經無其事，傳因類發例者，其數不少，即饑云饉康之等，此雖無經，何爲不得也？又會大夫單伯之徒亦書會諸侯，若使卒于師，固當書之，故知傳謂公及大夫二者皆然也。」疏又引徐邈注以爲「公及大夫所會諸侯，在師言師，在會言會。」文烝案：疏解「公大夫」三字，如前説則公指外諸侯，大夫兼指外內大夫；如後注則皆指內，後注是也。內大夫所會諸侯，未有言卒于師卒于會者，適無其事也。兩「在」字正指公大夫，徐注辭不別白。

秋七月，公至自伐秦。【補曰】後事小於先事，不以先事致者，孫復以爲「本非朝京師，故不以京師致」是也。鄭玉曰：「上書『如京師』，明春秋以朝王爲重，使不違於禮而世道有所防。下書『至自伐秦』，明諸侯爲伐秦而出使，不失其實，而後人有所考。」文烝案：此實未滿二時月者，遠用兵而反，故危之，亦從往月致月有懼之例。

冬，葬曹宣公。葬時，正也。【補曰】疏曰：「嫌卒于師，失正葬，故重發之。」文烝案：此非重發也，乃因卒文有異，特發以明例。書時所以爲正者，葬是彼國臣子之事，彼國自有史書詳其月日，魯史記之但當書時而已，此蓋經之新例。

十有四年春王正月，莒子朱卒。徐邈曰：「傳稱『莒雖夷狄，猶中國也』，言莒本中國，末世衰弱，遂行夷禮。葬皆稱謚，而莒君無謚，謚以公配。而吳、楚稱王，所以終春秋亦不得書葬。」【補曰】此莒渠丘公也。至此始卒者，從夷狄少進之例，蓋經例也。莒卒皆不日，與吳同例。左氏載續經哀十四年，莒子狂卒，文承五月下，亦不日，則不日者史例也。莒卒又皆不葬，與楚、吳同例，莒子狂亦不葬，則不葬者亦史例也。吳之不日，當爲經例，莒小而吳大，莒不朝魯而吳聘魯，莒爲讐而吳爲昏，魯史之例必不同吳於莒，故知吳當日也。楚、吳之不葬，當並爲史例，莒號夷而楚、吳號嫌，吳號嫌而又夷，魯史之法，周禮所在，故知楚、吳當本不葬也，吳、楚稱王，故不葬。公羊及禮坊記皆有其說。

夏，衞孫林父自晉歸于衞。【補曰】嘗爲大夫，不言復歸者，據左傳晉侯使郤犫送林父而見之。衞侯欲辭，因其夫人定姜之請乃始見而復之，是歸時猶未復其位，故不言復也。凡復國中者，皆是復其位。

秋，叔孫僑如如齊逆女。泰曰：「親迎例時，大夫逆皆謹月以譏之。下云九月僑如以夫人婦姜氏至自齊，一事不二譏，故此可以不月也。宣元年公子遂如齊逆女，亦以時逆而月致，義與此同。」【補曰】疏曰：「彼雖文承正月下，正月自爲即位發文。」

鄭公子喜帥師伐許。

九月，僑如以夫人婦姜氏至自齊。大夫不以夫人，以夫人，非正也，刺不親迎也。【補曰】疏曰：「公子翬如齊逆女，傳曰『不言翬之以來何也？公親受之於齊侯也』，然則公不親受宜言以夫人至，而曰非正者，逆女親者也，使大夫非正也。非正而以夫人至，故刺之。不發於宣公逆女者，宣以喪娶，故略夫人而不氏，一事不二譏，故省其文。成非喪娶，嫌無罪，故傳明之。」僑如之摯，由上致之也。【補曰】疏曰：「重發摯義者，非喪娶嫌異，故重明之。」

冬十月庚寅，衞侯臧卒。

秦伯卒。【補曰】秦桓公也。秦卒自此不名，以後葬矣，至哀三年日卒矣。公羊昭五年傳曰：「何以不名？秦者夷也，匿嫡之名也。其名何？嫡得之也。」何休曰：「嫡子生不以名，令於四竟擇勇猛者而立之，獨嬰、稻以嫡得立之。」案：傳言滕用狄道，世子無名，不正者名，公羊移其事於秦，而說又歧異。史記秦本紀悉據秦史，絕無斯言，明公羊未可用。而疏引徐邈說曰：「秦伯不名，用狄道也」，非傳意也。傳於宿男之不名，以爲未能同盟，薛伯、杞子亦當同義。疏謂「秦之不名，蓋同彼傳」，即左氏未同盟之例，此說是矣。但秦康公、共公俱未同盟，而罃、稻並名者，時秦與山東諸侯漸親，故轉從同盟例也。秦桓公之大夫嘗盟于蜀，而桓公不得名者，時秦與山東諸侯漸疏，其盟亦非魯意，故還從未同盟例也。景公以後，宴處西陲，赴告僅通，冠裳不接，蓋其勢埒於齊，其交合於楚，而其疏遠自外，同於戎翟，井復同盟諸侯之比，故終春秋遂不名也。至若傳所謂秦之爲狄，自殽戰始者，非指其名不名也。少進書卒不書日，又少進書日，乃是狄之從滕、楚、莒、吳之例。○春秋不名者五，國未同盟一義也，用狄道又一義也，左氏得其一，公羊得其一，所聞皆不備。

十有五年春王二月，葬衛定公。

三月乙巳，仲嬰齊卒。此公孫也，其曰仲何也？此蓋仲遂之子，據實公孫。【補曰】歸父弟也，謚曰昭子。公羊以爲公孫嬰齊，爲兄後，故以王父字爲氏，此不得其說而強爲之辭。何休說之曰「未見於經爲公孫嬰齊，今爲大夫，死見於經爲仲嬰齊」，此注有可取焉。子由父疏之也。雍曰：「父有弑君之罪，故不得言公子，父不言公子，則子不得稱公孫，是見疏之罪由父故。」【補曰】嬰齊非有罪也，爲欲接足前篇之義，疏父以及子，若卒歸父亦同之矣。遂身以仲爲氏，故疏其父子，則皆稱之。成公時有兩公孫嬰齊，六年如晉，八年如莒，左傳皆以爲子叔聲伯，即十七年卒者。二年戰寧，左傳不言其人，何休以此嬰齊爲未見經，則彼亦當是伯聲。竊以古經簡質，若書歸父之弟，當必從同不別，此卒若不疏之，則亦從同不別，不可以後世史家之學求之。家鉉翁以爲此一經舊史必書公孫也。

癸丑，公會晉侯、衞侯、鄭伯、曹伯、宋世子成、齊國佐、邾人同盟于戚。【補曰】下有「執」，不如蒲、祝、柯去日者，稱侯斥執，其惡已顯，不假去日，故還從書日常例，與湨梁同。○【撰異曰】成，公羊作「戍」，音恤。亦或作「成」。

晉侯執曹伯歸于京師。○【撰異曰】公羊「歸」下有「之」字，唐石經及板本誤衍也。以晉侯而斥執曹伯，惡晉侯也。僖二十八年，晉人執衞侯歸之于京師，此伯討之文也。今以侯執伯，明執之不以其罪。【補曰】疏曰：「重發傳者，此執歸于京師，嫌晉無罪，故重明之。」文烝案：左傳謂曹伯殺大子而自立，黄仲炎云未必然，程端學以爲附會，恐當從之。公羊但云公子喜時讓國，而左傳下年曹人請晉，雖重子臧，亦未嘗不義曹君也。不言之，急辭也，【補曰】辭中促迫不容之。斷在晉侯也。明晉之私。

公至自會。

夏六月，宋公固卒。

楚子伐鄭。

秋八月庚辰，葬宋共公。【補曰】顧炎武曰：「春秋葬皆用柔日，惟此是剛日，其如頃熊、定公雨不克葬，遲至明日者歟？」月卒日葬，非葬者也。宋共公正立，卒當書日，葬無甚危，則當録月。今反常違例，故知不葬者也。然則共公之不宜書葬，昏亂故。【補曰】案：中國諸侯，若立非正嗣而葬則甚危，又不如齊小白之不正前見，則亦月卒日葬矣。而云月卒日葬非葬者，蓋以共公卒本宜日葬，本不宜日，二事俱違例，如注所云也。紀伯姬、叔姬亦是月卒日葬，與例相違，傳云「閔紀之亡」，不嫌是非葬者，内女書葬，明是特録，不若諸侯書葬爲常文。月卒日葬與宋共姬不同，則知是閔紀之亡矣。傳言共公，非宜書葬，則共公爲失德甚明。注言昏亂，而隱三年徐邈注解此文云伯姬賢而不答，以是爲共公失德之實，徐説蓋是也。共公不親逆女，又不使卿，共姬以上九年二月嫁，至是纔七年，而是年三月宋世子成出會諸侯，成必非共姬所生，成已立爲世子，若早知共姬必無子者，其不見答，從可知矣。史記宋世家以成爲共公少子。何休亦曰「共公卒，子幼」，蓋皆誤以爲共姬所生，當是公羊家説、徐氏之言，當本穀梁家舊説，極合事情。此其言葬何也？以其葬共姬，不可不葬共公也。葬共姬則其不可不葬共公何也？夫人之義不踰君也，【補曰】子氏去葬，爲其君不葬也，共公不去葬，爲其夫人葬也，因合葬之法，明夫婦之義。爲賢者崇也。賢崇伯姬，故書共公葬。【補曰】崇伯姬之賢，使得達其不踰君之義，若共公未嘗失德。然紀伯姬、叔姬書葬，不葬紀侯者，紀侯大去，非我所葬，與此異也。

宋華元出奔晉。

宋華元自晉歸于宋。【補曰】不省文復出宋華元者，史常文也，鄭良霄再見則略之矣。不言復者，乍奔即歸，位本未絶也。據左傳華元至河上而反，李光地、高澍然以爲已入晉竟，言奔者，不必定抵其都也。明亦從有奉之例。

宋殺其大夫山。【補曰】左傳稱其人曰蕩澤、曰子山，則山者蕩澤之字也。不氏又不名者，左傳稱蕩澤爲司馬，在祖之位也。此與僖二十五年皆稱國以殺並是無罪之文。而彼直云大夫，此言山者，蓋因上書宋華元，下書宋魚石，此文在中，不可空言大夫，無以相別，故上下文書名姓，則此略書字，與文八年同義。

宋魚石出奔楚。

冬，十有一月，叔孫僑如會晉士燮、齊高無咎、宋華元、衛孫林父、鄭公子鰌、邾人會吳于鍾離。【補曰】鍾離，楚邑。何休曰：「月者，危録之，諸侯既委任大夫，復命交接夷狄。」會又會，外之也。再言會，殊外夷狄。【補曰】注順衍傳語，甚無發明。當時吳實序末，宜稱邾人、吳人，今因不欲稱吳人，故殊會，是外之也。不言及吳者，與欑函同，與黃池異。會者外爲主，不嫌以吳爲主，與王世子同者，上有會晉文也。疏曰：「重發傳者，欑函表中國之辭，鍾離明内外之稱，故兩發之。」文烝案：公羊曰：「春秋内其國而外諸夏，内諸夏而外夷狄。」

許遷于葉。【補曰】葉，楚地。遷者，猶得其國家以往者也。其地，許復見也。【補曰】重發傳者，許遷皆不月，故發傳於始，以明與凡遷同。

十有六年春王正月，雨，木冰。雨而木冰也，雨著木成冰。【補曰】朱子曰：「上温故雨而不雪，下冷故著木而冰。」公羊同。志異也。穀梁説曰：「雨木冰者，木介、甲冑，兵之象。」【補曰】疏曰：「劉向云『冰者陰之盛，木者少陽，卿大夫之象。此是人將有害，則陰氣脅木，木先寒，得雨而冰也。是時叔孫僑如出奔，公子偃誅死。一曰，時晉執季孫行父，執公，此執辱之異也。或曰，今之長老名木冰爲木介。介者，甲也，兵象也。是歲晉有鄢陵之戰，楚王傷目而敗。」徐邈云「五行以木爲介。介，甲也。木者少陽之精，幼君大臣之象，冰者凝陰，兵之象，今冰脅木，君臣將見執之異。根枝折者，象禍害速至也。」文烝案：范注與劉向或説同，徐注兼用何休語。公羊於諸異皆曰記異也。傳唯此一見。周人之書，體例高簡，不屑屑也。左傳亦如此。傳曰：根枝折。【補曰】惠士奇曰：「言折乃草妖也，後世以封條雪爲雨木冰，非也。」

夏四月辛未，滕子卒。【補曰】滕文公也。滕卒至此始書日，以後名且葬矣。滕之不名者正，名者不正，然則日正、不日不正之例不施於滕明矣。楚卒書日，傳曰「日少進也」，滕用狄道，故從少進之例。本亦不言正不正，特其用狄道，即於名不名見之，故以名不名別之耳。或後來舍其狄道，亦所不論矣。

鄭公子喜帥師侵宋。

六月丙寅朔，日有食之。

晉侯使欒黶來乞師。將與鄭、楚戰。【補曰】乞師者，將伐鄭也。伐鄭而楚子救之，遇於鄢陵，此左傳之明文，當從杜注爲是。孔穎達曰：「時欒黶未爲卿，得名見經者，襄二十九年鄭公孫段，杜云『蓋以攝卿行』，此亦當以攝卿故書。」

甲午晦，晉侯及楚子、鄭伯戰于鄢陵。楚子、鄭師敗績。鄢陵，鄭地。【補曰】鄢陵與鄢異地。服虔注此云「鄭之東南地」。日事遇晦曰晦，【補曰】與僖十五年同，説詳彼。四體偏斷曰敗，此其敗則目也。此言敗者，目傷故。【補曰】疏曰：「手足偏斷尚謂之敗，目在首，重於手足，故亦爲敗也。」文烝案：此明楚子所以得言敗。

楚不言師，【補曰】據凡戰稱君者，其敗皆稱師。君重於師也。【補曰】君敗則師可知，舉君爲重也。敗之訓有異，敗之例從同，此亦在敗例，故爲舉重。韓戰師敗君獲，不言師敗，故爲失民。公羊解彼經云「君獲不言師敗績」，何休亦以爲舉重，蓋失之。尋傳言「君重於師」，明大夫則重與師等，苟爲將見傷而師敗，當仍以師爲重也。春秋一句之中，一字而含兩訓者，逆婦姜于齊，夫婦之婦也，亦姑婦之婦也；楚子、鄭師敗績，傷目之敗也，亦大崩之敗也。兩句之中，一字而兼兩讀者，殺其君某，長言讀之殺也，及其大夫某，又承上句爲短言讀之殺也，公羊云春秋「伐者爲客」，「伐者爲主」，亦殺字之例也。

楚殺其大夫公子側。

秋，公會晉侯、齊侯、衛侯、宋華元、邾人于沙隨，不見公。沙隨，宋地。不見公者，可以見公也。可以見公而不見公，譏在諸侯也。【補曰】疏曰：「不見公，是晉侯之意，諸侯既無解釋之者，即是同不與公相見，故以諸侯總之。」文烝案：經意若譏在公而不譏諸侯，則言不之文當以公主之，當承上「公」字直書曰不見諸侯，或承公而言弗，又當曰弗遇矣。據左傳，僑如通於穆姜，欲去季、孟，公將會晉伐鄭，姜使逐二子。公請反而聽命，姜怒，公子偃、公子鉏趨過，指之曰「是皆君也」。公申守而後行，遂不及鄢陵戰。晉郤犨取貨於僑如，訴公於晉侯，晉侯不見公。

公至自會。【補曰】不與會而致者，內無惡。

公會尹子，晉侯、齊國佐、邾人伐鄭。尹子，王卿士，子爵。【補曰】此本杜預。卿士者，天子之上大夫孔穎達詩正義謂若曾子、閔子，非也。

也，杜以子爲爵，其説可從。蘇子國於温，温滅而奔，稱温子，後稱蘇子，子必是爵，明尹子、單子、劉子之等皆爵也。此與詩言「聚子内史」不同。彼以「子」配氏，是卿大夫尊稱之常，通乎列國。其上下文或字或直氏，皆取便文通稱，明與此異矣。周畿内有子爵，陸淳以爲因殷制。案：鄭君説殷爵三等，公、侯、伯也，異畿内謂之子。又答張逸云，微子、箕子實是畿内采地之爵，非畿外治民之君。汪克寬曰：「伐秦不書劉子、成子者，所以削其請王師而著，因行朝王之慢也。伐鄭洊書尹子、單子者，所以彰其瀆王臣之失也。夫苟伐秦書劉、成，則爲朝王請命，而伐秦爲善矣；伐鄭不書尹、單，則無挾王臣之罪，而討貳抑楚不爲過矣。聖人筆削，豈不深切著明哉？

曹伯歸自京師。不言所歸，歸之善者也。【補曰】不言歸于曹以爲最善也。孫復曰：「歸自京師者，天子赦之之辭也。」高澍然曰：「觀衛侯鄭亦歸于京師，不書自，則知彼釋於晉，而此釋於王也。」高説略本蕭楚、趙鵬飛。不言復，與衛侯鄭同。出入不名，以爲不失其國也。【補曰】順善文而盈之。高澍然曰：「釋於晉則未入國，猶失位之侯，故名。釋於王不待復國，已成之爲君，故不名。」歸爲善，謂直言歸而不言其國，即曹伯歸自京師不言于曹是。【補曰】此亦兼包鄭世子忽復歸于鄭、曹伯襄復歸于曹、衛侯鄭歸于衛，言所歸不言自某。自某歸次之。若蔡季自陳歸于蔡、衛侯鄭自楚復歸于衛是。【補曰】言自某又言所歸也，歸與復歸一例，此注是也。疏曰：「傳詳發例於此者，以歸文與常例異，故分別之。」

九月，晉人執季孫行父，舍之于苕丘。行父，魯執政卿，其身執則危及國，故謹而月之，録所憂也。苕丘，晉地。【補曰】桓十一年注以爲執大夫無罪者月。疏曰：「晉執季孫意如、叔孫婼二文皆承月下，月不爲執發，故知此獨爲危而謹月。一解：意如及婼亦是危也。」文烝案：何休以爲凡執例時，此月者，痛傷忠臣，不得其所。據左傳，郤犨聽僑如之言，故執行父。○【撰異曰】若，公羊作「招」。**執者不舍，**據昭二十三年晉人執我行人叔孫婼不言舍。【補曰】若既不當據執季孫意如言以歸。**而舍，公所也。**今言舍者，以公在苕丘故也。公在苕丘而言舍者，明不得致也。若既不致，復不言舍，則無以見其舍。【補曰】舍者，寘也。左氏載續經曰：「齊陳恆執其君，寘于舒州。」左傳曰：「晉人以宋五大夫在彭城者歸，寘諸瓠丘。」言之亦緩辭。杜預以爲言舍之，「明不以歸」，其義亦得兼見。何休曰：「不稱行人者，在君側，非出使。」杜預亦曰「非使人」。劉敞曰：「從公也。」**執者致，**據昭二十四年婼至自晉。【補曰】亦當兼據意如。**而不致，公在也。**在，在苕丘也。見舍于苕丘，還國則與公俱。不得致者，重在公。**何其執而辭也？**問何故書執季孫行父而言舍之復不致之辭邪？**猶存公也。**時行父雖爲晉所執，猶欲存公之所在，故不致行父。又言舍之，皆所以見公在苕丘。**存，意公亦存焉，**問存舍之不致之意，便可知公所在乎？【補曰】焉，各本誤作「也」。今依楊疏、唐石經、余本、俞皋集傳釋義本改正。**公存也。**但存此二事，卽知公在苕丘。【補曰】疏曰：「舊解舍是一事，于苕丘是二事，今以爲舍于苕丘及不致爲二事。」文烝案：傳謂公還至苕丘，而左傳曰「公還，待於鄆。」鄆者，魯西邑，當是先在苕丘，後待鄆也。

冬十月乙亥，叔孫僑如出奔齊。徐邈曰：「案襄二十三年，臧孫紇出奔齊，傳曰『其日，正臧紇之出也。』禮大夫去，君掃其宗廟，不絕其祀。身雖出奔而君遇之不失正，故詳而日之，明有恩義也。」【補曰】范注彼傳云「正其有罪」，得之。徐似誤解「正」字以爲遇之不失正，范引之似謂既正其罪，兼明恩義。如其說，則慶父、歸父皆不絕祀，何以不日乎？

十有二月乙丑，季孫行父及晉郤犨盟于扈。【補曰】行父非致，故不挈執。不致者，義在上傳。

公至自會。無二事，會則致會，伐則致伐。上無會事，當言至自伐鄭，而言「至自會」，甯所未詳。鄭君曰：「伐而致會，於伐事不成。」【補曰】李廉曰：「春秋不以本事致者，唯此伐鄭致會，襄十八年圍齊致伐。」文烝案：圍齊實伐也。

乙酉，刺公子偃。【補曰】杜預曰：「公庶弟。」大夫日卒，正也。【補曰】重發傳者，嫌刺與卒異也。先刺後名，殺無罪也。僖二十八年，公子買戍衞。不卒戍，刺之。是有罪者必先列其罪。【補曰】此猶外之稱國以殺也。偃但爲穆姜所指，不與謀，故無罪。杜預以鉏得不殺，臆度偃亦與謀，非也。疏引徐邈云「偃爲僑如所譖」，亦非也。

十有七年春，衞北宮括帥師侵鄭。○【撰異曰】括，公羊作「結」。張洽曰：「誤。」

夏，公會尹子、單子、晉侯、齊侯、宋公、衞侯、曹伯、邾人伐鄭。

六月乙酉，同盟于柯陵。柯陵，鄭地。【補曰】此爾雅所謂「陵莫大於加陵」。淮南子作「嘉陵」。柯陵之盟，謀復伐鄭也。【補曰】案：左傳曰：「尋戚之盟也。」戚盟有鄭，則此盟鄭亦與矣。而傳云「盟謀復伐」者，晉強盟鄭，鄭未肯從，當其盟時，已有伐意，故此冬復伐鄭也。此與後文京城北同，而與戲盟則異，戲盟鄭已服也。戲盟不嫌同辭者，其下有楚伐鄭文，非謀復伐可知，故不嫌也。

秋，公至自會。不日，至自伐鄭也，【補曰】疏曰：「言公至自會者，經之常也。今傳起違例之問者，定四年，楚弱而爲諸侯所侵，侵訖而盟，以盟爲大事，故云至自會。鄭自鄢陵戰後不助中國，二年之閒，三度興兵，以伐爲重，盟爲輕，故決其以伐鄭致。僖四年傳云「大伐楚」，不以會致，而以伐致，是其事也。」文烝案：盟後復伐鄭，當以伐致，襄十一年事是其明文。傳據彼文以問，不當如疏取僖四年事爲説。疏説固可通，然非傳意。公不周乎伐鄭也。周，信也。公逼諸侯爲此盟爾，意不欲更伐鄭。【補曰】明以公不欲復伐鄭，故雖盟後實復伐，而從盟不復伐則以會致之例，乃轉同於偶事致後之常例也。何以知公之不周乎伐鄭？以其以會致也。【補曰】知，見也。反覆言之。何以知其盟復伐鄭也？以其後會之人盡盟者也。後會，謂冬公會單子等是。【補曰】疏曰：「案：後會齊侯不出，而云後會之人盡盟者，以今時身在，後遣大夫從師，故亦得云盡盟。」文烝案：二句又申上傳。不周乎伐鄭則何爲日也？據無伐鄭意而強盟。盟不由忠，不當日也。言公之不背柯陵之盟也。舍己從人，遂伐鄭。【補曰】二句又以足上未盡之意。

齊高無咎出奔莒。

九月辛丑，用郊。【補曰】何休曰：「日者，明用辛例不郊則不日。」案：失禮祭祀例亦日。夏之始可以承春，以秋之末承春之始蓋不可矣。郊春事也。僖三十一年夏四月，四卜郊，不從。傳曰「四月，不時」，今言可者，方明秋末之不可，故以是爲猶可也。【補曰】春分爲建卯月之中氣，乃在四月，故言可承春。下言承春之始者，郊事起正月，欲甚言秋末之不可，故追遠言之。蓋者，發語辭。九月用郊，用者，不宜用也。【補曰】重發傳者，嫌與用致夫人異也。公羊同。何休曰：「周之九月，夏之七月，天氣上升，地氣下降，又非郊時，故加用之。」李瓘曰：「猶用牲于社，因史文也。」宮室不設不可以祭，衣服不脩不可以祭，車馬器械不備不可以祭，有司一人不備其職不可以祭。【補曰】疏曰：「論用郊而陳宮室者，禮有五經，莫重於祭，祭之盛者，莫大於郊，傳意欲見嚴父然後至其天，家國備然後祭享，故具說宮室、祭服、車馬、官司之等，明神非徒享味而已，何得九月始用郊乎？徐邈云：『宮室，謂郊之齋宮，衣服、車馬、器械亦謂郊之所用，言一事闕則不可祭，何得九月用郊？』理亦通也。」文烝案：徐說大概得之。齋宮者，路寢之室也。衣服，謂皮弁以聽祭，報祭則被袞戴冕，璪十有二旒。車馬器械，謂素車大路，旂十有二旒，龍章而設日月，器用陶匏，疏布冪，蒲越稾鞂，大圭不琢之屬。說文曰：「有所盛曰器，無所盛曰械。」有司之職謂凡所擇所戒者皆是，先於澤宮擇可與祭祀者，又於庫門內戒百官、大廟戒百姓。百姓者，親屬也。此言祭事重大，不得輕易用之。祭者，薦其時也，薦其敬也，薦其美也，非享味也。【補曰】承上言祭之正也。時，謂春時。敬者，言其心志。美者，言其禮物。享，食也，如享國、享祿之「享」。又言祭之義主薦，此三者非徒享味之謂，今曰用之而已，是徒以爲享味也。哀元年傳曰：「郊，享道也，貴其時，大其禮。」自宮室以下，皆取古書成文，亦通於他祭。○薦其美，藝文類聚、初學記、太平御覽並引作「薦其義」，王念孫曰：「作『美』則與『非享味』之意不合，當作『義』爲是。」文烝案：祭統言小物備，美物備，陰陽之物備。此美之說也。又言唯賢者能盡祭之義，盡其道，端其義。其志厚者其義章，其義章者其祭也敬。此義之說也。但義不可言薦，石經以下皆作「美」，未可以他書改本書也。美者，禮物之備，傳次時與敬言之，不得謂與享味爲一。祭統曰：「賢者之祭也，致其誠信，與其忠敬，奉之以物，道之以禮，安之以樂，參之以時，明薦之而已矣，不求其爲。」誠信、忠敬，皆敬也。物、禮，卽美也。時，卽傳之「時」也。明薦，卽傳之「薦」也。

晉侯使荀罃來乞師。將伐鄭。【補曰】此本杜預。○【撰異曰】陸淳纂例曰：「罃，公羊作『嬰』。」案：今公羊不作「嬰」。

冬，公會單子、晉侯、宋公、衞侯、曹伯、齊人、邾人伐鄭。言公不背柯陵之盟也。

十有一月，公至自伐鄭。【補曰】何休曰：「月者，方正下壬申，故月之。」

壬申，公孫嬰齊卒于貍蜃。貍蜃，魯地也。【補曰】杜預注及釋例皆曰闕。又稱舊説魯地也。○【撰異曰】蜃，左氏作「脤」，公羊作「軫」。徐彥公羊疏曰：「正本作『貍辰』字。」十一月無壬申，壬申乃十月也。【補曰】下書丁巳朔，知壬申在十月。杜預長曆曰：「公羊、穀梁及諸儒皆以爲十月十五日。」致公而後録，臣子之義也。嬰齊實以十月壬申日卒，而公以十一月還，先致公而後録其卒，故壬申在十一月下也。嬰齊從公伐鄭，致公然後伐鄭之事畢，須公事畢然後書臣卒，先君後臣之義也。【補曰】言臣子者，連言子耳。注説固得之，亦以恤死恩禮宜自公出也。其地，未踰竟也。【補曰】在外未踰竟也。此與敖遂異，故發之。

十有二月丁巳朔，日有食之。

邾子貜且卒。【補曰】邾定公也。范答薄氏謂連上日食之日，定公正。當如范説。推此則瑣正籧篨不正，日不日皆與大國同例。孔廣森曰：「同日二事，日食在上者，先天道，次人事。」

晉殺其大夫郤錡、郤犨、郤至。自禍於是起矣。厲公見殺之禍。【補曰】自禍，禍由自取也。國語曰：「殺三郤而尸諸朝，納其室以分婦人，於是乎國人不蠲，遂弒諸翼也。」此傳與崔杼弒君傳文意略相似。此云「自禍於是起矣」，彼云「莊公失言，淫于崔氏」，蓋明二君之弒，君子所傷，要亦聖門相承説經語也。陸賈新語曰：「昔晉厲、齊莊、楚靈、宋襄秉大國之權，杖衆民之威，軍師横出，陵轢諸侯，外驕敵國，内剋百姓。鄰國之讐結於外，臣下之怨積於内，而欲建金石之功，終傳不絶之世，豈不難哉？故宋襄死於泓水之戰，三君弒於臣子之手，皆輕用師而尚威力以至於斯，故春秋重而書之，嗟歎而傷之。是三君皆強其威而失國，急其刑而自賊，斯乃去事之戒，來事之師也。」董仲舒繁露曰：「春秋記天下之得失，而見所以然之故。甚幽而明，無傳而著，不可不察也。」又曰：「孔子曰：『吾因其行事而加乎王心焉。』以爲見之空言，不如載之行事之博深切明。故子貢、閔子、公肩子言其切而爲國家資也。其爲切而至於殺君亡國，奔走不得保社稷，其所以然，是皆不明於道，不覽於春秋也。故衞子夏言，有國家者不可不學春秋，不學春秋則無以見前後旁側之危，則不知國之大柄，君之重任也。故或脅窮失國，揜殺於位，一朝至爾。」陸生、董生所述論，其由來者舊矣，皆可與傳意相發，故備著之。

楚人滅舒庸。【補曰】亦羣舒也。在時例。

十有八年春王正月，晉殺其大夫胥童。【補曰】據左傳，欒書、荀偃殺之，非君殺也。經辭從同，不別月者，爲下弒日。左傳在上年閏月乙卯晦，蓋據他國史也，魯曆當爲正月乙卯朔。

庚申，晉弒其君州蒲。【補曰】晉厲公也。何休以庚申爲二月日，非也。正月乙卯朔，庚申乃月六日也。左傳是月甲申晦。○【撰異曰】州蒲當爲「州滿」字之誤也。孔穎達曰：「漢末有汝南，應劭作舊君諱議云『昔者周穆王名滿，晉厲公名州滿，又有王孫滿，是同名不諱。則此爲州滿，或爲州蒲，誤耳。今定本作「滿」。」稱國以弒其君，君惡甚矣。【補曰】疏曰：「於此發傳者，以州蒲二年之閒殺四大夫，故於此發，惡例也。」文烝案：傳發例於此者，莒、吴、薛是夷狄小國，可以晉包之。又晉禍起於殺大夫，則明是大夫弒之，而特不稱大夫，以見義。經既相承，傳亦承前傳也。左傳稱欒書、荀偃既殺胥童，遂弒厲公。春秋稱國以弒，以爲厲公之自禍雖微，書偃亦將被弒，所謂國人不獨者也。孟子曰：「無罪而殺士則大夫可以去，無罪而戮民則士可以徙。」厲公一朝殺三卿，晉之諸臣可以盡去，苟不能去，必弒其君矣。孟子又論貴戚之卿曰：「君有大過則諫，反覆之而不聽則易位。」此所謂有伊尹之志則可者，晉無伊尹其人，亦必弒其君矣。此其爲君之自禍，豈非惡之甚哉？張洽述所聞於朱子，頗及大過易位之說，而不言書、偃，非其人，則其義未密。又曰：「厲公昵用小人，殺戮無辜，舉朝諸卿，不保首領。悼公逐不臣者七人，而不誅書、偃，非里克、甯喜之比故也。」斯平情之論也。○傳及左傳皆有君惡君無道之義，傳發稱國之例。而劉、賈、許、潁爲左氏注，申成其意，并解稱人，最爲可據。文十八年已論之。胡瑗之徒乃以傳及左傳之言爲害教，此未深思也。夫既以弒君書，則臣之大惡已見，臣惡已見，則君惡亦安可不論？杜預注謂「衆所共絶」，釋例謂「羣下絶望」，是謂路人。孔穎達謂「懲創將來之君」，兩見其義，非赦弒君之人以爲無罪，其言皆甚明了。後世如宋昱、隋廣、梁温、金亮之惡，其臣民有不可一日堪者，豈可因其被弒而遂不論其惡哉？且春秋書弒二十六，皆外之五等君耳。内君卽不言弒，若周爲天下共主，則既無弒事而亦無書理，故魯不言弒，謂之王禮也。至若孟子言「聞誅一夫紂，未聞弒君」，荀子亦言「桀、紂無天下而湯、武不弒君」，此本專爲湯、武言之，然亦據春秋辯别君惡之義，推而究之，蓋所謂充類至義之盡。

齊殺其大夫國佐。

公如晉。

夏，楚子、鄭伯伐宋。

宋魚石復入于彭城。彭城，宋邑。魚石十五年奔楚，經稱復入者，明前奔時入彭城以叛也。今楚取彭城以封魚石，故言復入。【補曰】注非也。復者，復中國也，復其位之辭也。入者，內弗受也，惡辭也。內弗受而言復者，案左傳楚、鄭同伐彭城，納魚石，以三百乘戍之，是所謂復者楚復其位也。范乃謂前奔時入彭城以叛，於左傳既無證驗，又違傳之明例矣。彭城不繫宋者，不須再出宋也，不如公孫寧、儀行父言納者，彼欲分別楚子善惡，故大夫亦得言納，此則自從平文，又彼納于陳，是抵國都，此未得入宋都也。若然，既無楚納文，宜言自楚復入，以彰楚之有奉。而不言者，蘇轍曰「言伐宋則自楚也」，王貫道曰「伐重於有奉也」，趙汸曰「言故則不言所自也」。文烝案：前既有奔楚文，此又承楚子伐宋，自楚明矣。故曰春秋貴於省文。又曰春秋謹嚴，又曰文簡而有法，唯春秋可當也。不言以叛者，楚納之，非彼以之。趙汸、趙鵬飛說近是。

公至自晉。

晉侯使士匄來聘。○【撰異曰】匄，本又作「丐」。案：「丐」者，俗字。

秋，杞伯來朝。

八月，邾子來朝。【補曰】月者，爲下薨日。

築鹿囿。築牆爲鹿地之苑。【補曰】疏曰：「知非爲鹿築囿。而以鹿爲地名者，案郎囿既是地名，則此鹿亦當是地名。」疏是也。不言築囿于鹿，與築臺于郎異者，囿皆以地爲名也。疏又曰：「何休、徐邈皆云天子囿方百里，公侯方十里，伯方七里，子男方五里。言魯先有囿，今復築之，故書以示譏，則郎及蛇淵亦是譏也。案：毛詩傳云『囿者，天子百里，諸侯四十里』，與何、徐二説別者，詩傳蓋據孟子稱文王囿七十里，寡人四十里，故約之云然耳。未審何、徐據何爲説。」文烝案：魯有囿而又爲，公羊義也。毛詩傳曰：「囿所以域養禽獸也。」説文曰：「苑有垣也。」字林以爲有垣曰苑，無垣曰囿，與説文異。築不志，此其志何也？【補曰】築或爲虞之，或非虞之，非虞之則不志，如築館之屬，常例皆不志也。不志者，經例因史例也。山林藪澤之利所以與民共也，虞之，非正也。【補曰】疏曰：「築微已發例，復發之者，彼築邑置官司以虞之，此直築囿以虞之，囿邑既殊，俱是虞之，非正，故再起傳例。」

己丑，公薨于路寢。路寢，正也。男子不絶婦人之手，以齊終也。【補曰】復發之者，説見宣十八年。

冬，楚人、鄭人侵宋。

晉侯使士魴來乞師。【補曰】杜預曰：「將救宋。」疏曰：「范别例云乞師不釋者三，從例可知也。乞例有六，乞師五，乞盟一。」○【撰異曰】魴，公羊作「彭」。後同。

十有二月，仲孫蔑會晉侯、宋公、衛侯、邾子、齊崔杼同盟于虚朾。虚朾，某地。【補曰】當云地闕。何休曰：「不日者，或喪盟略。」文烝案：先君未葬，嗣君又未即位，左傳謂「孟獻子請於諸侯，先歸會葬」，言略是也。

丁未，葬我君成公。

春秋襄公經傳第八補注第十九 襄公，成公子，史記名午。母定姒。以簡王十四年即位，時年四歲。

穀梁　范氏集解　鍾文范詳補

元年春王正月，公卽位。繼正卽位，正也。【補曰】疏曰：「襄是定姒之子，嫌非正，故重明之。」案：此疏與閔元年疏異，此疏是。

仲孫蔑會晉欒黶、宋華元、衛甯殖、曹人、莒人、邾人、滕人、薛人圍宋彭城。【補曰】滕、薛微於莒、邾，又微者則杞、小邾也。自襄以後，諸侯之事，四國君臣鮮不從役，故夫子曰「孟公綽不可以爲滕薛大夫」，言國小而政煩也。繫彭城於宋者，不與魚石正也。魚石得罪於宋，成十五年奔楚，十八年復入于彭城。然則彭城已屬魚石，今猶繫宋者，崇君抑叛臣也。【補曰】注言彭城屬魚石，其說未盡。左傳曰「非宋地」，公羊曰「楚取彭城以封魚石」，又曰「楚已取之矣」。然則彭城地屬魚石卽是屬楚，所以言非宋地也。左傳曰「追書」，明舊史本無「宋」字，與哀三年圍戚同例，君子一增之，一仍之也。李光地曰：「圍宋彭城者，主晉之辭也，善晉義也。圍戚者，主衛之辭也，誅衛志也。晉義善則宋華元無惡矣，衛志惡則齊國夏無善矣。」李氏說此二經皆非正義，但經意自足兼見耳。程公說曰：「宋，中國之望也，齊、晉之伯，可稱者三君，未嘗不加意於宋。桓之興，首會北杏，以平宋亂，會鄄以求其服，急於得宋如此。既得則爲之伐附庸之郳，鄰怨之鄭，求以懷宋。諸侯之望既歸而始霸之烈以定，桓沒，宋襄欲踵霸，諸侯從之，而圖霸失其道。晉文之興亦急於恤宋，悼之興亦急於救宋，出穀戍，釋宋圍，執曹伯，畀宋人，於是成一戰之霸；師台谷，退楚兵，討魚石，從宋人，於是成三駕之功，足驗當時大勢矣。」

夏，晉韓厥帥師伐鄭。○【撰異曰】厥，公羊作「屈」。徐彥曰：「左傳、穀梁『屈』作『厥』字也。」

仲孫蔑會齊崔杼、曹人、邾人、杞人次于鄫。鄫，鄭地。「鄫」或爲「合」。【補曰】左傳曰：「東諸侯之師次于鄫，以待晉師。」○【撰異曰】鄫，公羊作「合」，與穀梁或本同。徐彥曰：「左氏『合』作『鄫』字也。」段玉裁曰：「此鄫非姒姓國，故穀梁此「鄫」不作糸旁「繒」字，葢其字本作『會』，會、合音義皆通，一寫作『鄶』，再寫譌『鄫』耳。」杜注：「鄫，鄭地，在陳留襄邑縣東南。」可知「鄫」乃「鄶」之誤。古者鄭國處於留，鄭伯寄孥與賄於虢、鄶，以取其國，而遷鄭焉而野留。孟康曰：「留，鄭邑也，後爲陳所幷，故曰陳留。此所次葢鄭東鄙錯於宋竟者，古爲鄶地，故名之鄶。」左氏音義：「僖十四年鄫始見，音似陵反，以後不爲音，唯此鄫音才陵反，恐本是古外反，淺人改之也。」文烝案：說文：「佮，古文會。」一切經音義：「會，古文佮。」同。疑穀梁或本及公羊皆是「佮」字。

秋，楚公子壬夫帥師侵宋。

九月辛酉，天王崩。【補曰】史記名夷，定王子。

邾子來朝。

冬，衞侯使公孫剽來聘。

晉侯使荀罃來聘。冬者，十月初也。王崩，赴未至，皆未聞喪，故各得行朝聘之禮。【補曰】此本杜預。杜以辛酉爲九月十五日，左傳謂此朝聘爲禮，故杜解之如此。若依孫復、胡安國不臣之說，以左、杜爲不然，於經義亦自無礙。桓十五年，邾人、牟人、葛人已見夷狄之文，其餘皆從平文可矣。疏及孔穎達並引曾子問曰：「諸侯相見，揖讓入門，不得終禮，廢者幾。孔子曰：『六，天子崩，大廟火，日食，后夫人之喪，雨霑服失容則廢。』」○【撰異曰】罃，唐石經作「嬰」，後二年、三年同。嚴可均曰：「嬰，當作『罃』。」張參、顔傳經五經文字云：「『罃』與『罃』同，見春秋傳。說文有『罌』字，隸變爲『罃』，明此當爲『罃』也。」

二年春王正月，葬簡王。

鄭師伐宋。

夏五月庚寅，夫人姜氏薨。【補曰】成公夫人也。公羊不辯宣、成二夫人，何休遂亂其姑婦。

六月庚辰，鄭伯睔卒。【補曰】鄭成公也。不葬者，蓋魯不會。○【撰異曰】辰，各本誤作「寅」，今依唐石經、十行本改正。音義：「睔，古困反。」漢書古今人表作「綸」，師古曰：「綸，音工頑反。」

晉師、宋師、衞甯殖侵鄭。其曰衞甯殖，如是而稱于前事也。初衞侯速卒，鄭人侵之，故舉甯殖之報，以明稱其前事。不書晉、宋之將，以慢其伐人之喪。【補曰】爾雅曰：「稱，好也。」漢書注曰：「稱，宜也。」好亦宜也。

國語注曰：「稱，副也。」疏曰：「稱師者罪重，稱名者罪輕。」文烝案：傳言此者，明衞從舊史紀實文，晉、宋皆變文，改舊史也。晉、宋在衞上，則無嫌爲將卑師衆之常辭，晉主兵而宋、衞皆非君將，晉雖卑者，將亦宜序上，宋則不得以卑者先衞大夫。觀後十六年伐許書衞甯殖、宋人，知當時自有一定之次，史從而書之也。

秋七月，仲孫蔑會晉荀罃、宋華元、衞孫林父、曹人、邾人于戚。【補曰】月者，爲下葬日。

己丑，葬我小君齊姜。齊，謚。

叔孫豹如宋。【補曰】豹亦得臣子，僑如弟穆叔也，亦稱叔孫穆子。

冬，仲孫蔑會晉荀罃、齊崔杼、宋華元、衞孫林父、曹人、邾人、滕人、薛人、小邾人于戚，遂城虎牢。【補曰】內外皆大夫言遂，與季孫宿入鄆自是不同。會本爲城出，又霸國之事，與內異例。若言中國焉，內鄭也。虎牢，鄭邑。鄭服罪內之，故爲之城。不繫虎牢於鄭者，如中國之邑也。僖二年城楚丘，傳曰：「楚丘者何？衞之邑。國曰城，此邑也。其曰城何？封衞也。」然則非魯邑皆不言城。中國，猶國中也。【補曰】外城邑志者，以其爲國都，皆不繫國。虎牢非鄭都，亦從其例，故曰「若言中國焉。」注以內鄭爲諸侯內之，非也。內，謂春秋之文，若言國中之邑，是內之。所以內之者，據左傳諸侯城虎牢以偪鄭，鄭人乃成，於是盟雞澤，聘魯，會戚，救陳，如鄬之會，侵蔡，會邢丘，於是楚伐鄭，歷歷書之，以皆是鄭服之事，故此特爲內鄭文也。注言鄭服罪，故爲之城，是謂鄭服在城前，非事實也。公羊曰：「虎牢者何？鄭之邑也。其言城之何？取之也。」杜預說左傳曰：「虎牢，舊鄭邑，今屬晉。」其義皆得通於此。

楚殺其大夫公子申。

三年春，楚公子嬰齊帥師伐吳。

公如晉。【補曰】母喪十月左右而朝亦非禮。高閌曰：「禮童子侯不朝王，不可以成人之禮接也，其可以朝伯國乎？」

夏四月壬戌，公及晉侯盟于長樗。晉侯出其國都，與公盟於外地。【補曰】此本杜預也。孔穎達曰：「蓋近城之地，盟訖還入晉。」

公至自晉。【補曰】不以長樗致者，何休曰：「上盟不于都，嫌如晉不得入。」杜預曰：「本非會。」呂本中曰：「本謀如晉，以如爲重。」文烝案：此亦後事小則以先事致之例。

六月，公會單子、晉侯、宋公、衛侯、鄭伯、莒子、邾子、齊世子光。己未，同盟于雞澤。雞澤，地也。【補曰】當云晉地。國語作「雞丘」。此王喪二十二月而命會。同者，有同也，同外楚也。【補曰】疏曰：「復發傳者，楚人轉盛，中國外之彌甚，故更發之。後文戲及京城北、重丘之等亦其義也。」

陳侯使袁僑如會。如會，外乎會也，外乎會者，明本非會內也，諸侯已會乃至耳。於會受命也。【補曰】疏曰：「單伯會伐宋，傳云『會事之成也』；踐土之盟，陳侯如會，傳云『外乎會也，於會受命也』。是二文互以相通。踐土亦是事成乃至，伐宋亦外乎會也。三處發傳者，單伯內大夫，陳侯諸侯，袁僑爲君所使，嫌有異，故重發之。」

戊寅，叔孫豹及諸侯之大夫及陳袁僑盟。及以及，與之也。諸侯在會而大夫又盟，是大夫執國之權，亢君之禮。陳君不會，袁僑受使來盟，袁僑之盟，得其義也。通言叔孫豹及諸侯之大夫則無以表袁僑之得禮，故再言及，明獨與袁僑，不與諸侯之大夫。【補曰】凡盟言及者，内爲志之文。今上言公會，足見外爲主，故於叔孫豹還從以内及外之例，無所嫌也。王世子則及以會，吳則會又會，陳袁僑則及以及，吳子則會以及，殊文相似，殊義不同。諸侯以爲可與則與之，【補曰】諸侯當親與盟。不可與則釋之。【補曰】不與盟可矣，亦不當使大夫。諸侯盟，又大夫相與私盟，【補曰】疏曰：「此亦應受君命，而謂之私者，對君盟，非臣事，故謂之私。」是大夫張也。【補曰】王引之曰：「『張』當爲『彊』，楊疏『彊』字凡三見，則疏所據本作『彊』。音義於定六年傳始爲『張』字作音，則此亦不作『張』。」文烝案：孫復尊王發微曰：「大夫彊，諸侯始失政。」用此傳文也。呂本中、張洽、家鉉翁、俞皋所見已作「張」。故雞澤之會，諸侯始失正矣，大夫執國權。【補曰】正，亦「政」字也。大夫執國權者，論語所謂「禮樂征伐自大夫出也」。大夫之專禮樂征伐萌於晉文、襄，而成於晉悼。李廉以爲陳侯如會不再盟，今再盟袁僑，亦悼公所以不及文公。曰袁僑，異之也。釋不但總言及諸侯之大夫，而復別言袁僑者，是異袁僑之得禮。【補曰】異，即公羊之「殊」也。疏曰：「陳侯不在，故與袁僑得盟諸侯。大夫君在私盟，故謂之彊。」文烝案：此又申再言「及」爲「與之」之意。復出陳者，屬文之宜。何休以爲「善得陳國」，似非也。

秋，公至自會。○【撰異曰】會，各本誤作「晉」，今依唐石經改正。

冬，晉荀罃帥師伐許。

四年春王三月己酉，陳侯午卒。【補曰】午與襄公名同，不諱。胡安國以爲猶莊篇書同盟、僖篇書戊申、定篇書宋仲幾，從其質也。

夏，叔孫豹如晉。

秋七月戊子，夫人姒氏薨。成公夫人，襄公母也。姒，杞姓。【補曰】當云襄公妾母。何休以弋爲莒姓，本公羊下年傳「莒出」之説。莒，己姓，非弋也。杞、繒皆姒姓，此姒氏或繒女歟？孔廣森説公羊謂弋卽是姒，當爲鄫女。○【撰異曰】姒，公羊作「弋」，下同。徐彥曰：「左氏經作『姒氏』字，聲勢。」與此同。

葬陳成公。

八月辛亥，葬我小君定姒。定，謚。【補曰】許翰曰：「左傳季文子本不欲以夫人禮葬，此葬速，蓋禮略也。」

冬，公如晉。【補曰】非禮。與宣同。高閌曰：「距薨纔二十三日。」

陳人圍頓。

五年春，公至自晉。

夏，鄭伯使公子發來聘。

叔孫豹、繒世子巫如晉。外不言如，而言如，【補曰】重起例者，此與內俱往也。爲我事往也。外相如不書，爲魯事往，故同於內。【補曰】疏曰：「徐邈取左氏爲說，云爲我事往者，謂請繒於晉，以助己出賦也。」文烝案：徐說得傳意。傳言繒世子爲魯將屬其國，與魯大夫並往晉，故同諸內而言如也。左傳上四年冬，公如晉，請屬鄫，晉侯許之。至此穆叔覲鄫大子于晉，以成屬鄫，皆確然可據。惟下年莒人滅繒則與魯屬繒事無涉，乃左氏之誤耳。左氏知屬繒事，不知滅繒，公羊知滅繒事，不知屬繒，皆以如晉及莒滅二文牽連爲一，皆誤也。左氏解此云「言比諸魯大夫也」，比諸魯大夫，其意有二，不言及是比，言如亦是比，惟可不言及，故可言如，是其意實一也。杜預經下注云：「比魯大夫，故書巫如晉。」傳下注云：「豹與巫俱受命於魯，故經不書及，比之魯大夫。」○繒自有世子，不宜立異姓爲後，此又文外之意。

仲孫蔑、衞孫林父會吴于善稻。善稻，吴地。【補曰】依杜當云地闕。不言會衞孫林父者，會者外爲主之文，左傳稱「晉將爲吴合諸侯，使魯、衞先會吴，且告會期」，則是魯、衞並受晉命，衞非爲主者，故不得言會衞也。又晉之諸會，魯班當在宋下衞上，此亦晉事，即亦不得言會衞也。前後諸文殊會吴者，上皆有會晉文，晉爲主而殊吴也。此但言會吴，吴爲主也。不言及衞孫林父者，吴或會以及矣。未聞及以會，及以會乃特尊王世子之文，非可施於吴也。杜預曰：「魯、衞俱受命於晉，故不言及。」此未盡其義也。○【撰異曰】稻，左氏作「道」。吴謂善伊謂稻緩，【補曰】段玉裁曰：「謂善爲伊者，古合韻也。說文沛國謂稻曰稬，从禾耎聲。謂稻爲緩，即其理也。緩，古亦讀如暖。」號從中國，名從主人。夷狄所號地形及物類當從中國言之，以教殊俗，故不言伊緩，而言善稻。人名當從其本俗言。【補曰】此發經辭之例，以明伊緩稱善稻之意也。號，謂地號、物號，公羊所謂地物從中國也。名，謂國名、人名，公羊所謂邑人名從主人也。中國謂魯主人者，對魯言之，不專指夷狄。桓二年傳言「物從中國」，此言號者，彼釋大鼎義，專是物號，此則兼包地物之號也。此專是地號而不言地從中國，明包地物言之也。桓二年傳言「名從主人」，乃釋大鼎稱郜之義。名者國名，此經無從主人之文亦并言之者，明欲發明全例，兼國名、人名爲說也。前釋國名、物號之文，此通舉地號、物號、國名、人名之例，意指各異，故兩處發傳也。公羊文在昭元年，其言「邑人名」，邑卽國也，范此注大略本何休，然以主人專屬夷狄，不以中國爲魯，又不言國名，則皆誤也。楊疏以越稱於越解名從主人，可補注闕。但專謂於越之名是從主人而不知越名亦從主人，亦終未得傳旨也。荀子作正名之篇曰：「散名之加於萬物者則從諸夏之成俗曲期，遠方異俗之鄉則因之而爲通。」義與此相近。

秋，大雩。

楚殺其大夫公子壬夫。○【撰異曰】顏師古匡謬正俗以爲「壬」本是「王」字。非也。

公會晉侯、宋公、陳侯、衞侯、鄭伯、曹伯、莒子、邾子、滕子、薛伯、齊世子光、吳人、繒人于戚。繒以外甥爲子，曾夷狄之不若，故序吳下。所以不復殊外吳者，以其數會中國故。【補曰】公羊曰：「吳何以稱人？吳、鄫人云則不辭。」何休曰：「方以吳抑鄫，國在人上，不以順辭，故進吳稱人。所以抑鄫者，夷狄尚知父死子繼，故以甚鄫。不使鄫稱國者，鄫不如夷狄，故不得與夷狄同文。」文烝案：不辭者，不成文也。何注爲范說所本，而不如何之明暢。其謂吳數會中國，故不殊外，實爲大謬。前後諸外吳文皆爲不欲稱吳人，故會而又會，吳既稱人，何外之有？何氏以吳抑鄫之說，雖於公羊無所見，必是公羊家舊義。此傳於下年滅繒，有別之而不別之言，明經文實有豫抑之義，何說可依用也。但此文亦本魯史之舊，非夫子特易吳、鄫之班。左傳曰：「穆叔以屬鄫爲不利，使鄫大夫聽命於會。」杜預曰：「傳言鄫人，所以見於戚會。」左、杜之言，深得其實。鄫於諸晉會皆不與，此時新爲魯屬，其大夫轉得列會，明晉許魯還鄫，使附會末，而班諸吳下也。史紀其實而經取其義，此春秋述作之大常，非必有所改易，然後可以見義也。前此齊之盟，有楚人、鄭人，楚無以國舉者，故稱人序上，無他義，吳則前後諸會皆爲外文，故此文自足顯抑鄫之義，若無前後諸文則不得也。魯之屬鄫，是夏始成，至秋卽以爲不利，當時事情未可知，或叔孫聞鄫將立異姓爲後，慮其內亂歟？范注言外甥，外甥卽外孫，說見下年。左傳曰：「九月丙午，盟于戚。」陳傅良曰：「吳初與諸侯盟不書盟，爲晉諱也。」吳、晉之盟，春秋終諱之。

公至自會。【補曰】會夷狄而致者，上文吳稱人，故致也。楚稱人不致者，楚之稱人，自其常文，又主會，異於吳。

冬，戍陳。【補曰】杜預曰：「備楚。」何休曰：「戍例時。」內辭也。不言諸侯，是魯戍之。【補曰】內辭猶專辭，謂諸侯共以師戍之，而經以魯獨往戍，辭書也。所以爲內辭者，侯伯救患，備豫不虞，得禮之正，合義之公，春秋與城楚丘、歸粟等皆同之於內事，無須列序諸侯。定五年傳所云「義邇也」，疏亦引彼傳以難注，范誤甚矣。

楚公子貞帥師伐陳。

公會晉侯、宋公、衞侯、鄭伯、曹伯、莒子、邾子、滕子、薛伯、齊世子光救陳。○【撰異曰】左氏無莒子、邾子、滕子、薛伯。段玉裁曰：「公、穀皆有此四國，不容徐彥、陸德明不記其異同，疑唐石經脫文貽誤也。」案：陸淳纂例明云左氏無莒、邾、滕、薛四國，段所未見。

十有二月，公至自救陳。【補曰】月者，爲下卒日。善救陳也。楚人伐陳，公能救中國而攘夷狄，故善之。善之謂以救陳致。【補曰】疏曰：「善文於『公至』下言之者，春秋主善以內，故於書『公至』下重發。」文烝案：注謂以救陳致是善，則與凡救言善不同，疏又曲爲之說。夫傳始本與經別行，後來以傳合經者乃以此句附「公至」下，實非傳意。此與諸言善者同義，當在諸侯救陳下也。重發傳者，戍而被伐，嫌救非善，故重明之。「公至」是常文，不須釋。

辛未，季孫行父卒。

六年春王三月壬午，杞伯姑容卒。【補曰】僖二十三年書杞子卒。案：左傳繼成公即位者即姑容也，自此終於春秋皆名。或日或不日，皆書葬，或時或月，悉與大國同例，蓋襄、昭以下，時事之不同於前，即諸小國可見也。

夏，宋華弱來奔。○【撰異曰】陸淳纂例曰：「『弱』，公羊作『溺』。」案，今公羊不作「溺」。

秋，葬杞桓公。

滕子來朝。

莒人滅繒。非滅也。非以兵滅。中國日，卑國月，夷狄時。【補曰】疏曰：「重發傳者，非兵滅，故重明之。」繒，中國也，而時，【補曰】此亦大概言之耳，若細別言之，當是卑國在月例。非滅也。【補曰】言以其如上所云，故足明非滅。家有既亡，國有既滅，滅，猶亡。亡，猶滅。家立異姓爲後則亡，國立異姓爲嗣則滅。既，盡也。【補曰】此言有非滅而得言滅者也。俞樾曰：「此『既』字不當訓『盡』。家立異姓，其家未亡而實已亡；國立異姓，其國未滅而實已滅。昭四年，魯取繒，自此至昭四年之繒乃已滅之繒也。」文烝案：家言亡、國言滅者，對文析言之，渾言則同，梁亡是也。**滅而不自知，由別之而不別也。**繒不達滅亡之義，故國滅而不知。【補曰】疏曰：「言繒所以滅者，立嗣須分別同異姓，而繒不別也。舊解云『別』猶『識』也，言繒君唯識知國須立後，不能識知異姓之不得立。」文烝案：疏載舊解與注意合。別之而不別，猶易文言傳云辯之不早辯。彼言被弒而不自知者所由，此言見滅而不自知者所由，其事相類，其情亦同。隱四年於翬豫貶之文，言傳之義也。上年於繒豫抑之，此傳之義也。觀此傳，則上經之爲抑繒亦明矣。**莒人滅繒，非滅也。**【補曰】又覆說，以起下文。**非立異姓以莅祭祀，滅亡之道也。**莒是繒甥，立以爲後，非其族類，神不歆其祀，故言滅。【補曰】非者，責也，如「非稅畝之災」之「非」字。所以非滅而言滅者，責其立異姓以奉宗廟，乃滅亡之道，故言滅也。繒，姒姓；莒，己姓。管子曰「有者異姓，滅也」，蓋古昔遺言矣。傳說滅并說亡者，承上家、國之文，連言之也。董仲舒曰：「諸侯父子兄弟不宜立而立者，春秋視其國與宜立之君無以異也，此皆在可以然之域也。至於繒取後乎莒，以之爲同居，目曰莒人滅鄫，此不在可以然之域也。」案：公羊上年傳曰：「其取後乎莒柰何？莒女有爲鄫夫人者，蓋欲立其出也。」何休曰：「時莒女嫁爲鄫後夫人，夫人無男有女，還嫁之於莒，有外孫，鄫子愛後夫人，而無子，欲立其外孫，又以巫爲鄫前夫人襄公母姊妹之子，俱莒外孫，故傳謂之舅出。」依何說，頗爲迂曲。王引之謂「傳文本是鄫女有爲莒夫人者，轉寫互誤也」，若然，繒女之子於繒子爲外孫，於巫爲出，魯定姒亦繒女，故襄公於巫亦爲出，巫於襄則爲舅，事情既合，而於公羊本文亦明白通貫矣。范以外孫爲甥者，毛詩傳云「外孫曰甥」，謂父之外孫爲吾甥，又吾之外孫爲子之甥，以上見下而爲稱，故左傳外孫之子爲彌甥，姊妹之孫爲從孫甥，皆有甥稱也。莒爲繒甥，蓋穀梁家舊說，而范因之也。甥之稱又有以下見上者，爾雅「姑之子爲甥」，謂子之姑之子爲吾甥，又吾之姑之子爲吾父之甥也，舅之子、妻之昆弟、姊妹之夫亦皆爲甥，說亦同也。經書滅者，謂鄫至此廢巫立外孫。不言鄫亡與梁亡同文者，孔廣森據公羊上年傳云：「莒將滅之，以爲立外孫者，實莒脅鄫人使然，故春秋歸惡莒人也。左氏於此不言立異姓爲後，其傳曰『莒人滅鄫，鄫恃賂也』，杜預以爲『鄫有貢賦之賂在魯，恃之而慢莒，故滅之。』蓋鄫、莒皆無史書，左氏不得其事，因見簡牘所載上四年冬有邾人、莒人伐鄫，臧紇救鄫，侵邾，敗於狐駘之事，五年有屬鄫、還鄫之事，其事又書於經，故於滅鄫一經但據上事推測，意其爲恃賂耳。由其不受經於聖門，故有此失，不如穀梁、公羊。」家鉉翁以爲大條貫數十，皆由洙泗高弟親聞之聖人矣。「非」字各本脱，今依唐石經、陸湻集傳辨疑、余本、俞皋集傳釋義本補正。十行本空一字。

冬，叔孫豹如邾。

季孫宿如晉。宿，行父子。【補曰】季武子也。許翰曰：「魯既世卿，而大夫無復三年喪，哀典廢於下矣。」張大亨曰：「季孫宿、仲孫速、仲孫羯，皆所謂以喪從利者。」

十有二月，齊侯滅萊。【補曰】左傳稱萊爲裔夷，其地卽禹貢青州之萊夷也。滅在時例，月者，蓋以萊爲齊之同姓，故謹其文，與楚人滅夔相對爲詳略也。楚之誘蔡誘戎則文異，齊之滅萊、楚之滅夔則文異，夷夏之辭，必不相假。

七年春，郯子來朝。

夏四月，三卜郊不從，乃免牲。夏四月，不時也。三卜，禮也。【補曰】疏曰：「三卜是禮，而書者，爲不從及不時故也。」文烝案：四月必不止三卜，三卜者當是正月下辛，前有牲變，已改卜牛，以正月下辛爲初卜，故言三卜也。若使卜從而郊，則當先書正月牲變，次書四月某日郊，與哀元年同文。今既不郊，則牲變可略，以卜不從爲重，非如再有牲變者須備言也，言四月、言三卜則牲變亦足見矣。或謂僖三十一年書「四月免牲」、成十年及下十一年書「四月不郊」，何以此獨爲牲變？曰非牲變則必非三卜，魯無十二月下辛不卜之理也。乃者，亡乎人之辭也。【補曰】不時亡乎人。復發傳者，三卜是禮，嫌有異也。

小邾子來朝。

城費。【補曰】費，季氏邑。

秋，季孫宿如衛。

八月，螽。

冬十月，衛侯使孫林父來聘。

壬戌，及孫林父盟。

楚公子貞帥師圍陳。

十有二月，公會晉侯、宋公、陳侯、衛侯、曹伯、莒子、邾子于鄬。鄬，鄭地。【補曰】孔穎達曰：「楚既圍陳，而陳侯亦列於會者，當是圍之不密，故得出會求救也。」文烝案：五年救陳，左傳曰「會于城棣以救之」，此年傳曰「會于鄬以救之」，二地皆鄭地，二事亦不異也。會城棣無陳侯，故書救陳。不於救陳上録地者，善之，不得從疑辭例也。會鄬有陳侯，文承「圍」下，其爲救陳可知，故不須言救。既不言救，自當録地，其實亦善之也。杜預曰：「陳侯逃歸，不成救，故不書救。」非也。此救無功，自於下文鄭弑陳逃及不書公至見之，此時無所譏也。月者，爲下卒日。○【撰異曰】鄬，本又作「隝」。

鄭伯髡原如會，○【撰異曰】髡，本又作「郡」，或作「頵」。原，左氏作「頑」。徐彥公羊疏曰：「正本作『頑』字，亦有一本作『原』字，非也。」未見諸侯。丙戌，卒于操。操，鄭地。【補曰】公羊曰：「操者何？鄭之邑也。」○【撰異曰】操，左氏作「鄵」。趙坦曰：「說文無『鄵』字。」未見諸侯，其曰如會何也？【補曰】據未至會。致其志也。【補曰】此亦所謂春秋成人之美也。何休曰：「鄭伯欲與中國，意未達而見弑，故養遂而致之，所以達賢者之心。」禮諸侯不生名，此其生名何也？【補曰】不生名者，經例因史例也。卒之名也。卒之名則何爲加之如會之上？見以如會卒也。【補曰】明由如會至死。若卒不以如會，當名之於卒，如曹伯終生不蒙使文。其見以如會卒何也？【補曰】疑如會，何至死？鄭伯將會中國，其臣欲從楚，不勝其臣，弑而死。【補曰】是所謂以如會卒，其事與公羊同，與左傳異。弑則左氏、公羊皆云爾，而傳意以卒名加上，便可見弑，發義尤精。大氏春秋意嚴辭深，其微其約，固有如此者。然則何以不改卒爲弑也？曰此當時承赴之文，卽是當時事實，公羊所謂信史不革者也。文既不革，斯義有所取，如下傳云云矣。其不言弑何也？不使夷狄之民加乎中國之君也。邵曰：「以其臣欲從楚，故謂夷狄之民，不欲使夷狄之臣得弑中國之君，故去弑而言卒，使若正卒然。」【補曰】此猶莊四年不使小人加乎君子、宣十一年不使夷狄爲中國。胡安國以爲聖人存天理，抑人欲之意。家鉉翁曰：「中國之大夫而目之爲夷狄之民，其誅斥之典斷自洙泗，穀梁子必有所受。」其地，於外也。其日，未踰竟也。【補曰】重發傳者，此被弑，嫌異故也。日卒，時葬，正也。【補曰】疏曰：「葬在八年，此處發之者，以鄭伯被弒而同正卒，既同正卒宜同正葬，故連言也。」重發正卒傳者，今被弒而同正卒，嫌與他例異，故明之。」

陳侯逃歸。以其去諸侯，故逃之也。鄭伯欲從中國而罹其凶禍，諸侯莫有討心，於是懼而去之，背華即夷，故書逃以抑之。【補曰】此傳與鄭伯逃歸不盟傳同。注解「去諸侯」爲背華即夷，與彼注所謂事己背衆亦同。但此則指實言之也。注首「鄭伯」以下四句用何休義。陳之逃不必因鄭之弒，似宜删去。傳重發之者，鄭與諸侯行會禮而去，會而不盟，陳亦與諸侯行會禮而去，而此會直會而已，嫌有異，故發以同之。不致者，鄭伯見弒，陳侯又去，此會不足善，故不致。

八年春王正月，公如晉。【補曰】汪克寬曰：「襄嗣位甫八年，三朝於晉，自宣公媚齊之外，春秋事霸之禮未有若是其勤也。」孔廣森曰：「月者，正月也。」案：疏曰：「鄭伯歸晉受禍，陳侯畏楚逃歸，明晉不足恃，而公往朝，危之道也，故書月。」疏説亦可通也。孫復、胡銓以爲鄬之會不致，自會如晉。

夏，葬鄭僖公。

鄭人侵蔡，獲蔡公子濕。獲者，不與之辭。侵者，所以服不義，無相獲之道。○【撰異曰】濕，本又作「隰」，左氏、公羊作「燮」。徐彥曰：「穀梁作『公子濕』。」案：説文：「燮，讀若溼。」人，微者也，侵，淺事也。【補曰】重發傳者，彼爲追發，此爲獲發也。而獲公子，公子病矣。【補曰】以公子之貴，因淺事而爲微者所獲。經以爲病，與華元不病文相顧。疏引徐邈云：「公子病，不任爲將帥，故獲之。」大誤。

季孫宿會晉侯、鄭伯、齊人、宋人、衞人、邾人于邢丘。邢丘，地。【補曰】當云晉地，見左氏宣六年傳。故此處杜無注，甚矣范之疏也。見魯之失正也，【補曰】「正」亦「政」字，謂魯君。公在而大夫會也。【補曰】疏曰：「公在晉，未及告公，而大夫爲會，是失政。」文烝案：疏非也。會亦是公命。言公在而大夫會者，猶雞澤言諸侯盟，又大夫相與私盟，湨梁言諸侯會，而曰大夫盟，諸侯在而不曰諸侯之大夫，皆同意也。如是卽爲失政，非必無君命。○左傳曰：「五月甲辰，會于邢丘，以命朝聘之數，使諸侯之大夫聽命。季孫宿、齊高厚、宋向戌、衞甯殖、邾大夫會之。鄭伯獻捷于會，故親聽命。大夫不書，尊晉侯也。」杜預以爲晉悼難勞諸侯，故使大夫聽命。胡安國據穀梁義以爲朝聘事之大者，重煩諸侯，而使大夫聽命，無乃以姑息愛人，而不由德。李廉曰：「此條左氏得其事，胡氏得其義。論其事，則不欲煩諸侯者，晉侯之美意也；論其義，則不可委大夫者，春秋之深意也。」李說是也。高厚、向戌、甯殖稱人，胡氏以爲譏其始，故貶之。

公至自晉。

莒人伐我東鄙。【補曰】左傳曰：「以疆鄫田。」蓋以滅繒爲真滅而誤。

秋九月，大雩。

冬，楚公子貞帥師伐鄭。

晉侯使士匄來聘。

九年春，宋災。○【撰異曰】災，公羊作「火」。徐彥曰：「左傳、穀梁作『宋災』。」外災不志，此其志何也？故宋也。故，猶先也，孔子之先宋人。【補曰】疏曰：「徐邈云，春秋王魯，以周爲王後，以宋爲故也。此公羊黜周王魯之說，故范不從之。」文烝案：此卽桓二年傳所云「孔子故宋」，言以故國視宋也。莊十一年傳及此傳皆以外災不志發義，而彼言王者之後，此言故宋者，兩傳之意互相備也。魯史本以宋爲王者後，特志災異，君子存而不削，又因以著故宋之義，明經中包此二旨，故與彼傳各見之也。春秋之義，尊周親魯而故宋，夫子以爲魯事既婉爲諱矣，則於宋諱祖之遇難可也，孔父不稱名，而其後四殺大夫，因皆没其名姓是也。魯事既詳爲録矣，則於宋詳災異之變宜也，志大水，志石鶂，志雨螽，志災是也。此實君子不忘故國之意，所以桓二年及此年兩處發傳也。後人疑春秋非孔氏一家之書，趙鵬飛已辯之，而徐仙民輒引何休新周故宋王魯之說以解此之故宋，其亦怪矣。○案：故宋之說，聖門所傳，而公羊家及諸讖緯誤以爲新周故宋而黜杞，又增造其義，以爲春秋承周文而反之質。自淮南子已云殷變夏，周變殷，春秋變周，後人沿用附益之，與論語、禮運中庸杞、宋不足徵之言、從周之言、子貢答公孫朝文武之道無所不學之言，皆相背戾。漢孝、成時，梅福上言宜封孔子世以爲殷後，援穀梁在祖位之文，證孔子故殷後不直引故宋爲證，或當時穀梁家說故宋之義已爲公羊之學所亂歟？然猶有「爲祖諱」一語，亦不取證，蓋梅子真隨意指稱也。

夏，季孫宿如晉。

五月辛酉，夫人姜氏薨。成公母。【補曰】宣公夫人。

秋八月癸未，葬我小君穆姜。【補曰】劉向列女傳「繆姜」字同。公羊云：「聰惠而行亂，故謚曰繆。」案：穆、繆通用，如劉說則義異也。古書多以秦繆公謚爲惡謚，而秦詛楚文曰「昔我先君穆公」，其字从㣎从禾。

冬，公會晉侯、宋公、衛侯、曹伯、莒子、邾子、滕子、薛伯、杞伯、小邾子、齊世子光伐鄭。【補曰】汪克寬曰：「齊桓之時在於服楚，晉文之時在於勝楚，晉悼之時在於敝楚，故數伐鄭而不與楚戰，使楚疲於奔命而莫能爭也。」汪申胡安國說。○【攈異曰】杞伯，各本脱，今依唐石經補正。

十有二月己亥，同盟于戲。戲，鄭地。不異言鄭，善得鄭也。【補曰】疏曰：「舊解以伐鄭之文在上，即同盟于戲，明鄭在可知，故不異言也。鄭心服同盟，故以爲善。又一解謂會伐無鄭伯之文，今不序，是不異言也。所以不異言者，善得鄭也，心服受盟，比之舊同好然。」文烝案：柯陵、京城北，與此文同事異，故此傳特明之。彼兩處鄭亦受盟，未能得鄭，故其盟爲謀復伐鄭，文雖與此同，而其下文皆復書伐鄭，亦足明之矣。此則下書楚伐，見鄭之已服於晉也，傳於此獨以不異言鄭爲義，宜善會之。左傳曰「鄭服也。」不致，恥不能據鄭也。戲盟還而楚伐鄭，故恥不能終有鄭。【補曰】恥者，經恥之。王念孫曰：「方言、廣雅並曰：『據，定也。』史記白起傳『趙軍長平以按據上黨民』，『按據』猶安定也。」文烝案：傳言不能定鄭者，下年會柤無鄭伯，鄭伐宋而諸侯又伐鄭，是諸侯雖已得鄭而不能定鄭也。注以戲盟還而楚伐鄭爲說，楚伐則是服晉之驗，非不能定也。

楚子伐鄭。

十年春，公會晉侯、宋公、衛侯、曹伯、莒子、邾子、滕子、薛伯、杞伯、小邾子、齊世子光會吳于柤。柤，楚地。【補曰】此本杜預也。京相璠曰：「宋地，去傅陽八十里。」京得之。哀六年之柤則楚地耳。會又會，外之也。五年會于戚不殊會，今殊會吳者，復夷狄故。【補曰】注非也，說見上五年。疏曰：「重發傳者，戚不殊，今又殊之，故復發傳。」

夏五月甲午，遂滅傅陽。○【撰異曰】傅，左氏、公羊作「偪」，國語同。徐彥曰：「左氏經作『偪』字，音夫目反。一音『逼近』之『逼』。」案：漢書古今人表作「福陽」，地理志及續漢志皆作「傅陽」。王莽改漢縣曰「輔陽」。遂，直遂也。【補曰】疏曰：「言遂直遂也者，遂是繼事之辭，不須云日，今加甲午，與凡遂異，故傳言之。」其曰遂何也？不以中國從夷狄也。言時實吳會諸侯滅傅陽，恥以中國之君從夷狄之役，故加甲午，使若改日諸侯自滅傅陽。滅卑國月，此日，蓋爲遂耳。【補曰】「其曰遂」三字當爲「其日」二字，「遂」字轉寫誤衍，日、曰形近易誤。滅潞傳「日」亦誤「曰」。戰郕傳疏存兩說，明二字自昔相亂也。此承上言遂，直是遂耳，不應復加日，加日則非直遂之辭，故公孫敖、歸父之奔言日則不言遂，言遂則不言日，此其例也。今所以加日遂上者，爲晉與吳共滅國，不欲以中國從夷狄，故仍史文之舊，特存其日。下傳云「無善事則異之」，明從異事之文，小變繼事之例也。七年傳云「不使夷狄之民加乎中國之君」，語意亦同也。諸侯遂救許，諸侯遂圍許，閒有他事，文不相接，無妨爲繼事。甲午遂滅傅陽，文相接，而加日乃轉爲異事，卽此見春秋辭句離合之閒，皆文章之極筆矣。據左傳滅傅陽無與於吳，汪克寬曰：「傅陽國及柤地皆在沛縣，乃吳入北方之要衝，會吳于柤，蓋謀滅傅陽而通吳也。」汪說甚合情事，是知吳、晉共滅無可疑者，左氏固時有疏失耳。「何」下「也」字，各本脫，今依唐石經、余本、俞皋集傳釋義本補正。

公至自會。【補曰】會猶可致，滅則不可致，故與後事小則以先事致者同。會夷狄不致，惡事不致，夷狄不致，恥與同，惡事不致，恥有惡。【補曰】疏曰：「夷狄不致，蜀之盟是；惡事不致，稷之會是。」文烝案：桓無致會，引稷會，非也。當引侵宋及伐鄭、取須句之屬。**此其致何也？**會吳、會夷狄也。滅傅陽，惡事也，據不應致。**存中國也。**以中國之君從夷狄之主，而滅人之邑也。此卽夷狄爾，是無中國也，故加甲午。使若改日，諸侯自滅傅陽爾，不以諸侯從夷狄也。滅中國雖惡事，自諸侯之一眚爾，從夷狄而滅人則中國不復存矣。【補曰】注「邑」字當作「國」。所說不得傳意，傳謂既會夷狄，又是惡事，而猶致者，特爲存中國之文，使若未嘗會吳，未嘗滅傅陽，此經之變例，致其所不當致以見義也。下文乃復論遂事加日之義，又以鄭之言如會，陳之嘗逃，合此言之。**中國有善事則幷焉，**若中國有善事，則不復言會諸侯，改日遂滅傅陽。如僖四年，諸侯侵蔡，蔡潰，遂伐楚，是幷焉。**無善事則異之，存之也。**諸侯會吳於柤，甲午遂滅傅陽，是則若會與遂異人。【補曰】言上所書者，亦是存中國。**汲鄭伯，**汲猶引也。鄭伯髡原爲臣所弑而不書弑，此引而致於善事。【補曰】引者，蓋謂未見而致其志。王引之曰：「汲，疑當爲『没』，形相似而誤。没者，終也，古謂以壽終爲得没，不以壽終爲不没。鄭伯實弑，書卒，使若令終得没者然，故謂之没鄭伯。没鄭伯者，卒鄭伯也。卒亦終也。曲禮曰『壽考曰卒』，卒猶没也。」**逃歸陳侯，**鄢之會，陳侯不會，以其爲楚，故言逃歸。【補曰】當云「陳侯在會」，「不」字誤。**致柤之會，存中國也。**【補曰】言三事皆是存中國。疏曰：「傳於此見存中國之文者，雞澤之會，諸侯失政，從此之後，日益陵遲，又會夷狄之人以滅中國，惡事之甚，故書公至以存之。僖二十六年，公至自伐齊，傳云『危之』，此云『存之』者，彼尚未陵遲，故直云『危之』，公此時微弱之甚，故云『存中國』也。」文烝案：疏專論公至，不數遂事陳、鄭諸文，非也。又以諸侯失政爲說，不知諸侯失政與此各自爲義，此論夷夏之故，非論君臣之事，不須牽合也。悼公之時，楚既日强，吴復驟盛中國，自此遂衰，故君子書經時有存中國之意，而傳明之也。夷狄與中國交争諸侯，則因而存中國，迨後晉、楚共率諸侯盟于宋，無侵伐八年，則又因而善之，足見聖人之情矣。春秋隨事而爲義，左傳楚沈尹戌曰「古者天子守在四夷，天子卑，守在諸侯。諸侯守在四鄰，諸侯卑，守在四竟。」當時晉主夏盟，安得四夷爲守？但能弭兵息民，亦足多也。若不能則守在諸侯，中國固不可不存也，此經世之志，王道之要也。

楚公子貞、鄭公孫輒帥師伐宋。

晉師伐秦。

秋，莒人伐我東鄙。

公會晉侯、宋公、衞侯、曹伯、莒子、邾子、齊世子光、滕子、薛伯、杞伯、小邾子伐鄭。齊世子光序滕、薛之上，蓋驕蹇。【補曰】此本公羊，非也。左傳曰：「齊崔杼使大子光先至于師，故長於滕。」杜預曰：「先至爲盟主所尊，故在滕上。」

冬，盜殺鄭公子斐、公子發、公孫輒。【補曰】盜，賤也。義在昭二十年傳。諸書盜，蓋皆士也。○【撰異曰】斐，左氏作「騑」。陸湻曰：「據字子駟，宜爲『騑』。」案：國語稱駟騑。稱盜以殺大夫，弗以上下道，惡上也。兩下相殺，不志乎春秋，惡鄭伯不能脩政刑，致盜殺大夫也。以上下道，當言鄭人殺其大夫。【補曰】書大夫者，以上道之文也。書人爲衆辭者，以下道之文也。稱盜以殺大夫，盜雖下，而别於凡下之文。大夫雖上，而無上文，明以至微賤之輩而禍及國體，事異凡常，是所以惡上。「惡上」之「上」當如范注以爲君也。注首二句引傳例，非也，宜删去。兩臣謂之兩下，如王札子殺召伯、毛伯是也。稱人稱盜則大夫爲上，皆非兩下之文矣。疏曰：「於此發例者，盜殺大夫初起於此也。」文烝案：以哀四年傳校此傳，疑傳當疊一「道」字。「下道」謂稱道。○程子、胡安國以爲失卿職，故不稱大夫。張洽又謂斐者從夷之人，弒君之賊，發輒惟斐是從，惡積而不可掩，鄭不能討而盜得殺之，所謂上慢下暴而致寇至盜之招也，故不稱殺大夫。王葆、胡銓等略同。文烝以爲皆求之過當，春秋所未暇論。

戍鄭虎牢。不稱其人，則魯戍也，猶戍陳。【補曰】亦文若魯獨戍耳，注非也。左傳以爲脩其城而置戍，蓋亦以備楚。其曰鄭虎牢，決鄭乎虎牢也。二年，鄭去楚而從中國，故城虎牢不言鄭，使與中國無異，自爾已來，數反覆，無從善之意，故繫之於鄭，決絕而棄外。【補曰】注非也。決，猶決日、義決、不日而月之決，辨嫌之謂也。上城不繫鄭，嫌遂不得爲鄭地，故此決之，傳當云「決鄭地乎虎牢」，省一「地」字耳。必爲決文者，以後年兩伐鄭，終能得鄭，其地仍屬鄭也。左傳曰：「非鄭地也，言將歸焉。」公羊曰：「諸侯已取之矣，曷爲繫之鄭？諸侯莫之主有，故反繫之鄭。」戴祖啟曰：「邑已失而仍繫之其國者，宋彭城、鄭虎牢也，如但曰圍彭城，則爲君討臣之義隱矣，如但曰戍虎牢，則爲鄭拒楚之義隱矣。」

楚公子貞帥師救鄭。

公至自伐鄭。【補曰】許翰曰：「書楚救鄭而致公，知諸侯之避楚也。」

十有一年春王正月，作三軍。【補曰】何休曰：「月者，重録之。」作，爲也。【補曰】疏見成元年。古者天子六師，諸侯一軍。周禮、司馬法曰：「萬有二千五百人爲軍，王六軍，大國三軍，次國二軍，小國一軍。其將皆命卿。二千五百人爲師。」然則此言天子六師，凡萬有五千人，大國三軍，則三萬七千五百人，諸侯制踰天子，非義也。總云諸侯一軍，又非制也。昭五年經曰「舍中軍」，傳曰「貴復正也」。然則魯有二軍，今云作三軍，增置中軍爾。魯爲次國，於此爲明。【補曰】疏曰：「魯本周公之後，地方七百里，而云次國者，據春秋時言之。」文烝案：傳與周禮非異也，師非二千五百人也，魯非次國也。諸侯一軍，「一」當爲「二」，此轉寫之誤。舍中軍，復爲二軍，傳以爲正，則「一」爲誤字明矣。三略曰：「諸侯二師，方伯三師。」此言最可據，二師即二軍，三師即三軍也。國語叔孫穆子之言曰：「天子作師，公帥之，以征不德。元侯作師，卿帥之，以承天子。諸侯有卿無軍，帥教衛以贊元侯，自伯、子、男有大夫無卿，帥賦以從諸侯。」韋昭解「諸侯無軍」曰「無三軍」，傳言「諸侯二軍」與三略同，即國語之「諸侯無軍」也。二軍之上有三軍，則國語之元侯、三略之方伯是也。二軍之下有一軍，則國語之伯、子、男是也。左傳曰：「成國不過半天子之軍，周爲六軍，諸侯之大者，三軍可也。」於大國云可者，言已過其制，此即元侯、方伯三軍之證。魯僖公之頌曰「公徒三萬」，三萬者，二軍之人數，此諸侯二軍之證。左傳又稱「王命曲沃伯以一軍爲晉侯」，此伯、子、男一軍之證。依公羊大國稱侯，小國稱伯子男，是大國二軍，小國一軍也。傳既不言元侯、方伯之制，又不言小國一軍者，但言二軍，足見三軍之非，且切魯舊制以爲說，故略不具文也。若然，周禮所以與傳及國語、三略異者，周禮以元侯、方伯亦爲諸侯而謂之大國，故於大國二軍則謂之次國也。二千五百人爲師，五師爲軍，而下言二軍上言六師者，師有二千五百人之師，有通稱兵衆之師。通稱之師，師即是軍，互以成文，其義不異。惠棟曰：「詩瞻彼洛矣『以作六師』、棫樸『六師及之』，毛傳並云『天子六軍』。鄭志趙商問棫樸詩及常武詩云『整我六師，不稱六軍而稱六師，不達其意。』答曰『師者，衆之通名，故人多云焉，欲著其大數，則乃稱軍耳。』又臨孝存引詩『六師』之文以難周禮，鄭答之云『軍者，兵之大名，軍禮重言，軍爲其大悉，故春秋之兵雖有累萬之衆，皆稱師』。詩云『六師』卽六軍也。」惠引鄭君之言以解此傳，最得其旨也。凡軍以乘爲數，天子六軍，兵車三千乘，故詩采芑曰「其車三千」。三軍者千五百乘，二軍者千乘，一軍者五百乘。每一乘甲士十人，步卒十五人也。魯頌言「公徒三萬」者，又有重車二百乘，凡步卒五千人，故言三萬也。○或曰白虎通引穀梁傳曰「天子有六軍，諸侯上國三軍，次國二軍，下國一軍」，與今本不同，其文亦可據邪？曰此文「上國」以下十字乃淺人依周禮妄增之，非白虎元文。觀其下文云「諸侯所以一軍者何？諸侯蕃屏之臣也，任兵革之重，距一方之難，故得有一軍。」是知東漢時相承穀梁之本實作「諸侯一軍」矣。曰然則傳云「一軍」非誤字，言諸侯一軍，明小國無軍也。諸侯一軍者，卽國語所謂「諸侯有卿無軍，帥教衞以贊元侯也」，小國無軍者，卽國語所謂「伯子男有大夫無卿，帥賦以從諸侯也」。韋昭以爲伯子男無天子之命卿，引王制小國二卿皆命於其君，明王制本無誤脱，鄭君注未允也。小國無軍，此曹、虞諸國所以無師也。小國無天子之命卿，此曹、莒諸國所以無大夫也。若此，豈不一以貫之邪？曰此說不可用也。諸侯裁一軍，何以舍中軍爲二軍，傳謂之復正乎？曹、莒不得有天子命大夫則不得有名姓，將謂魯及齊、晉、宋、衞、陳、蔡、鄭之書名姓者，皆爲天子命大夫，何以傳獨於内外書字各一人謂之天子命大夫乎？如依莊元年范注謂貢士京師受命者稱字，就其國命之者稱名，何以知當時必行貢士之制？又且單伯世卿，何以云貢士乎？反覆思之，「一軍」必爲誤字，國語必不可泥。王制上文小國有上中下三卿，必當依鄭注以爲二卿之文有誤脱。而小國無師無大夫，還當如前卷之解也。**作三軍，非正也。**補曰此事當時蓋著爲令。不言初者，以後有舍文。不須加初，足知爲常令。

夏四月，四卜郊不從，乃不郊。夏四月，不時也。四卜，非禮也。【補曰】疏曰：「上三卜爲禮而非時，此卜違禮，非禮亦非時，故重發傳不行免牲之禮，與成十年同。」

鄭公孫舍之帥師侵宋。

公會晉侯、宋公、衛侯、曹伯、齊世子光、莒子、邾子、滕子、薛伯、杞伯、小邾子伐鄭。【補曰】左傳曰：「齊大子光、宋向戌先至于鄭。」杜預曰：「光至復在莒子之先，故晉悼亦進之。」

秋七月己未，同盟于京城北。盟謀更共伐鄭。京城北，鄭地。【補曰】此與戲異，與柯陵同，故注即用彼傳語。鄭雖受盟，猶不堅服，晉雖盟鄭，實謀共伐，故下復伐也。又左傳此盟載書祇言十二國，啖助據之謂鄭不與。○【撰異曰】京，左氏作「亳」，徐彥公羊疏曰：「穀梁與此同，左氏經作『亳城北』，服氏之經亦作『京城北』，乃與此傳同文也。」案：「亳」字誤。

公至自伐鄭。不以後致，【補曰】據偶事，當致後。盟後復伐鄭也。傳例曰：「已伐而盟復伐者則以伐致，盟不復伐者則以會致，此言不以後致，謂會在伐後。」【補曰】注末二語可刪，引例在後十九年傳。疏曰：「成十七年夏，公會尹子云云伐鄭。乙酉，同盟于柯陵。與此正同。彼云『至自會』，此云『至自伐鄭』，致文不同者，案彼伐鄭同盟于柯陵，爲公不周於伐鄭，以會事爲大，故以會致。此時鄭從楚，楚彊，諸侯畏之，故以伐爲大事，又盟後重更伐鄭，故以伐致也。」文烝案：盟後復伐，則以伐致，此一例也；疏據僖四年、六年之屬，後事小則以先事致，又一例也。傳但言盟後復伐一例者，此以復伐而致伐，與下蕭魚以不復伐而致會相對爲義，此之致伐本不取大伐鄭之義也。疏説固可通，然非此傳解經之意。

楚子、鄭伯伐宋。

公會晉侯、宋公、衛侯、曹伯、齊世子光、莒子、邾子、滕子、薛伯、杞伯、小邾子伐鄭。【補曰】杜預曰：「晉遂尊光。」

會于蕭魚。蕭魚，鄭地。【補曰】公羊曰：「此伐鄭也，其言會于蕭魚何？蓋鄭與會爾。」何休曰：「中國以鄭故，三年之中五起兵，至是乃服，其後無干戈之患二十餘年，故喜而詳録其會，起得鄭爲重。」劉敞曰：「鄭伯如會歟？宜以如會書。乞盟歟？宜以乞盟書。今一皆没之，獨稱會何哉？曰春秋嘉善矜不能而成人之美，悼公之服鄭也有道，其信義著於諸侯非一日之積，此善之可嘉者也。鄭伯之欲從中國也亦非一日之積，逼於楚之彊而未果，此不能之可矜者也。然則晉之取鄭，鄭之下晉，不始於會蕭魚之日，其信已在前矣。至其會也，諸侯以小息，中國以小安，是乃有貴乎約信者也。其義不言而諭，不盟而壹，故略其文以見其實，蓋春秋成人之美之意也。

公至自會。伐而後會，不以伐鄭致，【補曰】疏曰：「傳例曰二事偶則以後事致，此云公至自會，正是其常，而云不以伐鄭致者，以鄭從楚，伐之尤難，故當以伐爲大事。」得鄭伯之辭也。鄭與會而服中國，喜之，故以會致。【補曰】言得鄭伯者，明上會有鄭，自此遂不復伐，既是盟不復伐，則以會致之例，而後事不小於先事，又是偶事致後之例也。高閌曰：「春秋以變文見義，屢書盟而不信則以不書盟爲誠，屢書伐而無功則以不致伐爲美。」李廉曰：「厲公三伐，終以伐致，悼公三伐，終以會致，春秋之立文精矣。」文烝案：公羊得意致會，不得意致伐之例，於此則通。

楚人執鄭行人良霄。○【撰異曰】霄，十行本獨此作「宵」。張洽、程端學所見同。行人者，挈國之辭也。行人是傳國之辭命者。【補曰】疏曰：「舊解挈猶傳也，行人傳國使命，故云挈國之辭。或以挈爲舉，謂傳舉國命之辭，理亦通耳。」文烝案：注、疏皆非也。辭者經之辭，挈者舉也。舉而直言之，若祝吁之挈遂之挈是也。舉又訓盡，若所謂以國與之是也。凡言行人，皆施於執，而外曰某行人，內亦曰我行人，與齊人執單伯諸文不同，是行人者舉國之辭也。左傳曰「書曰『行人』，言使人也」，行人爲使人之稱，使事至重，一國安危所繫，故使能造命，可爲大夫，使不辱命，則可謂士，舉國之辭，此其義也。疏又曰：「行人之文有六，發傳者三：此曰『挈國之辭也』；晉人執衛行人石買，傳曰『稱行人，怨接於上也』；楚人執陳行人干徵師，傳曰『稱人以執大夫，執有罪也。稱行人，怨接於上也』；是其文互相通也。傳舉三者，則晉人執我行人叔孫婼，晉人執宋行人樂祁犂，齊人執衛行人北宮結亦然也。然則稱人以執，執有罪；稱行人怨接於上，明君與臣兩失之也。執大夫稱人，又有二義：齊人執鄭詹，傳曰『人者，衆辭也。以人執，與之辭也』；宋人執鄭祭仲，傳曰『宋人者，宋公也。貶之也』；齊人執陳袁濤塗，傳曰『齊人者，齊侯也。不正其踰國而執也』；是有二也。凡執大夫，惟齊慶封、陳公子招特爲變文，餘皆稱人，未有稱公侯以執者。若被執者有罪，則稱人以見罪，若執人者有罪，亦稱人以見惡。經辭雖有常例，傳則分而別之，所謂善惡不嫌同辭，不可以一槩求之矣。」文烝又案：黃道周説「自此至三十年殺良霄，二十年中，鄭大夫皆特書名氏，蓋深喜鄭之一意中國，而鄭大夫之得會於諸侯也」。此説極合經旨。鄭之絶楚，自執良霄始，故終良霄之身，皆特文以見義。傳於諸鄭事曰內鄭、曰恥不能據鄭、曰決鄭，最後曰得鄭伯，明君子於晉、鄭之故，深致其意，則黃氏此義可推而知也。若然，稱人、稱行人，鄭君臣仍爲有罪者，鄭既一意中國，而復使人往楚，則是自取執辱，故當罪鄭而不當罪楚，非謂鄭從晉有罪也。

冬，秦人伐晉。【補曰】何休曰：「爲楚救鄭。」案：左傳曰「秦庶長鮑、庶長武帥師伐晉以救鄭」，不言救者，晉伐鄭而終得鄭，故與晉得伐，不以善辭施秦，與上年書楚救異義。

十有二年春王三月，莒人伐我東鄙，圍邰。蓋攻守之害深，故以危録其月。○【撰異曰】三月，板本、公羊或作「正月」，誤也。邰，本又作「台」。陸淳纂例曰：「左氏皆作『台』。」案：今公羊弁下亦皆作「台」。伐國不言圍邑，舉重也。伐國重，圍邑輕，舉重可以包輕。取邑不書，圍安足書也。不足書而今書，蓋爲下事起。

季孫宿帥師救邰，遂入鄆。鄆，莒邑。遂，繼事也。【補曰】疏曰：「重發傳者，此不受命，嫌與常例不同也。」受命而救邰，不受命而入鄆，【補曰】大夫之事皆君命，言季孫宿帥師救邰，是受命之常文也，若入鄆亦受命，則其事非如京師、如晉之比，當依盟衡雍、盟暴之例，各爲一事。再出季孫宿帥師，不當爲繼事辭，明此實不受命矣。公羊大夫無遂事之説，蓋因此經之義推之。惡季孫宿也。【補曰】惡其不受命，言「遂」即是惡之也。入本是惡事，與救相反，但此處未暇論之。公羊莊十九年傳曰：「聘禮，大夫受命不受辭，出竟有可以安社稷利國家者，則專之可也。」胡安國引其文以爲邰在邦域之中而專行之，非有無君之心者不敢爲也。趙儀吉曰：「漢律有矯詔害矯詔不害，故劉向曰國有危而不專救者不忠，國無危而擅生事者不臣。」

夏，晉侯使士魴來聘。○【撰異曰】公羊此處徐彥疏曰：「考諸正本，皆作『士魴』字，若作『士彭』者，誤矣。」

秋九月，吴子乘卒。【補曰】吴壽夢也。吴始書卒，少進之也。吴卒皆不日皆不葬，義亦見成十四年注。左傳服虔注曰：「壽夢，發聲，吴蠻夷言多發聲，數語共成一言，壽夢一言也。經言乘，傳言壽夢，欲使學者知之也。」錢大昕曰：「壽，讀如疇，與乘爲雙聲。夢，古音莫登切，與乘爲疊韻。孫炎制反切，蓋萌芽於此。」案：錢氏此説本顧炎武音論，因沈括、鄭樵説，徧考二聲合一之字，信矣。但傳稱名從主人，而經書「乘」不書「壽夢」，則知「壽夢」者吴之本言，其赴上國乃改言「乘」，故史承而書之也。

冬，楚公子貞帥師侵宋。

公如晉。

十有三年春，公至自晉。

夏，取邿。【補曰】疏曰：「當從左氏爲國。」案：左傳未必是也，此當是取邑，故時齊有邿，見左氏十八年傳。○【撰異曰】邿，公羊作「詩」。徐彥曰：「正本皆作『邿』字，有作『詩』字者，誤。」

秋九月庚辰，楚子審卒。共王。【補曰】國語共王名作箴字，箴、審聲近通用。周禮「十羽爲審」，爾雅作「箴」。

冬，城防。【補曰】防，即隱九年會地，臧氏邑。

十有四年春王正月，季孫宿、叔老會晉士匄、齊人、宋人、衛人、鄭公孫蠆、曹人、莒人、邾人、滕人、薛人、杞人、小邾人會吴于向。向，鄭地。【補曰】叔老，公孫嬰齊子子叔齊子也。晉以外獨鄭書名氏者，喜其得列中國之會，特顯之也。左傳齊、宋、衛之大夫爲崔杼、華閱、北宫括，不没其名氏，則無以顯鄭，故序鄭上稱人也。此及伐秦之公孫蠆，會澶淵之良霄，城杞之公孫段最爲難通。前引黄道周説獨得之，愚因以知蕭魚得鄭伯之義，直至終良霄之身方盡其意，蓋晉悼濟河而復霸，楚不能争，鄭得所庇，春秋深美之也。左傳以齊、宋、衛之不書爲惰，以衛之書於伐秦爲攝，趙匡既明其不然，張大亨則謂非卿而列於卿上，其誤甚矣。向者，左傳十一年諸侯伐鄭師于向，即此地。黄汝成以爲此漢志沛國之向，今鳳陽府懷遠縣地。中國會吴，往往就之於淮上也，與江永説同。疏曰：「何休云：『月者，危刺諸侯委任大夫，交會彊夷，臣日以强，三年之後，君若贅流然。』范雖不注，或以二卿遠會蠻夷，危之故月。從何説，理亦通耳。」○【撰異曰】蠆，公羊作「囆」，下皆同。

二月乙未朔，日有食之。

夏四月，叔孫豹會晉荀偃、齊人、宋人、衛北宫括、鄭公孫蠆、曹人、莒人、邾人、滕人、薛人、杞人、小邾人伐秦。【補曰】左傳齊、宋、衛之將皆上會人也，不書齊、宋之將以顯鄭將，與上會同義。衛於上會亦書人，此從常文者，蓋與前衛甯殖侵鄭相對見義。衛侵鄭獨出名氏，故衛與鄭同伐秦亦並出名氏，明以報怨之師爲協力之舉，深爲鄭喜也。傳前獨解衞甯殖之文，則此義亦足見矣。月者，爲下奔日。〇【撰異曰】徐彥公羊疏曰：「舊本作『苟偃』，若作『苟罃』者，誤。括，公羊作『結』。」

己未，衞侯出奔齊。諸侯出奔例月，衎結怨於民，自棄於位，君弑而歸，與知逆謀，故出入皆日，以著其惡。

【補曰】疏曰：「九月乙亥公孫于齊，亦日者，亦是明公之惡，或是內事詳錄，不可以外例準之。衞侯以惡甚而書日，所以不名者，以其不失國也。出不名，以見得國，歸書名，以明其惡。一解衞侯出奔不名者，既書日以見罪惡甚，故不復名也。理亦通耳。」文烝案：舊史大國君奔皆書日，君子皆略之從月例。左傳二十年甯惠子曰「吾得罪於君，名藏在諸侯之策，曰『孫林父、甯殖出其君』」，是列國史文也。魯史之法，以爲臣逐其君不可以訓，苟獲免於見弑，皆以婉辭書奔，於內之奔則曰孫焉，及至弑君大變，則外直文而內諱焉。此蓋皆周公舊制，關盛衰以垂法，蓋曰可言者言之，不可言則諱，於諸侯之事可諱則諱，而魯史悉準其制也。記言魯有王禮，傳言魯春秋有周禮，其事不可備知。而內無弑君，外無逐君，異於諸國所記則較然著明，劉敞以此二者爲夫子新意，斯不然矣。〇【撰異曰】公羊作「衞侯衎，陸湻纂例唯云「左氏無『衎』字」。

莒人侵我東鄙。

秋，楚公子貞帥師伐吳。

冬，季孫宿會晉士匄、宋華閱、衞孫林父、鄭公孫蠆、莒人、邾人于戚。【補曰】左傳曰：「謀定衞也。」春會夏伐，特顯鄭大夫，則冬會從常文。二十六年會澶淵，特顯鄭大夫，則二十七年會宋從常文。戴溪曰：「一年之閒，大夫三會，習見其事，以爲當然，遂踵而行之，不以爲怪。」

十有五年春，宋公使向戌來聘。

二月己亥，及向戌盟于劉。【補曰】案：何休通不說地名，杜預於此亦無注，而釋例魯地名有之。孔穎達曰：「蓋魯城外之近地。」○高閌以爲「于劉」二字因下有「劉夏」誤增。鑿空甚矣。薛伯卒築臺于薛，亦將致疑乎？趙與權則又牽合之。

劉夏逆王后于齊。劉，采地。夏，名。書名則非卿也。天子無外，所命則成，故不言逆女。【補曰】此皆本杜預。劉者，王季子之采地。夏以名書，與石尚同，則是天子之士蓋劉氏之支子也。左傳謂劉夏爲官師，與上年傳之劉定公自是異人，杜預合爲一人，不足據。公羊見後有劉子，而不知其委曲，遂以劉夏爲天子之大夫，其稱劉爲以邑氏，非也。天子之中下大夫亦不名，而注但云非卿，又失之。不言逆女，亦當兼略之及無外二義，以其過我而已，故略之也。左傳「官師從單靖公逆王后于齊」，杜預曰：「劉夏獨過魯告昏，故不書單子。」傳又曰：「卿不行，非禮也。」杜曰：「天子不親昏，使上卿逆而公監之，故曰卿不行，非禮。」過我，故志之也。【補曰】此猶外相如、王姬歸，皆以過我志。公羊亦同。以過我志，可以略文，傳并見此意。何休曰：「明魯當共送迎之禮。」孔廣森曰：「外逆女見左傳者，莊十八年原莊公逆王后于陳，宣六年召桓公逆王后于齊，並不書。」

夏，齊侯伐我北鄙，圍成。【補曰】圍成書者，亦爲下事起。成，孟氏邑。

公救成，至遇。至遇而齊師已退也。遇，魯地。【補曰】公羊以爲不敢進，杜預從之，范不取。崔子方曰：「若畏齊不敢進，當書次，不當書至。」案：崔氏以郎、成之例推之是也。不致者，竟内兵也。

季孫宿、叔孫豹帥師城成郛。郛，郭。【補曰】此杜預傳下注。○【撰異曰】陸湻纂例曰：「成，公羊作「郕」。」案：今公羊不作「郕」。

秋八月丁巳，日有食之。

邾人伐我南鄙。

冬十有一月癸亥，晉侯周卒。【補曰】周者，襄公之曾孫，其父祖皆不爲君，書日則周亦正也。以左傳晉事推論之，蓋厲被弒無嗣，成、景之族皆先散處他國，又不宜迎爲君，惟周雖出在京師而獨宜爲君，故得爲正耳。欒書譖郤至於厲公已有奉孫周之言，是其宜立明矣。周有兄，不可立，左氏又明言之。○【撰異曰】周，公羊一本作「雕」。

十有六年春王正月，葬晉悼公。【補曰】前此晉襄三月而葬，悼以後皆三月。

三月，公會晉侯、宋公、衛侯、鄭伯、曹伯、莒子、邾子、薛伯、杞伯、小邾子于湨梁。湨梁，地。【補曰】晉地也。湨水有大隄梁，爾雅所謂「梁莫大於湨梁」。月者，爲下盟日。○【撰異曰】湨，公羊或作「狊」。

戊寅，大夫盟。【補曰】下執二君不去盟。日者，於執言以歸，晉惡不嫌不顯，故此可不去日，與戚盟同也。蒲、祝柯下執無變文，故去盟日以見惡。湨梁之會，諸侯失正矣。【補曰】亦「政」字也。此承雞澤傳言，至此遂失政也。雞澤、邢丘、湨梁三傳文相貫。諸侯會而曰大夫盟，正在大夫也。【補曰】亦「政」字。此句包雞澤言之。

公羊言「信在大夫」，獨據此經，與傳微異。諸侯在而不曰諸侯之大夫，大夫不臣也。【補曰】不臣，故不繫於君，此專解本經也。若書諸侯之大夫，則當書魯卿名氏而言及矣。政既在大夫，大夫又不臣，以見諸侯遂失政。盧仝曰：「三桓逐魯，六卿分晉，其所由來者漸。」項安世曰：「書公會諸侯，晉大夫盟于扈，猶有諸侯也。書大夫盟，言自是無諸侯也。」○左傳曰：「晉侯與諸侯宴于温，使諸大夫舞，曰：『歌詩必類！』齊高厚之詩不類。荀偃怒，且曰：『諸侯有異志矣！』使諸大夫盟高厚，高厚逃歸。於是，叔孫豹、晉荀偃、宋向戌、衛甯殖、鄭公孫蠆、小邾之大夫盟曰：『同討不庭』。」杜預「會」下注曰：「不書高厚，逃歸故也。」「盟」下注曰：「諸大夫本欲盟高厚，高厚逃歸，故遂自共盟。」案：左、杜所言，當得事實。杜又曰：「雞澤會重序諸侯，今此閒無異事，即上諸侯大夫可知。」杜以賈服用穀梁、公羊，乃爲此說以改之，殊爲未允。君目臣凡之文，魯卿仍見名氏，非苟從簡略者，若無他義，何爲省文乎？

晉人執莒子、邾子以歸。【補曰】疏曰：「諸侯不得私相治，執之以歸，非禮明矣。」文烝案：何休曰：「録以歸者，甚惡晉。以者，不以者也。言執又言以，惡之可知。惡晉不斥晉侯者，明莒、邾有罪。」

齊侯伐我北鄙。

夏，公至自會。【補曰】王貫道曰：「書至於齊伐後，見諸侯之會未散而齊已抗矣。」

五月甲子，地震。【補曰】孔廣森曰：「自是迄哀公，地比四動，皆季氏專强之象。」

叔老會鄭伯、晉荀偃、衛甯殖、宋人伐許。【補曰】許翰曰：「晉卿主兵，而先鄭伯者，臣不可過君也。」張洽曰：「垂斂之後晉士穀，伐許之後晉荀偃，當時名分尚明，皆因其事實而書之爾。」○【撰異曰】徐彥公羊疏曰：「正本作

「荀偃」，若有作「荀罃」者，誤矣。」

秋，齊侯伐我北鄙，圍成。【補曰】此年圍成，下年圍桃、圍防，亦並書者，疏曰：「爲十八年諸侯同圍之地。」○【撰異曰】陸淳纂例曰：「成，公羊作『郕』。」案：今唯左氏作「郕」，音成。

大雩。

冬，叔孫豹如晉。

十有七年春王二月庚午，邾子瞷卒。【補曰】邾宣公也。以後葬矣。○【撰異曰】二月，唐石經公羊、初刻作「三月」。瞷，左氏作「牼」。案：从閒从肩及从幵从巠之字聲轉得通。孟子注：「瞷，視也。」士昏禮注引「瞷良人」作「見」，或作「覸」。「齊成覸」或作「成覵」，又作「成荊」。考工記「顅脰」，注：「故書『顅』，或作『牼』。」鄭司農云：「牼，讀爲『鬜頭無髮』之鬜。」

宋人伐陳。

夏，衛石買帥師伐曹。

秋，齊侯伐我北鄙，圍桃。○【撰異曰】桃，公羊作「洮」。

齊高厚帥師伐我北鄙，圍防。○【撰異曰】左氏直云「高厚」，無「齊」字。段玉裁曰：「以傳考之，此與上「齊侯伐我北鄙，圍桃」，非有二事，唐石經不誤。」案：段從左氏，恐非經例。

九月，大雩。

宋華臣出奔陳。

冬，邾人伐我南鄙。

春秋襄公經傳第八補注第二十

穀梁　范氏集解　鍾文烝詳補

十有八年春，白狄來。不言朝，不能行朝禮。【補曰】此本公羊、杜預，與介葛盧同。直言白狄，更劣於介，白狄子不得以名通。

夏，晉人執衛行人石買。稱行人，怨接於上也。怨其君而執其使，稱行人，明使人爾，罪在上也。【補曰】怨接於上者，公羊云「以其事執」是也。疏曰：「稱人以執，是執有罪。范云使人者，明罪在君上，非謂罪晉也。」文烝案：范用左傳也。稱人執有罪，昭八年傳文也。此發行人例，與襄十一年傳互相備。疏云「嫌晉與楚異，故重發」，非也。

秋，齊侯伐我北鄙。【補曰】許翰曰：「齊人四年之閒五伐鄙而四圍邑，又從邾、莒以助其虐，諸侯之陵暴，未有若是者也。」胡安國曰：「齊環背盟棄好，陵虐神主，肆其暴橫，數伐鄰國，觀加兵於魯則可見矣。」○【撰異曰】左氏、公羊皆作「齊師」，左傳曰「齊侯」。

冬十月，公會晉侯、宋公、衛侯、鄭伯、曹伯、莒子、邾子、滕子、薛伯、杞伯、小邾子，同圍齊。【補曰】月者，爲下卒起，或順病文而盈之。非圍而曰圍，據實伐。【補曰】疏曰：「知非圍者，以下十九年致伐不致圍。」文烝案：公羊釋「致伐」曰「未圍齊也」，注以「曰圍」斷句，非也，當讀至下「齊」字爲句。齊有大焉，亦有病焉。齊若無罪，諸侯豈得同病之乎？【補曰】注非也。「齊」字當上屬。「有大焉」者，謂有大齊之辭；「有病焉」者，謂有病齊之辭，皆謂經之立文也。言所以非圍而謂之圍齊者，是所以大齊，其實亦所以病齊也。非大而足同與？齊非大國，諸侯豈足同共圍之與？【補曰】注又非也。此申上「有大」意也。言若非以大齊之辭稱圍，則何足言同歟？方欲言同爲特文，故大之言圍也。若言同伐齊，則不可矣。傳「與」字各本誤作「焉」，涉上二句而誤，今依音義、楊疏、唐石經、余本改正。諸侯同罪之也，亦病矣。諸侯同罪大國，是不量力，必爲大國所讐，則亦病矣。【補曰】注又非也。此申上「有病」意也。如上所云，所以大齊者，爲欲言同故耳，非實欲大齊也。言同者，以明諸侯同罪之，許翰曰「言得罪於天下也」是也。夫齊亦一國，今乃爲天下所同罪，則齊亦病矣，故曰有大齊之辭，亦有病齊之辭也。經之此文，專以書同見義，伐齊而書同，猶外楚而書同，皆爲特筆。既書同以見其義，則宜書圍以盈其辭，此傳六句，曲盡經旨，特以文義深奧，故自注疏以來，莫能通其說，惟王引之說此大概近是，今取其說而增改焉。王氏又引僖六年傳「病鄭也，著鄭伯之罪也」，以爲文義略與此同，亦足匡范之失。公羊曰：「未圍齊則其言圍齊何？抑齊也。曷爲抑齊？爲其亟伐也。」與傳意亦相近。

曹伯負芻卒于師。閔之也。【補曰】重發例，故省「傳曰」之文。

楚公子午帥師伐鄭。

十有九年春王正月，諸侯盟于祝柯。前年同圍齊之諸侯也。祝柯，齊地。【補曰】注上句本杜預。齊不與盟，與諸鄭事異也。下年盟澶淵始有齊。左傳又謂是年十一月，齊、晉盟于大隧。○【撰異曰】柯，公羊作「阿」。

晉人執邾子。【補曰】晉侯稱人者，邾有罪。

公至自伐齊。春秋之義，已伐而盟復伐者，則以伐致。京城北之類是。盟不復伐者，則以會致。會于蕭魚之類是。祝柯之盟，盟復伐齊與？怪不以會致。【補曰】常例二事偶亦當以後事致，傳不言者，伐齊自是大事，不嫌當致會，故據京城北、蕭魚之例以問。曰非也。不復伐齊。【補曰】下文獨衞伐齊耳。士匄還師，又不成伐。然則何爲以伐致也？曰與人同事，或執其君，或取其地。同與邾圍齊而晉執其君，魯取其地，此與盟後復伐無異。【補曰】明以有執君取地之事，故雖盟後實不復伐，而從盟復伐則以伐致之例，乃又合於後事小則以先事致之例也。此與柯陵致會適相反，彼當致伐而致會，此當致會而致伐也。疏曰：「據此傳文，事實在邾，不關於齊，而以伐齊致者，以明既盟之後，執君取地，與盟後復伐無異，故託事以見意，罪晉執君，惡魯取地也。」劉敞曰：「脅人之君而制其國，介人之威而私其利，晉、魯之惡甚焉，交譏之。」謝湜曰：「以義討齊之暴，復以不義侵邾之疆，以亂繼亂而已。」黃震曰：「晉救魯可也，動天下之兵以執邾子，而取邾田以歸魯，不可也，未足以服齊也。」文烝案：諸執諸侯稱人以執者，較稱爵斥執爲愈，其實亦非全與之，傳於此見之矣。惟晉文執衞侯爲合義，則別有善文。

取邾田，自漷水。以漷水爲界。【補曰】此本杜預也。哀篇直言漷，此加言「水」者，文無所連，單言自漷則意未足，與梁山相似。書禹貢或言灃，或言灃水，史文之常也。軋辭也。軋，委曲。隨漷水，言取邾田之多。【補曰】疏曰：「公羊以爲漷水移入邾界，魯隨而有之。今云軋辭者，謂經言自漷水者，委曲之辭也。一解言取邾田委曲隨漷水爲界之辭，言其多也。」其不日，惡盟也。【補曰】盟不日者，惡之也。疏曰：「謂執君取地。」文烝案：平丘之會曰「其日」，善是盟也，與此文相對。此於執君取地後追論盟之不日以見惡，彼於陳、蔡歸國後又追論盟之謹日以明善，其意一也。惡之則不日，猶渝盟不日。

季孫宿如晉。

葬曹成公。

夏，衛孫林父帥師伐齊。【補曰】衛之舊君在齊，而伐齊非爲舊君也，猶衛之亡父在戚，而圍戚非爲亡父也。父子之變大矣，故别取義，君臣之變多矣，故爲平文。穀梁、公羊皆無説焉，孰謂二家之學鑿空哉？

秋七月辛卯，齊侯環卒。○【撰異曰】環，公羊作「瑗」。徐彦曰：「左氏、穀梁作『環』字也。」

晉士匄帥師侵齊至穀，聞齊侯卒，乃還。還者，事未畢之辭也。【補曰】疏曰：「重發傳者，嫌外内異也。」受命而誅，生死無所加其怒，不伐喪，善之也。【補曰】受君命而誅其人，於我無所加其怒，生則誅之，死則已，此正禮也。不伐齊喪，合禮，詳録之，乃以善之。善之則何爲未畢也？君不尸小事，臣不專大名，善則稱君，過則稱己，則民作讓矣。【補曰】坊記子云：「善則稱君，過則稱己，則民作忠。」董仲舒曰：「春秋君不名惡，臣不名善。」士匄外專君命，故非之也。【補曰】專命，即專大名，失善則稱君之義，故以未畢之辭責之。疏曰：「何休廢疾云：『君子不求備於一人，士匄不伐喪，純善矣。』何以復責其專大功也。鄭君釋之曰：『士匄不伐喪則善矣，然於善則稱君，禮仍未備，故言乃還，不言乃復，作未畢之辭。還者致辭，復者反命。」案如鄭意，以乃還爲惡，乃復爲善，則公子遂至黄乃復又爲惡之者。彼以遂違君命而反，故加畢事之文，欲見臣不專君命，與此意少異。此既善不伐喪，又爲事畢之辭，則是純善士匃，故以未畢之辭言之。」文烝案：鄭以還爲致辭，不可曉。還者將至國而未至也，乃者亡乎人之辭，説見僖三十一年。然則爲士匃者宜柰何？宜墠帷而歸命乎介。除地爲墠，於墠張帷，反命於介，介歸告君，君命乃還，不敢專也。【補曰】聘禮説聘使習儀事云，爲壝壇畫階，帷其北，無宫。公孫歸父至檉，聞君薨，家遣，左氏、公羊皆言墠帷復命於介。劉敞曰：「止師而請之，君曰可，而後止，不可，則復之，期可而後止。」劉以爲未入齊地宜如此，至穀入齊地宜還。今案：至穀入齊地則宜退至晉竟而請焉。還者，反而在路也，即含斯義。

八月丙辰，仲孫蔑卒。

齊殺其大夫高厚。

鄭殺其大夫公子嘉。○【撰異曰】嘉，公羊作「喜」。徐彦曰：「左氏、穀梁作『公子嘉』也。」

冬，葬齊靈公。【補曰】晉士匃不成侵，齊之臣子免於危懼，故從時葬正例，善晉而幸齊也。

城西郛。【補曰】杜預曰：「魯西郭。」左傳「懼齊也」。

叔孫豹會晉士匃于柯。柯，地。【補曰】此柯當云衞地。

城武城。【補曰】左傳：「穆叔歸曰：『齊猶未也，不可以不懼。』乃城武城。」杜預曰：「泰山南武城縣。」案：此即論語子游爲武城宰，得澹臺滅明，孟子稱曾子居武城者也。又謂之南武城，史記仲尼弟子傳「曾參，南武城人。澹臺滅明，武城人」，實一地，文有詳略也。其後謂之南城，田齊世家「齊威王曰『吾臣有檀子者，使守南城，則楚人不敢爲寇』」是也。漢書地理志作「南成」，屬東海郡，續漢志作「南城」，屬泰山郡，至晉志乃復作「南武城」，與杜氏此注同。羊祜傳及宋、齊、隋志仍作「南城」，又與哀十四年傳注同，未知何者爲正也。武城卽南武城，亦卽南城，顧炎武考之甚詳，其故城在今沂州府費縣西南八十里石門山下。大戴禮盧辯注以曾子爲魯之南武城人，子羽爲魯之東武城人，不足據。史記平原君傳「封於東武城」，非魯地也。

二十年春王正月辛亥，仲孫速會莒人盟于向。向，莒邑。【補曰】速，蔑之子孟莊子。○【撰異曰】速，公羊作「遬」，後同。

夏六月庚申，公會晉侯、齊侯、宋公、衛侯、鄭伯、曹伯、莒子、邾子、滕子、薛伯、杞伯、小邾子盟于澶淵。澶淵，衛地。【補曰】下魯伐邾渝盟，非晉意，故從書日常例。魯渝邾盟太速者皆日，此亦從例。

秋，公至自會。

仲孫速帥師伐邾。

蔡殺其大夫公子濕。○【撰異曰】濕，又作「隰」，左氏、公羊作「燮」。

蔡公子履出奔楚。

陳侯之弟光出奔楚。○【撰異曰】光，左氏作「黃」，後同。案：說文「炗，从火在人上，古文作芨。」「黃，从芨聲。」古書「光」與「廣」通，又與「桄」、「横」通。「廣」、「横」皆黃聲。諸侯之尊，弟兄不得以屬通。【補曰】重發傳者，奔而稱弟，辭同義異，故重舉不以屬通之例。其弟云者，親之也，親而奔之，惡也。顯書弟，明其親也。親而奔逐之，所以惡陳侯。【補曰】疏曰：「鄭釋廢疾亦云『惡陳侯』。」

叔老如齊。

冬十月丙辰朔，日有食之。

季孫宿如宋。

二十有一年春王正月，公如晉。【補曰】孔廣森曰：「月者，正月也。」

邾庶其以漆、閭丘來奔。【補曰】黃震曰：「襄如晉而庶其以漆、閭丘來，昭如晉而牟夷以牟婁、防、茲來，昭在乾侯而黑肱以濫來，三叛皆季孫受之，爲逋逃淵藪者也。」呂大圭曰：「非公命不書，自宣、成以來書之，政在大夫也。」○【撰異曰】漆，左氏或作「浗」。以者，不以者也。凱曰：「人臣無專祿以邑叛之道。」【補曰】疏曰：「重發傳者，此非用兵之以故。」來奔者不言出，舉其接我者也。【補曰】重發傳者，此以地來，嫌有異也。漆、閭丘不言及，小大敵也。【補曰】君子於言無所苟，此與昭五年言「及」者相對也。昭五年傳解「以」、解「來奔」、解「及」又稱莒無大夫，重地而目其人，此亦應與彼同。傳不於此言之者，以邾畀我、邾快之來奔，直奔不以地來，亦目而書之，故不於此言重地。所以容彼二文，亦緣邾小於莒，盟會皆在莒下。言莒無大夫，則邾可知也。公羊曰「邾婁無大夫」，左傳於莒挈邾庶其、莒牟夷、邾黑肱皆曰非卿，曰賤。賈、服諸儒解之以爲邾、莒無命卿，並合傳旨矣。若然，莒之來奔，以重地而目之，邾之來奔，有地無地皆得目者，邾與魯最爲密邇，魯視之不與莒同。史書邾事較莒宜詳，經皆因其舊也。公羊説畀我、快之奔曰「以近書」，蓋謂邾近魯。嚴顏舊説，未可用也，此叛也，説在昭三十一年傳。

夏，公至自晉。

秋，晉欒盈出奔楚。

九月庚戌朔，日有食之。

冬十月庚辰朔，日有食之。【補曰】疏曰：「此年與二十四年皆頻月日食，據今曆法，無頻食之理，但古或有之，故漢書高祖本紀亦有頻食。」文烝案：漢書高帝紀三年冬十月甲戌晦，日有食之；十一月癸卯晦，日有食之；文帝紀三年冬十月丁酉晦，日有食之；十一月丁卯晦，日有食之。五行志同。劉炫以來，疑此事者多矣。求諸日月交會之術，則自漢至今，諸曆家皆以百七十三日有奇爲限，必不得頻月食，若謂古篆隸之遞變，簡縑紙之迭代，傳寫致誤，則不應二十四年及漢初其誤不約而同，且古書何一非傳寫者，辭亦遁矣。若謂如陳侯鮑卒，一事兩日，而疑以傳疑，則又不類。夫甲戌己丑，史本從赴，日有食之，乃據所見，於經或可兩存，於史不容一誤，即或誤視氛珥，豈得遂筆諸書？又不應似食真食，頻月爲常，而襄公及漢初之史，同歸誤視，且古之治曆者，合朔之差，則由平朔，交食之道，無容不知，史必不以不食爲食，而君子脩春秋，既正其朔，亦必不於不食之食而不之正也。石介曰：「天道至遠，不可得知，後世執推步之術，案交會之度而求之難矣，予以斯言爲信。」○謂後月之食爲氛珥相侵，此王夫之説，猶金履祥以尹氏卒爲鄭尹氏。卓爾康謂桓公甲戌年正月己丑，史偶倒其文，皆穿鑿無稽之言也。汪曰楨語予，日食於古爲災變，無推算之術，故有誤視者，愚以爲不然。漢書天文志以日食爲大變，月食星逆爲小變，言曆紀推月食，與熒惑、太白之逆亡異，足知曆所可推者，不害其爲變也。通典載鄭小同議所稱春秋昭三十一年十二月辛亥朔日蝕，晉史墨以庚午之日日始有謫，自庚午至辛亥四十二日，日蝕之兆形於前，此爲古有明法，是確據也。小同答以黄帝、顓頊、夏、殷、周、魯六曆皆無推日蝕法，但有考課疏密，是則沈約宋曆志所謂六家曆皆六國及秦時人所造，孔穎達書正義所謂古真曆遭戰國及秦而亡，六曆皆秦、漢之際假託者也。曾子問論諸侯旅見天子諸侯相見入門廢禮之事，日食居一，又有當祭而日食之文，是則劉、邵所謂聖人垂制，不爲變豫廢者也。曾子問又云「日有食之，不知其已之遲數」，又云「安知其不見星也」，是又聖人慎重之意，雖有其術而弗論，亦所謂知其不可知也。

曹伯來朝。

公會晉侯、齊侯、宋公、衞侯、鄭伯、曹伯、莒子、邾子于商任。商任，某地。【補曰】當云「地闕」。

左傳曰：「錮欒氏也。」

庚子，孔子生。【補曰】左氏無此文。今本公羊多「十有一月」四字。唐石經以下皆然。據陸氏音義，知公羊亦無「十有一月」，其有者，乃別本之誤也。上有十月庚辰朔，則庚子者十月二十一日。疏曰：「史記世家云襄公二十二年生者，馬遷之言與經典不同者非一也。」疏又以此文爲傳所録，唐石經穀梁、公羊經傳不可分。段玉裁曰：「要爲作傳者所記非經語，馬端臨以爲經，非是。」文烝案：傳始本與經別行，豈得於「小大敵也」之下突接此句，不爲傳體而爲經體乎？又豈得無月有日乎？公羊之傳亦不得爾。此蓋弟子既受經於聖人，退而教授，附記於經，以標顯一家之制作。穀梁子作傳時，所據經已有此句。公羊之經，出於口授，即是此本，惟左氏別有傳授，故其經無此句，而獲麟後則有續經三年事也。續經終孔丘卒，稱名，恆稱也。此附記孔子生，稱子，貴稱也。凡王朝列國之臣，自列士大夫以上通以子爲貴稱，大夫以上又稱夫子，故書雒誥曰「予旦以多子越御事」，士相見禮曰「某也夫子之賤私」，春秋列國所稱，見於內外傳、論語、曲禮檀弓、孟子者，皆如此。而魯、衞、齊、晉、鄭之上下大夫，其生既以子連氏，其没則多以子配氏謚。孔子以魯司寇而稱子，又稱夫子，猶此例也。孔門弟子面稱其師，或曰子，或曰夫子，其私論之或言自生民以來未有夫子，或言未有盛於孔子，其追記師言，或稱子，或稱孔子，皆從大夫之貴稱。此與聘禮之某子爲他國大夫之稱，鄉飲禮、射禮、大射儀之某子爲作酬及比耦之稱，士相見禮之某子爲述命之稱，聘禮記、士昏禮、特牲禮之某子爲告神之稱，幷諸稱吾子稱子者，皆不同而同也。唯論語、檀弓稱二三子，稱三子者，本是君稱羣臣，羣臣相稱之辭，而師稱羣弟子、平敵相稱，皆用之。又陳亢於伯魚、子貢，桀溺於子路，子路於丈人，平敵皆面稱子，此等通學士以下並爲例之小變，於是七十子以來，學者所師，皆稱某子，學者亦稱某子。於是孟子以來，專以夫子爲尊敬之稱，而平敵以下面稱通曰子，幾與爾女無別，世遂以子爲男子之通稱，而馬融因誤注論語首句矣。○何休曰：「時歲在己卯。」徐彥曰：「何氏自有長曆，不得以左氏難之。」王引之曰：「何氏精於讖緯，讖緯多用殷曆甲寅元。漢世說春秋獲麟至漢與年數有謂二百七十五歲者，後漢虞恭等所謂歲在乙未，則漢與元年又上二百七十五歲，歲在庚申，則孔子獲麟是也。有謂百六十二歲者，則後漢馮光、陳晃之說也。由虞恭等庚申之說上推之七十一歲，至襄二十一年，歲在己酉，據太初元年丙子，殷曆以爲甲寅，則庚申爲戊戌，己酉爲丁亥，與此注不

自欒共子、石祁子始見。

此與稱小子不同。

如穀梁子、尸子、沈子皆是。

合。由馮光、陳晃獲麟至漢興百六十二歲之説推之，漢興元年，漢志以爲甲午，殷曆爲壬申，上百六十二歲至獲麟，歲在壬子，爲庚寅。又上七十一歲至襄二十一年，歲在辛丑，則爲己卯，故此注曰歲在己卯也。孔廣森曰：「周十月，夏八月，日在壽星之次，與斗柄同位。先儒言夫子生時，帝車南指，此日加午之驗也，於今禄命術得己卯、癸酉、庚子、壬午，應四極之位。」文烝謹案：孟子曰由文王至於孔子五百有餘歲，證以鄭君緯候之學，文王以西伯受命，入戊午蔀二十九年，其明年改元，數至魯惠公末年，三百六十歲，又加以隱元年，至此百七十一歲，則自文王受命至孔子生，凡五百三十一歲也。左傳稱禽父事康王，而史記魯世家伯禽以下有年數，考公四年、煬公六年、幽公十四年、魏公五十年、厲公三十七年、獻公三十二年、真公三十年、武公九年、懿公九年、伯御十一年、孝公二十七年、惠公四十六年，十二諸侯年表起共和元年，以爲卽真公之十五年，而武公凡十年。劉歆三統曆乃謂伯禽四十六年。成王元年命伯禽，至春秋三百八十六年，其引世家，則煬公六十年、獻公五十年、武公二年，此張衡等所謂歆欲以合春秋，横斷年數，損夏益周。考之表、紀，差謬數百者矣。

二十有二年春王正月，公至自會。【補曰】孔廣森曰：「月者，正月也。」

夏四月。

秋七月辛酉，叔老卒。

冬，公會晉侯、齊侯、宋公、衛侯、鄭伯、曹伯、莒子、邾子、滕子、薛伯、杞伯、小邾子于沙隨。【補曰】左傳曰：「復錮欒氏也。」時欒盈在齊。○【撰異曰】左氏無「滕子」。

公至自會。

楚殺其大夫公子追舒。

二十有三年春王二月癸酉朔，日有食之。

三月己巳，杞伯匄卒。

夏，邾畀我來奔。【補曰】賈逵、杜預以爲庶其之黨。○【撰異曰】畀，公羊作「鼻」。案：說文：「鼻，引氣自畀也。從自畀。」

葬杞孝公。

陳殺其大夫慶虎及慶寅。稱國以殺，罪累上也。【補曰】重發傳者，無訟君之事，而亦有及文，嫌異故也。及慶寅，慶寅累也。【補曰】重發傳者，二慶同族，嫌又與箕鄭父異也。

陳侯之弟光自楚歸于陳。光反稱弟，言歸無罪明矣。【補曰】不言復者，弟者親貴之稱，苟有位，無絕理。

晉欒盈復入于晉，入于曲沃。曲沃，晉地。【補曰】疏曰：「欒盈先入曲沃，後復入晉，故云復入也。後入曲沃，不云復入者，兵敗奔曲沃已有復入文，故直云入曲沃，不再言復入。」文烝案：左傳稱「欒盈帥曲沃之甲，因魏獻子以晝入絳」，公羊謂「欒盈將入晉，晉人不納，由乎曲沃而入」，此疏所據也。其實盈由曲沃入晉，經但記入晉耳，其先之入於曲沃，經所不論也。以復中國之辭言之者，盈帥甲入絳，簒大夫位，與復其位者同，下殺著「弗有」之文，非晉復其位可知，故不嫌也。不言自楚自齊者，二國無奉，盈潛至，啖、趙是也。兵敗奔曲沃，直言入于曲沃，不言以叛者，亦以下殺著「弗有」之文，則叛可知。春秋謹嚴，語無贅設。何休曰：「篡大夫位例時。」

秋，齊侯伐衛，遂伐晉。

八月，叔孫豹帥師救晉，次于雍渝。雍渝，晉地。【補曰】月者，爲下卒日。○【撰異曰】陸淳纂例本作「雍俞」，云左氏作「榆」，穀梁作「渝」。案：今公羊亦作「渝」，國語亦同。或作「雝俞」。言救後次，非救也。惡其不遂君命而專止次，故先通君命而後言次，尊君抑臣之義。鄭嗣曰：「次，止也。凡先書救而後言次，皆非救也。僖元年，齊師、宋師、曹師次于聶北救邢，此師本欲止聶北，遥爲之援爾。隨其本意而書，故先言次而後言救。豹本受君命救晉，中道不能，故先言救而後言次。若鄭伯未見諸侯而曰如會，致其本意。」【補曰】非救重發傳者，聶北先言次，此後言次，嫌異也。鄭嗣以聶北爲本欲遥爲之援，又以此文亦爲遂其意，皆非也。公羊曰：「曷爲先言救而後言次？先通君命也。」此解最明白。此文本當從莊三年次郎、三十年次成之例，特以郎、成是君將，故直言次而不言救，明不得與聶北遂其意者同。此是臣將，臣受命救晉而不能救，不可以其不能救而廢所受之命，故先言救以明公命，後言次以明豹之不能救也。傳於聶北既言非救，又言遂齊侯之意，此直言非救，不言遂其意，明與公羊義同也。曹伯襄之言復，傳曰通王命；公孫敖之言如、言復，傳曰不廢君命、不專君命；公子遂之言復，傳曰不專公命；彼數傳屢言之，則此可知也。何休曰：「惡其不遂君命而專止次，故先通君命言救。」范注本之。救爲通君命，則次爲惡豹自明。

己卯，仲孫速卒。

冬十月乙亥，臧孫紇出奔邾。【補曰】紇，許之子臧武仲。左氏二十二年傳「臧武仲如晉」，服虔曰：「武仲非卿，故不書。」然則書奔不必皆卿也，非卿書氏者，紇本有氏，而史書臧孫，非例所卒，則書氏無所嫌，故仍史文也。其日，正臧孫紇之出也。正其有罪。蘧伯玉曰：【補曰】蘧伯玉，衛大夫，名瑗，謚成子。當夫子脩春秋時，年近百歲，論語記其使人來。蔡邕所謂蘧瑗保生也。「不以道事其君者，其出乎？」必不見容。【補曰】臧武仲不善處季孟之閒，至於出奔，故伯玉爲推本之論，以爲武仲不能以道事君，斯其所以出乎。左傳載仲尼曰：「知之難也。有臧武仲之知，而不容於魯國，抑有由也。作不順而施不恕也。」夫子論其事，伯玉論其理，皆以武仲之知，一時推重，至目之爲聖人，故聖賢互有評論也。論語又曰：「臧武仲以防求爲後於魯，雖曰不要君，吾不信也。」則又論其奔後事也。或謂伯玉平日汎論不指武仲，如禮器引君子之人達耳，此殆不然。案：論語稱所謂大臣者，以道事君，不可則止，言止則有去國之義，故夫子嘗去魯矣，伯玉亦再從近關出矣。專之去則合乎春秋矣，出奔亦何害於道哉？

晉人殺欒盈。惡之，弗有也。不言殺其大夫，是不有之以爲大夫。【補曰】經惡之爲弗有辭也。稱人者，衆辭例。

齊侯襲莒。輕行掩其不備曰襲。【補曰】左傳例，輕曰襲。傳稱齊侯還自晉不入，遂襲莒。孔穎達曰：「經不言遂者，閒有他事故也。僖六年遂救許、二十八年遂圍許亦閒有他事。而言遂者，公皆親在，事不待告，故遠承上事言遂。此書齊事，雖告稱遂襲莒，亦不可書遂，爲閒有數事，與前文隔絶故也。」文烝案：隔絶既多，又伐晉已言遂，不可復書遂也。

二十有四年春，叔孫豹如晉。

仲孫羯帥師侵齊。【補曰】羯，速之子孟孝伯。○【撰異曰】羯，公羊作「偈」，又作「禓」，亦或作「羯」。後同，

夏，楚子伐吳。

秋七月甲子朔，日有食之，既。

齊崔杼帥師伐莒。

大水。【補曰】案：大水例時，此及上伐皆不蒙月也。水災成於七月，故在七月下八月上，以此知夏秋書大水者，不必四月至六月、七月至九月矣。若大旱則必至六月、九月雩不得雨而後書，與水異也。

八月癸巳朔，日有食之。

公會晉侯、宋公、衛侯、鄭伯、曹伯、莒子、邾子、滕子、薛伯、杞伯、小邾子于夷儀。【補曰】夷儀，衛地。左傳曰：「將以伐齊，水，不克。」許翰曰：「知水災非特魯也。」○【撰異曰】夷，公羊作「陳」。後同。徐彥曰：「左氏與穀梁作『夷儀』」。

冬，楚子、蔡侯、陳侯、許男伐鄭。

公至自會。

陳鍼宜咎出奔楚。○【撰異曰】鍼，公羊作「咸」，亦或作「鍼」。唐石經作「鍼」。

叔孫豹如京師。【補曰】左傳曰：「齊人城郟。穆叔如周聘，且賀城。」齊城郟者，國語云：「穀、雒鬭，將毀王宮。」是城之由也。蓋此年水患特甚。

大饑。【補曰】大饑，由七月大水。五穀不升爲大饑，升，成也。【補曰】明此大饑之文與有年、大有年相反，即莊二十八年之大無麥禾也。彼有諱文耳。一穀不升謂之嗛，嗛，不足貌。【補曰】韓詩外傳作「鎌」，廣雅作「歉」。文選注引劉兆注曰：「慊，不足也。」二穀不升謂之饑，三穀不升謂之饉，【補曰】爾雅、毛詩傳並云「穀不熟爲饑，蔬不熟爲饉。」蔬不熟者，既無穀又無蔬也。雖與此異，亦謂饉深於饑。四穀不升謂之康，康，虛。【補曰】廣雅作「歔」，韓詩外傳作「荒」。爾雅云「果不熟爲荒」，亦謂轉益深。管子有「比歲歉」、「比歲飢」、「比歲荒」之語。五穀不升謂之大侵。侵，傷。【補曰】疏曰：「大侵者，大饑之異名也。」文烝案：傳首一語，正解本文已足，復舉一穀以上，次第言之，嗛則公羊所云「一災不書，以其不足書也。」饉與康甚於饑，而愈於大饑，經以饑包之，非不書也。傳以經書凶年之事終於此，故明其統例。何休云「有死傷曰大饑，無死傷曰饑」，義得兼通。疏引徐邈云「有死者曰大饑，無死者曰大餓」，則不足據也。墨子「不升」並作「不收」，其名饉也，旱也，凶也，餽也，饑也，文更乖異。旱不得爲一名，饉不得淺於饑。大侵之禮，【補曰】此下於經外記舊典。君食不兼味，【補曰】君，謂天子諸侯也。曲禮曰：「歲凶年穀不登，君膳不祭肺。」鄭君曰：「禮食殺牲則祭先，有虞氏以首，夏后氏以心，殷人以肝，周人以肺。不祭肺則不殺也。天子食日少牢，朔月大牢，諸侯食日特牲，朔月少牢。」白虎通曰：「一穀不升徹鶉鷃，二穀不升徹鳧鴈，三穀不升徹雉兔，四穀不升損囿獸，五穀不升不備三牲。」臺榭不塗，塗，塈飾。【補曰】爾雅：「闍者，謂之臺。」李巡曰：「積土爲之，有木者謂之榭。」

李曰臺上有屋，此榭與堂埠不同。韓外傳「塗」作「飾」。**弛侯**，弛，廢也。侯，射侯也。廢侯，不燕射。【補曰】疏曰：「注獨舉燕射，其實大射、賓射亦不行也。或以爲燕射一侯，禮最省，故舉之以明餘者亦不爲耳。」案：韓外傳無此句。**廷道不除**，廷內道路不脩除。【補曰】韓外傳「廷道」作「道路」。曲禮曰：「馳道不除。」鄭君曰：「除，治也。不治道爲妨民取蔬食也。」**百官布而不制**，官職脩列，不可闕廢，不更有造作。【補曰】韓外傳「布」作「補」。**鬼神禱而不祀**，周書曰：「大荒有禱無祀。」【補曰】韓外傳「祀」作「祠」。曲禮曰：「祭事不縣。」雜記孔子曰：「凶年祀以下牲。」此皆禱禮，通名爲祭祀耳。注所引糴匡文，「祀」今作「祭」。**此大侵之禮也。**【補曰】毛詩傳曰：「歲凶年穀不登則趨馬不秣，師氏弛其兵，馳道不除，祭祀不縣，膳夫徹膳，左右布而不脩，大夫不食粱，士飲酒不樂。」賈子曰：「歲凶穀不登，臺扉不塗，榭徹干侯，馬不食穀，馳道不除，食減膳，饗祭有闕。」二文與傳及曲禮、韓詩外傳皆略同。

二十有五年春，齊崔杼帥師伐我北鄙。

夏五月乙亥，齊崔杼弒其君光。【補曰】齊莊公。**莊公失言，淫于崔氏。**放言將淫崔氏，爲此見弒也。邵曰：「淫，過也。言莊公言語失漏，有過於崔子，而崔子弒之，故傳載其致弒之由，以明崔杼之罪甚。」【補曰】邵所云「有過」，猶言得罪也。案：左傳崔杼娶東郭姜，莊公通焉，驟如崔氏，以崔子之冠賜人。曰：「不爲崔子，其無冠乎？」注前說據通姜事，邵說據賜冠事，其實當兼取爲說。失言於崔杼，一事也，淫通崔杼之妻，又一事也，傳以莊之無道，經歷書之，惟此兩事，其惡未著，故特發傳，成十七年論之詳矣。莊不從甚惡例稱國者，禍不從殺大夫而起，非莒、吳、薛、夷狄小國，則治大夫者從詳。

公會晉侯、宋公、衛侯、鄭伯、曹伯、莒子、邾子、滕子、薛伯、杞伯、小邾子于夷儀。【補曰】案：左傳曰：「伐齊，以報朝歌之役。齊人以莊公説，使隰鉏請成。慶封如師，男女以班。賂晉侯以宗器、樂器。晉侯許之。」此與文十五年盟扈相似，不從散辭之例略之者，初爲會時，但謀報怨，未聞弑君，事實與扈盟不同，故從常文也。至於既聞弑後，不能討賊，晉與諸侯之罪固無可辭，但此等之義，文外自見，文中所未暇論。晉本非以討賊徵會，則無爲於會而譏之，故會夷儀以報怨，不譏不討。齊會澶淵以救災，不譏不討。蔡會郭以尋盟，不譏不討。莒皆以弑事與會事本不相涉，得與常會一例也。澶淵以善事而有變文加文，明其若非善事則與夷儀、郭同也。文十五年盟扈則本以討齊出，十七年會扈則定宋新君於伐後，其伐亦本以討宋出，故皆略之爲散辭。桓二年會稷則又直爲成宋亂出，故深誅其心，加言以成宋亂也。程端學嘗曰：「春秋者，即此事而論此事之義者也，未嘗因此事而論他事之善惡也。」此言大概是也。此不書伐齊者，杜預曰：「齊人逆服，兵不加。」杜是也。或又以言伐則嫌予晉討賊，故没其文也。

六月壬子，鄭公孫舍之帥師入陳。

秋八月己巳，諸侯同盟于重丘。會夷儀之諸侯也。重丘，齊地。【補曰】此本杜預。杜以爲齊亦同盟。孔穎達引二十八年傳齊陳文子曰：「重丘之盟，未可忘也。」文烝案：上既不言伐齊，則此并没之矣。

公至自會。

衛侯入于夷儀。夷儀，本邢地，衛滅邢而爲衛邑。【補曰】此本杜預也。孔穎達曰：「邢遷于夷儀，衛滅邢，還名夷儀。」文烝案：十六年以來書衛侯皆爲剽，此則衎也，從其故稱而書入，則無所嫌。不名者，後復歸名，故此略之。未得國都，故不言復也。此事蒙上月，與入櫟同。

楚屈建帥師滅舒鳩。【補曰】此夜時例。徐取舒、楚滅舒鄝、舒庸、舒鳩，皆偃姓夷國。

冬，鄭公孫夏帥師伐陳。【補曰】此亦一歲再伐，與成三年伐許同。彼既狄之，故此從平文矣。若齊之侵伐我，則一從平文，内伐亦然。○【撰異曰】夏，公羊作「蠆」。徐彦曰：「公孫蠆云云，亦有一本作『公孫蠆』字者。」

十有二月，吴子謁伐楚，門于巢，卒。【補曰】吴諸樊也。○【撰異曰】謁，左氏作「遏」。徐彦公羊疏曰：「吴子遏者，亦有一本作『謁』字者。」以伐楚之事，門于巢卒也。所以攻巢之門者，爲其伐楚之事故也，然則伐楚經巢。【補曰】攻門曰門。于巢者，外乎楚也。若但言伐楚卒而不言于巢者，則卒在楚也，言于巢則不在楚。門于巢，乃伐楚也。先攻巢，然後楚乃可得伐。【補曰】疏曰：「舊解，巢，楚竟上之小國，有表裏之援，故先攻之然後楚可得伐。或以爲楚邑，非也。徐邈亦云『巢，偃姓之國』是也。」文烝案：巢即文十二年楚所圍者。諸侯不生名，取卒之名加之伐楚之上者，見以伐楚卒也。【補曰】明由伐楚至死。其見以伐楚卒何也？據伐楚惡事，無緣致本意。【補曰】此非致其志，注非也。問此者，疑伐楚亦不至死。古者大國過小邑，【補曰】謂以師過狀，若侵伐者。小邑必飾城而請罪，禮也。飾城者，脩守備，請罪，問所以爲闕致師之意。【補曰】飾城請罪則無攻門之事。吴子謁伐楚，至巢，入其門，【補曰】左傳曰「門焉」，公羊曰「入門乎巢」，皆謂攻之。公羊又申之曰「入巢之門」，則謂攻入之，傳意亦同也。言巢不飾城請罪。門人射吴子，有矢創，反舍而卒。【補曰】舍，止息之處，是所謂以伐楚卒。蘇轍曰：「言卒不言滅者，死而非獲也。」卽左傳、杜預說。古者雖有文事，必有武備，【補曰】言古者諸侯相見，軍衛不徹，況以伐楚之事、攻巢之門本非文事，可無備乎？君親爲飛矢所中，是其無備明矣。非巢之不飾城而請罪，非吳子之自輕也。非，責。【補曰】自輕，謂攻門無備也。經意責巢，尤責吳子。

二十有六年春王二月辛卯，衛甯喜弒其君剽。【補曰】史記謂之「殤公」，漢書古今人表有「衛殤公猋」。剽、猋聲相近，作「焱」者誤。此不正，【補曰】疏曰：「剽元年稱公孫，知不正。」其曰何也？殖也立之，喜也君之，正也。父立以爲君，則子宜君之，以明正也。【補曰】此解書「日」義，非解「君」字。里克殺卓亦曰「弒君」，明不必父之所立始當奉以爲君，但父立而奉爲君者，雖不正亦正，故不去日，別於凡弒不正者，君臣之義父子之道備矣。劉歆言微言大義，而程子曰：「春秋大義數十，炳如日星，乃易見也。唯其微辭隱義，時措從宜者，爲難知也。」今案：此條稱君爲大義，書日爲微文，下二條書叛爲大義，書日又爲微文，非傳何以知之？

衛孫林父入于戚以叛。【補曰】非自外入，無所謂復也。以者，不以者也，義在昭二十一年傳。凡言叛者，皆據有邑土，猶後世之言反。孔穎達論之甚明。又與「潰」略同。公羊曰：「潰者何？下叛上也。國曰潰，邑曰叛。」是也。此處無傳。不言叛直叛者，非直叛也。左傳曰「以戚如晉」，是以戚出奔晉。胡銓曰：「書叛者，叛衎也。書弒君者，君剽也。春秋原情定罪，故兩君之也。」張自超曰：「書叛於剽甫弒衎未歸之閒，則林父向日逐君之罪幷著。」何休曰：「叛例時。」

甲午，衛侯衎復歸于衛。○【撰異曰】衎，本亦作「衍」。日歸，見知弒也。書喜弒君，衎可言歸，衎實與弒，故錄日以見之。書日所以知其與弒者，言辛卯弒君，甲午便歸，是待弒而入，故得速也。【補曰】王符潛夫論曰：「春秋之義，責知誅率。」此類是也。此傳及上傳專發日義，聖門相承說也。舊史大國君奔歸入者皆書日，左氏載續經「哀十六年春王正月己卯，衛世子蒯聵自戚入于衛」亦其類也。疏曰：「傳例歸爲善，復歸則居其兩端，今喜既弒君，衎可言歸，但以與弒，故從平文云復歸。書名，因以見惡耳。不言入，以明歸罪於甯喜也。」文烝案：左傳曰「甲午，衛侯入」，疑舊史本言「入」，春秋改言「復歸」者，與突歸于鄭同義。歸者易辭，彼則祭仲易其事，此則甯喜易其事也。但突歸之非善辭易明，衛侯衎之復歸則嫌與善辭相亂，無以見其知弒，故與出奔皆仍史文，存日所以明其非善也。彼言歸而此言復歸者，突本未有國，衛侯則舊有國也。書衎者，失國常文也。疏多誤解，引善辭之例是一誤；謂復歸小劣於歸，乃同公羊，是二誤；專以書名爲見惡，而不知謹日爲正義，違戾本傳，是三誤。

夏，晉侯使荀吳來聘。

公會晉人、鄭良霄、宋人、曹人于澶淵。【補曰】依左傳，晉人者，趙武也。宋人者，向戌也。公不會大夫，經例宜稱人以會，鄭良霄獨仍舊史稱名氏者，明欲爲異文特顯之。序向戌上者，蓋時以其先至於會，進班在上，左傳以爲向戌後至也。又或謂宋人非卿，非卿故稱人，序鄭下，此說與蜀盟齊人同，亦可通也。不致者，時晉助孫氏以討衛，本是惡事，又外皆無君，故没至文，與翟泉、蜀之盟同。

秋，宋公殺其世子座。○【撰異曰】座，左氏、公羊作「痤」。程端學曰：「公羊作「座」。」案：今公羊不作「座」。

吕本中曰：「穀作『座』，程蓋誤。」

晉人執衛甯喜。【補曰】左傳曰：「於是衛侯會之，晉人執甯喜、北宮遺，使女齊以先歸。」公羊曰：「不以其罪執之。」

八月壬午，許男甯卒于楚。宣九年九月辛酉，晉侯黑臀卒于扈，傳曰「其日，未踰竟也」。此乃在楚，何以日邪？隱三年八月庚辰，宋公和卒，傳曰「日卒，正也。」許男卒于楚，則在外已顯，日卒，明其正。【補曰】此因朝于楚而卒也。疏曰：「案：薄氏駁云，此自發例於大國，不關於小國，其小國或詳或略，許男書日，未必正也。范答云，春秋稱世子，固有非正，周之襄王、晉之恭子、曹伯射姑亦是其例。貜且之卒，連於日食之下，何以知其不日？然則范之此答，據何文得知？又周之襄王與恭子何以爲別？又薄氏之駁，不問射姑，而范答探意太過者，案左氏，襄王是惠后之子，明襄王是嫡也，故文八年書八月戊申天王崩。恭世子是獻公烝父妾而生，僖五年被殺不日，故知雖世子仍非嫡也。薄氏之意，見射姑稱世子而卒不書日，故駁云『發例於大國』，小國自從詳略，故范以射姑非正答之。據陳侯款，僖七年寧毋之會亦言世子，至僖二十八年書卒之上亦不日，明稱世子亦有非正也。捷菑既貶則貜且是正，故知貜且之卒蒙上日食之文可知。襄王正，恭子不正，而亦引以爲例者，欲明襄王正而稱世子，申生不正亦稱世子，據此言之，明有不正而稱世子者。」文烝案：申生、款稱世子，皆正也，申生自在殺例，款當在惡之之例，惟射姑似非正。

冬，楚子、蔡侯、陳侯伐鄭。

葬許靈公。

二十有七年春，齊侯使慶封來聘。

夏，叔孫豹會晉趙武、楚屈建、蔡公孫歸生、衛石惡、陳孔奐、鄭良霄、許人、曹人于宋。

【補曰】晉、楚弭兵，會盟之善者，義在後傳。杜預曰：「案傳會者十四國，齊、秦不交相見，邾、滕爲私屬，皆不與盟。宋爲主人，地於宋，則與盟可知，故經唯序九國大夫。楚先晉歃，而書先晉，貴信也。陳於晉會，常在衛上，孔奐非上卿，故在石惡下。」孔穎達曰：「爲盟而爲此會，故不盟者會亦不序。」文烝案：晉先楚者，史文之常，不論其信否，君子仍史之舊。〇

【撰異曰】奐，公羊作「瑗」。

衛殺其大夫甯喜。稱國以殺，罪累上也。【補曰】重發傳者，與里克同，與元咺、陽處父等不同，將發其義，故備其文。甯喜弑君，其以累上之辭言之何也？嘗爲大夫，與之涉公事矣。鄭嗣曰：「若獻公以喜有弑君之罪而殺之，則不宜既入以爲大夫而復殺之，明以他故。」【補曰】疏曰：「徐邈云：『涉，猶歷也。』」文烝案：公事，公家事也。此亦所謂殺之不以其罪。甯喜由君弑君，而不以弑君之罪罪之者，惡獻公也。獻公卽衎也。鄭嗣曰：「書甯喜弑其君，則喜之罪不嫌不明，今若不言喜之無罪而死，則獻公之惡不彰。」【補曰】由君弑君，謂由衎弑剽。

衛侯之弟專出奔晉。〇【撰異曰】專，左氏、公羊作「鱄」。專，喜之徒也。專之爲喜之徒何也？己雖急納其兄，與人之臣謀弑其君，是亦弑君者也。【補曰】故曰喜之徒。專其曰弟何也？據稱弟，則無罪。專有是信者，【補曰】言專之奔，乃有信者也，故稱弟。君賂不入乎喜而殺喜，是君不直乎喜

也，故出奔晉，言君本使專與喜爲約納君，許以寵賂，今反殺之，獻公使專失信，故稱弟見獻公之惡也。【補曰】直，亦信也。古書於尾生直躬，或稱直，或稱信，是信、直同義也。專承君命，以賂約喜，君賂不入而反殺之，是君使專失信乎喜，故出奔晉也。三句申上專有是信之意，范注末二句似是而非。織絢邯鄲，【補曰】邯鄲，晉地。疏引麋信云：「絢者，著屨舄之頭，即儀禮『絇繶純』是也。」文烝案：鄭君曰：「絇之言拘也，以爲行戒，狀如刀衣鼻，在屨頭。」郝懿行曰：「織絲爲之。」終身不言衛。恥失信。【補曰】二句幷言其奔後事以足文意。專之去，合乎春秋。何休曰：「甯喜本弑君之家，獻公過而殺之，小負也。專以君之小負自絕，非大義也，何以合乎春秋？」鄭君釋之曰：「甯喜雖弑君之家，本專與約納獻公爾，公由喜得入，已與喜以君臣從事矣。春秋撥亂重盟約，今獻公背之而殺忠于己者，是獻公惡而難親也。獻公既惡而難親，專又與喜爲黨，懼禍將及，君子見幾而作，不俟終日。微子去紂，孔子以爲三仁，專之去衛，其心若此，合于春秋，不亦宜乎？」【補曰】案：上言專以守信而奔，故得稱弟，正解經文已畢。此又言其去國之深得事宜，合乎春秋之義也。專雖守信，終爲喜徒，嫌其雖著弟文，不得以去爲善，故明專之去實是善也。但較叔肸則不如之，故一兼稱字，一直稱名，一云取貴，一云合也。鄭君比之微子，李廉以爲過美，而其説大概近是。宣十七年疏云「專之去，使君無殺臣之惡，兄無害弟之愆」，斯言不易矣。陳光出奔，傳曰「其弟云者，親之也。親而奔之，惡也」。此不言者，言專有信，言專合乎春秋，則舉親以惡衛侯可知。上傳已云惡獻公，故此不言也。

秋七月辛巳，豹及諸侯之大夫盟于宋。【補曰】左傳曰：「盟于宋西門之外。」溴梁之會，諸侯在而不曰諸侯之大夫，大夫不臣也，晉趙武恥之。【補曰】疏曰：「趙武恥大夫不臣。」豹云者，恭也。不皐氏姓。【補曰】從大夫書至，由上見挈之例，明其恭於君。**諸侯不在而曰諸侯之大夫，大夫臣也，**【補曰】若不欲爲大夫臣之辭，則當不言諸侯而不出豹。凡春秋之義，多以兩文相對而見，傳合溴梁言之，特顯此意。**其臣恭也，**【補曰】當云「臣且恭」，省一「且」字耳。溴梁不臣，不復論其恭不恭。**晉趙武爲之會也。**【補曰】之會，是會也。是會主於弭兵，趙武實倡其議，臣恭之美，職是之故，觀後會澶淵傳，見此傳言外不盡之意。朱子之説大學，所謂「咏歎淫液，其味深長」者也。案：左傳宋向戌欲弭諸侯之兵以爲名，而前二十五年趙文子語穆叔先有此意，足與傳相證也。葉夢得謂穀梁知其義而不知其事，未爲善讀傳者。又謂左氏得其事而不盡其義，公羊既不知事，又不知義，則皆信也。趙鵬飛曰：「夷夏交歡，諸侯用寧，其功大矣，不可謂權出大夫而卑之也。權正不並用，仁義不兩立。權足以濟時，君子捨其正，仁足以安天下，君子不責其義。」文烝案：書及者，以內及外之文。不嫌是內爲志者，上言會，明晉爲主可知。○國語曰：「是行也，以藩爲軍，攀輦即利而舍，候遮扞衛不行。」韋昭曰：「藩，籬落也。言不設壘壁。攀，引也。輦，輦車也。即，就也。言人引車就水草便利之地而舍之。候，候望。遮，遮罔。晝則候遮，夜則扞衛。扞衛謂羅闉、〔一〕狗附也。張羅闉，去壘五十步而陳，周軍之前後左右，彍弩注矢以誰何，謂之羅闉。又二十人爲曹輩，去壘三百步，畜犬其中，或視前後，或視左右，〔二〕謂之狗附。皆昏而設，明而罷。候遮二十人居狗附處，以視聽候望，明而設，昏而罷。不行者，不設之。」文烝案：晉語記此，以明晉之有信，楚不敢謀，蓋亦齊桓不以兵車之意，又可見他會盟之大槩。

〔一〕「扞衛」原脱，據國語晉語八韋昭注補。

〔二〕「或視左右」，原脱「或視」二字，據國語晉語八韋昭注補。

冬十有二月乙亥朔，日有食之。

二十有八年春，無冰。【補曰】何休曰：「豹、羯爲政之所致。」

夏，衞石惡出奔晉。

邾子來朝。

秋八月，大雩。

仲孫羯如晉。

冬，齊慶封來奔。

十有一月，公如楚。【補曰】何休曰：「如楚皆月者，危公朝夷狄也。」

十有二月甲寅，天王崩。靈王。【補曰】史記名泄心。簡王子。泄，蓋當作「世」，故國語注作「大心」，猶「樂大心」作「樂世心」，彼「世」亦或作「泄」也。案：左傳記葬靈王在下年五月「公至」後，傳言「鄭上卿有事，使印段如周」，又昭三十年傳鄭游吉對晉人曰：「靈王之喪，我先君簡公在楚，我先大夫印段實往，敝邑之少卿也」。是時鄭有卿往會葬，則魯亦必有會者，魯既會葬，則知傳及公羊謂以不志葬爲正者信矣。公孫敖弔喪，若不奔莒，或當不書。毛詩序稱季孫行父請命于周在僖公時，左傳成二年稱臧宣叔如晉乞師，而經無行父如京師、許如晉之文，似卿出竟亦或有不書者，以此知平、桓、惠、定、靈五王之葬，雖有卿往，亦不得以不書爲疑也。至五王之獨得以不志葬示義者，傳無明文，以其時考之，平、桓之崩則春秋之初也，惠之崩則齊霸之盛也，定之崩則春秋之中也，靈之崩則夷夏之弭兵也，不志葬之義，獨在五王，其以此歟？

乙未，楚子昭卒。【補曰】楚康王也。史記、論衡康王名作「招」字。何休曰：「乙未與甲寅相去四十二日，蓋閏月也。」文烝案：下年五月有庚午，左傳有二月癸卯，若此有閏則不得合，故陳厚耀、顧棟高皆疑之，今姑從何氏。

二十有九年春王正月，公在楚。閔公也。閔公爲楚所制，故存録。【補曰】傳例曰：「存公故也，在昭三十年傳。」公羊曰：「正月以存君也。」何休曰：「正月歲終而復始，臣子喜其君父與歲終而復始，執贄存之，故言在。在晉不書，在楚書者，惡襄公久在夷狄，爲臣子危録之。」疏以爲成、襄、昭適晉並踰年，不言在，親倚之情，比之國内。孫復曰：「公在中國猶可，在夷狄則甚矣。」文烝案：左傳公於是有親襚之事，四月又有送葬之事，陳侯、鄭伯、許男皆與焉。

夏五月，公至自楚。【補曰】案：至自楚亦皆月，亦危之，又皆危其久，此往月致月有懼之例。喜之也。凱曰：「遠之蠻國，喜得全歸。」致君者，殆其往而喜其反，殆，危。此致君之意義也。【補曰】疏曰：「於此發之者，以公遠之荆蠻，故傳特發之，明中國亦同也。」

庚午，衛侯衎卒。

閽弑吴子餘祭。【補曰】即戴吴也。不日者，卒例也。吴與莒弑各二，皆不日，其例皆同。○【撰異曰】弑，左氏音義作「殺」，申志反。閽，門者也，寺人也。【補曰】門者，守門者也。易説卦傳曰：「艮爲閽寺。」疏曰：「以主門晨昏開閉謂之閽，以是奄豎之屬，故又謂之寺人也。」文烝案：祭統曰：「閽者，守門之賤者也，古者不使刑人守門。」鄭君曰：「古者，謂夏、殷時，明周制守門以刑人。」音義曰：「寺，本又作『侍』。」不稱名姓，閽不得齊於人。【補曰】疏曰：「人稟二儀之氣，須五常之性備然後爲人，閽者虧形絶嗣，無陰陽之會，故不復齊於人也。」不稱其君，閽不得君其君也。【補曰】何休曰：「不言其君者，公家不畜，士庶不友，放之遠地，欲去聽所之，故不繫國。不繫國，故不言其君。」禮：君不使無恥，無恥，不知臧否。不近刑人，【補曰】公羊同。曲禮曰：「刑人不在君側。」不狎敵，不邇怨，【補曰】疏曰：「言爲人君之道，外不得狎敵，内不得近怨，何者？吴謁以狎敵蒙禍，餘祭以邇怨害身，故不可狎敵邇怨也。」文烝案：傳意重在不近刑人，不邇怨。賤人非所貴也，【補曰】疏曰：「卑賤之人無高德者，不可猝貴。」貴人非所刑也，【補曰】曲禮曰：「刑不上大夫。」鄭君曰：「不與賢者犯法，其犯法則在八議，輕重不在刑書。」刑人非所近也。【補曰】公羊曰：「近刑人則輕死之道。」鄭君曲禮注曰：「爲怨恨爲害也。」舉至賤而加之吴子，吴子近刑人也。【補曰】疏曰：「謂經舉而加之，譏其近刑人也。」文烝案：不近則何由得弒，故知吴子近之。劉賁對策曰：「春秋譏其疏遠賢士，昵近刑人是也。」閽弒吴子餘祭，仇之也。怨仇餘祭，故弒之。【補曰】疏曰：「范以國君不仇匹夫，犯罪則誅之，故知是閽怨。」文烝案：此言吴子邇怨也，近刑人與邇怨一也。

仲孫羯會晉荀盈、齊高止、宋華定、衛世叔儀、鄭公孫段、曹人、莒人、邾人、滕人、薛人、小邾人城杞。【補曰】據左傳公孫段於良霄死後乃命爲卿，此不言鄭人，又不直言鄭段，明是特顯之。杜預曰：「蓋以攝卿行。」或未然也。昭元年左傳言「城湻于」，明非緣陵故都，蓋遷而後城之，故直言城杞也。不言遷者，略之也。杜預謂湣于本州國都，州公亡國，杞幷之。○【撰異曰】儀，公羊作「齊」。徐彥曰：「左氏經作『大叔儀』。」段玉裁曰：「今左經作『世叔儀』。」昭三十二年有「世叔申」，哀十一年有「世叔齊」，則此作「世叔」無疑，左傳乃皆作「大叔」耳。齊者，儀之曾孫，申之子，公羊誤也。左氏無鄭人。古者天子封諸侯，其地足以容其民，【補曰】地，謂四竟之內。王制曰：「量地以制邑，度地以居民，地邑民居必參相得也。」鄭君曰：「得，猶足也。」其民足以滿城，【補曰】城，謂都城，始封必城其國都。以自守也。【補曰】言守，明宜稍稍補完之。杞危而不能自守，【補曰】謂時遷國湣于，脩其城而有所益，亦自守之事，杞不能也。故諸侯之大夫相帥以城之，此變之正也。諸侯微弱，政由大夫，大夫能同恤災危，故曰變之正。【補曰】盟首戴時，政在諸侯，故變之正指諸侯；城杞時，政在大夫，故變之正又指大夫。觀傳所言，知春秋之義，因時而殊矣。左傳曰：「晉平公，杞出也，故治杞。」

晉侯使士鞅來聘。

杞子來盟。杞復稱子，蓋時王所黜。

吳子使札來聘。杜預曰：「吳子，餘祭。既遣札聘上國而後死。札以六月到魯，未聞喪也。不稱公子，其禮未同於上國。」【補曰】杜以爲不蒙上月，據左傳閽弒在五月，城杞在六月也，然則聘例書時明矣。高澍然申杜曰：「書來，據已至魯言；書使，據在彼國言也。」賈逵、服虔皆以爲夷末新卽位，使來通聘，與杜異。杜謂「禮未同上國」，故不稱公子，非也。此與楚萩、秦術並是夷狄，得有大夫之文，非有異例。傳所云「成尊於上也」，稱吳子與楚、秦義異，稱札與楚、秦義同。吳其稱子何也？善使延陵季子，故進之也。【補曰】檀弓孔子曰：「延陵季子，吳之習於禮者也。」吳所使得其人，故進稱子。家鉉翁曰：「荊人來聘，楚人使宜申來獻捷，春秋皆從君臣同辭之例，久而後書。楚子使萩，君臣俱見，今吴使始至，書君書大夫，爲其能使賢，故貴之。」家氏說是。此聘與荊人文相當，若非善其所使，當書吴人來聘也。秦伯使術，楚子使萩，不爲善所使者，秦稱伯，自是常文，楚於文公時本進稱子，故與此異也。如傳說，吴子即實夷末，此子必非喪稱，當與齊頃公同例矣。札者，壽夢之少子，其長子諸樊，次戴吴，次句餘，次札，故曰季子。謂之延陵季子者，公羊以爲季子讓國於闔廬，去之延陵。史記曰「季札封於延陵，故號曰延陵季子。」左傳載札讓國事在諸樊時，稱之爲延州來季子，鄭君以爲延陵即延州來。服虔以爲延者，延陵；州來，邑名。季子讓王位，居延陵爲大夫，食邑州來。杜預曰：「延州來，季札邑。」又曰：「本封延陵，後復封州來。」釋例又以「延州來」三字共爲一邑，不知其處。司馬貞疑釋例誤也。身賢，賢也，使賢，亦賢也。【補曰】能使賢則亦賢矣，故有可進之理，所謂欲知其君，視其所使。延陵季子之賢，尊君也。以季札之賢，吴子得進稱子，是尊君也。【補曰】又緣札之賢，有尊君之心，故如其意而進稱子，此別爲一義。其名，成尊於上也。春秋賢者不名，而札名者，許夷狄不一而足，唯成吴之尊稱，直稱吴，則不得有大夫。【補曰】疏曰：「上，謂君上。」文烝案：傳言略名札者，爲欲成吴子之尊稱，略名之，取足稱使耳。札自從萩、術之例，無爲再進稱氏也。范用公羊，未得其解。○公羊謂季子讓國，故賢之，獨孤及譏其以讓階禍。劉絢、胡安國、張洽遂謂春秋貶之，皆非經義。

秋七月。葬衞獻公。【補曰】不如成公去葬者，剽弑而入，前有明文故。○【撰異曰】左氏、公羊作秋九月。

齊高止出奔北燕。其曰北燕，從史文也。南燕，姞姓，在鄭、衞之閒。北燕，姬姓，在曾之北，史曰北燕，據時然，故不改也。傳所言解，時但有言燕者。【補曰】疏曰：「傳言從史文者，明時有直言燕者，而仲尼從史文也。」文烝案：經例國名皆從主人，此書齊事，則齊爲主人，但當時齊之稱燕，實直稱燕，不稱北燕，經以北燕書，不在名從主人之例，乃在從史文之例，故傳特明之也。史所以書北燕者，蓋别於南燕之直言燕，或以詳録加「北」，無義例。左氏載續經「哀十五年，齊高無丕出奔北燕」，是北燕從史文之證也。名從主人，亦是史文，既有從主人之義，不須言從史文，故於不從主人者言之也。孟子論春秋曰「其文則史」，傳曰「從史文」，語意相似，明穀梁子與孟子其學同出聖門也。傳之釋經，皆直述所受於師語，北燕從史文，聖門相承之説如此。公羊經師，習聞其説，而不得其解，遂於齊高偃納北燕伯之傳謬爲怪説，以附合夫子信史之言，此其展轉失真，最爲乖刺，而劉知幾遂肆筆議經矣。

冬，仲孫羯如晉。

三十年春王正月，楚子使薳罷來聘。聘例時，此聘月之何也？泰曰：「桓二年，宋督弑其君與夷，傳曰書王以『正與夷之卒』，然則義有所明，皆須王以正之。書王必上繫於春，下統于月，此書王，以治蔡般弑父之罪爾，非以録薳罷之聘。【補曰】泰説稱王最得之，以弑與夷爲比則小誤也。稱王治魯桓，足知諸弑君者並準此義，無須一一備文。與夷之弑，特以其爲春月第一事故耳。至於弑父自立，尤爲莫大之變，應須復顯王文，故特存王月於聘，以表斯旨。孟子曰：「世衰道微，子弑其父者有之，春秋天子之事，成春秋而賊子懼，此之謂也。」因此又知舊史於諸聘或皆具月矣。楚商臣弑父，其年本有王月，許止書弑，而無王月，明其實不弑，所以别之。○【撰異曰】罷，公羊作「頗」，一作「跛」。後同。

夏四月，蔡世子般弑其君固。【補曰】固之被弑，爲其淫而不父。○【撰異曰】般，本或作「班」，左氏亦同。其不日，子奪父政，是謂夷之。比之夷狄，故不日也。丁未，楚世子商臣弑其君，傳曰「日髡之卒」，所以謹商臣之弑也。楚公子比弑其君，傳曰「不日」，比不弑，般弑不日，而曰夷之何也？徐乾曰：「凡中國君王卒，皆書日以錄之，夷狄君卒，皆不日以略之，所以別中國與夷狄。夷狄弑君而日者，閔其爲惡之甚，謹而錄之。中國君卒例日，不以弑與不弑也。至于卒而不日者，乃所以略之，與夷狄同例。」【補曰】夷之者，孟子稱「父子相夷」，趙岐注載一說釋爲夷狄，是當時常語也。疏引鄭君釋廢疾曰：「商臣弑父，日之，嫌夷狄無禮，罪輕也。今蔡中國而又弑父，故不日之，若夷狄不足責然。公羊云『若不疾，乃疾之』，推以況此，則無怪然。」文烝案：鄭說即徐注所本，於理可通。今思之，楚世子商臣與公子比兩文相對爲義，商臣弑日則爲謹之，比弑不日則不弑也。蔡世子般與許世子止兩文相對爲義，般弑不日則爲夷之，止弑日則不弑也，其義互相易。

五月甲午，宋災。伯姬卒。【補曰】此災董仲舒、何休以爲伯姬守節憂傷之所生。案：齊災以甚志則書大災。左傳曰：「宋大災。」經不書大者，下有伯姬卒，則大可知，故省文也。服虔曰：「不書大，非災大及人，伯姬坐而待之耳。」非也。○【撰異曰】左氏作「宋伯姬」。陸湻曰：「衍文也。」取卒之日加之災上者，見以災卒也。【補曰】明死災也。疏曰：「外災例時，今因伯姬災卒，進日在上。」其見以災卒柰何？【補曰】疑君母不宜死災。伯姬之舍失火，【補曰】夜失火。左右曰：「夫人少辟火乎？」伯姬曰：「婦人之義，傅母不在，宵不下堂。」宵，夜。【補曰】傅母，蓋所以傅相其德行。漢書音義曰：「婦人年五十無子者爲傅。」左右又曰：「夫人少辟火乎？」【補曰】固請。伯姬曰：「婦人之義，保母不在，宵不下堂。」【補曰】保母，蓋所以保安其身體。古者后夫人有傅姆，則保母卽姆也。鄭君昏禮注曰：「姆者，婦人年五十無子，出而不復嫁，能以婦道教人者也。」案：傅母、保母，皆女未嫁時所置，女嫁隨女同行。伯姬時年六十左右，傅母、保母當已九十左右，皆未必存。何休說公羊「婦人夜出」句爲有事宗廟，亦與避火無涉，然則伯姬言此者，蓋自以身爲寡婦，昏夜之時，不欲下堂出門，又不欲明言其故，因時傅母、保母皆已前没，故假廟中之禮以拒左右。推其心，則胡瑗、孫覺謂之婦人之伯夷，劉敞以爲求仁得仁者也。論其理，則卽程子所謂餓死事極小，失節事極大者也。左傳說此事以爲待姆，公羊以爲傅至母未至，當皆傳聞之誤，所謂道聽涂說者歟？公羊之「傅」卽傅母也，公羊之「母」卽左傳「姆」字，卽保母也。何休注誤。遂逮乎火而死。【補曰】卒不下堂也，是所謂以災卒。婦人以貞爲行者也，【補曰】劉向列女傳宋鮑女宗曰：「婦人以專一爲貞。」班昭女誡引女憲曰：「得意一人，是謂永畢；失意一人，是謂永訖。」伯姬之婦道盡矣。【補曰】疏曰：「共公卒雖日久，伯姬能守夫在之貞，故曰婦道盡。」文烝案：伯姬遇災，猶能守義，平時有貞行可知矣。行貞則婦道盡。○予妻沈印齡論此傳曰：「婦人雖無外事，然亦有百行，雖有百行，而貞爲之本，故列女傳有母儀、賢明、仁智、貞順、節義、辯通六目，而道則盡於貞矣。以敬姜之賢也，聖人直曰季氏之婦不淫矣，亦此義也。」予甚善是言，謂能通穀梁、國語、列女傳詩箋之意。夫自劉向作傳，孽嬖外分六目，後漢書因有列女之篇，其序云「但搜次才行尤高秀者，不必專在一操」，史體固應爾，要其立言爲有弊矣。詳其事，賢伯姬也。【補曰】詳者，謂以卒日加災上也，賢其死正以賢其平時。孫覺曰：「伯夷之賢不見稱於孔子，則西山之餓夫耳；共姬之行不見列於春秋，則宋國之愚婦耳。爲伯夷、共姬，又何恨哉？亦信其志而已矣。」

天王殺其弟佞夫。【補曰】王弟亦王子，故名也，爲大夫則字，王季子是也。大夫雖殺亦字，召伯、毛伯是也。○【撰異曰】佞，公羊作「年」。案：「年」與「佞」聲近。佞，仁聲。秊，从禾千聲。説文「仁」古文作「忎」，亦千聲。千，古讀若「仁」也。又説文「鄰」讀若「寧」。傳曰：諸侯且不首惡，況於天子乎？【補曰】首惡，猶主惡，謂目君也，諸侯猶不爲首惡之文，況在天子？曲禮曰「君子不親惡」，蓋亦此意。疏曰：「嫌天子之殺弟異於諸侯，故以輕況重，舉重以明輕，是輕重之道並見矣。」君無忍親之義，天子諸侯所親者，唯長子母弟耳。【補曰】君兼天子、諸侯言之，天子、諸侯皆無忍於其親之義而親之。專以今王今公録者，獨此二人，何得無罪見殺乎？僖五年何休注曰：「春秋公子貫於先君，唯世子與母弟以今君録，親親也。」何不論王子、王世子、王母弟者，何注宣十年、十五年以爲天子不言子弟故也。準諸此傳，則天子、諸侯皆同。天王殺其弟佞夫，甚之也。【補曰】甚之者，甚其忍親，故直稱天王以首惡。

王子瑕奔晉。不言出，周無外。【補曰】此本杜預，即傳例所謂周有入無出。上下既一見出文，以後皆從正例。

秋七月，叔弓如宋。【補曰】叔弓，叔老子子叔、敬叔，亦稱敬子。月者，爲葬。

葬共姬。共姬從夫之謚。【補曰】此本杜預。杜又曰：「卿共葬事，禮過厚。」「傷伯姬之遇災，故使卿共葬。」鄭君説左傳曰：「夫人之喪，士弔下大夫會葬，禮之正。」鄭意此是古制，晉文、襄之霸，因而不改也。內君夫人葬例日，外諸侯葬以時爲正，以此差之，則內女爲外夫人書葬者宜以月爲正。恩録之文，輕重不爽。○【撰異曰】「葬」下當有「宋」字，此脱也。左氏、公羊皆有「宋」字。外夫人不書葬，此其言葬何也？吾女也，卒災，故隱而葬之也。【補曰】

失國卒災，傳各備文者，月卒日葬，日卒月葬，事情各異也。春秋於宋共姬盡其事者五，詳其事者二，特崇之者一，隱之者一，一人之身，録之甚悉，經辭之繁而不殺無若此者，良以家人之義，利在女貞，夫婦之道，人倫所始，深著其賢，爲後世勸也。詩始周南、召南，春秋録伯姬，其意不異。

鄭良霄出奔許。自許入于鄭。【補曰】不復出鄭良霄者，略之。良霄亦篡大夫位。不言復入者，初奔位未絶。

鄭人殺良霄。【補曰】趙汸曰：「獲麟後史書陳宗豎自楚復入于陳，陳人殺之。不言殺宗豎者，省文也。鄭良霄事與陳宗豎同，而經書曰「鄭良霄出奔許，自許入于鄭，鄭人殺良霄」，文不省者，以大夫自外入國，與國人討而殺之各是一義，於經不得相蒙也。」劉侍讀嘗發此義，計夫子改正舊史若此者多。不言大夫，惡之也。【補曰】疏曰：「欒盈已發傳，重發之者，嫌與復入異故也。」

冬十月，葬蔡景公。不日卒而月葬，不葬者也。【補曰】案：中國諸侯若本非正嗣，而其葬有故，則亦不日卒而月葬矣。今云不日卒而月葬，是不葬者，傳專對許悼公爲説也。許悼日卒而時葬，明其本非弑，當書葬者也。蔡景不日卒而月葬，明其實是弑，所謂君弑賊不討不書葬者也。不得以他卒葬常例爲疑。卒而葬之，不忍使父失民於子也。鄭嗣曰：「夫葬者，臣子之事也，景公無子，不可謂無民，無民則景公有失於民，有民則罪歸於子，若不書葬，則嫌亦失民，故曰不忍使父失民於子。【補曰】春秋變史例而又自變其例者，皆義之精也，於魯閔之不葬、蔡景之葬見之。

晉人、齊人、宋人、衛人、鄭人、曹人、莒人、邾人、滕人、薛人、杞人、小邾人會于澶淵，宋災故。【補曰】此澶淵，王夫之、洪亮吉以爲宋地，洪引説文「澶淵水在宋」。○【撰異曰】鄂本、公羊無「莒人」，脱也。會不言其所爲，【補曰】史之通例。其曰宋災故何也？【補曰】問經何以特增史文，與稷成宋亂相似。不言災故則無以見其善也。【補曰】明與成宋亂各不同也。不言以救宋災者，以者内爲志之文，此會文無内大夫，故不言以。其曰人何也？救災以衆。【補曰】案：左傳晉趙武、齊公孫蠆、宋向戌、衛北宮佗、鄭罕虎皆以大夫稱人，明救災義主用衆，故爲衆辭也。救災大事，特著善文，無嫌於爲卑者，亦無嫌於略而貶之，故稱人卽足顯其爲衆辭，因以示義也。左傳稱魯叔豹孫在會，以情事度之，魯必有大夫聽命，經不書者，方欲以衆辭一切稱人，而於文不得言魯人，又不得言叔孫豹會某人某人，同於人諸侯以人公之例。又不得直言會某人某人，同於盟齊内外皆卑者之文。以共姬本魯女，叔弓新往會葬，魯大夫與於救災，義在不疑，故遂移會文於下，全没魯文也。何救焉？更宋之所喪財也。償其所喪財，故雖不及災時而猶曰救災。【補曰】何休曰：「更，復也，如今俗名解浣衣復之爲更衣。」文烝案：周禮注：「更，償也。」卽檀弓「庚」字。國語、漢書注：「更，續也。」周禮大行人「致禬以補諸侯之裁」，大戴禮同。左傳曰：「侯伯分災，禮也。」澶淵之會，中國不侵伐夷狄，夷狄不入中國，無侵伐八年，善之也，晉趙武、楚屈建之力也。【補曰】疏引徐邈云：「晉趙武、楚屈建感伯姬之節，故爲之息兵。」文烝案：伯姬事至葬已畢，公羊以此亦爲録伯姬，不可通於傳，息兵不相侵伐亦不得以澶淵之會爲指實。又此會無楚人，徐説非也。楊氏以「澶淵之會」句讀斷，謂傳特連言之，似得其解，而牽合左傳主相晉國於今八年之文，從二十五年爲始，亦非也。此傳八年，謂宋盟後八年也。言所以得優游暇豫爲此澶淵之會者，以此八年中，乃中國、夷狄息兵不用時也。但言中國不侵伐夷狄，夷狄不入中國，而中國、夷狄各不自相侵伐亦包之也。但言無侵伐，而滅入圍戰之事俱無尤可見也。全經十一卷，從未有三年之外不見中國夷狄滅入圍戰侵伐之事者，獨襄二十七年盟宋，以訖昭三年，絶無滅入圍戰侵伐之事。昭元年雖有取鄆、敗狄二事，而鄰近之爭，曠遠之役，固與諸滅入圍戰侵伐者異例。君子作春秋，愛民重衆而惡戰，習亂既久，則好始治，故於澶淵特見善者，乃善其不事兵戎，同恤災患，其事其時，前後僅見也，要之皆趙武、屈建弭兵通好之力。力，如論語「管仲之力」，周禮所謂「治功曰力」者。用是又可知宋盟乃春秋所貴，灼然著明。劉敞説彼經云：「宋之盟，中國不出，夷狄不入，玉帛之使，交乎天下，以尊周室，晉趙武、楚屈建之力也。」皆用傳語，甚卓識也。漢有孔氏聘辭之書，乃是會宋之時，宋以折俎享趙武之禮，孔子以其多文辭，特舉而用之，亦足見宋盟之事，夫子平日所致意也。左傳載宋子罕之言以宋盟去兵爲誣道，又引詩美子罕，非經義也。傳特發此數語者，以明君子書經，用意深遠，有文中之義，又有文外之文，前後相屬，彼此相明者也。齊召南解「無侵伐八年」得之，而謂此傳是二十七年錯簡，澶淵之會當爲宋之會，失其旨矣。董仲舒曰：「春秋論十二世之事法，布二百四十二年之中，相爲左右，以成文采，其居參錯，非襲古也。是故論春秋者，合而通之，緣而求之，伍其比，偶其類，覽其緒，著其贅，是以人道浹而王法立。」又曰：「不在經與在經無以異，有所見而經安受其贅也。」如董生之言，則知盟宋不言所爲，而會澶淵言所爲，誠聖者之文也。○劉敞以來説宋災，故牽合蔡事，似是而非。說見上二十五年。

三十有一年春王正月。

夏六月辛巳，公薨于楚宮。楚宮，非正也。楚宮，別宮名，非路寢。【補曰】與臺下又異，故重發之。何休曰：「公朝楚，好其宮，歸而作之，故名之云爾。」案：此卽左氏說。

秋九月癸巳，子野卒。襄公大子。【補曰】案：左傳胡女敬歸之子毀也。子卒日，正也。【補曰】疏曰：「嫌與子般同，故傳發之，以明昭之繼正。」

己亥，仲孫羯卒。

冬十月，滕子來會葬。書非禮。【補曰】杜預曰：「諸侯會葬，非禮。」文烝案：左傳稱先王之制，諸侯之喪士弔，下大夫送葬。自晉文、襄改制，君薨，下大夫弔，卿共葬事；夫人薨，士弔，下大夫送葬。所言當得其實也。公羊於此無傳。文元年叔服會葬，傳曰：「其言來會葬何？會葬禮也。」何休於此注曰：「與叔服同義。」又於文六年注曰：「禮諸侯薨，使大夫弔，自會葬。」又於定十五年注曰：「禮諸侯薨，有服者奔喪，無服者會葬。」五經異義許愼謹案：「公羊說，同盟諸侯薨，君會葬，其夫人薨，君又會葬，是其不遑國政而常在路。周禮無諸侯會葬義，知不相會葬，從左氏義。」文烝案：此月者，蓋爲下葬日。

癸酉，葬我君襄公。

十月一月，莒人弒其君密州。【補曰】莒犂比公。段玉裁曰：「左傳云『書曰「莒人弒其君買朱鉏」』，於雙聲疊韻相合，疑左以莒語訓中國語也。」案：段說卽本服虔論乘壽夢之說，其說是也。莒言買朱鉏，赴魯改言密州。

春秋昭公經傳第九補注第二十一

昭公，襄公子公子裯也。母齊歸，敬歸之娣也。以景王四年即位，時年二十。

穀梁　范氏集解　鍾文烝詳補

元年春王正月，公即位。繼正即位，正也。【補曰】疏見閔元年。

叔孫豹會晉趙武、楚公子圍、齊國弱、宋向戌、衞齊惡、陳公子招、蔡公孫歸生、鄭罕虎、許人、曹人于郭。【補曰】杜預曰：「傳稱讀舊書，則楚當先晉，而先書趙武者，亦取宋盟貴武之信，故尚之也。衞在陳、蔡上，先至於會。」文烝案：晉先楚者，史之舊，與宋同也。招是陳侯之弟，稱公子者，出會與諸國大夫列序，不可獨出弟文。崔子方得之，且因與八年稱弟合以見義，如彼傳所云也。盟折曰蔡叔，此曰陳公子招，文各異者，後有季則前有叔，後稱弟則前稱公子，各有所當，疑亦因史之舊也。郭，即左氏「虢」字，古通用。杜預曰：「鄭地。」本東虢國也。左傳曰「三月甲辰盟」，經不書盟者，傳稱「讀舊書，加于牲上而已。」杜預曰：「不歃血，故不書盟也。」○【撰異曰】弱，公羊作「酌」。徐彥曰：「亦有作『國弱』者。」齊惡，公羊作「石惡。」陸湻曰：「誤也。」罕，公羊作「軒」。郭，左氏作「虢」，公羊作「漷」。

三月，取鄆。鄆，魯邑。言取者，叛戾不服。【補曰】此當依左傳爲莒邑。鄆本魯邑，後乃屬莒，莒、魯爭鄆已久，季武子救邰入鄆，未能得之，至是始取之。公羊曰：「運者何？内之邑也。其言取之何？不聽也。」「不聽」之文與圍棘同，皆謂其叛，此范所本。但公羊於下疆田云「與莒爲竟」，則亦謂其本是内邑，而叛屬莒耳，與左氏不異也。不書伐莒者，李廉曰：「書伐莒，是以討賊予魯也。」文烝案：月者，交争已久，幸而得取，故危録之。取爲易辭，月爲危録，此自無相妨。○【撰異曰】三月，各本誤作「二月」，今依唐石經改正。

夏，秦伯之弟鍼出奔晉。諸侯之尊，弟兄不得以屬通，其弟云者，親之也。親而奔之，惡也。【補曰】疏曰：「重發傳者，陳侯之弟稱歸爲無罪，鍼後無歸文，則罪之輕重不可知，故重發義，明與陳光同。」文烝案：傳或又以秦有狄文，嫌與諸夏異，故重發以明同也。

六月丁巳，邾子華卒。

晉荀吴帥師敗狄于大原。大原，地。【補曰】即定十三年之晉陽，爲唐叔始封地，舊説皆如此。據左傳鄭子産稱「臺駘能業其官，宣汾、洮，障大澤，以處大原，帝用嘉之，封諸汾川」，明晉陽亦名大原，故秦莊、襄王置爲大原郡，即今山西大原府是也。而宋翔鳳作小爾雅注，據小爾雅，高平謂之太原，及春秋説題辭云「高平曰太原。原，端也，平而有度。」書大傳釋「東原底平」云「大而高平者謂之太原」，以爲凡高平之地，皆得蒙大原之稱，不必專在晉陽。其論春秋「大原」及書禹貢「既修大原」、詩小雅「薄伐玁狁至于大原」、國語「宣王料民于大原」，以爲此諸文皆非秦、漢大原郡，皆當是漢志之安定郡高平縣等處，爲今甘肅平涼府固原等州。漢縣稱高平者，取高平曰大原之義也。文烝案：小雅、國語之大原，當是平涼，非晉陽，顧炎武已言之。春秋及禹貢之大原亦非晉陽，乃宋氏新説。宋以漢志、説文並稱安定有鹵縣，可證大原爲大鹵之說。而左傳稱「敗無終及羣狄」，無終爲今直隸遵化州玉田縣，由玉田至平涼就戰，視晉陽尤遠，是則可疑。若禹貢「大原」之文，上承梁岐，梁岐、大原皆雍州地，明壺口以西之功既畢，乃從壺口東治岳陽。宋說蓋是也。此不如箕、交剛言晉人者，蓋以羣狄勢盛，進而詳之，從正例也。然則此事宜蒙上月，亦不與箕、交剛同。○【撰異曰】原，左氏作「鹵」，蓋傳聞夷狄曰大鹵之說，因誤「原」爲「鹵」也。左傳亦曰「原」。徐彦公羊疏曰：「案：左氏作『大鹵』字，穀梁與此同。」傳曰：中國曰大原，夷狄曰大鹵，【補曰】此中國對夷狄言則不專指魯。公羊亦曰「此大鹵也。」又曰「原者何？上平曰原，下平曰隰。」說文釋安定鹵縣之「鹵」曰「東方謂之庍，西方謂之鹵」，此「原」與「鹵」之義也。號從中國，名從主人。襄五年注詳矣。【補曰】此通說經例，中國對主人言則專指魯也。重釋例者，前是吳，今是狄，嫌異也。

秋，莒去疾自齊入于莒。【補曰】時者，例也。

莒展出奔吳。【補曰】疏曰：「展篡踰年，不稱爵者，徐邈云不爲内外所與也，不成君，故但書名。」文烝案：疏以展爲篡，依左傳也，實未必然。○【撰異曰】左氏作「莒展輿」，亦或無「輿」字。左傳曰：「莒展之不立。」

叔弓帥師疆鄆田。疆之爲言，猶竟也。爲之竟界。【補曰】亦義相近也。古讀「竟」亦如「疆」，毛詩傳曰：「疆，竟也。」是以「竟」爲本訓。公羊曰：「疆運田者何？與莒爲竟也。與莒爲竟則曷爲帥師而往？畏莒也。」劉敞曰：「疆之者何？溝封之也。」

葬邾悼公。【補曰】邾至此始書葬者，魯始會葬也。或前是史略小國，以爲常例。

冬十有一月己酉，楚子卷卒。【補曰】楚郟敖也。卷實弒，見下四年。書卒者，史從赴書卒，不可改也。孔廣森以爲春秋爲内諱也。楚，夷狄之國，公子圍親弒君之賊，而昭公屈節往朝，内恥之大者，故略其實，没其文。文烝案：先儒劉、葉、胡、陳、張等各有説孔氏改之，較爲近理，而亦失之鑿。深其文辭者固春秋也，書王法而不誅其人者亦春秋也，差若豪氂，繆以千里，朝夷狄即爲恥，〔一〕遑計楚君何人哉？○【撰異曰】卷，左氏作「麇」。徐彦公羊疏曰：「左氏作『麇』字。」二小傳本亦有作「麇」字者。

楚公子比出奔晉。

二年春，晉侯使韓起來聘。

夏，叔弓如晉。

秋，鄭殺其大夫公孫黑。

冬，公如晉，至河乃復。乃者，亡乎人之辭，刺公弱劣，受制彊臣。【補曰】注以君弱臣强解「亡乎人」，非也，説見僖三十一年。言至河，不舉所至地。名者，亦所以大公，别於至黄乃復、至穀乃還等文。恥如晉，故著有疾也。公凡四如晉，季氏訴公於晉侯，使不見公，公懼不利于己，故公托至河有疾而反，以殺恥也。十二年傳曰「季氏不使遂乎晉」，與此傳互文以見義，然則十三年、二十一年如晉，與此義同。二十三年經曰：「至河，有疾，乃復。」是微有疾而

〔一〕「狄」原誤作「秋」，逕改。

反，嫌與上四如晉同，故明之。【補曰】恥如晉者，恥如晉不得入也。所以不得入，則季孫氏不使遂乎晉也，此下傳及十二年傳之文明，二十一年亦同，唯十三年季孫執於晉或小異也。范注言殺恥，殺恥乃二十三年之義，此及後三文但有恥義，無殺義也。恥者，經恥之，著者，經著之。范言公託有疾，又非也。言乃復所以得爲著有疾者，乃者，在天不在人之辭，故公子遂如齊，有疾而反，書至黃乃復，若非有疾則不得言乃。今此言至河乃復，與遂同文，是足著其有疾也。此傳及下十二年傳與左氏皆不合。左傳此年晉人辭公，爲公親弔少姜；十二年辭公，爲莒愬取鄆，將治魯；十三年辭公，爲季孫既執，失舊好；二十一年辭公，爲將伐鮮虞。辭公之說，蓋實有之，所爲之事，或未可據。又五年公如晉，左傳以爲莒愬受牟夷，晉欲止公；十五年公如晉、十六年公至，左傳云「晉人止公」，統觀左氏諸文，亦足見晉之有憾，其始終無季氏訴公事，則由魯國雜史書爲季氏掩罪耳，大氏左傳記季氏事多不以實也。公羊曰「不敢進也」，何休曰：「時聞晉欲執之，不敢往。」孔廣森引穀梁下傳爲說。

季孫宿如晉。公如晉而不得入，季孫宿如晉而得入，惡季孫宿也。明晉之不見公，季孫宿之所爲。

三年春王正月丁未，滕子原卒。【補曰】自此滕皆有名者，諸君皆不正，或後舍狄道，正者亦以名通。○【撰異曰】原，公羊作「泉」。陸淳所見唐石經磨改及板本皆同。徐彥曰：「左氏、穀梁作『原』字。」案：說文「泉，水原也」，「原，水泉本也」。泉本作「宂」，象形字。原，从泉出厂，古籀从三泉。

夏，叔弓如滕。

五月，葬滕成公。【補曰】滕至此始書葬，蓋亦所謂少進。杜預曰：「卿共小國之葬，禮過厚。葬襄公，滕子來會，故魯厚報之。」

秋，小邾子來朝。

八月，大雩。

冬，大雨雹。

北燕伯款出奔齊。【補曰】稱名，蓋有罪。其曰北燕，從史文也。【補曰】疏曰：「前高止之奔，欲明從史文，今北燕伯出奔，嫌自名之，故重曰從史文，舉此二者以明例，故於後不釋。」文烝案：前事自齊言之，此事自燕言之，燕自稱其國亦直稱燕，不稱北燕，故復明之也。

四年春王正月，大雨雪。雪，或爲「雹」。【補曰】以大志，非是不時，無取於月。此月，知以月爲例也。僖十年冬無月，當是歷月矣。大雨雹皆不月，知亦非例。○【撰異曰】雪，左氏作「雹」，與穀梁或本同，今本公羊作「雪」，自音義、唐石經以下皆同。徐彦公羊疏曰：「案正本皆作『雹』字，左氏經亦作『雹』字，故賈氏云穀梁作『大雨雪』，今此若有作『雪』字者，誤也。」據徐說則公羊作「雹」，陸德明所見已誤矣。

夏，楚子、蔡侯、陳侯、鄭伯、許男、徐子、滕子、頓子、胡子、沈子、小邾子、宋世子佐、淮夷會于申。楚靈王始合諸侯也。【補曰】此本杜預。申，楚地，本中國。孔穎達曰：「釋例班序譜稱『齊桓既没，宋、楚争盟，起僖十八年，盡二十七年。陳與蔡凡三會，在蔡上。楚合諸侯，蔡與陳凡六會，其五在陳上』。莊十六年注云陳國小，每盟會皆在衛下，齊桓進之，遂班在衛上。然則陳實小於蔡、衛，桓公進陳班耳。楚以大小爲序，不進陳班，故蔡多在陳上。」文烝案：淮夷不殊會，又下伐吴不言及，異於殺者，何休以爲楚子主會，不殊其類，所以順楚而病中國。

楚人執徐子。稱人以執，執有罪。【補曰】疏曰：「僖二十一年雩之會執宋公不言楚，此言楚人執徐子者，彼不與夷狄執中國，此時楚彊，徐又夷也。不言歸者，蓋在會而執，尋亦釋之，故不言所歸也。」○【撰異曰】楚人，板本、公羊或作「楚子」，誤。唐石經、鄂本、十行本亦作「人」。

秋七月，楚子、蔡侯、陳侯、許男、頓子、胡子、沈子、淮夷伐吴。衆國之君，傾衆悉力，以伐彊敵，内外之害重，故謹而月之。定四年侵楚亦月，此其例也。【補曰】疏曰：「舊解凡日月之例多施於内，不加於外，而云謹而月之者，以四夷之盛，吴、楚最甚，從此以後，中國微弱，禍害既亘，書亦宜詳，故注幷引定四年三月侵楚爲證，猶莊六年子突王者之師挫於諸侯，僖十五年齊桓霸者之兵屈於伐厲，故亦書月，是其義也。徐邈云『伐不月而書月者，爲滅厲書』，理亦通也。内外之害者，内謂吴，外謂衆國。」文烝案：杜預曰：「因申會以伐吴。不言諸侯者，鄭、徐、滕、小邾、宋不在故也。」張大亨曰：「諸侯畏楚之彊，守宋之盟而從楚，然猶不能致魯、衛、曹、邾，至伐吴，則諸侯皆去，所從惟楚之屬耳，人心向背可知。」執齊慶封殺之。【補曰】依常例，當如上執徐子，再出楚人。此入而殺，其不言入何也？慶封封乎吴鍾離。言時殺慶封，自于鍾離，實不入吴。【補曰】左傳以爲朱方，公羊以爲防。慶封自魯奔吴，不書者，何休曰：「已絶於齊，在魯不復爲大夫，賤故不復録之。」文烝謂史所本無。其不言伐鍾離何也？不與吳封也。慶封其以齊氏何也？據已絶于齊。【補曰】吳封之，當言吳慶封。爲齊討也。【補曰】楚本爲齊討，故繫之齊，明其實有弑君之罪。靈王使人以慶封令於軍中曰：「有若齊慶封弑其君者乎？」謂與崔杼共弑莊公光。慶封曰：「子一息，我亦且一言，【補曰】息，休止也。曰有若楚公子圍弑其兄之子而代之爲君者乎？」【補曰】楚靈蓋已改名虔，此舉其本名也。疏曰：「元年卷卒不云弑者，蓋密弑之，託以疾卒。楚無良史，告不以實，故春秋從而書之。傳因慶封之對以起其事，則簒弑之罪亦足以見也。」洪咨夔論左傳曰：「學者固當信經舍傳，而竟以傳爲誣，亦未敢斷。穀梁楚圍弑君，與左傳同，則其事自在人耳目，蓋楚諱其事，以疾卒赴，魯史無從而改，春秋無從而革也。」文烝案：此等皆穀梁密於公羊之處，劉知幾於卷卒一經譏短公羊，無所發明也。軍人粲然皆笑。粲然，盛笑貌。慶封弑其君而不以弑君之罪罪之者，慶封不爲靈王服也，傳例曰：「稱人以殺大夫，爲殺有罪，今殺慶封，經不稱人，故曰不以弑君之罪罪之。」【補曰】依宣十一年例，既當出楚人，又當直言殺齊慶封也。葉酉以爲慶封被執後楚始有殺之之意，若不書執，但曰殺齊慶封，則語勢直急，似眞爲討慶封伐吳矣。不與楚討也。【補曰】不足服人，故不與討。春秋之義，用貴治賤，用賢治不肖，不以亂治亂也。【補曰】貴且賢則人服矣，特稱春秋之義，所以是非二百四十二年之中者也。賈誼上疏曰：「古者聖王，制爲等列，內有公卿大夫士，外有公侯伯子男，然後有官師小吏，延及庶人，等級分明，而天子加焉，故其尊不可及也。」此貴賤之説也。論語曰中人以上、中人以下，又言上知下愚，又上下之閒有次有又次，漢書人表以聖人、仁人、智人、愚人分九等，此賢不肖之説也。説文曰：「不似其先，故曰不肖也。」方言：「肖，法也。」廣雅：「肖，類也。」貴治賤以位，賢治不肖以德，以亂治亂，則以暴易暴之謂，猶孟子言以燕伐燕也。夫以燕伐燕而猶可以行仁政，此不得已之辭耳，豈所以爲治？孔子曰：「懷惡而討，雖死不服，其斯之謂與？」【補曰】懷惡而討，卽上以亂治亂也。公羊十一年傳曰：「懷惡而討不義，君子不予。」何休以爲內懷利國之心而外託討賊，與此傳意異。此傳曰以亂曰懷惡，皆指靈有弒君之罪而言耳。疏曰：「上云春秋之義，足以見罪。又稱孔子曰者，靈王，夷狄之君，欲行伯者之事，嫌於得善，故引春秋以明之，復言孔子以正之。」

遂滅厲。○【撰異曰】厲，左氏作「賴」。徐彥公羊疏曰：「有作『賴』字者。」孔廣森曰：「古字厲、賴通，論語『厲己』，鄭讀爲『賴』。漢武紀『祖厲河』，李斐曰：『音嗟賴。』左氏僖十五年作『厲』，此作『賴』。又桓十三年傳有賴人，皆寫者異耳。杜預云『義陽隨縣北有厲鄉』，水經注曰『亦云賴鄉』。」遂，繼事也。【補曰】重發傳者，楚莊得鄭而已，今靈王兼統七國，夷狄之盛，儕於霸主，嫌稱遂別有義例，故復明之。

九月，取繒。【補曰】疏曰：「襄六年，莒人滅繒，以繒立莒公子爲後，故以滅言之。其實非滅，故今魯得取之。不云滅而云取者，徐邈云諱，故以易言之。」文烝案：徐本公羊，得之。或諱言入則是變例。

冬十有二月乙卯，叔孫豹卒。

五年春王正月，舍中軍。【補曰】舍，去也。何休曰：「月者，善録之。」案：此與丘甲三軍並是謹月而意異。

貴復正也。魯次國，舊二軍，襄十一年立三軍，今毁之，故曰復正。【補曰】凡諸侯非受命爲伯者，大國二軍，小國一軍，魯大國，故二軍。左氏哀十一年傳季氏稱左師，孟氏稱右師，是知罷中軍爲左右二軍也。對作爲文，故亦不言初，皆省文也。此事亦著爲令。孔廣森説公羊曰：「季氏專魯國，然後舍中軍，陽虎專季氏，然後從祀先公。而春秋書之壹若國之典制者，稱其美，不稱其惡，臣子之義也，重其禮，不重其事，制作之意也。」文烝案：穀梁兩傳全同，明皆不須細論其事，孔氏得之。抑凡魯國禮樂刑法政俗之變，春秋書之，直其文而仍婉也，諱其義而不盡也，蓋多有因史法之舊者。明堂位曰：「魯王禮也，禮樂刑法政俗未嘗相變也。」言史法則然也。

楚殺其大王屈申。

公如晉。

夏，莒牟夷以牟婁及防茲來奔。以者，不以者也。來奔者，不言出。以其方向內也。【補曰】注足傳意，即接我之謂以與來奔。重發傳者，疏曰：「庶其以邑來而不言及，此言及，故各發傳也。」及防、茲，以大及小也。【補曰】重發傳者，嫌與內城異也。杜預以防、茲爲二邑。莒無大夫，其曰牟夷何也？以地來也。【補曰】以下各本衍「其」字，今依唐石經刪正。以地來則何以書也？重地也。竊地之罪重，故不得不録其人。【補曰】重地者，兼重魯得地，胡安國、高閌所謂接我以利而我入其利，兩譏之也。疏曰：「此傳獨言重地者，舉其中以包上下。」文烝案：邾庶其、黑肱不言重地，所以顧畀我，快之文，莒牟夷獨言重地，又以包邾庶其、黑肱之文，此等皆穀梁簡於左氏、公羊之處。蕭穎士欲爲編年之書，於穀梁師其簡，而不知者乃謂其大體寂寥也。

秋七月，公至自晉。【補曰】月者，蓋滿二時也。如晉未知何月，若是二月末，則未滿，當爲下敗師日，故月。

戊辰，叔弓帥師敗莒師于賁泉。賁泉，魯地。○【撰異曰】賁，左氏作「蚡」，公羊作「濆」。徐彥曰：「左氏作『蚡』字，穀梁作『賁泉』字。」狄人謂賁泉失台，【補曰】狄卽莒也。段玉裁曰：「據楊疏字，則『失台』當本作『矢胎』，謂賁爲矢者，卽今俗語謂糞爲矢也。」號從中國，名從主人。【補曰】重釋例者，前是狄，今是莒，嫌異也。

秦伯卒。

冬，楚子、蔡侯、陳侯、許男、頓子、沈子、徐人、越人伐吴。【補曰】徐得稱人者，楚主兵，從其類而人之。越與徐略同，故亦稱人。楚也、徐也、越也，皆夷且僭也，楚子爲主，則彼皆小國，不論其夷與僭。若論其夷與僭而不稱人，則當殊之。殊爲外文，外徐、越，則内楚之文而可乎？上會淮夷不殊不稱人者，淮夷又非徐、越比矣。不稱於越人者，自越言之曰於越，自楚言之曰越，皆所謂名從主人。

六年春王正月，杞伯益姑卒。【補曰】疏曰：「不日者，蓋非正。」

葬秦景公。【補曰】秦至此始書葬，亦所謂少進歟？

夏，季孫宿如晉。

葬杞文公。

宋華合比出奔衛。

秋九月，大雩。

楚薳罷帥師伐吳。○【撰異曰】徐彥公羊疏曰：「薳頗，左氏、穀梁作『薳罷』字。」

冬，叔弓如楚。○【撰異曰】徐彥公羊疏曰：「亦有一本云『叔弓如齊』者，誤。」

齊侯伐北燕。

七年春王正月，暨齊平。平者，成也。【補曰】重發傳者，此言暨，嫌有異也。暨，猶暨暨也。【補曰】公羊同。公羊、爾雅又曰：「及、暨，與也。」以疊字釋單字，毛詩傳多有此例。疊字者，物之貌。孔穎達詩正義引爾雅序篇云：「釋詁、釋言通古今之字，古與今異言也。釋訓言形貌也。」暨者不得已也。【補曰】申上句。公羊亦同。爾雅又曰：「暨，不及也。」以外及內曰暨。【補曰】又申上。以外及內，不可立文，故變文言暨。陸淳聞於師者得之。黃仲炎引書「女義暨和」、「及高宗」、「及祖甲」、「及我周文王」，以爲「暨，猶及也。」豈足論春秋之文乎？傳三語發經通例，此是齊求魯而及魯，左傳以爲齊求燕，誤矣。傳例平稱衆，暨某平及某平云者，猶言魯人暨某人平。魯人及某人平也，文不得稱魯人，故外亦不稱人。趙鵬飛得之。

三月，公如楚。

叔孫婼如齊莅盟。【補曰】婼，豹之子叔孫昭子。○【撰異曰】婼，公羊作「舍」。後同。莅，位也。內之前定之辭謂之莅，外之前定之辭謂之來。【補曰】疏曰：「重發傳者，嫌公如楚，恐婼非是君命，故發之，明婼亦受命。」

夏四月甲辰朔，日有食之。

秋八月戊辰，衛侯惡卒。鄉曰衛齊惡，在元年。【補曰】鄉，亦作「曏」。八年同。今曰衛侯惡，此何爲君臣同名也？【補曰】疑臣當辟君名。君子不奪人名，不奪人親之所名，重其所以來也，王父名子也。不奪人名，謂親之所名，明臣雖欲改，君不當聽也。君不聽臣易名者，欲使人重父命也。父受名于王父，王父卒則稱王父之命名之。【補曰】劉敞曰：「穀梁蓋言臣之子不敢與世子同名，有生在世子前，王父名之者則亦不改也。以言衛齊惡，蓋王父名之爾，説者不曉，乃謂唯王父名子，王父卒，則稱王父命名之，是則不可。」文烝案：此特發傳者，蓋夫子嘗論其義，相承説之。鄭君曲禮注曰：「春秋不非也。」唐石經初刻「君子不奪人名。不奪人名者，不奪人親之所名也」，較今本多六字。嚴可均曰：「尋范意，當從初刻爲是。」

九月，公至自楚。

冬十有一月癸未，季孫宿卒。

十有二月癸亥，葬衛襄公。【補曰】危之者，何休曰：「世子輒有惡疾，不早廢之，臨死乃命臣下廢之。自下廢上，鮮不爲亂，故危録之。」

八年春，陳侯之弟招殺陳世子偃師。鄉曰陳公子招，在元年。今曰陳侯之弟招何也？曰盡其親，所以惡招也。盡其親，謂既稱公子，又稱弟招。先君之子，今君之母弟。兩下相殺，不志乎春秋，此其志何也？【補曰】重發例者，彼重王命，此重世子，故並舉以發端。世子云者，唯君之貳也，云可以重之，存焉，志之也。【補曰】重發傳者，前明會王世子特尊之文，此明殺諸侯世子得志之義也。疏曰：「楚公子棄疾殺公子比，比不繫楚，此世子偃師繫陳者，體國重，故繫國言之。公子繫君，故不繫國也。」文烝案：言陳世子不言其者，非君殺，不得爲緩辭。諸侯之尊，弟兄不得以屬通，其弟云者，親之也。【補曰】重發傳者，前是奔，此是殺世子，事不同也。弟兄，各本誤作「兄弟」，今依唐石經、余本、呂本中集解本乙正。親而殺之，惡也。惡招。【補曰】若解爲惡陳侯，以其寵任而不能制，說亦可通，然文義不順，當是申上惡招也。

夏四月辛丑，陳侯溺卒。【補曰】案：左傳「陳哀公元妃生世子偃師，二妃生公子留，下妃生公子勝。二妃嬖，留有寵，屬諸司徒招與公子過。哀公有廢疾，招、過殺偃師而立留。哀公縊。」杜預曰：「憂恚自殺也。」

叔弓如晉。

楚人執陳行人干徵師殺之。干，姓。徵師，名。稱人以執大夫，執有罪也。【補曰】所謂以衆辭與之，其例亦通於執諸侯。稱行人，怨接於上也。【補曰】疏曰：「重發傳者，嫌楚殺爲甚，恐其無罪，故發傳以同之。」

陳公子留出奔鄭。【補曰】案：左傳「干徵師赴于楚，且告有立君，公子勝愬之于楚，楚人執徵師殺之。留奔鄭。」不曰陳留者，杜預、蘇轍、張大亨曰：「未成爲君。」葉夢得曰：「不與其得成君。」高閌曰：「曰世子、曰公子，別嫡庶也。」李光地曰：「目世子殺於上，則著公子奔於下也。」高澍然曰：「三公子經書各異，招目弟，過目大夫，則知留爲奪嫡之公子矣。留奔於殺徵師後，又知留之奔懼楚，非懼招，招之殺世子立留，非自立矣。」

秋，蒐于紅。紅，魯地。【補曰】疏曰：「蒐狩書時，其例有八：狩有三，狩郎、狩郜、西狩也；蒐有五：蒐紅、大蒐比蒲者三，大蒐昌閒也。狩言公，此不云公者，狩則主爲游戲，故言公，蒐是國家常禮，故例不言公也。」文烝案：楊疏元文幷王守河陽亦入狩例，誤同左氏、公羊説，非也，今删去。四時之田，秋曰蒐，冬曰狩，皆因田獵習武事，而狩以田爲主，非公亦得言狩，故須言公。蒐與大蒐之志於史者，以習兵爲主，國之常禮，不嫌其非公，故不須言公也。大閱不言公，亦與蒐同。○【撰異曰】蒐，公羊或作「廋」。**正也。**常事不書，而此書者，以後比年大蒐失禮，因此以見正。【補曰】疏曰：「范例云，凡蒐狩書者，皆譏也。蒐紅正而書者，明比年大蒐失禮，故因以此正見不正，是范意以秋蒐得禮，欲見以正刺不正，故書之。范例又云，器械有常，故不云大，言大者，則器械過常。」文烝案：蒐與狩，同而異者也。其同於狩者，蓋每歲行之，下傳云云是也。其異於狩者，蓋當略如何休説，以爲比年蒐、五年大蒐也。言大者，下十一年注謂「人衆器械，有踰常禮」是也。此以正見不正者，謂以此秋時之正，明後失秋時之爲不正，非謂言大不正也。但正文至此始見，而後又不見正文者，竊意魯自舍中軍後，季氏專國，兵事益重，史始志蒐志大蒐，君子因存其最始之正者，而於後唯譏不正也。**因蒐狩以習用武事，禮之大者也。**【補曰】書大傳曰：「戰鬭不可不習，故於蒐狩以閑之也。閑之者，貫之也，貫之者，習之也。」傳先言禮之大，以起下言舊典。公羊桓六年傳曰「大閱者何？簡車也」，此年傳曰「蒐者何？簡徒也」，下十一年傳曰「大蒐者何？簡車徒也。」簡徒者，何休所謂比年簡徒，謂之蒐也。簡車者，所謂三年簡車，謂之大閱也。簡車徒者，所謂五年大簡車徒，謂之大蒐也。今本公羊桓六年及此年傳各衍一字，王引之考正之如此也。公羊三處又皆曰「何以書？

蓋以罕書也」，然則公羊之意，以爲經書蒐與大蒐非蒐狩之蒐歟？今案：傳於大閱曰平而脩戎事，非正也。謂大閱之禮，當因四時田獵行之，明蒐與大蒐之禮必於秋蒐行之矣。彼傳以平而脩戎事爲非正，此傳曰「因蒐狩以習用武事，禮之大者」，其意正互相發。但彼則解爲閱兵車，此下云云則專論其與狩同者，而簡徒、大簡車徒之義有所未備耳。何氏比年、三年、五年之説雖無明證，而大概近是。左傳説此以爲大蒐，且云「自根牟至于商、衞，革車千乘」，明是大簡車徒，而非簡徒，疑是他年事誤在此矣。吕祖謙謂春秋時之蒐有二：有因時而蒐，有因事而蒐。因事者如晉蒐于被廬之類。文烝以爲因事者亦當因時。**艾蘭以爲防，**蘭，香草也。防，爲田之大限。【補曰】艾，即「刈」字。**置旃以爲轅門，**旃，旌旗之名。周禮「通帛爲旃。」轅門，卬車以其轅表門。【補曰】立旃竿爲門之兩旁，其門蓋南開，並爲一門，用四旃，説見詩正義。謂之轅門者，陳奂曰：「立旃竿爲門，如設轅在兩旁，非謂更以轅表門。」**以葛覆質以爲槷，**質，椹也。槷，門中臬。葛，或爲褐。【補曰】疏曰：「褐毛布。徐邈亦云『恐傷馬足，故以毛布覆之』。」文烝案：臬即「闑」字也。陳奂曰：「質者，侯中的，即正也。正方二尺，四邊以木爲榦，是謂之椹質。今以椹質爲門中闑，則闑高二尺。」**流旁握，御轚者不得入，**流旁握，謂車兩轊頭各去門邊容握。握，四寸也。轚，挂也。挂則不得入門。【補曰】疏曰：「徐邈云：『流，至也。門之廣狹，足令車通。至車兩軸，去門之旁邊四寸。或以流爲旒。』」陳奂曰：「流，行也。謂車輪行也。旁，門旁也。車行至門，兩輪之軹去門旁四寸。」音義及詩音義引劉兆注曰：「　，絓也。」與范同。音義又曰「本或作『轚』。」**車軌塵，**塵不出轍。【補曰】王念孫曰：「軌者，循也。謂後車循前車之塵，不得旁出也。賈子曰：『緣法循理謂之軌』，史記天官書言『軌道謂循道也』。」文烝案：曲禮明言塵不出軌，王説非也。**馬侯蹄，**發足相應，遲疾相投。【補曰】疏曰：「舊解四蹄皆發，後足躡前足而相伺候。」齊召南以爲四馬步驟如一，卽詩所謂「我馬既同」，毛傳言「田獵齊足」是也。揜禽旅，揜取衆禽。【補曰】疏曰：「禮云不掩羣者，謂不得不分別大小，一羣盡取之。今雖掩衆禽在田，則簡其麛卵之流而放之，射訖則釋，其面傷之徒不獻。」御者不失其馳，然後射者能中。不失馳騁之節。【補曰】姚鼐曰：「不失其馳者，五馭之逐禽左也。古者取禽，必引車右旋，逐其後，自左射，若御者詭遇則所獲禽必面傷踐毛，謂之不能中。」文烝案：姚說是也。詩秦風「公曰左之，舍拔則獲」，鄭君以爲從禽之左射之。賈公彥周禮保氏疏曰：「逐禽左者，謂御驅逆之車，逆驅禽獸，使左當人君以射之，人君自左射，故毛傳云『自左膘而射之，達於右腢爲上殺』是也。」又詩小雅曰「不失其馳，舍矢如破」，王引之曰：「如破，而破也。舍矢而破，言中之速，正與舍拔則獲同意。」過防弗逐，不從奔之道也。戰不逐奔之義。面傷不獻，嫌誅降。不成禽不獻。惡虐幼少。禽雖多，天子取三十焉，其餘與士衆，以習射於射宮，取三十以共乾豆、賓客、君之庖，射宮，澤宮。【補曰】鄭君詩箋曰：「三十者，每禽三十也。」射義曰：「天子將祭，必先習射於澤。澤者，所以擇士也。已射於澤，而後射於射宮。」射而中，田不得禽，則得禽，田得禽而射不中，則不得禽，【補曰】疏曰：「舊解以爲射宮之內，還射死禽，中則取之，故以重傷爲難。論語稱射不主皮，則射皮不射禽也。」是以知古之貴仁義而賤勇力也。射以不爭爲仁，揖讓爲義。【補曰】墨子經曰：「勇志之所以敢也，力形之所以奮也。」案：此對文爲訓也。毛詩傳曰：「田者，大芟草以爲防，或舍其中，褐纏旃以爲門，裘纏質以爲槸，閒容握，驅而入，轚則不得入，左者之左，右者之右，然後焚而射焉。天子發然後諸侯發，諸侯發然後大夫士發。天子發，抗大綏，諸侯發，抗小綏，獻禽於其下，故戰不出頃，田不出防，不逐奔走，古之道也。」又曰：「一曰乾豆，二曰賓客，三曰充君之庖。故自左膘而射之，達于右腢爲上殺，射右耳本次之，射左髀達于右䯚爲下殺。面傷不獻，踐毛不獻，不成禽不獻。禽雖多，擇取三十焉，其餘以與大夫士，以習射於澤宮。田雖得禽，射不中，不得取禽。田雖不得禽，射中則得取禽。古者以辭讓取，不以勇力取。」

陳人殺其大夫公子過。【補曰】案：左傳招歸罪於過而殺之。

大雩。

冬十月壬午，楚師滅陳。執陳公子招，放之于越。殺陳孔奐。【補曰】楚放殺他國之人，故招、奐並繫國。疏論奐亦然。孔穎達曰：「不言殺陳大夫者，殺他國之臣例不書爵。宣十一年殺夏徵舒是其類。」○【撰異曰】奐，公羊作「瑗」。徐彦曰：「左傳、穀梁作『奐』。」惡楚子也。惡其滅人之國，放有罪之人，反殺無辜之臣，故實是楚子而言師。【補曰】疏曰：「九年叔弓會楚子于陳，知滅陳亦是楚子，但爲惡之，故貶稱師也。不貶稱人而言師者，以楚恃彊滅國，著其用大衆。」劉敞曰：「此楚子也，乘人之亂，滅人之國，執人之賊，殺人之臣，稱爵則疑於伯，稱人則疑於討，滅重矣，故壹見之於師也。」

葬陳哀公。不與楚滅，閔之也。滅國不葬，閔楚夷狄以無道滅之，故書葬，以存陳。【補曰】此注不了。不與楚滅與閔之二者，皆釋書葬義，既以不與楚滅而變滅國不葬之例，又閔哀公身死國亡，徒爲楚所葬，故志葬也。此葬是楚子葬之，義無可疑，公羊及左氏賈服説皆以爲楚葬哀公。杜預曰：「魯往會，故書。」非也。史本以楚葬書，上滅陳本稱楚子，執放殺葬，皆承楚子文，君子改言楚師，執放殺葬皆承楚師文也。此與齊侯葬紀伯姬有異。彼上文改史没齊侯滅紀之文，并不言齊師齊人，故於葬言齊侯。黎錞、齊履謙等已論之矣。閔之，各本誤作「閔公」，今依唐石經、余本、劉敞權衡、孫覺經解、吕本中集解本、張洽集註改正。

九年春，叔弓會楚子于陳。

許遷于夷。以自遷爲文，而地者，許復見也。夷，許地。徐邈曰：「許十八年又遷于白羽，許比遷徙，所都無常，居處淺薄。如一邑之移，故略而不月，不得從國遷常例。【補曰】夷，楚地。

夏四月，陳火。【補曰】劉敞以爲是時楚子在陳，彼告而我弔，故書。劉以諸書外災皆爲弔。○【撰異曰】火，左氏作「災」。徐彦公羊疏曰：「左氏作『災』字，穀梁與此同。」國曰災，【補曰】謂内外諸災。邑曰火。【補曰】謂此陳火，災與火一也，別事大小耳。火不志，此何以志？【補曰】不志者，經例因史例也。閔陳而存之也。陳已滅矣猶書火者，不與楚滅也，不可以方全國，故不云災。何休曰：「月者，閔之。」【補曰】范引上「不與楚滅」本漢書五行志劉向説，其實未當。閔陳者，閔陳之亡，與上閔之同，而所從言之則異。閔哀公，故書葬，閔陳而欲存之，故書火。書葬者，變滅國不葬之例，兼有不與楚滅之意。書火者，變邑火不志之例，專是閔陳而存之也。閔陳與閔紀同義，存陳與存遂同文。不去月者，亦是閔而存之，又與紀伯姬、叔姬日葬相似。公羊曰「存陳」，亦與傳同。何休解爲天意欲存之。劉敞曰：「此自聖人欲存之，故録爾，安知天意？」

秋，仲孫貜如齊。【補曰】貜，孟僖子也。左傳曰：「如齊殷聘。」郝懿行曰：「七年叔孫莅盟，蓋以聘往，至是閒一年，合於殷相聘之制。」

冬，築郎囿。

十年春王正月。

夏，齊欒施來奔。○【撰異曰】齊，公羊作「晉」，王葆曰：「誤」。張洽亦曰：「非也。」

秋七月，季孫意如、叔弓、仲孫貜帥師伐莒。【補曰】意如，宿之孫季平子也。意如父悼子，名紇。左傳曰：「平子伐莒取郠。」陳傅良曰：「舍中軍矣，曷爲書三卿帥師？四分公室，叔弓爲意如貳也。」文烝案：月者，爲下卒日。○【撰異曰】意，公羊作「隱」，後同。案：少儀注：「隱，意也。」聲轉字通。史記「蘇意」，漢紀作「蘇隱」。

戊子，晉侯彪卒。

九月，叔孫婼如晉。月者，爲葬晉平公起。

葬晉平公。

十有二月甲子，宋公成卒。不書冬，甯所未詳。【補曰】昭之世不得爲遠，此自與夏五傳疑異，以壬申失其所繫之義推之，蓋必有說矣。何休曰：「去冬者，蓋昭公取吳孟子之年，故貶之。」孔廣森曰：「坊記云『魯春秋去夫人之姓曰吳』，謂書夫人至自吳，不書姬氏是不脩春秋文如是，君子脩而削之矣。蓋事在是冬十月或十一月，不存其事，故亦不存其月。若移冬於十有二月之上，則諱意不顯，故去冬也。此公羊師說相承，必有所受。」○【撰異曰】成，公羊作「戌」。

案：何休元年下注：「戌、惡，皆與君同名。」音義曰：「讀左傳者音城，何云向戌與君同名，則宜音恤。」

十有一年春王二月，叔弓如宋。【補曰】月者，爲葬。○【撰異曰】二月，公羊作「正月」。

葬宋平公。晉獻公以殺世子申生，故不書葬，宋平公殺世子痤而書葬，何乎？何休曰：「痤有罪故也。」痤之罪甯所未聞。鄭莊公殺弟而書葬，以段不弟也，何氏將以理例推之。然則段不弟也故不書弟，痤若不子，亦不應書世子，書世子則痤之罪非不子明矣。【補曰】疏曰：「申生賢孝，遇讒而死，故黜獻公之葬。痤雖無不子之文，微有小罪，故不黜平公之葬。若然，范云未聞者，不直取何休之説故也。何氏直謂痤有罪，如鄭段之比。」

夏四月丁巳，楚子虔誘蔡侯般殺之于申。【補曰】説文曰：「𦍩，相訹呼也。从厶羑。誘，或从言秀。」左傳曰：「曲沃伯誘晉小子侯殺之。」又曰：「誘祭仲而執之。」何休曰：「使不自知而死，故加誘。」○【撰異曰】虔，本或作「乾」。陸淳所見作「乾」。何爲名之也？據諸侯不生名。【補曰】謂虔。夷狄之君誘中國之君而殺之，故謹而名之也。稱時、稱月、稱日、稱地，謹之也。蔡侯般，弑父之賊，此人倫之所不容，王誅之所必加。禮凡在官者殺無赦，豈得惡楚子殺般乎？若謂夷狄之君不得行禮于中國者，理既不通，事又不然。宣十一年楚人殺陳夏徵舒，不言人，傳曰「明楚之討有罪也」，似若上下違反，不兩立之説。嘗試論之曰：夫罰不及嗣，先王之令典，懷惡而討，丈夫之醜行，楚虔滅人之國，殺人之子，伐不以罪亦已明矣，莊王之討徵舒則異於是矣。凡罰當其理，雖夷必申，苟違斯道，雖華必抑，故莊王得爲伯討，齊侯不得滅紀，趙盾救陳則稱師以大之，靈王誘蔡則書名以惡之，所以情理俱暢，善惡兩顯，豈直惡夷狄之君討中國之亂哉？夫楚靈王之殺蔡般亦猶晉惠之戮里克，雖伐弒逆之國，誅有罪之人，不獲討賊之美而有累謹之名者，良有以也。【補曰】疏曰：「兩立之説，謂兩理皆立之説。又解謂兩事立説。或以爲『不』字下讀，云不兩立之説，謂事不得兩立，恐非也。伐弒逆之國，謂蔡；誅有罪之人，謂里克；累，謂晉惠，彼傳罪累上是也；謹，謂楚靈，此傳謹之是也。」文烝案：楚靈內懷利心而外託討賊，已於「誘」字見義，不待煩言也。至於謹名以爲特文，又謹時、謹月、謹日、謹地以盈其文，則全以夷狄之誘殺中國起義，不專以誘殺起義，若中國誘殺中國，無爲謹之又謹如是也。中國誘殺夷狄更可知也，夷狄誘殺夷狄則戎蠻子尤有明文也。傳之釋經，平淡精審，注竟欲亂華夷之別，謬矣。莊王入陳，傳亦曰「不使夷狄爲中國」，注不知引彼傳以明同，反引殺徵舒傳以明異，何邪？誘殺雖託討名，其實既謂之誘，不得復謂之討。公羊言「誘討」，而傳不言討，與殺徵舒、殺慶封傳不同，此傳義所以爲密也。殺慶封傳言「不與楚討」，謂其以賊討賊，此處在所不論也。

楚公子棄疾帥師圍蔡。〇【撰異曰】棄，左氏或作「弃」。後同。

五月甲申，夫人歸氏薨。昭公母胡女。歸，姓。【補曰】襄公妾敬歸之娣也。孔廣森曰：「左傳會于沙隨之歲，襄公始生，公羊於成十六年傳猶言公幼。襄之娶定在即位以後，而襄夫人經絶不見者，似本未有正嫡云。」文烝案：此即孔穎達之意。

大蒐于比蒲。夏而言蒐，蓋用秋蒐之禮。八年秋蒐于紅，傳曰「正也」。此月大蒐，人衆器械有踰常禮，時有小君之喪，不譏喪蒐者，重守國之衞，安不忘危？【補曰】比蒲，魯地。疏曰：「注引傳者，引正以譏不正。」文烝案：據左傳晉叔向之言則喪蒐又非禮，經意亦足兼見，范何以決其不譏乎？齊履謙曰：「穀梁於毁泉臺曰『喪不貳事』，貳事，緩喪也。左氏於大蒐比蒲曰『君有大喪，國不廢蒐』。有三年之喪，而無一日之慼」，二傳相發明。」汪克寬曰：「君有喪，既葬卒哭，而服王事，大夫士有喪，既葬卒哭，弁絰帶，從金革之事，惡有小君之喪未葬而不廢講武常事乎？」

仲孫貜會邾子盟于祲祥。 祲祥，地也。【補曰】當云地闕。不日者，或與虚朾同歟？何休曰：「蓋諱喪盟。」○【撰異曰】祲祥，公羊作「侵羊」。徐彦曰：「穀梁傳作『侵祥』字。服氏注引者直作『詳』字，無『侵』字，皆是所見異也。」段玉裁曰：「據音義，穀同左作『祲祥』，而徐彦引穀上字作『侵』，服引穀但有『詳』一字，可見古本不同至多，音義不能盡載也。」文烝案：杜預釋例：「祲祥、祥，二名。」意左氏經爲「祲祥」，傳爲「祥」歟？

秋，季孫意如會晉韓起、齊國弱、宋華亥、衛北宫佗、鄭罕虎、曹人、杞人于厥慭。 厥慭，地也。【補曰】亦當云地闕。○【撰異曰】弱，公羊作「酌」。罕，作「軒」。厥慭，作「屈銀」。徐彦曰：「齊國酌者，賈氏作『酌』字，與此同。服氏及穀梁皆作『齊國弱』字也。屈銀，左氏、穀梁作『厥慭』字。」

九月己亥，葬我小君齊歸。 齊，謚。

冬十有一月丁酉，楚師滅蔡，執蔡世子友以歸，用之。 僖十九年「邾人執繒子用之」，傳曰「用之者，叩其鼻以衈社」，惡之故，謹而日之。【補曰】注引「衈社」之文，非也。左傳曰：「用隱大子于岡山。」杜預曰：「殺以祭山。」公羊曰：「用之防。」又申之曰：「蓋以築防。」何休曰：「持其足以頭築防，皆不以爲祭社。」疏曰：「滅中國當日，用人亦當日，皆傳例也。注嫌用之，不得蒙日，故特言之。」○【撰異曰】友，左氏、公羊作「有」。案：荀子曰：「友者，所以相有也。」

此子也，諸侯在喪稱子。其曰世子何也？【補曰】見以又見用，宜稱蔡子友。不與楚殺也。一事注乎志，所以惡楚子也。一事輒注而志之也。何休曰：「即不與楚殺，當貶楚爾，何故反貶蔡稱世子邪？」鄭君釋之曰：「滅蔡者，楚子也，而稱師，固已貶矣。楚子思啟封疆而貪蔡，誘殺蔡侯般，冬而滅蔡殺友，惡其淫放其志，殺一國二君，以取其國，故變子言世子，使若不得其君終。」【補曰】三句相屬爲義，下二句倒文，猶曰所以惡楚子一事注乎志也，一事猶一役也。楚有事於蔡，由誘殺而圍而滅，非再舉也。注，屬也。范云「注而志之」即鄭云「淫放其志」是也。疏曰：「經稱棄疾圍蔡、鄭，知是楚子者以棄疾若貶，當云楚人，不當稱師。又傳云『惡楚子』，明非棄疾矣。然則惡楚子變文云世子者，以楚四年之中滅兩國，殺二君，自謂得志，若遂其凶暴，是表中國之衰，申夷狄之彊，故抑之，使若不得其君也。世子父没仍得稱世子，母弟兄死不得稱弟者，世子繼體之名，父雖没，若意有所見則亦得稱之。弟者對兄，兄没則寵名棄矣，故不得稱弟也。」文烝案：凡言以其君歸者，傳云猶愈乎執，此以「以歸」連文，又加執者，稱世子不稱子，因以别之，兼見囚繫之，如啖助説也。公羊以爲「未踰年君稱世子」者，誅君之子不立，不君靈公，故不成其子，與傳異也。師協曰：「春秋書滅國多矣，未有如此其暴者，詳其始末而記之。書誘、書殺、書圍、書執、書用，深惡之也。」師氏説有合經旨。王引之乃以爲傳之「注」當爲「詳」，「詳」字左旁草書與「氵」相似，右旁與「主」相似，故「詳」誤爲「注」。志者，記也。文烝案：傳論稱世子之義，不得以詳記爲説，王氏改字不可從。傳「注」字，依音義張具、之住二音爲是。

十有二年春，齊高偃帥師納北燕伯于陽。三年所奔齊者。高偃，傒玄孫，齊大夫也。陽，燕别邑。不言于燕，未得國都也。【補曰】此皆本杜預。言玄孫者，據世本也。左傳曰：「敬仲之曾孫鄴。」○【撰異曰】陸淳纂例曰：「左氏作『北燕伯款』。」案：今左氏無「款」字，蓋陸誤記傳文也。傳又以「陽」爲「唐」，說文：「暘，古文唐，从口易。」疑左氏經本作「暘」。納者，內不受也。【補曰】重發傳者，此稱帥師，嫌不同也。納稱帥師，義在哀二年傳。燕伯之不名何也？據義不可受，則應名以絕之。不以高偃挈燕伯也。邵曰：「公子遂以去公子爲挈，燕伯以書名爲挈者，臣宜書名，故須去公子乃爲挈。君不可名，而以臣名君者，不待去燕伯則爲挈也。是以目燕伯而不書名，所以不與高偃挈之。」【補曰】疏曰：「楚人圍陳納頓子，稱納而不名，衛侯入于夷儀亦不名，則不名乃是常事。而傳怪燕伯不名者，衛侯朔入于衛，傳曰『朔之名，惡也』，則諸侯有惡，出入皆名。北燕伯亦出入宜名，但不以高偃挈之，故直出書名而已。頓子不名者，爲楚微者所納，故亦不名。衛侯入于夷儀不名者，以復歸有名，故未入國，略而不名也。鄭伯突亦未入國書名者，以後不書復歸，故入櫟書名也。」文烝案：疏言「爲楚微者所納」，非也，當改云以楚人爲文。

三月壬申，鄭伯嘉卒。

夏，宋公使華定來聘。

公如晉，至河乃復。季孫氏不使遂乎晉也。【補曰】疏曰：「二年傳曰『惡季孫宿』，今此譖君之季孫是意如，故重明之。云季孫氏者，欲見其累世同惡。」

五月，葬鄭簡公。

楚殺其大夫成虎。○【撰異曰】虎，左氏作「熊」，公羊作「然」。徐彥曰：「左作氏『成熊』，穀梁作『成虔』字。」案：

今穀梁作「虎」，左氏經作「熊」。而傳中「成虎」字四見，與今穀梁合，徐疏「虔」字當由寫者避諱而誤耳。段玉裁以爲「然」與「熊」字之誤，「虔」與「然」聲之轉。楚靈王名虔，君臣同名，是以作「然」爲正，而「熊」、「虎」皆誤字。失之矣。

秋七月。

冬十月，公子慭出奔齊。【補曰】公子慭，子仲也。慭非卿，書奔，與臧孫紇同。紇日此不日，蓋史略之。○【撰異曰】慭，公羊作「整」。張洽曰：「字之誤也。」公羊亦或作「慭」。段玉裁曰：「左氏音義云『慭，一讀爲整』，非也。慭無整音。」

楚子伐徐。

晉伐鮮虞。其曰晉，狄之也。其狄之何也？【補曰】據霸國，非秦、鄭比。不正其與夷狄交伐中國，故狄稱之也。鮮虞，姬姓，白狄別種也。地居中山，故曰中國。夷狄，謂楚也。何休曰：「春秋多與夷狄並伐者何？以不狄也？」鄭君釋之曰：「晉不見因會以綏諸夏而伐同姓，貶之可也。狄之大重，晉爲厥慭之會，實謀救蔡，以八國之師而不能救，楚終滅蔡，今又伐徐，晉不糾合諸侯以遂前志，舍而伐鮮虞，是楚而不如也，故狄稱之焉。」厥慭之會，穀梁無傳，鄭君之説，似依左氏，甯所未詳，是穀梁意非。【補曰】注解鮮虞，本杜預，杜惟不言姬姓耳。疏曰：「糜信云『與夷狄交伐謂楚伐徐、晉伐鮮虞』是也。范意與糜信同。范云『甯所未詳，是穀梁意非』者，疑鄭以厥慭之會謀救蔡者作穀梁意也。若然，范荅薄氏亦言楚滅陳、蔡，而晉不能救。棄盟背好，交相伐攻者，范意以晉不能救陳、蔡者，不據厥慭之會故也。」文烝案：范謂如鄭所言，則穀梁意非矣。以傳指楚伐徐，而鄭乃指楚圍蔡滅蔡，疑未可用，與荅薄氏意自是不同，疏誤會范意而范又誤會鄭意也。鄭意亦謂傳指伐徐，特連圍蔡滅蔡言之以盡其義。晉合諸侯，不能救蔡，致爲楚滅，今楚又伐徐，晉并不能合諸侯，乃伐鮮虞，春秋不正其交伐，故上書楚子而此則狄晉，以明晉不如楚也。會厥慭不能救蔡，既據左傳文，亦本何氏意。觀公羊注可知此條「晉不見因會」二句亦是何氏自爲說，以釋狄晉之義，不復取義於伐徐，故鄭駁之以爲狄之大重也。文烝統觀何、鄭、麋、范諸說，鄭最爲近之，而亦終有未盡。今案：襄二十七年盟于宋，晉、楚弭兵，而三十年傳曰「無侵伐八年」，則明昭元年晉荀吳敗狄一事，經所不論，以其絕遼遠也。自後楚三伐吳、滅厲、滅陳、圍蔡、滅蔡、殺蔡二君，至此又伐徐，背盟用兵，暴橫不道者皆楚也。晉未嘗一用兵，用兵於此焉始，舍楚不問，乃伐鮮虞，非有特文不足著義。以其與夷狄交伐，則亦夷狄而已矣，故曰不正其與夷狄交伐中國，故狄稱之也。中國兼陳、蔡、徐、鮮虞言之，成九年傳曰「莒雖夷狄，猶中國也」，徐亦其比也。鮮虞則地近而同姓也。傳連陳、蔡通謂之中國，要以晉不能伐楚而反與楚共伐人，大概言之也。弭兵則善之，用兵則狄之，取義之相因也。楚則生名之，晉則狄之，立文之相稱也。經既深微，傳亦簡淡，自來遂失其解，實則前後貫通。

十有三年春，叔弓帥師圍費。【補曰】趙匡曰：「凡內自圍者，皆叛邑。」陳傅良因之曰：「內不言叛，言圍皆叛也。」文烝案：是年圍費，左傳稱南蒯以費叛如齊；定十年圍郈，左傳稱侯犯以郈叛；而續經哀十五年春王正月，成叛；明是魯史書叛之文，則圍費、圍郈必先言叛可知矣。二十九年書鄆潰，以昭公居之，故變言潰，其實亦是叛。君子脩經，以鄆潰事關君身，不可不書。費、郈皆私邑，其叛由家臣，可爲魯諱。又以鄆不言潰，無以見其事，費、郈雖不言叛，猶存圍文，則未嘗無以見之，故鄆潰書，費叛郈叛不書。至若成三年圍棘、定六年圍鄆，則疑史本無叛文，昭、定兩圍成亦皆非叛。○馮景曰：「孔子不言禮樂征伐自陪臣出，而曰執國命者，禮樂征伐之事，必交乎四鄰，而國命不出竟。南蒯之徒，皆以家臣執國命者也，春秋賤而略之。故南蒯以費叛不書，書圍費；陽虎入于讙、陽關以叛不書，書盜竊；侯犯以郈叛不書，書圍郈，公山不狃帥費人以襲魯不書，書墮費：所謂微而顯。」

夏四月，楚公子比自晉歸于楚，弒其君虔于乾溪。乾溪，楚地。【補曰】虔，靈王也。疏曰：「左氏以爲楚子次于乾谿，公羊以爲作乾谿之臺，范從左氏也。」杜預説左氏曰：「靈王死在五月，又不在乾谿，楚人生失靈王，故本其始禍以赴之。」杜是也。史從赴書四月，書乾溪，不可改也。哀六年，不以陽生君荼，虔立比奔。得以比君虔者，胡銓以爲虔於比爲兄，居君位已十二年，雖使聲罪討之而代立，猶不免爲爭國。胡安國以爲晉人以羈待比，固楚之亡公子也，楚又未嘗錮之，君臣之分猶在。二説皆是歸不言復者，被脅立不復大夫位。○【撰異曰】溪，左氏、公羊作「谿」。自晉，晉有奉焉爾。【補曰】疏曰：「重發傳者，楚比之歸，實歸非弒，嫌自亦非晉力，故復明之。」案：惠士奇據左傳叔向曰「去晉而不送」，以爲晉無有奉，非也。比久仕晉，安得無奉？不必送者多人始爲奉也。左氏賈逵説「諸稱自者，所自之國有力」，正用傳例。杜預據叔向語駁之，惠氏所本。歸而弒，不言歸，言歸，非弒也。傳例曰：「歸爲善，自某歸次之，然則弒君不得言歸，比不弒之一驗也。」【補曰】此下皆論比弒之非弒，而以不弒有四總結之。此先釋言歸義也。傳例曰：「以好曰歸，以惡曰入，齊陽生歸而弒其君，言入是也。」注未了。歸一事也，弒一事也，而遂言之，以比之歸弒，比不弒也。歸弒其事各異，自宜别書之，而今連言之，是比之歸遇君弒爾，比不弒之二驗也。【補曰】疏曰：

「齊小白入于齊，齊人取子糾殺之；齊陽生入于齊，齊陳乞弒其君荼。彼各異書，明知此亦宜别書之。」文烝案：五句釋言歸、言弒之義，經之正旨也。其歸也于楚，一事也；其弒也于乾溪，又一事也。經不再出「楚公子比」四字而連文言之，有似遂事之辭，與圍陳納頓之文同例，明以比之歸于楚而遥弒其君于乾溪也。注云比之歸遇君弒，其於遥弒之意未切，如注說則經宜於「弒」上加言楚人，故知非也。比歸遥弒，則不弒明矣，故曰比不弒也。時楚諸謀亂者召比歸楚，脅立爲王，靈王身在乾溪，衆叛於內，師潰於外，傍徨無歸，終於縊死。楚人之赴，本其始禍，故以比主弒而史因書之。或即以遥弒爲文，而君子因之，或本再出楚公子比，而君子損其文，未敢定焉。公羊以爲比之義宜乎放死不立，而立，故加弒，其說亦得之。傳言不弒，明爲王非比本心，但不若放死不立之爲善耳。「放死」句見殷敬順列子釋文，又引劉兆注曰：「放，至也。」今本公羊作「效死」，與繁露同。弒君者日，不日，比不弒也。據文元年丁未楚世子商臣弒其君髡日，此不日，比不弒之三驗也。

楚公子棄疾殺公子比。○【撰異曰】殺，公羊作「弒」。程端學曰：「案：經但書公子，不曰其君，不可言弒。」汪克寬亦云。段玉裁曰：「譌字也。」文烝案：公羊經傳凡下殺上之字皆用「弒」字，而此經弒公子比則師讀之譌也，二十五年傳昭公將弒季氏則轉寫之譌也。當上之辭也。當上之辭者，謂不稱人以殺，乃以君殺之也。稱人以殺，謂若衞人殺祝吁于濮是也。今比實不弒，故以君殺大夫之辭言之。【補曰】疏曰：「謂不稱人以殺，而云楚公子棄疾殺公子比，如王札子殺召伯、毛伯也。」討賊以當上之辭，殺非弒也。實有弒君之罪，則人人皆欲殺，宜稱人以殺之，今言楚公子棄疾殺公子比，明棄疾所殺，非弒君之人，比之不弒四驗也。比之不弒有四。上四事。取國者稱國以弑，若比欲取國而弑君者，當直云楚比弑其君虔，不應言公子也，若衛祝吁弑其君完、齊無知弑其君諸兒之類是也。【補曰】當直稱國而不直稱國，又於四事外見其不弑，傳意并下句專以明其不嫌也。楚公子棄疾殺公子比，比不嫌也。今棄疾殺之，又言殺公子比，不言弑其君，是比無欲爲君之嫌。【補曰】疏曰：「齊公子商人弑其君舍，雖未踰年稱君，是有言弑其君之理，故范決之。」春秋不以嫌代嫌，不以亂治亂之義。棄疾主其事，故嫌也。比實無弑君之罪，而主殺之者，是棄疾欲爲君之嫌。【補曰】疏曰：「春秋不以嫌代嫌者，謂比歸而遇弑，雖則無嫌，棄疾之意亦以比欲爲君之嫌而殺之，是棄疾以比爲嫌，棄疾殺比而自立亦是嫌也。今棄疾不以國氏者，不以嫌代嫌故也，若以嫌代嫌，當云楚棄疾殺公子比也，但由不以嫌代嫌，故存棄疾之氏耳。傳言棄疾主其事，故嫌也者，棄疾殺比，理實有嫌，但爲不以嫌代嫌，故經無其事。傳以棄疾，經無嫌文，故云棄疾主其事，故嫌也。主其事者，主殺比之事也。」

秋，公會劉子、晉侯、齊侯、宋公、衛侯、鄭伯、曹伯、莒子、邾子、滕子、薛伯、杞伯、小邾子于平丘。平丘，地也。【補曰】當云衛地。

八月甲戌，同盟于平丘。公不與盟。【補曰】與，卽豫，預字。○【撰異曰】陸淳纂例曰：「甲戌，穀梁作『庚戌』。」案：今不作「庚戌」。同者，有同也，同外楚也。【補曰】疏曰：「又重發傳者，平丘以下，中國微弱，外楚之事，盡於平丘，從此以後，不復能外，故發傳以終之。」程子曰：「楚棄疾立，諸侯懼之。」公不與盟者，可以與而不與，譏在公也。公以再如晉不得入，故不肯與盟。【補曰】注非也。既曰「不肯」，何云「不與」？鄭伯逃歸不盟，直言不盟，爲不肯盟之文，此言不與盟，明其不得與於盟，非不肯也。據左傳，既會之後，邾、莒愬於晉，晉侯不見，公使叔向辭魯，毋與盟，與沙隨不見公略相似。公羊釋「弗遇」曰「公不見要也」，釋「齊侯弗及盟」曰「不見與盟也」，釋「不見公」曰「公不見見也」，釋「公不與盟」曰「公不見與盟也」，明數者之事皆略相似。今此不書不見公者，公既列會，則盟有可與之理，乃因不能治國，啟釁邾、莒，致爲所愬，屏不得與，故以公主其文，而書不與盟。不譏諸侯，獨譏公也。**其日，善是盟也。**公不與盟，當從外盟不日，今日之，善其會盟，因楚有難，而反陳、蔡之君。【補曰】劉敞以爲是盟請命於天子，興滅繼絶，得與宋盟，俱比葵丘。葉夢得亦云。文烝案：上年狄晉矣，若依常例不日，無以見其善，故特日之。

晉人執季孫意如以歸。以公不與盟故。【補曰】依左傳，當言爲邾、莒執之。

公至自會。【補曰】吴澂曰：「公雖不與盟，已與會矣，故致。」

蔡侯廬歸于蔡。陳侯吴歸于陳。八年楚滅陳，十一年楚滅蔡，諸侯會而復之，故言歸。【補曰】傳例歸者，歸其所，此傳所謂，如失國辭然也。左傳例曰「復其位曰復歸」，與傳同。又曰「諸侯納之曰歸」，與傳異。范依左氏爲説，非也。傳以爲因會而歸，論其事耳，非釋歸也。此事在時例。○【撰異曰】廬，左氏蓋當作「盧」，依二十年音義知之。

善其成之會而歸之，故謹而日之。二國獲復，此盟之功也，故於其歸，追述前盟。謹日之，意以美諸侯存亡繼絶，非謹陳、蔡歸國之日也。於盟則發謹日之美，於歸則論致美之義。【補曰】之會，是會也。何休曰：「時諸侯將征棄疾，棄疾乃封陳、蔡之君。」何氏説此事大概得之。左傳載平丘之會，晉甲車四千乘，其言或涉浮誇，而用衆當爲實事。意當日因楚有難，聲言伐楚，楚畏晉衆，遂封二國，以示公義，故上經有同外楚之文。而傳言成，是會而歸之也。左傳於楚封陳、蔡惟美平王，蓋專據楚國史書而又失之浮誇也。何氏言征棄疾，亦非也。公羊於上經比之弑虔，歸罪棄疾，殺比之經，又誤作「弑」，以棄疾爲賊，以上會爲遂亂反陳、蔡。何氏以爲諸侯從陳、蔡之君言，還反不復討楚，楚亂遂成，其說皆不可用也。此未嘗有國也，使如失國辭然者，不與楚滅也。【補曰】稱爵稱名而言歸，是諸侯失國之辭。以失國辭言之，若其本有國，明不與夷狄滅中國，苟可以寄其意者卽寄之也。言歸不言復者，未嘗有國，不沒其實。疏曰：「雖同失國之辭，實未嘗有國，故不得言復歸也。」文烝案：蔡稱侯在葬前，而其葬非他例可比，與夷陵、陳稱侯略同。

冬十月，葬蔡靈公。變之不葬有三：變之，謂改常禮。春秋之常，小國、夷狄不葬。【補曰】疏曰：「彼不赴，我不會，及小國與夷狄不書葬，舊史之常也。變之不葬，謂舊合書葬而仲尼改之。」文烝案：隱三年徐注及此注合之，義乃備。疏是也。失德不葬，無君道。弑君不葬，謂不討賊，如無臣子。滅國不葬，無臣子也。然且葬之，【補曰】孟子曰「然且至」、「然且不可」、「然且仁者不爲」，是當時文體。不與楚滅，且成諸侯之事也。蔡靈公弑逆無道，以致身死國滅，不宜書葬。書葬者，不令夷狄加乎中國，且成諸侯興滅繼絶之善，故葬之。【補曰】滅國復封，無危文者，文相接，從可知，與鄭莊公同也。隱大子乃未踰年君，故不志葬。廬者，隱大子之子也。然則公羊所云「有子則廟，廟則書葬」者，殆不然矣。

公如晉，至河乃復。

吳滅州來。【補曰】疏曰：「虞、虢之滅，由於夏陽之亡。州來，楚之大都，而吳滅之，令楚國稍弱，入郢之兆，由滅州來所致，故並書滅。」

十有四年春，意如至自晉。【補曰】大夫致例時。大夫執則致，致則名，【補曰】疏曰：「重發傳者，單伯書字，意如則書名，嫌異故也。」文烝案：此不言由上致之者，省文。意如惡，【補曰】前譖訴君，後逐君，知其本惡。然而致見，君臣之禮也。大夫有罪則宜廢之，既不能廢，不得不盡爲君臣之恩，故曰見君臣之禮。【補曰】敬大臣，體羣臣，是之謂禮。上傳曰「失德不葬。然且葬之」，此傳曰「意如惡，然而致」，所謂春秋書王法，不誅其人身，至明至著。胡安國據左傳說之曰：「其始執之，爲乏郲、莒之供，其終歸之，爲土地猶大，所命能具。晉惟以利，故平丘之後，諸侯不合二十餘年，至於召陵又以賄敗。」高閌略同。黄震曰：「平丘之會，以威始之，以利終之。」文烝案：春秋善是會，不論此等之事，以其有益於論史，姑記之。

三月，曹伯滕卒。

夏四月。

秋，葬曹武公。

八月，莒子去疾卒。【補曰】莒著丘公。疏曰：「不正前已見，可以書日。今月者，莒行夷禮，本無嫡庶日不日之例。」文烝案：莒、吴卒皆月而已。

冬，莒殺其公子意恢。言公子而不言大夫，莒無大夫也。莒無大夫而曰公子意恢，【補曰】傳曰「公子之重視大夫」，言公子，是猶有大夫。意恢賢也。【補曰】賢之，故舉其貴者。曹、莒皆無大夫，其所以無大夫者，其義異也。曹叔振鐸，文王之子。武王封之于曹，在甸服之內，後削小爾。莒，已姓東夷，本微國。【補曰】疏曰：「總而言之則小國無大夫，就事而釋則曹、莒有異。」文烝案：傳意指莊二十六年曹殺其大夫言之，一則明言大夫而以不稱名姓，微見其無大夫；一則不言大夫，明見其無大夫。同是崇賢，書之各別，由其所以無大夫者其義有異，如注所云也。盟會之序，許、曹、莒、邾相次，君卒葬則曹與許爲類，大夫奔則莒與邾爲類，二國不同亦明矣。

十有五年春王正月，吳子夷末卒。【補曰】吳句餘也。服虔以句餘爲餘祭，非也。○【撰異曰】末，公羊作「眛」，音末。亦或作「末」。

二月癸酉，有事于武宮。籥入，叔弓卒，去樂卒事。【補曰】左傳曰「禘于武公」。案：魯禘無常月，此不行春祠犆祭之禮而行禘，言武宮，則明大廟及羣廟皆禘矣。事在武宮，故言武宮，爲下變禮張本，故略之言有事也。言籥入不言萬者，陳奐以爲但有羽籥，不用干戚，祭羣廟異於大廟也，唯大廟得用天子禮。文烝案：左傳襄公有萬，又稱考仲子之宮，將萬焉，公問羽數。彼兩言萬，蓋專指羽籥舞耳。孔穎達曰：「去樂者，鍾鼓管磬悉皆去之，非獨去籥舞。」何休曰：「日者，爲卒日。」君在祭樂之中，聞大夫之喪則去樂卒事，禮也。祭樂者，君在廟中祭作樂。【補曰】何休曰：「卒事，畢竟祭事。」孔廣森曰：「去樂者，哀也。卒事者，君事重也。」文烝案：傳明以得禮書也，以爲籥入而聞叔弓卒，皆與公羊同，與左傳言叔弓涖事異。君在祭樂之中，大夫有變，以聞可乎？變，謂死喪。【補曰】疏曰：「復問言禮意。」大夫，國體也，君之卿佐，是謂股肱，故曰國體。古之人重死，君命無所不通。死者不可復生，重莫大焉，是以君雖在祭樂之中，大夫死，以聞可也。【補曰】疏曰：「命，告也。」孔廣森曰：「非卿喪則不得以聞。檀弓「衞有大史曰柳莊，寢疾，公曰：『若疾革，雖當祭必告』。」明非有命則不敢告正，以大史非卿故也。」孔說視啖助、劉絢爲勝。

夏，蔡朝吳出奔鄭。朝吳，蔡大夫。○【撰異曰】朝，公羊作「昭」，無「出」字。徐彥曰：「左氏、穀梁皆言『朝吳出奔鄭』，今此作『昭吳』字，又不言『出』者，所見之文異。」

六月丁巳朔，日有食之。

秋，晉荀吳帥師伐鮮虞。

冬，公如晉。

十有六年春，齊侯伐徐。【補曰】李廉曰：「此齊景公争伯之始事。」

楚子誘戎蠻子殺之。楚子不名，戎蠻子非中國故。【補曰】即公羊所云「若不疾乃疾之也」。孔穎達曰：「戎是種號，蠻是國名，子爵也。」文烝案：言戎蠻猶言赤狄潞氏也。戎蠻子例不得名，楚亦不名，又不月、不日、不地者，略戎以別於蔡也。春秋詳略之例，如公之追齊、追戎，楚之誘蔡、誘戎，其最著者也。」○【撰異曰】蠻，公羊作「曼」。

夏，公至自晉。【補曰】以左傳推之，上如晉蓋十一月末，此至蓋四月初，實未滿二時，故不月。

秋八月己亥，晉侯夷卒。○【撰異曰】陸淳纂例曰：「亥，公羊作『丑』。」案：今公羊不作「丑」。

九月，大雩。

季孫意如如晉。

冬十月，葬晉昭公。〇【撰異曰】陸湻纂例曰：「公羊作十有一月。」案：今公羊亦作「十月」。

十有七年春，小邾子來朝。

夏六月甲戌朔，日有食之。

秋，郯子來朝。

八月，晉荀吳帥師滅陸渾戎。滅夷狄時，潞子嬰兒賢則日。此月者，蓋亦有殊于常戎。【補曰】或當以陸渾戎處於伊川，在雒西南畿甸之地。重而詳之，故進從卑國例。案：左傳周本有伊、雒之戎，至僖二十二年，秦、晉又遷陸渾之戎於伊川也。洪咨夔以左傳事論之曰：「荀吳在春秋最善兵，敗狄則舍車崇卒，伐鮮虞則僞會而假道，滅陸渾則先用牲於雒，乘其不虞而從之，戰國孫、吳、廉、白之先導也。」〇【撰異曰】左氏作「陸渾之戎」，公羊作「賁渾戎」。

冬，有星孛于大辰。【補曰】左傳載申須、梓慎、裨竈語，爲四國俱災之應，梓慎之占最詳，而申須言「彗所以除舊布新也，天事恆象」，其說近正。劉向以爲星傳曰：「『心，大火，〔一〕天王也。其前星，大子；後星，庶子也。』孛星加心，象天子適庶將分爭也。其在諸侯，角、亢、氐，陳、鄭也；房、心，宋也。」文烝案：不月者，歷月也。一有一亡曰有。【補曰】前發孛義，此發有義，嫌星與蟲不同類也。于大辰者，濫于大辰也。劉向曰：「大辰者，大火也。」不日孛于

〔一〕「大火」，漢書五行志下之下作「大星」。

大火而曰大辰者，謂濫于蒼龍之體，不獨加大火。【補曰】爾雅曰：「大辰，房、心、尾也。大火謂之大辰。」大火謂心也，又次名也。自氐五度，至尾九度，濫溢也。東宫、蒼龍、心三星，房四星，角二星，亢四星，氐四星，尾九星，箕四星。左傳曰「有星孛于大辰，西及漢」，杜預曰：「夏之八月，辰星見在天漢西。今孛星出辰西，光芒東及天漢。」顧炎武曰：「有星孛入于北斗，不言所起，重在北斗也。有星孛于大辰，不言及漢，重不在漢也。」

楚人及吴戰于長岸。長岸，楚地。【補曰】左傳楚司馬子魚曰「我得上流」，杜預以爲「順江而下」，是吴以舟師泝江伐楚也。姜炳璋曰：「此大江水戰之始。」文烝案：何休曰：「不月者，略兩夷。」兩夷狄曰敗，夷狄不能結日成陳，故曰敗，於越敗吴于檇李是也。【補曰】凡戰以結日列陳爲常，夷狄不知結日列陳，不言日亦不言戰也，婁林、檇李是也。中國與夷狄亦曰敗。晉荀吴敗狄于大原是也。【補曰】中國之敗夷狄，舉其大者，言敗而已。既不言戰，又略舉其勝者言之，不爲結日列陳、成敗之之文，悉同之於疑戰，箕交剛、大原是也。楚人及吴戰于長岸，進楚子，故曰戰。【補曰】疏曰「邲之戰，楚言及在下，直在楚。今楚稱及而在上，與邲戰義反，嫌惡楚而善吴，故明之。吴以伯舉有辭，序上稱及以罪楚，彼時有蔡在也。今兩夷言戰，有違常例，二國曲直得失未分，故須起例以明之。」文烝案：疏失傳旨。依左傳，是役楚敗吴，獲餘皇，而吴旋敗楚取餘皇，終是吴敗楚也。楚爲吴所敗，非有獻武髡盈之事，若書吴敗楚師于長岸，是兩夷相敗之常文也。今欲進楚子，故變文言戰，以其序上言及，則得爲進，明外吴甚於外楚也。春秋外戰言及者皆是以主及客，而其例亦有變通，内晉而外秦，必以晉及秦；内晉而外楚，必以晉及楚；外楚而尤外吴，必以楚及吴；雖以客及主，亦無不可，此義蓋因由内及外之例而起春秋之權衡也。長岸本是楚主吴客，而楚之序上稱及，不以主客論，故既變敗言戰，則無以吴及楚之理，及得申其進楚之意。若以伯舉相例則大不然，彼時吴爲蔡以，乃是以蔡及楚，吴又初進稱子也。楚之有師，久同中國，言戰不稱師，又不加言楚師敗績者，兩夷相戰，事在時例，故略不具文也。疏以曲直得失爲言，所舉皆公羊義例，何以通乎。

十有八年春王三月，曹伯須卒。

夏五月壬午，宋、衞、陳、鄭災。其志，以同日也。其日，亦以同日也。【補曰】公羊曰：「記異也。異其同日而俱災也。」若非同日，當專志宋災，略其月日。公羊諸書災者皆云記災，唯此爲記異，疏引「劉向以爲宋、陳王者之後，衞、鄭，周之同姓。時景王老，劉子、單子事王猛，〔一〕召氏、尹氏事王子朝。朝，楚之出也。宋、衞、陳、鄭皆南附於楚，無尊周室之心。後三年崩，王室亂，故天災四國。若曰不救周，反從楚，廢世子，立不正，以害王室，明皆同罪。」〔二〕文烝案：劉説似有理，覰下傳所言，則天意未易知也。劉敞曰：「其序宋、衞、陳、鄭，春秋之正也。同德則尚爵，同爵則尚親，同親則尚齒。」或曰人有謂鄭子産曰：「某日有災。」【補曰】某日，即指壬午日，人言壬午之日四國皆當有災，蓋以占侯之術知之。據左傳，其人是鄭裨竈，其言在上冬星孛時。言宋、衞、陳、鄭將同日火，若我用瓘斝玉瓚，鄭必不火。子産曰：「天者神，子惡知之？是人也。同日爲四國災也。」【補曰】四句皆子産語，非子

〔一〕「王猛」，漢書五行志上作「王子猛」。
〔二〕「辠」原作「辜」，據漢書五行志上改。

產答辭，乃既災之後，子產告此人之辭。言陰陽不測之謂神，天者神道，子之術何足知之？今是之變，皆由人事不臧，以致同日爲四國災耳。據左傳，上冬裨竈欲用瓘斝玉瓚禳火，子產弗與，今此災後，裨竈曰：「不用吾言，鄭又將火。」子大叔請用之。子產曰：「天道遠，人道邇，非所及也，何以知之。竈焉知天道？是亦多言矣，豈不或信？」遂不與，亦不復火。左氏所載與此傳雖有出入，而意則大同，其言在既災後亦可互證也。夫子產之言至矣，天猶人也，人者血脈流行而心在焉，天者大氣運轉而神在焉，人藏其心，不可測度，況之於天？陰陽不測，非神而何也？莊子言季真之莫爲，接子之或使，或使則實，莫爲則虛。今子產言神不可知是莫爲之說也，以人召災是或使之說也。既莫之爲，又或之使，天人相與，非實非虛，與胥輩者之告伯尊若合一契，而意尤著明。書稱「洚水警余，念用庶徵」，而荀子曰「唯聖人爲不求知天」，又論聖人之明於人事曰「夫是之謂知天」。楊子法言曰「史以天占人，聖人以人占天」，皆可發明斯理，春秋記災異，正是意耳。傳以公孫僑名氏不見於經，而師述他說有此數語，故特記之，明其知道，猶僖篇特稱管仲語矣。○唐德宗言「建中之亂，術士豫請城奉天，此蓋天命」。李泌曰「天命者，他人皆可言之，唯君相不可言，君相所以造命也。紂曰『我生不有命在天』，此商所以亡也。」夫以子產之博物也，李長源之好神也，而其言如此，謀國者可以思矣。張巡謂令狐潮未識人倫，焉知天道？則此義豈獨在君相哉？

六月，邾人入鄅。

秋，葬曹平公。

冬，許遷于白羽。白羽，許地。【補曰】當云楚地。

春秋昭公經傳第九補注第二十二

穀梁　范氏注解　鍾文烝詳補

十有九年春，宋公伐邾。

夏五月戊辰，許世子止弒其君買。日弒，正卒也。蔡世子般實弒父，故以比夷狄而不書日。止弒而日，知其不弒，止不弒則買正卒也。【補曰】注倒下傳文以明意。正卒則止不弒也，不弒而曰弒，責止也。責止不嘗藥。止曰：「我與夫弒者，不立乎其位，以與其弟虺。」止自責曰：「我與弒君之人同罪，於是致君位於弟。」【補曰】與夫弒，與聞乎弒。何休以爲許男斯代立，此云虺，未聞。哭泣，【補曰】有聲曰哭，無聲曰泣。歠飦粥，嗌不容粒。嗌，喉也。【補曰】厚曰飦，希曰粥。禮親喪三日後食飦飲粥。歠，飲也，食亦飲耳。嗌，咽也。咽、嗌雙聲，說文互相訓。喉亦訓咽也。哭泣過則哽而痛，故不容粒矣。孟子曰：「諸侯之禮，吾未之學也，雖然，吾嘗聞之矣。三年之喪，齋疏之服，飦粥之食，自天子達於庶人，三代共之。」又引孔子曰：「君薨，聽於冢宰，歠粥面深墨，即位而哭。」未踰年而死。【補曰】傷腎乾肝焦肺，毀甚以至死也。言未踰年，或死在葬前矣。劉敞說下葬謂以止之自討爲討之，亦得兼通。故君子即止自責而責之也。就其有自責心，故以備禮責之。【補曰】傳述其事，以申上責止之義。嘗論之，止自言與夫弒，於是當時謂之弒，而史亦書弒，書弒即其事實矣。事實之文，不可革其義，則即止自責而責之也。加損之文存乎辭，其義則上云「正卒」，下云「不使止爲弒父」是也。春秋屬辭比事，微而顯，志而晦，即日弒時葬兩文可得其概。家鉉翁謂春秋多因舊史，此事則舊史得之傳聞，而夫子因以垂法，又書葬以別於趙盾。其言傳聞未是，而大致得之。歐陽脩乃謂盾、止並是真弒，以加弒爲過，三傳所同，而一概不信。趙鵬飛且以闢楊、墨比之，固哉不亦妄乎？

己卯，地震。

秋，齊高發帥師伐莒。

冬，葬許悼公。日卒時葬，不使止爲弒父也。【補曰】既正卒矣，葬而又正葬，以蔡般相較，則不弒自明。春下不特書王月，亦以異之於般，傳略之耳。曰：子既生，不免乎水火，母之罪也。【補曰】曰者，目經意也，通下二十一句。唐石經初刻「母」上有「父」字。案：韓子祭女拏女文曰「不免水火，父母之罪。」孫汝聽注引傳亦有「父」字。羈貫成童，不就師傅，父之罪也。羈貫，謂交午翦髮以爲飾。成童，八歲以上。【補曰】內則曰：「三月之末，擇日翦髮爲鬌，男角女羈。」鄭君曰：「鬌，所遺髮也。夾囟曰角，午達曰羈。」傳言羈不言角者，對文，男女異，散文，通也。詩曰「總角丱兮」，毛傳曰：「總角，聚兩髦。丱，幼稺也。」丱，當依唐石經作「卝」，說文以爲古「卵」字。傳之「貫」即詩及說文之「卝」也。成童者，內則指十五以上，此亦當同。言自三月羈貫，至十五也。晉胥臣曰：「文益其質，故人生而學，非學不入，是故先王爲之節，八歲教小學，十五教大學。貴師重傳，事鈞所生，藥食先嘗，亦教所及矣。」內則云「十年出就外傳，學書記幼儀」，〔一〕卽教小學之傳。下云「成童舞象，學射御」，承上就傳而省其文，范氏未悟，故解成童爲八歲以上也。傳以後包前，記以前見後，各有當也。言師傳者，疊言之，單言則或曰傳，或曰師。孟子論君子不教子，朱子或問用徐氏說，引據此傳。**就師學問無方，心志不通，身之罪也。**【補曰】學以聚之，問以辯之，中庸明善擇善之教，大學致知格物之義也。格，量度也。車若水說是學問無方，三十時也。內則「二十博學，三十博學無方」，鄭君曰：「方，猶常也。至此學無常，在志所好也。」文烝案：學有正業，二十學禮而始備，正業之外謂之博學，博而又博謂之無方，傳以學則必問，故兼言問。張洽集註引此作問。學記兩言「博學」，傳亦以後包前，謂自十五就師至三十也。學記曰教必有正業，謂詩禮樂也。毛詩傳曰「古者教以詩樂，誦之歌之弦之舞之」，卽內則云「十三學樂誦詩舞勺」是也。昏義曰：「夫禮始於冠，本於昏，重於喪祭，尊於朝聘，和於射鄉。」王制曰：「六禮：冠、昏、喪、祭、鄉、相見。」皆卽今儀禮十七篇，教學者所執以爲容，卽內則云「二十而冠，始學禮」是也。三者爲正業矣。心，思心也。今文尚書洪範曰「思心曰容。」志，意也。字从心之，心所之也。單言曰志，疊言曰心志。春秋說題辭曰：「恬澹爲心，思慮爲志，恬澹之心，不思而得。」此乃管子所謂「心以藏心」，心之中又有心，非傳所指也，通謂由之而知其道也。論語曰：「吾十有五而志乎學，三十而立，四十而不惑，五十而知天命。」此則所謂下學而上達，聖人之通也。志乎學卽是志於道，志於道而後適道，適道而後立，立而後不惑焉，知天命焉，謂之聞道。夫道之大小，隨人者也，自聖人而下，七十達者及諸賢士大夫各有所立，則各有所聞之道，無論中行狂狷，皆謂之通矣。○辛酉歲，邵懿辰詒書言高堂生所傳禮卽夫子所述，別無闕逸，予韙其說。子入大廟，每事問，諸侯喪禮，

「格」訓「量度」本蒼頡篇。物有本末，量度之乃能知本，乃爲知之至，知之至則知止矣。致至言乎明也，格言乎擇也。

乎，今本誤「于」。

〔一〕「記」原作「計」，據中華書局影印清阮元重刻宋版十三經注疏本改。

李之才教邵子義理之外有物理之學，又有性命之學。邵子則曰「學以入事爲大」，即楊子之意。依魯論語「五十以學」四字爲句。

孟子未學，通在學問無方中也。讀書謂之學，聞道謂之通。楊雄以通天地爲伎，通天地人爲儒，周子則曰誠立賢也，明通聖也。朱子以論語說之，故通即不惑，而不惑由於立，故論語又曰「古之學者爲己，今之學者爲人。」新序、墨子對齊王解此二句曰「古之學者，得一善言，附於其身，今之學者，得一善言，務以悅人，言過而行不及」，此論學之大要也。論語又曰「六十而耳順，七十而從心所欲，不踰矩」，此心謂恬澹之心也，五十以學猶學也，至是則化而神焉。心志既通，而名譽不聞，友之罪也。【補曰】名，聲名也。譽，稱美也，單言曰譽，疊言曰名譽。論語曰「四十、五十而無聞焉」，言無可聞也。此則有可聞而不聞，故罪在友矣。荀子稱孔子曰：「入而行不脩，身之罪也；出而名不章，友之過也。」曲禮曰：「僚友稱其弟也，執友稱其仁也，交遊稱其信也。」中庸、孟子並言「信乎朋友，然後獲乎上。」朋友者，同師同志，其情親於相見相問相揖相趨，言友以該朋。名譽既聞，有司不舉，有司之罪也。【補曰】古者選舉之法，依王制，鄉論秀士，升之司徒，曰選士，司徒又論其秀者，升之學，曰俊士；又免其征傜，曰造士；大樂正又論其秀者告於王，升諸司馬，曰進士；司馬又論其賢者告於王，而定其論。自造士以下皆鄉人也，造士以上則王大子。王子，羣后之大子，卿大夫元士之適子，國之俊選皆與焉。周禮鄉大夫：「三年則大比，興賢者能者，鄉老及鄉大夫以禮禮賓之。獻書于王。」射義及書大傳：「諸侯三年貢士於天子。」有司舉之，王者不用，王者之過也。不敢罪上，故言過。【補曰】自「子既生」至此，當是古書成文，皆以爲士者言也。天子之元子猶士也。許世子止不知嘗藥，累及許君也。許君不授子以師傳，使不識嘗藥之義，故累及之。【補曰】傳言經意如此，師說相承云云也。古者以嘗藥爲教，賈子稱湯之言曰「藥食嘗於卑，然後至於貴，教也。」是其義也。上傳但述止之自責，未顯不嘗藥之文，此特顯之。左傳以爲飲止之藥。古者藥皆由醫，未有不爲醫而用藥製方是左之者誤也。公羊言「止進藥而藥殺」，而董仲舒説公羊以爲不嘗藥，繁露言之甚明，則知公羊所云「進藥」者謂其不嘗而遽進之，與此傳同，與左氏異也。凡金、玉、土、石、草、木、菜、果、蟲、魚、鳥、獸之類可以祛邪養正者，總謂之藥，見王冰素問注。子事父所以必嘗藥者，曲禮曰「君有疾飲藥，臣先嘗之；親有疾飲藥，子先嘗之」，鄭君曰：「嘗，度其所堪。」文王世子載世子之記曰「疾之藥，必親嘗之」，鄭君曰：「試毒味也。」此二注正義無説。案：素問五常政大論岐伯曰：「能毒者以厚藥，不勝毒者以薄藥。」王冰曰：「謂氣味厚薄者也。」鄭解周禮「毒藥」以爲藥之辛苦者。林億等校正素問引甲乙經：「胃厚色黑大骨肉肥者皆勝毒，其瘦而薄胃者皆不勝毒。」凡此卽禮記注意也。五常政大論下文論「病有久新，方有大小，有毒無毒，服之皆有約。下品大毒，治病十去其六；中品常毒，治病十去其七；上品小毒，治病十去其八；上中下品無毒，治病十去其九；皆至約而止。以五穀、五肉、五果、五菜，隨五藏宜者食養，以盡其餘病，餘病不盡，復如前四約治之，必無使過。」觀岐伯此論，足明醫之用藥亦於毒者爲尤慎也。夫治療之道，物齊之宜，官有專書，事參祕術，常人所不習，聖人有不知。至於醫既定方則不得以未達不嘗爲説，藥之氣味與夫人之體質固較然易明矣。臣子之於君父，無所不盡其心。禮有爲君嘗羞之文，有火孰先君子之説，況藥者扁、倉之所難言也，是故先王重焉。許君之疾，左傳以爲瘧，未知是否。張洽曰：「姑以瘧言之，今之治瘧，以砒煆而餌之多愈，然煆不得法則反殺人，悼公之死必此類。」張説大概近是。今以爲許君體不勝毒，醫用厚藥，止不嘗而遽進之，遂以藥卒也。卒由飲藥，故傳聞之誤則以爲止之藥也。止初不知此禮，後乃知之而哀痛自責。推原其事，許君不得無咎，此春秋文外之意也。傳「止」字各本脱，今依唐石經、胡安國傳、呂本中集解本、張洽集註、家鉉翁詳説、李廉會通本補正。

二十年春王正月。

夏，曹公孫會自夢出奔宋。【補曰】夢，曹邑。○【撰異曰】夢，本或作「蔑」，左氏、公羊作「鄸」。趙坦曰：「説文無『鄸』字。」自夢者，專乎夢也。能專制夢。曹無大夫，【補曰】重發傳者，前是戰，今是奔也。其曰公孫何也？【補曰】略名之常言曹會。言其以貴取之而不以叛也。會以公孫之貴而得夢，既而不以之叛，明曹君無道，致令其奔，非會之罪，故書公孫以善之。【補曰】傳文「以叛」即謂入于戚以叛之屬，若書「入于夢以叛」則不言出奔矣。書自夢者，著其能以而不以，傳釋公孫兼見此意。劉敞曰：「春秋之時，臣能專其邑，無不畔其國者，能使其衆，無不要其君者，臧武仲之智可謂智矣。然猶據防以求爲後於魯，是以孔子譏之，以爲其罪當與不孝非聖者均也。不孝則無親，非聖則無法，要君則無上，三者皆大亂之道也，故深察公孫歸父之至檉奔齊，公孫會之自夢奔宋也，其賢於臧武仲遠矣。」

秋，盜殺衞侯之兄輒。○【撰異曰】輒，左氏作「縶」。音義「輒」如字，或云音近「縶」。陸淳曰：「衞侯之孫名輒，故宜爲縶。」盜，賤也。【補曰】卿爲大夫，非卿爲卑者，曰盜者，賤辭，又下於卑者，蓋士也。春秋有三盜，此發通例也。左傳謂齊豹爲衞司寇，則豹非士，傳又言奪之，明是時已奪官。陳傅良説是。其曰兄，母兄也。【補曰】與弟同。目衞侯，衞侯累也。凱曰：「諸侯之尊，弟兄不得以屬通，經不書衞公子而斥言衞侯之兄者，惡其不能保護其兄，乃爲盜所殺，故稱至賤殺至貴。」【補曰】若不欲累衞侯，當書盜殺衞公子輒。然則何爲不爲君也？嫡兄宜爲君。曰有天疾者不得入乎宗廟。【補曰】天疾，惡疾。何休説惡疾者謂瘖、聾、盲、癘、秃、跛、傴，不逮人倫之屬也。左傳曰：「孟非人也，將不列於宗。」孔廣森說公羊曰：「春秋記事，皆爲後王示法，常辭立適以長，而有衞侯之兄，所以起其問，發其義，即知適長子有惡疾，亦有廢道。苟非惡疾亦必無廢道，經變之制，靡不包舉矣。」

輒者何也？曰兩足不能相過，【補曰】以其疾爲名。臧琳曰：「玉篇、廣韻、五經文字、類篇皆無『能』字，疑『能』字衍。」

齊謂之綦，【補曰】音義引劉兆云：「綦，連併也。」文烝案：廣雅曰：「綦，蹇也。」書大傳曰：「禹其跳，湯扁。其跳者，踦也。」王念孫以爲「其」即「綦」字。廣雅「踦」亦訓「蹇」。

楚謂之踂，【補曰】音義：「踂，女輒反。」劉兆云：「聚合不解也。」臧琳曰：「此字當作『踙』，从足从取，故劉以聚合訓之。玉篇、廣韻、五經文字皆从耴，與音義同。集韻从取，遵須切，類篇亦从取，皆與音義異。」文烝案：廣雅曰：「聚，蹇也。」王念孫以爲「聚」者「踂」之誤，或「輒」之誤。文烝以爲「踙」从取而訓聚，廣雅直作「聚」字，即「踙」字也。禮「升階足不相過謂之聚足」，意相似。

衞謂之輒。【補曰】音義：「輒，本亦作『縶』。」劉兆云：「如見絆縶也。」

冬十月，宋華亥、向寧、華定出奔陳。徐邈曰：「月者，蓋三卿同出，爲禍害重也。君以臣爲體，民以君爲命，凡爲憂者大，害民處甚，春秋皆變常文而示所謹，非徒足以見時事之實，亦知安危監戒云耳。」【補曰】疏曰：「宋萬以一人而謹月者，見宋不討賊，致令得奔。弟辰以五大夫而不月者，辰爲仲佗所彊，元無去意，爲患輕也。」○【撰異曰】寧，公羊作「甯」，後同。

十有一月辛卯，蔡侯廬卒。○【撰異曰】廬，左氏作「盧」，亦或作「廬」。

二十有一年春王三月，葬蔡平公。○【撰異曰】三月，板本、公羊或作「二月」，誤。唐石經、鄂本、十行本亦作「三月」。呂本中曰：「穀梁作『正月』。」案：呂蓋誤。

夏，晉侯使士鞅來聘。【補曰】自此後無書來聘者。

宋華亥、向寧、華定自陳入于宋南里以叛。○【釋異曰】叛，公羊作「畔」。**自陳，陳有奉焉爾。**【補曰】疏曰：「叛而加自，自實有力，嫌其言叛不由外納力，故復發傳。」**入者，內弗受也。**【補曰】疏曰：「嫌與入邑異例，故明同弗受。」文烝案：自外入言叛，位不復可知。**其曰宋南里，宋之南鄙也。**【補曰】宋之南鄙，謂宋南鄙之里也，里者，邑居之名。爾雅曰：「里，邑也。」毛詩傳、廣雅曰：「里，居也。」周禮「五家爲鄰，五鄰爲里」，以五鄰必同居，故亦取其名，此南里，汎指南鄙之里，非一地之專名，故「南」上復言「宋」，非若凡地名不須繫國也。高澍然曰：「不繫國，疑於據邑，而華、向逼君都城之罪不著；不書南里，疑得全宋，而宋分國以守之，勢亦不著。」徐彥公羊疏曰：「左氏、穀梁皆作『南里』字，而賈氏云穀梁曰『南鄙』，蓋所見異也。」案：此疏不足據。南鄙既是傳文，經必不得作「鄙」字，賈逵爲左氏經作注，或但引穀梁經字，或并引用傳義，此當是引用南鄙之義，而徐彥誤以爲引經字也。左傳稱「華氏居盧門，以南里畔」，孔廣森據呂氏春秋楚莊王圍宋九月，宋公告病，爲却四十里而舍於盧門之闔。以爲盧門去宋城四十里。**以者，不以者也。**【補曰】疏曰：「嫌異於竊地，故復發例同之。」**叛，直叛也。**言不作亂。【補曰】疏曰：「作亂若欒盈、良霄。」文烝案：注、疏皆非也。叛與作亂何以異乎？良霄本不據邑，故無叛文，欒盈亦不言以叛者，其文別有所見也。傳言「叛，直叛」者，謂此之書叛，直是叛耳，不出奔他國，宋辰、晉趙鞅皆云直叛，亦此意也。若衞孫林父之書叛，則左傳以爲出奔晉矣。邾庶其、莒牟夷、邾黑肱之叛，則以來奔書矣。

秋七月壬午朔，日有食之。

八月乙亥，叔輒卒。叔弓之子。【補曰】子叔伯張。○【撰異曰】輒，公羊作「痤」。徐彥曰：「左氏、穀梁作「叔輒」。」

冬，蔡侯東出奔楚【補曰】何休曰：「大國奔例月，此時者，惡背中國而與楚，故略之。」案：公羊經雖是「朱」字，然何説亦可通於此。○【撰異曰】東，左氏、公羊作「朱」。徐彥公羊疏曰：「左氏與此同。穀梁作『蔡侯東』。」杜諤引集義及呂大圭並謂朱無歸入卒葬之文，奔卒當爲一人。顧棟高曰：「史記十二諸侯年表是年書『東國奔楚』。」東者，東國也。【補曰】言此之東即後二十三年之東國也。聖門傳此經本闕一字，雖知其別無義例，而莫敢增益其字，故因就釋之，是師説如此也。此既釋東爲東國，明後定、哀之篇仲孫忌即仲孫何忌、魏多即魏曼多，皆與此同，故不復發傳也。左傳衞祝佗述踐土載書稱晉重耳爲晉重，國語曹僖負羈稱叔振鐸爲先君叔振，是古人二字作名，或時但稱其一，知經無此例者。經例名從主人，言無所苟，前後不得異也。且晉重、叔振之文亦殊可疑。夫子之母名徵在，言在不稱徵則非名矣，言徵不稱在則非名矣。何爲謂之東也？【補曰】上既言東即東國，故遂以東言之，猶莊二十四年言「何爲名也」，上十一年言「何爲名之也」，非問何以去「國」字。王父誘而殺焉，楚子虔誘蔡侯般殺之于申。父執而用焉，執蔡世子友以歸用之是也。【補曰】杜預説左氏東國者，友之子，廬之弟。若作朱，則廬之子矣。奔而又奔之。曰東，惡之而貶之也。奔既罪矣，又奔讐國，惡莫大焉。【補曰】惡其奔而又奔之，故貶而書名，猶桓十一年云曰「突，賤之也」。凡諸侯出奔名者，皆惡其有罪而貶之。鄭伯突、衞侯朔、北燕伯款、莒子庚輿、邾子益五者，皆貶也，非以去國字爲貶。

嘗謂蔡之於楚平猶魯之於齊桓也，魯與齊桓盟會可也，娶仇人子弟則不可矣；蔡從楚可也，奔而又奔之則不可矣。楚雖封蔡，猶爲讐國，宋襄雖立齊孝，猶以伐喪而謂之惡，意亦相類。

公如晉，至河乃復。

二十有二年春，齊侯伐莒。

宋華亥、向寧、華定自宋南里出奔楚。自宋南里者，專也。專制南里。【補曰】專辭與公孫會同，不嫌者，前有以文，故傳亦不具言，但重發自例。高澍然曰：「左傳有赭丘之戰，南里之圍，不書而書三叛之奔，其義與彭城書圍不書寘魚石互證自明。彼義繫於扼楚，故重在圍，而魚石之究竟可略也。此義繫於失賊，故重在奔，而諸侯之圍戰可略也。

大蒐于昌閒。【補曰】昌閒，魯地。○【攈異曰】蒐，公羊或作「廋」。閒，公羊作「姦」。穀梁音義「一音簡」。秋而曰蒐，此春也，其曰蒐何也？以蒐事也。【補曰】疏曰：「蒐紅見正，譏不正，比蒲蒐在夏，近秋之初，尚可以蒐，此春蒐不可之甚，故發傳。」文烝疑周禮、左傳、爾雅之春蒐，周之末失也。春事蒐，秋乃獮矣。

夏四月乙丑，天王崩。【補曰】史記名貴。靈王子。

六月，叔鞅如京師。叔鞅，叔弓子。月者，亦爲葬景王起。【補曰】鞅，穆伯也。

葬景王。天子志崩不志葬，志葬，危不得以禮葬也。【補曰】左傳「丁巳葬」。疏曰：「不書日者，傳言日之甚矣，其不葬之辭也，恐其甚之不明，故日以起之。今下言「王室亂」，則甚之可知，故省文也。」

王室亂。【補曰】室者，家之通稱，三王家天下，故言家。董仲舒言「立爲天子者天予是家」，此其義。王室，猶周家也。詩曰「王室如燬」，亦謂殷家。騶虞箴曰「用不恢于夏家」。〔一〕洪咨夔引書大誥曰：「亦惟在王宮邦君室。」亂之爲言，事未有所成也。尹氏立子朝，劉氏、單氏立王猛，俱未定也。【補曰】王猛事自在下文，與此無涉。左傳是年載子朝事，於尹氏無與，注皆非也。傳爲「亂」字作訓，是明經之通例。事未有所成，卽桓二年傳云「不成事之辭也」。以此經言之，時子朝欲篡王猛之位而未成事者，子朝之事如左傳所載是也。是年事未成，至下年而成，故此言亂而彼言立，文相對也。猛之謚曰悼王，知是時周人立猛爲王，猛已定位矣。其位雖定，實亦不正，故名而以國氏。究以已踐王位，其事不可不書，故備書居入也。○左傳曰：「叔鞅至自京師，言王室之亂也。」而胡安國、趙汸等遂推之陳火、梁亡以爲皆不由告命，今未敢從。

劉子、單子以王猛居于皇。皇，地。【補曰】當云周地。左傳劉獻公摯以上四月戊辰卒，單穆公旗立其庶子伯蚠卽此劉子，則亦在喪，與定三年邾子同例矣。伯蚠卽卷，左傳又謂之劉狄。以者，不以者也。【補曰】疏曰：「復發傳者，劉、單，王之重卿；猛，王之庶子；以貴制庶，嫌其義別，起例以詳之也。」王猛，嫌也。直言王猛不言王子，是有當國之嫌。【補曰】疏曰：「春秋以王爲國，若言齊、晉。」劉炫曰：「以王當國，如莒展以名繫國也。」文烝案：二說是也。經多以「王」字代周，王人、王師之屬皆是。國風「有王」，與衞、鄭等並爲國名，知是史文之舊。言居者，不正已明，不嫌是

〔一〕「騶」原作「周」，據中華書局影印清阮元重刻宋版十三經注疏本改。

居其所。

秋，劉子、單子以王猛入于王城。【補曰】公羊曰："王城者何？西周也。成周者何？東周也。"漢書地理志曰："河南，故郟、鄏地，是爲王城。雒陽，周公遷殷民，是爲成周。"不月者，疏以爲王猛雖則非正，事異諸侯，故不月。以者，不以者也。【補曰】重發傳者，嫌居入異也。入者，内弗受也。猛非正也。【補曰】重發傳者，嫌與諸侯異例也。此與後文天王入于成周不同，雖並以入爲文，而一稱天王，一以國氏，則其義自足見。王城即京師，是時王城爲京師，至敬王入于成周以後，成周爲京師。皆不言入于京師者，孫復曰："周自天子言之則曰王城、成周；諸侯言之則曰京師。"趙汸曰："凡王者之都，自諸侯言，曰京師，不敢斥其地也。自王者言，則以地舉，曰王城，曰成周。王者不自稱京師也。諸侯城王都，亦以地舉，曰城成周，王者有遷都之義，故城築當以地舉也。"趙意此等皆從史例，其説並得之。自諸侯言、自王者言異其稱，史亦用名從主人之例也。

冬十月，王子猛卒。【補曰】不日者，未成君。此不卒者也，未成君也。【補曰】此非魯之子，又嫌不當書卒者。其曰卒，失嫌也。猛本有當國之嫌，其卒則失嫌，故録之。【補曰】注非也。以猛繫國者，嫌文也；稱王子猛者，失嫌之文也。既卒則得爲失文，今欲見失嫌之文，故特録卒也。祝吁、無知以挈爲失嫌，此於文不可直挈，故加王子，從其常稱，其爲失嫌一也。胡瑗、孫復等皆以此王子爲在喪稱子之子，是不然，若使猛非嫌而稱子，則當在上居皇時。又宜從既葬不名之例，又不宜稱卒。

十有二月癸酉朔，日有食之。【補曰】江永曰："居皇書六月，而左傳在秋七月戊寅；入王城書秋，而傳在冬十月丁巳，猛卒書冬十月，而傳在十一月乙酉。又此年末有閏，明年春王正月爲壬寅朔，則經之十二月癸酉朔日食卽傳之閏月，是周曆、魯曆置閏有不同矣。續經哀十六年春王正月己卯，衛世子蒯聵自戚入于衛，推之是二十九日。夏四月己丑孔子卒，推之是十日。而傳載蒯聵事在上年末之閏月，蓋衛曆也。」文烝案：左傳月日參差者甚多，江氏此論明確，他處則難盡通矣。杜預所見汲冢紀年記晉事起自殤叔，皆用夏正建寅月爲歲首，以其說推左傳晉事之差，亦或合或否。宋取長葛，經冬傳秋，齊弒舍差兩月，齊靈公卒差兩月一日，凡此類，今槩不論。

二十有三年春王正月，叔孫婼如晉。【補曰】月者，爲下卒日。○【撰異曰】徐彥公羊疏曰：「叔孫舍者，左氏、穀梁作『婼』字。」

癸丑，叔鞅卒。

晉人執我行人叔孫婼。【補曰】案：左傳武城人取邾師，邾愬晉也。

晉人圍郊。郊，周邑也。【補曰】杜預曰：「討子朝也。」劉敞曰：「稱晉人，惡其微也。」葉夢得曰：「籍談、荀躒書人，貶也。」

夏六月，蔡侯東國卒于楚。不日，在外也。以罪出奔，又奔讎國，故不葬。【補曰】蔡悼侯也。奔君得言卒者，蓋二三年間蔡不別立君歟？不日者，蓋以其不正，文言卒于楚，則在外已明矣。疏曰：「傳例諸侯時卒，惡之，今東國奔讎得書月者，書其卒于楚，則惡已明矣。諸侯之奔，例不書卒，今東國上書奔楚，下書卒于楚，見其奔讎國而死，惡之可知，故不如蔡侯肸書時也。又諸侯不卒，則已卒宜有葬，故注復論不葬之義。」

秋七月，莒子庚輿來奔。【補曰】莒共公也。稱名，蓋亦有罪。月者，爲下敗師日。

戊辰，吳敗頓、胡、沈、蔡、陳、許之師于雞甫。胡子髡、沈子盈滅。雞甫，楚地。國雖存，君死曰滅。【補曰】此本杜預也。頓、胡、沈，序蔡上者，孔穎達謂皆其君自將，君在臣上，各自以大小序也。何休曰：「不稱國國出師者，賤略之。言之師者，辟許獨稱師上五國稱國之嫌。」案：此即所謂緩辭也。胡子、沈子例不記卒，與繒子同。繒被用被戕不名，義主於用之戕之者耳。見滅則不可不名，以其君歸非夷狄，亦不可不名，故髡也、盈也、嘉也、牂也、豹也皆名也。以歸名者，傳云絶之，則見滅名當爲賢之矣。各本此經下衍「獲陳夏齧」四字，今依唐石經、十行本删正。○【撰異曰】甫，左氏、公羊作「父」。盈，本亦作「逞」，左氏作「逞」。案：史記「欒盈」亦作「欒逞」也。公羊作「楹」。中國不言敗，此其言敗何也？據宣十二年晉荀林父及楚子戰于邲，晉師敗績，不言楚敗晉師。【補曰】此注贅。中國不敗，胡子髡、沈子盈其滅乎？其言敗，釋其滅也。若師不敗，則君無由滅也，賢胡、沈之君死社稷。【補曰】此義與荆敗蔡全同。傳備文者，一獲一滅也。注言「若師不敗，則君無由滅」，非傳意也。傳言若不直言敗而言戰，則當先言胡子、沈子及吳戰，而後言師敗績，以中國之君親與夷狄，戰何以見滅乎？是其恥深，於文不可也。注言「死社稷」，又非也。國未亡，不得言死社稷，當依公羊言「死於位」也。以爲賢而釋之，又非也。此亦爲中國殺恥，故釋之，賢意自在文外。

獲陳夏齧。獲者，非與之辭也，賢夏齧雖獲不病，以其得衆也，義與華元同。【補曰】疏曰：「此與華元文雖不同，明賢之義不別，故重發傳。」齊國書文同義同，故無傳也。上下之稱也。君死曰滅，臣得曰獲，君臣之稱。【補曰】

左傳曰：「君臣之辭也。」公羊曰：「其言滅獲何？別君臣也。君死於位曰滅，生得曰獲，大夫生死皆曰獲。」胡安國曰：「書其敗，不以國分而以君大夫爲序，書其死，不以事同而以君臣爲別，皆所以辨上下、定民志。」

天王居于狄泉。敬王辟子朝。狄泉，周地。【補曰】注首句本杜預，即下所書是也。史記曰「敬王居澤」，左傳亦曰「王師在澤邑」，賈逵曰：「即狄泉也。」始王也，其曰天王，因其居而王之也。天子踰年即位稱王，敬王踰年而出，故曰始王。雖不在國行即位之禮，王者以天下爲家，故居于狄泉稱王。【補曰】注皆非也。傳言始王者，據左傳，猛卒後，「敬王即位，館于子旅氏」，則敬王之定位爲王前此矣。但前此經未有王文，至此始王之也。又言其曰天王，因其居而王之者，申上意也。前此朝雖與王爭王，不辟朝，無事可記，故無王文。至此尹氏立朝，王居狄泉以辟之，其事當書於策，本以辟朝而書，故因對朝而王之，所以至此始王之也。公羊以未三年稱天王爲著有天子，其言稱王著有天子，亦謂對朝而正其王稱，其以未三年爲義則不可通於傳。許翰、葉夢得並以爲春秋之法，踰年書王，豈有三年然後稱王者？其說近是，文九年論之矣。敬王者，史記名匄，漢書古今人表以爲悼王兄，此說是也。左傳稱景王大子壽早卒，下文子朝書立爲不正，傳及公羊並言猛不正，不言敬王不正，又未聞周別有正當立者，則敬王乃當時正嗣，以兄繼弟者也。史記以猛爲長子，賈逵、韋昭、杜預並以敬王爲猛之母弟，殆皆失之。夫使敬王亦不正，則春秋必有異文，雖以其終爲天下共主，不可斥言其名，書爲王匄，亦必不遽成其爲王也。

尹氏立王子朝。隱四年，衛人立晉。傳曰：「稱人以立，得衆也。」此言尹氏立，明唯尹氏欲立之。【補曰】不稱尹子者，蓋其後尹氏奔楚，天王因削其爵，絕其位，故不得以爵稱，又不得稱名，則稱尹氏而已。立者，不宜立者也。

【補曰】疏曰：「重發傳者，衛、晉得衆，子朝失衆，不同故也。」朝之不名何也？據晉之名惡，今朝亦惡，怪不直名而言王子。別嫌乎尹氏之朝也。若但言尹氏立朝，則嫌朝是尹氏之子，故言王子以別之。【補曰】疏曰：「衰亂之世，何所不爲？繼立異姓，周亦致疑，疑而須別，故不曰立朝。」文烝案：注疏皆非也。傳意以爲衛人立晉人者衆辭，故晉直名無所嫌，今以尹氏爲文，若言尹氏立朝，則嫌以朝繫尹氏，故加言王子以別之。別嫌乎尹氏之朝，猶曰不以尹氏挈朝也。北燕伯辟挈文而不名，此書名猶不爲挈者，立自宜以名録，不直名則非挈也。傳言別嫌，猶公羊所謂辟嫌。特發義者，明朝實惡，例當直名，經本當書立朝，與晉同也。後文尹氏等以朝奔楚，亦言王子，亦別嫌也。別嫌必言王子者，繫於先王之稱也，若然，前文劉、單以猛不正，國氏以明其嫌，朝亦不正，不言王朝者，土無二王，上已有天王，不得復有嫌也。其實上言天王之居，下言尹氏所立，非二王而何？未嘗没其事也。至此言立者，前年欲篡立而未立，今則定立爲王以敵王，當時謂子朝爲西王，敬王爲東王，春秋所不忍言也。張自超曰：「書曰『天王居于狄泉，尹氏立王子朝』，則天位既定，而朝之爲篡分明可知，居狄泉爲朝之黨所逐亦分明可知。」

八月乙未，地震。

冬，公如晉，至河，公有疾，乃復。【補曰】何休曰：「舉公者，重疾也，子之所慎。齊戰疾。」文烝案：墨子曰：「聖人惡疾病，不惡危難。」言有，亦一有一亡之例，易以疾愈爲有喜。○【撰異曰】左氏直云「有疾」，無「公」字。疾不志，此其志何也？【補曰】四如晉，著有疾，皆不言疾，故據以問。釋不得入乎晉也。【補曰】前此無疾而著有疾，恥之也；今此實有疾而志之，則釋之也。公羊曰：「殺恥也。」殺亦釋也。左傳但言「爲叔孫故如晉，有疾而復」，不言諸文同異之義，彼書往往然矣。董仲舒曰：「晉惡而不可親，公往而不敢至，人情耳。君子何恥而稱公有疾也？曰：『惡無故自來。君子不恥，內省不疚，何憂何懼？』是已。今春秋恥之者，昭公有以取之也。臣陵其君始於文，而甚於昭公。受亂陵夷，而無懼惕之心，囂囂然輕計妄討，犯大禮而取同姓，接不義而重自輕也。人之言曰：『國家治則四鄰賀，國家亂則四鄰散。』是故季孫專其位而大國莫之正，出走八年，死乃得歸，身亡子危，困之至也。君子不恥其困而恥其所以窮。」董言「子危」謂定公也，公羊家說如此。

二十有四年春王二月丙戌，仲孫貜卒。

婼至自晉。○【撰異曰】公羊作「叔孫舍」。徐疏有說而何氏無注，疑何本傳寫誤多一字。劉敞以來，多誤從之。呂本中以爲原父能知他人之鑿而不自知其鑿也。大夫執則致，致則挈，由上致之也。上，謂宗廟也。致臣于廟則直名而已，所謂君前臣名。【補曰】疏曰：「重發傳者，單伯、意如有罪，婼無罪，故各發之。」傳釋與意如有異辭者，亦以意如訴公於晉而婼無罪也。宣元年注「上謂宣公」，此云宗廟者，釋有二家：一云：禮夫人三月始見宗廟，遂與僑如之致，由君而已，故知上爲宣公、成公。意如與婼被執而反，理當告廟，故知上謂宗廟也。又一釋：二者互文相通，見廟之時，君稱臣名以告，則二者皆當書名，此云宗廟，亦是昭公告之。彼云宣公，亦是宣、成告宗廟明矣。

夏五月乙未朔，日有食之。

秋八月，大雩。

丁酉，杞伯郁釐卒。○【撰異曰】郁，公羊作「鬱」。徐彥曰：「左氏、穀梁作『郁釐』字。」今正本亦有作「郁」字者。

冬，吳滅巢。

葬杞平公。

二十有五年春，叔孫婼如宋。

夏，叔倪會晉趙鞅、宋樂大心、衛北宮喜、鄭游吉、曹人、邾人、滕人、薛人、小邾人于黄父。【補曰】叔倪，叔鞅子。黄父，晉地。一名黑壤。○【撰異曰】倪，左氏作「詣」，後同。大心，公羊作「世心」，後同。徐彥公羊疏曰：「叔倪者，穀梁與此同。左氏經賈注者作『叔詣』字。」

有鸜鵒來巢。劉向曰：「去穴而巢，此陰居陽位，臣逐君之象也。」【補曰】漢書五行志：「劉以爲有蜚有蜮不言來者，氣所生，所謂眚也，有鸜鵒言來者，氣所致，所謂祥也。」劉又謂：「鸜鵒白羽，旱之祥也。穴居而好水，黑色，爲主急之應也。」何休曰：「鸜鵒猶權欲。」趙汸曰：「今鸜鵒在處有之，實自春秋所書始，乃地氣推遷使然，中國治亂之候也。宋治平閒，邵子居洛陽，聞杜鵑聲，曰：『洛陽舊無杜鵑，今始至矣。』或問何也？曰：『天下將治，地氣自北而南；將亂，自南而北。今南方地氣至矣，禽鳥飛類得氣之先者也。』春秋書六鷁退飛，鸜鵒來巢，氣使之也，蓋先王所以觀天下之妖祥者非一端。周禮在魯，故時史於鸜鵒始至猶能謹而書之，說者多弗察也。」○【撰異曰】鸜，本又作「鸛」，音「權」。公羊作「鸛」。左氏或作「鴝」，與說文同。說文「鴒」之或字作「鵻」。一有一亡曰有。【補曰】疏曰：「重發傳者，飛鳥與蜚螽異也。」來者，來中國也。鸜鵒不渡濟，非中國之禽，故曰來。【補曰】五經異義載穀梁、公羊家舊說，皆以爲鸜鵒夷狄之鳥，今來中國。鄭君駮之，以爲春秋言來者甚多，非皆從狄夷來也。從魯疆外而至則言來，鸜鵒本濟西穴處，今踰濟而東耳。孔廣森說公羊曰：「中國，國中也。」文烝案：如孔氏說則鄭義得通於二傳。鄭據考工記，故云爾。疏曰：「蜚螽不言來者，不見所從也。」鸜鵒穴者而曰巢，或曰增之也。加「增」言巢爾，其實不巢也。雍曰：「凡春秋記災異未有妄加之文，或說非也。【補曰】爾雅曰：「增，益也。」鸜鵒實來巢，而史不言巢，君子增益史文，以著其異，故穴者而曰巢也。言或曰者，師疑之，不正言也。所以得增益者，據運斗樞言，鸜鵒來，巢于榆，榆木之上不爲穴而爲巢，衆人所見，聖人所知，故足成之也。注既不得其解，而惠士奇引鳥以山爲卑而曾巢其上之說。曾巢，卽「橧巢」，其字亦或作「增」，要非傳所謂「增」矣。公羊曰：「宜穴又巢。」文烝妻沈印齡在郡城東恆見鸜鵒穴於薺莢木，其近地多榆。顏師古乃謂此鳥不皆穴處。童品又以爲假鵲巢以生子，能飛卽羣棲於木，未聞穴居於地。是並不知「穴」字之義，所宜訂正。鶪也、鸜鵒也，皆書。海鳥曰爰居，止於魯東門之外三日，不書者，蓋因展禽言不記於策。李廉謂魯以爲瑞。非也。

秋七月上辛，大雩；季辛，又雩。【補曰】疏曰：「凡八月、九月雩則書月，以見正；七月雩者皆書時，以見非正。此亦書月者，以一月再雩故。」案：疏得之，於文不得云秋上辛也。雩得雨曰雩，前雩不得雨言雩者，以有「又雩」之文無所嫌，又雩則雨。季者，有中之辭也。不言中辛，中辛無事。【補曰】雩例本不日，故以上季爲文，舉日不舉辰也。雩小於郊，亦以別之。郊用上辛而卜日，例當錄日，不與雩同。又，有繼之辭也。緣有上辛大雩，故言「又」也。【補曰】言又，故省「大」文。重發傳者，嫌與又食角異例也。

九月乙亥，公孫于齊。【補曰】伐季氏而敗，遂出奔也。夫人奔月，公日者，詳略之差。○【撰異曰】乙亥，左氏、公羊作「己亥」。孫之爲言猶孫也，諱奔也。【補曰】疏曰：「復發傳者，前發例於夫人，今發例於公，明其同義，以別尊卑之辭詳略也。」

次于陽州。【補曰】此經各本誤跳在傳「孫」之上，今依唐石經、十行本移正。○【撰異曰】陽，公羊作「揚」，亦作「楊」。次，止也。陽州，齊竟上之地，未敢直前，故止竟也。【補曰】重發傳者，此非用兵之次，嫌異故也。注本杜預。杜云「齊、魯竟上邑」，范刪「魯」字。案：左傳襄三十一年，齊閭丘嬰帥師伐陽州，則彼時地屬魯；定八年，公侵齊，門于陽州，則其後屬齊。疑是時已爲齊竟矣。

齊侯唁公于野井。弔失國曰唁。【補曰】何休曰：「弔亡國曰唁，弔死曰弔，弔喪主曰傷，弔所執紼曰絻。」文烝案：「唁」與「言」古同聲。爾雅曰：「訊，言也。」廣雅曰：「言，訊問也。」唁公不得入於魯也。野井，齊地。齊侯來唁公，公逆之，往至野井。【補曰】注亦本杜預，依左傳也。傳曰：「齊侯將唁公于平陰，公先至于野井。」唁辭，公羊詳之。又稱「以遇禮相見」。

冬十月戊辰，叔孫婼卒。【補曰】昭公出後，季孫不別立君，惟以上卿攝行公事。卿卒禮數、列國會葬之屬，皆如公在國時，史亦據舊所應書者書於策，蓋魯無情而有名，於是可見，而史法亦不與他國同矣。若其涉公者，容有君子加損之辭，而大體亦因史文。家鉉翁、趙汸之論，殆未可用。

十有一月己亥，宋公佐卒于曲棘。曲棘，宋地。【補曰】公羊曰：「曲棘者何？宋之邑也。」與操扈同。邡公也。邡，當爲「訪」。訪，謀也。言宋公所以卒于曲棘者，欲謀納公。【補曰】左傳曰：「爲公故如晉」，公羊曰「憂内也。」注：「訪，謀。」爾雅文。

十有二月，齊侯取鄆。取鄆以居公。【補曰】此本杜預，即傳及公羊所云「爲公取之」。鄆者，汶陽田也。何休曰：「月者，善録齊侯。」取，易辭也。内不言取，以其爲公取之，故易言之也。【補曰】疏曰：「昭公，失國之君，忠臣喜公得邑，故以易辭言之。宣元年齊人取濟西田，傳曰『内不言取，言取，授之也，以是爲賂齊也。』不言易辭者，魯人不得已而賂之，取雖易而我難之，故直云授之，其實亦易辭也。」

二十有六年春王正月，葬宋元公。

三月，公至自齊，居于鄆。【補曰】何休曰：「月者，閔公失國居運，後不復月者，始録可知。」公次于陽州。其曰至自齊何也？據公但至陽州，未至齊。以齊侯之見公，可以言至自齊也。齊侯唁公于野井，以親見齊侯爲重，故可言至自齊。【補曰】疏曰：「并明後乾侯之致不見晉侯。」居于鄆者，公在外也。若但言公至自齊而不言居于鄆，則嫌公得歸國，欲明公實在外，故言居于鄆。【補曰】左傳於下年亦曰「言在外也」。鄆言居者，鄆屬公，爲竟内地。左傳曰：「言魯地也。」傳例曰：「居者，居其所也。」二十年，衛侯避亂如死鳥，齊侯曰：「猶在竟内，則衛君也。」鄭伯入櫟、衛侯入夷儀皆言入，此言居者，汪克寬以爲内辭。文烝案：鄭、衛別有君，魯無二君也。至自齊，道義不外公也。至自齊者，臣子喜君父得反致宗廟之辭爾。今君雖在外，猶以在國之禮録之，是崇君之道。【補曰】道義，謂春秋之義。襄二十九年言「意義」，此言「道義」，皆疊言以足句也。居鄆本魯史舊文，書至，蓋春秋新意，傳上文先釋至自齊，次釋居于鄆。以「至」文乃君子所加，經意所重，故復論之。高澍然説近是。

夏，公圍成。成，孟氏邑。○【撰異曰】陸淳纂例曰：「成，公羊作『郕』。」案：今公羊不作「郕」。非國不言圍，【補曰】此據常例。定十二年傳同。所以言圍者，以大公也。崇大其事。【補曰】言經所以言圍者，著其以一邑之細而親自合圍大公之事也。大公之事，則公爲甚病，而經之病公亦見，是君子所取義也。定十二年傳直言「圍成，大公也」，猶隱二年傳曰「會戎，危公也」，其文意甚相似，皆明君子之取義如此也。圍棘、圍費、圍鄆、圍郈皆不發傳，明從伐於餘丘推例可知。公親圍成，事尤異常，故特發傳。病不待言，言大則病可知，故特言大也。左傳稱「齊侯使公子鉏帥師從公。齊師圍成，師及齊師戰于炊鼻」，則此與定公圍成截然不同。所以得與彼同文且同義者，公之以齊師，推校上下，自是可知。至於君臣交兵，不可得書，祇可書公圍。既書公圍，則義之所取亦如此而止也。若然，傳不發不言戰之義者，成九年，晉欒書以鄭伯伐鄭，鄭與晉戰。傳曰「不言戰，以鄭伯也」，又發例曰「爲親者諱疾」，彼有明文，此可從略也。不致者，猶從竟内兵例，亦所謂不外公。

秋，公會齊侯、莒子、邾子、杞伯盟于鄟陵。鄟陵，某地。【補曰】當云地闕。不日者，齊謀納公而不果，從渝盟例也。既不日又不月者，蓋以公在外異之。○【撰異曰】鄟，板本、公羊或作「剸」。唐石經、蜀大字本亦不誤。

公至自會，居于鄆。公在外也，【補曰】復發傳者，此至自會而言居也。至自會，道義不外公也。

【補曰】疏曰：「復發傳者，自齊爲虛，至自會爲實，文嫌有異，故發之。」文烝案：書「至」，皆新增之文，嫌與至自齊異，故復發之。後不論書至義者，從可知。

九月庚申，楚子居卒。【補曰】楚平王也。圍改名虔，棄疾改名居，四名並書，所謂名從主人。五經異義公羊說譏二名，謂二字作名，若魏曼多。左氏說二名者，楚公子棄疾卽位之後改爲熊居，是爲二名。文烝案：楚昭王名軫，而左傳稱大子壬，則亦改名也。穀梁之意當與左氏說同。七年傳言「王父名子，重其所以來」，明改名非禮矣。曲禮曰：「君子已孤不更名。」是春秋之義。

冬，十月，天王入于成周。【補曰】何休曰：「月者，爲天下喜録王者反正位。」周有入無出也。始卽位，非其所，今得還復，據宗廟是內，故可言入。若卽位在廟，則王者無外，不言出。【補曰】疏曰：「重發傳者，彼明上下一見出文，此明天王之身入也。」文烝案：此入非是內弗受常例，與王猛異，傳欲見此意，故發之。公羊曰：「其言入何？不嫌也。」以文稱天王，與凡入不同明矣。杜預曰：「子朝餘黨多在王城，敬王畏之，徙都成周。」此三十二年左傳注也。左傳是年十一月癸酉，王入于成周。甲戌，盟于襄宮。十二月癸未，王入于莊宮。杜預曰：「莊宮在王城。」汪克寬曰：「蓋敬王畏子朝黨入王城而弗居，遂定都成周也。」李廉以爲三十二年城成周乃徙都。案：杜預但云「成周狹小，故請城之」，似非彼時始徙都。

尹氏、召伯、毛伯以王子朝奔楚。〇【撰異曰】徐彥公羊疏曰：「尹氏、召伯，穀梁與此同。左氏『召伯』作『召氏』。」案：左氏經亦作「召伯」，傳則云「召氏之族。」杜注「召伯當言召氏」，以爲經誤。徐氏所見，豈當時有依杜以改經者邪？遠矣，非也。雍曰："奔篡君之跡，其責遠矣。"【補曰】疏以爲刺諸侯。文烝案：注疏皆不了。此因子朝終事之文以明春秋文外之意，謂自此後，諸侯無桓、文之君，春秋責之，其意遠也。前此，莊、僖不志崩，有失天下之道，而齊桓興焉，襄言出，有失天下之道，而晉文興焉，卒賴其力，王室卑而復尊。至於頃不志崩，周公言出，晉霸未替，猶有所望。今者猛、朝爭篡，澤邑寄居，弱類莊、僖，禍侔子帶，一入一奔，皆非晉力。大亂既定，霸者不興，於是周遂陵夷，故所責爲遠也。國語曰："景王崩，王室大亂。及定王，王室遂卑。"定王者，貞王也。（世本：敬王後爲貞王、元王。史記先元王，後定王。）義通於此。奔，直奔也。【補曰】言書奔者，直是奔耳。朝已立爲王，春秋始終不以爲王，故發傳以明之。若襄王之奔鄭則書曰出居矣，昭公之出奔齊則書曰孫矣。孫覺曰："子朝之惡當誅絕，猶不曰出者，周無出，不以子朝之惡而亂春秋之大義也。"

二十有七年春，公如齊。自鄆行。【補曰】此本杜預。

公至自齊，居于鄆。公在外也。【補曰】疏曰："重起例者，前會而至，今如而至，至而亦言居，嫌異義，故重言之。"

夏四月，吴弑其君僚。【補曰】吴州于。

楚殺其大夫郄宛。○【撰異曰】郄，當作「郤」，左氏、公羊作「郤」。

秋，晉士鞅、宋樂祁犂、衞北宮喜、曹人、邾人、滕人會于扈。【補曰】左傳曰："令戍周，且謀納公也。"

冬十月，曹伯午卒。

邾快來奔。徐邈曰：「自此已前，邾庶其、畀我並來奔，今邾快又至，三叛之人俱以魯爲主。邾、魯鄰國，而聚其逋逃，爲過之甚，故悉書之，以示譏也。小國無大夫，故但舉名而略其氏。」【補曰】注末二語贅。畀我、快無邑，非叛，注數之爲三叛，非也。

公如齊。

公至自齊，居于鄆。

二十有八年春王三月，葬曹悼公。【補曰】何休曰：「月者，爲下出也。」

公如晉，次于乾侯。不得入于晉。乾侯，晉地。【補曰】孫齊下言所次，內事詳也。言如又言所次，亦詳之也。何休曰：「月者，閔公內爲强臣所逐，外如晉不見答。後不月者，録始可知。」公在外也。【補曰】重發傳者，前謂至下言居，此謂如下言次也，次亦是止，省文可知。至而言居者，魯地故也。孫而言次、如而言次者，非魯地故也。

夏四月丙戌，鄭伯寧卒。○【撰異曰】寧，公羊作「甯」。

六月，葬鄭定公。

秋七月癸巳，滕子寧卒。○【撰異曰】寧，公羊作「甯」。

冬，葬滕悼公。

二十有九年春，公至自乾侯，居于鄆。以乾侯致，不得見晉侯故。【補曰】此本杜預也。何休曰：「不致以晉者，不見容于晉，未至晉。」

齊侯使高張來唁公。【補曰】何休曰：「言來者，居運從國内辭。不月者，例時也。」唁公不得入於魯也。【補曰】疏曰：「復發傳者，前齊侯唁公于野井，野井，齊地。今高張唁公于鄆，鄆是魯地。唁有遠近，人有尊卑，君臣同文，故重發例。魯地而言唁不得入魯者，謂不得入魯國都。」

公如晉，次于乾侯。

夏四月庚子，叔倪卒。季孫意如曰：「叔倪無病而死，此皆無公也，是天命也，非我罪也。」言叔倪欲納公，無病而死，此皆天命使魯無君爾，魯公之出，非我罪。【補曰】皆者，皆宋公佐，疏引前傳邡公是也。左傳齊梁丘據曰：「宋元公爲魯君如晉，卒於曲棘，叔孫昭子求納其君，無疾而死。」與此文互詞，但以叔倪爲叔孫婼耳。左傳固非無據，而觀婼之家臣助季氏逐公，婼不罪焉，以是推之，豈有無病祈死之事？當以穀梁爲正矣。注以上言「無病死」，下言「無公」，故加「欲納公」三字，以顯傳意，此最得解。而王引之欲改讀「無公」爲「譕公」，與前「邡公」爲一意。據集韻，「謨」古作「譕」，以爲「無」者「譕」之借字。爾雅：「謨，謀也。」其說於文義殊滯。○叔倪納公事不知若何，今無可考。凡古書事有相類者皆當時記載之異，鄭毀游氏廟一事也，而或以爲葬，或以爲蒐；晉城成周一事也，而或以爲冬，或以爲春，左傳兼采之；晉獻公寢不寐一事也，而或以爲伐翟相，國語據之，或以爲伐虞郭，公羊據之；魯大夫欲納君暴死一事也，而或以爲叔孫氏，左傳據之，或以爲叔氏，穀梁據之。

秋七月。

冬十月，鄆潰。【補曰】公羊曰：「邑不言潰，此其言潰何？郛之也。曷爲郛之？君存焉爾。」何休曰：「昭公居之，故從國言潰。不言國之言郛之者，公失國也。」孔穎達曰：「公既如晉，必留人守鄆，鄆人潰散而叛公，使公不得更來。」潰之爲言，上下不相得也。【補曰】疏曰：「重發起例者，上下不相得之罪。邑與國同，故詳之。一解：鄆不伐而自潰，與常例異，故重發之。」文烝案：邑叛而從國文，爲變例，故重發傳以明同。上下不相得則惡矣，亦譏公也。公既出奔，不能改德脩行，居鄆小邑，復使潰亂，德之不建，如此之甚。【補曰】言亦者，諸書國潰，皆見其國之惡，爲譏文。疏曰：「嫌自潰，不責公也。」汪克寬曰：「或謂意如誘其民使潰，然亦由昭失民既久，故若是也。」昭公出奔，民如釋重負。傳明昭公有過，非但季氏之罪。【補曰】言昭素不得於民，出則民喜之，若負擔重物者初得息肩然。此申上譏公意，蓋師說云爾。或共公、康公、景公、平公之時，魯人相傳有是言矣。

三十年春王正月，公在乾侯。【補曰】言在者，皆承上。在楚承如，此承次，後儒有謂帝在房州，宜書居。不宜書在者，不知此義也。葉夢得又引易文言傳居上位而不驕，在下位而不憂。亦無足取。中國不存公，存公故也。中國，猶國中也。【補曰】爾雅曰：「在，存也。」疏曰：「范例云，在有四，言在，非所在也。」文烝案：傳明經通例也。國中不存公者，凡居竟內則無存文，二十七年、二十八年不言在鄆是也。二十六年不言在齊，鄆已屬公也。二十九年不言在乾侯，猶有鄆也。成、襄、昭如晉，皆不書在，晉亦從國中例也。存公故也者，歲首既有存文，則知其有變，故異於平時。書在乾侯，明其失鄆而寄於他國，無所歸也。書在楚，明其遠朝夷狄，不得歸也。若專就此經言，則國中謂鄆，故謂鄆潰不得入。○後世唐中宗之事書帝在房州者，非也。昭公雖出，猶公也，故每歲存之也。中宗既廢，王也，非帝也。非帝言帝，無年而爲有年，非實也。皇后武氏稱帝紀年，紀帝而存王，又非名也。竊謂脩唐史者，宜於帝周之中每寓存唐之意。四月陳火，正堪取法，公在乾侯，不可同條，明乎此，可以言春秋名實之際矣。

夏六月庚辰，晉侯去疾卒。

秋八月，葬晉頃公。【補曰】汪克寬曰：「是時公在晉地，不弔其喪不送其葬者，晉不受公，公亦淹恤在外，不能備其禮也。」

冬十有二月，吳滅徐。滅夷狄時，月者，爲下奔起。【補曰】疏曰：「案：滅中國日，出奔月，輕於滅。滅夷狄時，奔何得更月？范答薄氏云，國不滅而出，以月爲例，國滅而出，出重於滅，滅夷狄雖時，猶加以月。然則溫子國滅而出奔，何以不月？有義而然。弦子之奔，文承八月之下，溫子奔在正月之後，何知不月？傳於弦子滅言不日微國，微國則例月，例月則不關於君出，君出之重不大於滅國。范云出重於滅者，言既滅其國，君不死難，比之常奔恆滅則爲重矣。滅在月例者，君出不復加日，明滅重矣。」文烝案：此注蓋合經意。疏云云者，多不明白，以弦滅爲在月例亦誤。凡滅在月例者，以其君歸則日之，沈、許、頓、胡是也。君奔則併於月文，譚是也。溫蒙上月，與譚同也。滅在時例者，以其君歸則無加文，夔是也。君奔則月之，此文是也。弦滅不得蒙上月，奔則得蒙之也。國滅君不能死，以歸者尤重於奔。夔所以無加文者，蓋以奔既録月，則獲宜謹日，而其事本在時例，不欲苟爲特筆之文，故自從其常例也。潞子書日，傳以爲賢明，不從獲起義，乃是特爲變文矣。**徐子章羽奔楚。**奔而名者，有罪惡也。【補曰】疏曰：「注於譚子云『蓋無罪』。蓋者，疑辭。今此章羽不疑者，名義多見傳，故從正例而不疑也。」啖助曰：「徐子名者，初已自服吴子，吴子唁而送之，非能自奔也。」劉絢曰：「力不能勝而奔者，義未絶也。章羽已服吴，而後奔楚，則既降矣，故名以著其絶。」○【撰異曰】羽，公羊作「禹」。唐石經、左氏與此同。岳本則作「禹」。左傳皆作「禹」。

三十有一年春王正月，公在乾侯。

季孫意如會晉荀櫟于適歷。適歷，晉地。○【撰異曰】櫟，舊作「躒」。左氏作「躒」，下同。公羊又作「躒」、作「濼」。

夏四月丁巳，薛伯穀卒。【補曰】莊三十一年書薛伯卒，至此復來赴。書名則同盟情親也，書日則正也，書葬而時則亦正也，皆與大國同例，終於春秋。

晉侯使荀櫟唁公于乾侯。唁公不得入於魯也。【補曰】疏曰：「復發傳者，今在晉地，晉將納公，公有可入之理，故重明之。」**曰既爲君言之矣。不可者，意如也。**言己已告魯求納君，唯意如不肯。【補曰】上言意如會櫟，此言櫟唁，知是意如不肯納君明矣。意如逐君，未有見文，於此微見之，傳卽以唁辭明之。左傳所載，似曲爲意如解免者，蓋魯人護季氏之辭，非實録也。

秋，葬薛獻公。

冬，黑肱以濫來奔。○【撰異曰】肱，公羊作「弓」。案：鄉射禮注今文「弓」爲「肱」。易家有馯臂子弓。亦「肱」也。其不言邾黑肱何也？據襄二十一年邾庶其以漆、閭丘來奔言邾。【補曰】當依何休云「據讀言邾」。孔廣森以爲「春秋口授，恐久而失實，故文雖無邾，師法自連邾讀之，因以起其義也。」別乎邾也。邾以濫邑封黑肱，故別之若國。【補曰】公羊以爲黑肱之先人叔術讓國不受，惟受五分之一，即濫是也。服虔長義曰：「邾本附庸三十里耳，而言五分之，爲六里國也。」孔廣森曰：「建國制地，要取開方，方三十者，其積九百，五分之一猶有百八十里，何言六里乎？」文烝案：百八十里之積爲方十三里而有餘，設稱三十分之一爲方五里而有餘，可謂之方一里乎？其不言濫子何也？據既別之爲國，則應書其爵。非天子所封也。【補曰】雖是邾之別封，終不得爵命於天子，明非濫子也，猶夫邾大夫也。來奔，內不言叛也。【補曰】此言凡竊邑來奔者皆叛也，若奔他國，即當云黑肱入于濫以叛，邾庶其亦當云入于漆以叛，莒牟夷亦當云入于牟婁以叛。今有以文無叛文者，爲其來奔內，書其以地接我爲重，兼爲內諱也。不發傳於庶其、牟夷者，彼處一人據二邑、三邑，此惟一邑，彼若書叛，亦當但書一邑，故就此一邑者明之，以包前二文也。杜預曰：「以邑出書叛，適魯而言來奔，內外之辭。」劉歆、賈逵說「三叛人以地來奔，不書叛謂不能專也」。釋例駁之。杜氏頗合傳義，亦以襄二十六年衞孫林父入于戚以叛。左傳云「以戚如晉」，足明竊邑而奔他國者皆書叛矣。書叛則不書出奔，書來奔則不書叛，而書以之文則同，是春秋之義也。疏不得傳旨，以爲黑肱不繫邾，嫌其專地，不責叛罪，故重發傳以明例。此傳是初發，何云重乎？

十有二月辛亥朔，日有食之。

三十有二年春王正月，公在乾侯。【補曰】趙鵬飛曰：「三年之閒，歲首皆書公在，存公所以誅季氏也。而左氏各爲之説，鑿矣。謂左氏專信國史而不附會，殆不然也。」案：葉夢得亦謂左氏妄。

取闞。【補曰】據左氏定元年傳，則闞者魯羣公墓所在。賈逵曰：「昭公得闞，季氏奪之。」杜預曰：「公別居乾侯，遣人誘闞而取之。」文烝案：此蓋不蒙上月，或如齊侯取鄆，不可以常例準。

夏，吳伐越。【補曰】不稱於越者，自吳言之也。與楚同。

秋七月。

冬，仲孫何忌會晉韓不信、齊高張、宋仲幾、衞大叔申、鄭國參、曹人、莒人、邾人、薛人、杞人、小邾人城成周。【補曰】何忌，貜之子孟懿子。二十七年戍周，此罷戍而城之。書城不書戍，僖十四年論之備矣。不言城京師，説亦見前。○【撰異曰】大，左氏、公羊作「世」。準之前後，文宜從「世」。左氏無「邾人」。天子微，諸侯不享覲。享，獻也。覲，見也。言天子微弱，四方諸侯不復貢獻，又無朝見之禮。天子之在者，惟祭與號，祭，謂郊上帝。號，謂稱王。【補曰】傳言此者，明時既以下都爲京師，而微弱之至不能增脩其城，亦所謂危而不能自守。故諸侯之大夫相帥以城之，此變之正也。【補曰】疏曰：「變之正，重復起傳者。平、桓之世，雖復禮樂出自諸侯，諸侯猶有享覲之心。襄王雖復出居，猶賴晉文之力，札子雖云矯殺，王威未甚屈辱。至於景王之崩，嫡庶交爭，宋、衞外附，楚亦内侮，天子獨立成周，政教不行天下，諸侯無桓、文之伯，不能致力於京師，權柄委於臣手，故大夫相率而城之，比之正禮，而傳與城杞釋不異辭也。」文烝案：經與城杞同文，傳嫌其事迥别，故重顯此二句。謝湜曰：「當王室危弱之時，乃能從王命以安王室，善之大者。」吕本中曰：「周室雖微，諸侯猶勤之，先王之德澤猶有存焉者也。」

十有二月己未，公薨于乾侯。

春秋定公經傳第十補注第二十三

定公，亦襄公子，昭公弟公子宋也。以敬王十一年卽位。

穀梁　范氏集解　鍾文烝詳補

元年春王三月。徐邈曰：「案傳定元年不書正月，言定無正也。然則改元卽位在于此年，故不可以不書王，書王必有月以承之，故因其執月以表年首爾，不以謹仲幾也。」【補曰】凡執史皆書月，而此之仍史文書月者，其義不從執起，徐注是也。或疑執仲幾若適在正月，又此年或竟春無事，豈得無正？此皆文外巧辯，非所疑也。舊本「三月」二字退在下「晉人」上，以「王」字斷句，與桓元年同誤。今改正之，幷移下條徐注於此。公羊此年亦以「王」字斷句。孔廣森本改正。不言正月，定無正也。【補曰】言十二公惟定無正，隱雖十年無正，元年猶有之。定之無正何也？【補曰】據莊公有正月。昭公之終，非正終也；死在外故。定之始，非正始也。【補曰】始，謂卽位。卽位者，一國之始。定卽位不在正月，是非正始，故無正。凡元年之正月，爲卽位書也，莊雖不書卽位，而正月實卽位，故桓非正終而莊猶正始，是以有正月。昭無正終，故定無正始。【補曰】上言非，此言無，則此謂春秋之立文也。言春秋於昭、定終始之際因事見義。昭無正終之文，故定亦無正始之文，明後君當念先君，不得安然自正其位也。凡非繼正爲君者，有正月則以不書卽位爲義，言不忍卽位也；無正月則以不書正月爲義，言不敢同於正始也。不言卽位，喪在外也。【補曰】此又承上「定之始，非正始」言之。正月所以不卽位者，緣喪在外未殯也，明定實不卽位，故不言卽位，與莊、閔、僖不同，非謂此處有言卽位之理也。傳申言此者，因以見卽位之文，史所本無，君子更爲去正月以著義。

晉人執宋仲幾于京師。晉執人於尊者之側而不以歸京師，故但言其執，不書所歸。【補曰】此本杜預也。疏曰：「薄氏駮云，仲幾之罪，自當委之王吏，非晉人所執，故傳云『不正其執人於尊者之所也』，譏執不譏無所歸。晉執曹、衞在他處，並可言歸，若晉人執仲幾于京師，復何得言歸于京師？若如此論，何以通乎？范答云，晉城成周，宋不卽役，晉爲監功之主，因而執之。此自晉人之事，安得委之王吏？傳當以執人於尊者之所而不以歸於王之有司，故譏之，非言其不可以執晉執曹、衞之君。各於其國而並不書國者，以其歸于京師故也。今執仲幾，不書所歸，唯舉其地者，此晉自治之效，若使歸于京師，與執諸侯同，是君臣無別也。今直以執在京師，不可言歸，此義猶自未通。上言城成周，序仲幾於會，此言歸于京師，其言足證天王居于狄泉，在畿內而別處。若上言城成周，下稱晉人執宋仲幾歸于京師，具見執之異處而歸天子。今晉人於尊者之側而執人以歸，自治於國，故春秋不與其專執地於京師。」文烝案：此條左傳與經違異，杜作注又自異其傳而語殊不安，范用杜而力申之，皆飾說也。今備錄以見其失，當以薄叔玄義爲長。○【撰異曰】此「幾」，公羊或作「機」。此大夫，【補曰】文承上城，足明其爲晉大夫。「此」字下各本衍「其」字，今依唐石經、呂本中集解本、張洽集註、俞皋集傳釋義本刪正。其曰人何也？微之也。【補曰】疏曰：「大夫當稱名，而大夫相執無稱名之例，因此見義，明大夫相執不書，書則微之，見伯討失所，故傳云云，非謂大夫相執得見於經。」何爲微之？不正其執人於尊者之所也，【補曰】疏曰：「仲幾雖逆命，當歸王之有司，今晉大夫執人於尊者之側，故地于京師以見尊，稱人以見微。」不與大夫之伯討也。【補曰】疏曰：「諸侯執人，稱侯以執者非伯討，稱人以執者爲伯討，今此稱人，非伯討者，伯討宜施諸侯，若大夫則不得也。」李廉曰：「此條以事言之則以王事討有罪，以義言之則大夫專執人於王側而不歸之王吏，故春秋亦不與以伯討。」文烝案：公羊謂仲幾不衰城，與左傳同。衰，謂差次受功。

夏六月癸亥，公之喪至自乾侯。戊辰，公卽位。【補曰】左傳曰「夏，叔孫成子逆公之喪于乾侯。喪及壞隤，公子宋先入，從公者皆自壞隤反。六月癸亥」云云。殯然後卽位也。周人殯于西階之上。【補曰】丁卯殯，然後戊辰卽位。此句解經已了，下文反覆申明之。定無正，見無以正也。【補曰】無以正者，正月不卽位，是無以正。踰年不言卽位，是有故公也，謂昭公在外故。【補曰】故，猶舊也。正月不卽位則不言公卽位，而公之稱猶屬故公，故書曰「公之喪」也。此解上「公」字。蘇轍得其意。言卽位，是無故公也。【補曰】文公、成公等正月言公卽位，所謂公者，非復故公矣。此戊辰之文與彼相當，解下「公」字也。卽位，授受之道也，先君見授，後君乃受，故須棺在殯乃言卽位。【補曰】位者，先君所授，後君所受，起下四句意也。注非也。此自通凡卽位者言。先君無正終則後君無正始也，【補曰】申上「踰年不言卽位」二句。先君有正終則後君有正始也。【補曰】申上言「卽位」二句。戊辰，公卽位，謹之也。【補曰】謂謹日。公羊曰：「卽位不日，此何以日？錄乎內也。」定之卽位，不可不察也。【補曰】疏曰：「卽位雖同而時義有別，理有所見，見必有意，故曰不可不察。」公卽位何以日也？據未有日者。戊辰之日，然後卽位也。【補曰】言其遲緩，失正月卽位時。癸亥，公之喪至自乾侯，何爲戊辰之日然後卽位也？癸亥去戊辰六日，怪不卽位。正君乎國然後卽位也。諸侯五日而殯，今以君始死之禮治之，故須殯而後言卽位。【補曰】君，先君也。「正君乎國」卽下引沈子「正棺楹閒」語，是其事也，以明卽位必於殯。沈子曰：「正棺乎兩楹之閒然後卽位也。」兩楹之閒，南面之君聽治之處。【補曰】何休曰：「正棺者，象既小斂夷于堂。昭公死於外，不得以君臣禮治其喪，故示盡始死之禮。」禮始死于北墉下，浴於中霤，飯含於牖下，小斂於户内，夷於兩楹之閒，大斂於阼階，殯於西階之上，祖於庭，葬於墓。奪孝子之恩，動以遠也。禮天子五日小斂，七日大斂。諸侯三日小斂，五日大斂。卿大夫二日小斂，三日大斂。夷而絰，殯而成服，故戊辰然後卽位。」文烝案：上傳言殯然後卽位，謂五日殯而成服也，而此言正棺兩楹之閒，以三日夷而絰爲節者，蓋沈子大概言之耳。鄭君以爲正棺卽殯，故雜記注曰：「凡柩自外來者，正棺於兩楹之閒，尸亦侇之於此，皆因殯焉。殯必於兩楹之閒者，以其死不於室而自外來，留之於中，不忍遠也。」孔廣森曰：「周人殯於西階之上，殷人殯於兩楹之閒，魯有王禮，辟時天子，故多雜殷法。檀弓曰『殷朝而殯於祖』，而左氏說『魯喪殯廟』，卽殷法也。」鄭禮注及孔說俱有理，故並述焉。書顧命成王以四月乙丑崩于路寢，大保逆子釗，不言逆王。至大斂之明日癸酉，布設既畢，將授册命，始稱「王麻冕黼裳，由賓階隮」。及受册命畢，乃稱「王出在應門之内」。白虎通以爲既殯而卽繼體之位也。然則殯而卽位者，天子亦然，明魯他公皆然。但他公既有殯後卽位之禮，又有元年正月卽位之事，定公值事之變，葉夢得謂「以喪次之嗣位，遂正朝廟之君位」，是其異也。杜預釋例曰：「昭公喪在外，踰年乃入，故因五日改殯之節，國史用元年卽位之禮，因以此年爲元年。」其說是也。公羊曰：「癸亥公之喪至自乾侯，則曷爲以戊辰之日然後卽位？正棺於兩楹之閒，然後卽位。子沈子曰：『定君乎國，然後卽位。』」與此文互

也。是月雩，不必有雨，而曰無及者，人情之意，欲其有得，故以兩月請。是年不艾則無食者，指謂九月之雩，雩而得雨。是年有食，雩不得雨則書旱，旱則一歲無食，故曰是年。傳於仲秋言月，季秋言年，年月之情，以表遠近，深淺之辭也。雩之必待其時窮人力盡何也？雩者爲旱求者也，求者請也，古之人重請。何重乎請？人之所以爲人者，讓也，【補曰】人無禮，無以立，禮之行，以辭讓也。請道去讓也，則是舍其所以爲人也，是以重之。【補曰】舍，釋也，去也，除也，置也。案：此與乞爲重辭，求爲得不得未可知之辭，義皆相貫。程子不爲妻求封，或問今人陳乞恩例以爲本分，曰：「只爲而今道慣乞字。」因問陳乞封父祖如何？曰：「此事體又別讀，傳宜知此意。」焉請哉？請乎應上公。【補曰】疏曰：「魯與天子同雩上帝，上帝既雩，及百辟卿士，有益於民者，故言請乎應上公。天尊不敢指斥，故請其屬神也。」古之神人有應上公者，通乎陰陽，【補曰】生通陰陽，歿而爲神，謂之神人也。物曰怪，人曰神，相似而異。風俗通引傳曰：「神者，申也。怪者，疑也。」「申」即「信」字，明無可疑。君親帥諸大夫，道之而以請焉。道之，謂君必爲先也。其禱辭曰：「方今大旱，野無生稼，寡人當死，百姓何謗。不敢煩民請命，願撫萬民，以身塞無狀，禱亦請也。」此即請辭也。【補曰】案：成七年疏曰：「鄭釋廢疾去冬及春夏。案：春秋說、考異郵三時唯有禱禮，無雩祭之事，唯四月龍星見始有常雩耳，故因載其禱請山川辭」云云。與此注七句同。唯「大旱」作「天旱」，「何謗」作「何依」。此疏曰：「考異郵說僖公三時不雨，禱于山川，以六過自責。」又曰：「方今大旱，野無生稼」。此注所云，其禱辭或亦用之，故引以明之耳。夫請者非可詒託而往也，必親之者也，是以重之。詒託，猶假寄。【補曰】再言是以重之者，前通論請道之重，此專指君親請禱之重。案：傳惟言八月、九月爲雩之正，不言孟夏之雩者，龍見常祀，非是旱雩。經無書六月雩者，故傳亦不及也。疏曰：「聖人重請，請必爲民。民之本務，在於春夏。春夏祈穀，必先嚴其犧牲，具其器物，謹脩其禮，冀精誠有感，故一時盡力，專心求請。求請不得失時，時在孟夏之節，是月有雨，先種得成茂實，後種更生，故重其時。時過以往，至於八月、九月，乃是脩雩之節也。」

立煬宮。煬宮，伯禽子廟。毀已久。【補曰】案：史記魯公伯禽子考公酋，考公弟煬公熙。立者，不宜立者也。【補曰】疏曰：「重發傳者，此不日，與武宮異，故發之。范例宮廟有五，文有詳略，見功有輕重，丹楹功少，故書時，刻桷功重，故録月。范答薄氏云，考宮書月，比丹楹爲重。武宮書日者，范云始築之事，煬宮不日，比武宮爲輕。此例以宮言之也，立廟之例以立言之，在不宜立中，不宜立例有四。」文烝案：左傳：「昭公出，故季平子禱于煬公。九月，立煬宮。」

冬十月，損霜殺菽。建酉之月，損霜殺菽，非常之災。【補曰】此本杜預也。何休曰：「菽，大豆。」氾勝之種植書曰「大豆保歲易爲宜」。廣雅「小豆別名荅也」。劉向以爲周十月，今八月，消卦爲觀，陰氣未至，君位而殺，誅罰不由君出，在臣下之象也。」○【撰異曰】菽，左氏又作「叔」。陸淳纂例本作「叔」，云公羊作「菽」。未可以殺而殺，舉重；舉殺豆則殺草可知。可殺而不殺，舉輕；不殺草則不殺菽亦顯，僖三十三年隕霜不殺草是也。【補曰】重發傳者，各有所主也。其曰菽，舉重也。【補曰】申言以結之。疏曰：「隕霜二文不同，故范特爲一例。」文烝案：傳釋二文甚明，公羊皆謂之記異。此是災菽，而以異書，以爲異大乎災，何休遂以爲獨殺菽，不殺他物。杜諤引集義曰「誤也」。

二年春王正月。

夏五月壬辰，雉門及兩觀災。雉門，公宮之南門。兩觀，闕也。【補曰】此本杜預也。明堂位說魯制曰：「庫門，天子皋門；雉門，天子應門」。鄭君曰：「言如天子之制也。天子五門：皋、庫、雉、應、路，魯有庫、雉、路，則諸侯三門與？」此經「雉門」即桓三年傳之「闕門」，謂之闕門者，以此門兩旁有兩觀故也。爾雅曰：「觀，謂之闕。」孫炎曰：「宮門雙闕。」雙闕卽兩觀也，兩觀亦卽周禮、左傳之「象魏」，以其中央闕然爲道，而其上縣法象，狀巍巍然高大，使萬民觀之，故曰闕，曰象魏，曰觀也。亦卽禮記之「臺門」、左傳之「門臺」，蓋兩邊築闍爲基，基上起屋謂之臺門，亦曰門臺也。公羊載子家駒對昭公，以魯兩觀爲僭天子禮。何休曰：「禮天子諸侯臺門，天子外闕兩觀，諸侯內闕一觀。準此言之，魯雉門既如天子制，而兩觀又直僭天子也。」何氏說此經以爲雉門兩觀皆天子之制，定公不去其失，故天災之。疏引劉向云：「雉門，天子之門，今魯過制，故致天災。」說與何同。劉雖不言兩觀爲僭，當亦不異公羊也。○劉敞以爲天子亦三門，戴震申之謂天子有皋、應、路，諸侯有庫、雉、路。皋門，天子之外門；庫門，諸侯之外門；應門，天子之中門；雉門，諸侯之中門。異其名，殊其等，門數則同，皆三朝，皆三門也。

其不曰雉門災及兩觀何也？據先書雉門，則應言雉門災及兩觀。鄭嗣曰：「據災實從雉門起，應言雉門災及兩觀。」

災自兩觀始也，不以尊者親災也。始災者，兩觀也。鄭嗣曰：「今以災在兩觀下，使若兩觀始災者，不以雉門親災。」【補曰】公羊曰：「主災者，兩觀也。」何休曰：「時災從兩觀起。」又曰：「兩觀微也，不以微及大也。」何休曰：「門爲其主，觀爲其飾，故微也。」

先言雉門，尊尊也。欲言兩觀災及雉門，則卑不可以及尊，災不從雉門起，故不得言雉門災及兩觀。兩觀始災，故災在兩觀下也。鄭嗣曰：「欲以兩觀親災，則經宜言兩觀災及雉門。雉門尊，兩觀卑，卑不可以及尊，故不得不先言雉門而後言兩觀。欲令兩觀始災，故災在兩觀下爾。」【補曰】注三引鄭嗣，以存異説，范意則與何休同也。劉勰曰：「春秋辯理，一字見義，五石六鷁，以詳略成文，雉門兩觀，以先後顯旨，其婉章志晦，諒以邃矣。尚書則覽文如詭而尋理即暢，春秋則觀辭立曉而訪義方隱，此聖人之殊致，表裏之異體者也。」

秋，楚人伐吳。

冬十月，新作雉門及兩觀。【補曰】月者，重其作。何休曰：「月者，久也。當卽脩之，如諸侯禮。」言新，有舊也。作，爲也，有加其度也。【補曰】疏曰：「重發傳者，此災而更脩，嫌與作南門異，故發傳以同之。」此不正，其以尊者親之何也？不正，謂更廣大之，不合法度也。據當諱，而以雉門親新作之下。雖不正也，於美猶可也。改舊雖不合正，脩飾美好之事，差可以雉門親之。

三年春王正月，公如晉，至河乃復。【補曰】左氏賈逵注曰：「刺緩朝見辭失所，不諱，罪己。」劉炫謂「公以六月卽位，此年便往，於事未爲緩，晉何以辭之？此後更無謝罪之處，明年會次依常，乃復之意，不可縣知。」劉説是也。但其事不可知，其義則亦當以恥之爲義，從著有疾之例也。孔廣森曰：「月者，正月也。」疏曰：「昭公四如晉，并有疾爲五，皆不月，公不入晉則無危也。昭卽位二年而脩朝禮，乃爲季氏所譖，使不得入，公無危懼之意，猶數數脩朝於晉，晉雖不受朝，公無危懼之理。今定立三年，始朝於晉，晉責其緩慢，不受其朝，公懼而反，非必季氏所譖，公有負於晉而心內畏懼，故危録之。」文烝案：昭既無危文，何以危定乎？疏説紆蔓而鑿，孔説爲允。

三月辛卯，邾子穿卒。○【撰異曰】三月，左氏及唐石經公羊磨改作「二月」。徐彦曰：「公羊、穀梁皆作「三月」，左氏作「二月」，未知孰正。」

夏四月。

秋，葬邾莊公。

冬，仲孫何忌及邾子盟于拔。拔，地名。【補曰】當云地闕。邾本子爵，而喪未踰年亦稱子，辭窮則同也。不日者，哀元年何忌伐邾渝盟，與眛同義也。既不日又不月者，蓋以眛是公盟，此是大夫盟，故特異之。○【撰異曰】拔，公羊作「柭」。

四年春王二月癸巳，陳侯吳卒。

三月，公會劉子、晉侯、宋公、蔡侯、衛侯、陳子、鄭伯、許男、曹伯、莒子、邾子、頓子、胡子、滕子、薛伯、杞伯、小邾子、齊國夏于召陵，侵楚。【補曰】地而後侵，疑辭也，與襄同。滕班在頓、胡下，與昭四年異。月者，義見昭四年注。

夏四月庚辰，蔡公孫姓帥師滅沈，以沈子嘉歸，殺之。【補曰】凡書以歸者，不殺之也，殺則書殺。若君死於其位則但書滅國，舉滅爲重也。滅卑國例月，此日者，爲以其君歸，後文許、頓、胡三國亦同也。曹、邾書入，故或曰或不日。〇【撰異曰】姓，左氏又作「生」。公羊「姓」上有「歸」字，後並同。段玉裁曰：「歸姓卽歸生也。」音義三「姓」字皆音「生」，一音如字。

五月，公及諸侯盟于皋鼬。召陵會劉子諸侯，總言之也。皋鼬，地名。不日者，後楚伐蔡不能救故。【補曰】此當云鄭地。注首二句本杜預。齊國夏亦包在內。陸淳、劉敞說非也。〇【撰異曰】皋鼬，公羊作「浩油」。陸淳纂例：「公羊作『浩由』。」案：鹽鐵論作「誥鼬」。一事而再會，公志於後會也。後，志疑也。公畏强楚，疑於侵之，故復者更謀也。【補曰】疏曰：「案：傳例虵而伐，疑辭。今經言會于召陵，侵楚。則疑於前會，不關於後。而云「志於後會。後，志疑」者，楚當時爲吳所困，削弱易可得志。今一會之中，十有九國，衆力之彊，足以服楚，不敢深入，淺侵郊竟，則責諸侯之疑居然可曉。公疑於楚强，是謂無勇，故會盟二文並見，魯公外內之疑兩顯。」文烝案：傳解經加言公及也，凡前目後凡之文，言諸侯之大夫則內別出大夫名氏，言諸侯則內不別出公，此通例也。僖之篇盟薄、盟宋皆言公會諸侯，其上無公，是後至之文。今此上既言公會，又言公及，一事也而再出公，與後至書會之文不異，是明公志於後會矣。公實不後而志於後者，其志有所疑，謂楚不可侵也。上地而後侵，見晉之疑，此復出公，見公之疑，內外互見，明會盟皆不足善。其後晉不救蔡，致使請救於吳，晉無能甚矣。以王臣之重十八國之衆而從渝盟不日之例，則春秋之意不可見乎？書及者，上言公會，明外爲主，故此從以內及外常文也。陳則通曰：「自幽以後，伯主之大盟皆書會，天下有伯而諸侯始合也。至皋鼬書及，天下無伯而諸侯始散也。」陳說亦得兼通。鹽鐵論曰：「春秋存君在楚，詰鼬之會書公，殆夷狄也。」彼意謂侵楚有危，爲公危録，葢用公羊家舊說，與傳異也。傳「一事」二字各本誤作「後」一字，涉下二句而誤，義不可通。今依唐石經、余本、俞臬集傳釋義本改正。

杞伯成卒于會。○【撰異曰】成，公羊作「戍」，或又作「戌」。音恤。

六月，葬陳惠公。

許遷于容城。【補曰】容城，楚地。

秋七月，公至自會。【補曰】此二事偶則以後事致之例，實亦未滿二時。月者，何休曰：「爲下劉卷卒。」

劉卷卒。劉，采地。【補曰】此注贅。劉敞曰：「何以不言爵？畿內之君也。不世爵，故不與爵稱也。王者之制，內諸侯祿，外諸侯嗣，於經未有以言之，觀乎劉卷卒則可信矣，故生稱爵，其祿也。卒稱名，從正也。葬稱公，主人之事也。」文烝案：劉云大夫不世爵，內諸侯祿，外諸侯嗣，皆王制文，與公羊言「大夫不得世，世卿非禮」合。左氏說卿大夫皆世父祿，賢則世位。官有世功，則有官族。左氏義爲備。傳云「寰內諸侯也，非列土諸侯」，故卒不言爵，所以相別。趙匡得之。此不卒而卒者，賢之也。寰內諸侯也，非列土諸侯，此何以卒也？天子畿內大夫有采地者謂之寰內諸侯，非列土之諸侯，雖賢猶不當卒。【補曰】書禹貢說虞夏之制「五百里侯服，百里采，二百里男邦，三百里諸侯」。胡渭曰：「男始言邦，則王官唯得以本爵，自君其采邑，而不敢稱邦可知。」天王崩，爲諸侯主也。昭二十二年景王崩嘗以賓主之禮相接，能爲諸侯主，所以爲賢。【補曰】疏曰：「傳又云『爲諸侯主』，故書卒，則書卒不關其賢』，而范例云『非列土諸侯而書卒者，賢之也』。賢之一文而義當兩用，上言不卒而得書卒之意，下言賢猶不當卒，以其爲諸侯主，明賢之義，故得書卒。反覆二事，皆是爲賢，故例復云賢之。」文烝案：史書卒者，彼來赴也，彼來赴者，以其嘗爲我主也，故君子取其義而傳明之也。王崩爲主者，前此多有，其卒皆不赴魯，今此會盟相接，近在本年，情尤親，故赴也。不日者，卒之已是加録，不復須日，故略去舊文，與王子虎同也。尹氏亦爲主而日者，甫爲主而卽卒，恩痛尤深，故不去日也。傳於尹氏曰「於天子之崩，爲魯主」，於此曰「天王崩，爲諸侯主」，互文而同義。公羊於尹氏曰「天王崩，諸侯之主」，於此曰「我主之」，亦互文而同義。公羊於此不言王崩者，省文也。何休、孔廣森遂滋異解。

葬杞悼公。

楚人圍蔡。

晉士鞅、衛孔圄帥師伐鮮虞。【補曰】昭十二年狄晉，此承楚圍蔡，從平文，猶襄二十五年鄭公孫夏伐陳，亦是狄鄭之後爲平文也。蘇轍曰：「晉雖棄諸侯而蔡未有國滅之禍，輕重異也。」文烝案：前篇狄晉，其義深遠，但以滅不滅較輕重，非經意。○【撰異曰】圄，公羊作「圉」。虞，公羊或作「吳」。案：古讀「虞」若「吳」。

葬劉文公。【補曰】疏曰：「葬之者，明亦爲賢之，有采地，比之畿外諸侯，故書葬。」文烝案：以賢録葬，異之於尹氏、王子虎，或尹氏、王子虎魯不會，史所本無。

冬十有一月庚午，蔡侯以吳子及楚人戰于伯舉，楚師敗績。【補曰】吳、楚交兵，楚主吳客，反以吳及楚者，吳爲蔡，以順蔡侯之文。吳初進稱子，又順進文也。此戰楚囊瓦帥師，不稱及楚囊瓦帥師戰，又不稱及楚師戰，但略稱楚人。敗乃稱師，下出奔乃見囊瓦名氏，皆從城濮例者，皆順及文也。順之者，盈之也。後有存楚文，則此不嫌抑楚，或謂長岸以來，楚復以書人爲例，非也。伯舉，楚地。○【撰異曰】伯，左氏作「柏」，古通用。舉，公羊作「莒」。陸淳纂例唯云：「公羊作『伯莒』。」吳其稱子何也？【補曰】何休曰：「蓋滅徐稱國。」以蔡侯之以之，舉其貴者也。貴，謂子也。【補曰】李廉曰：「宋以四國，公以楚師，傳皆曰以者不以云云。此曰舉其貴，則又變不以之例，蓋所以雖同而事則異。觀於吳進書爵，則無譏矣。春秋所以不可一槩論也。」案：此說與家鉉翁同。蔡侯之以之則其舉貴者何也？【補曰】據公會吳伐齊不舉貴者。吳信中國而攘夷狄，吳進矣。【補曰】攘，卻也。能憂中國，善行可進，故因蔡侯之以之則舉其貴。其信中國而攘夷狄柰何？子胥父誅于楚也。子胥父，伍奢也，爲楚平王所殺。【補曰】子胥伍員誅討也。責讓殺戮皆言誅。挾弓持矢而干闔廬，見不以禮曰干，欲因闔廬復父之讎。【補曰】注本何休。何又曰：「挾弓者，懷格意也。」闔廬即光。闔廬曰：「大之甚，勇之甚，子胥匹夫，乃欲復讎於國君，其孝甚大，其心甚勇。爲是欲興師而伐楚。」子胥諫曰：「臣聞之，君不爲匹夫興師，【補曰】何休曰：「必須因事者，其義可得，因公託私，若以匹夫興師討諸侯，則不免爲亂。」且事君猶事父也，虧君之義，復父之讎，臣弗爲也。」【補曰】君爲匹夫興師，是虧君義，言輕君而重父也。於是止。蔡昭公朝於楚，有美裘，正是日，囊瓦求之，正是日，謂昭公始朝楚之日。【補曰】正，當也。昭公不與。爲是拘昭公於南郢。南郢，楚都。數年然後得歸，歸乃用事乎漢。用事者，禱漢水神。【補曰】公羊曰：「用事乎河。」傳聞誤。曰：「苟諸侯有欲伐楚者，寡人請爲前列焉。」【補曰】老子曰：「侯王自謂孤寡不穀，此其以賤爲本邪非乎？」又曰：「人之所惡，惟孤寡不穀，而王公以爲稱。」楚人聞之而怒，爲是興師而伐蔡，蔡請救于吳。子胥曰：「蔡非有罪，楚無道也，君若有憂中國之心則若此時可矣。」【補曰】何休曰：「猶曰若是時可興師矣。激發初欲興師意。」爲是興師而伐楚。【補曰】何休曰：「不書與子胥俱者，舉君爲重。」文烝案：公羊曰：「父不受誅，子復讎可也。」疏曰：「傳稱子胥云『虧君之義，復父之讎』，未論子胥是非。公羊、左氏論難紛然，賈逵、服虔共相教授，戴宏、何休亦有脣齒。其於此傳開端，似同公羊，及其結終，不言子胥之善，夫資父事君，尊之非異，重服之情，理宜共均，既以天性之重降於義合之輕，故忠臣出自孝子，孝子必稱忠臣。今子胥因一體之重，忽元首之分，以父被誅，而痛纏骨髓，得耿介之孝，失忠義之道，而忠孝不得並存。傳不善子胥者，兩端之間，論忠臣則傷孝子之恩，論孝子則失忠臣之義，春秋科量至理，尊君卑臣，子胥有罪明矣。君者臣之天，天無二日，土無二王，子胥藉吳國之兵，戮楚王之尸，可謂失矣。雖得壯士之偏節，失純臣之大道。傳舉見其爲，不言其義，蓋吳子爲蔡討楚，申中國，屈夷狄，非直申子胥之情，不嫌子胥得善也。」何以不言救也？據實救蔡。【補曰】伐楚所以救蔡也。救，大也。夷狄漸進，未同於中國。【補曰】疏曰：「案：狄救齊亦是善事，而得書救者，狄雖書救，未得稱人，許夷狄不使頓備也。今吳既進稱子，復書曰救，便與中國齊蹤，故不與救。若書救，當言吳子救蔡，蔡侯以吳子及楚人戰于伯舉。」文烝案：不書其救而書蔡侯之以，仍不沒其救之實也。舉其貴以進之，又不言救以抑之，猶宣十一年明楚之討有罪，又不使夷狄爲中國，皆經世之深意也。

楚囊瓦出奔鄭。知見伐由己，故懼而出奔。【補曰】輟戰而奔，見其逃軍，與先蔑同義。言出者，從伯舉去，猶楚竟也。杜預、京相璠輿地之學，自當別爲一家，而某地屬某國，則治經者宜知。

庚辰，吳入楚。○【撰異曰】楚，左氏作「郢」。案：凡入國皆書國，獨此以楚都地名書。劉知幾曰：「豈左氏之本獨爲謬歟？」陸淳曰：「誤也。」江克寬曰：「恐因昭三十一年傳『吳其入郢』之文而誤也。左傳於後十五年亦曰『吳之入楚」也，則當作「楚」。」曰入，易無楚也。【補曰】傳例曰入，惡入者也。此文去子從狄稱，惡入可知。不假具曰，故知曰入，易無楚也。易無楚者，壞宗廟，徙陳器，撻平王之墓。鄭嗣曰：「陳器，樂縣也。禮諸侯軒縣。言吴人壞楚宗廟，徙其樂器，鞭其君之尸，楚無能亢御之者，若曰無人也。【補曰】周禮小胥鄭衆注曰：「軒縣三面，其形曲。」鄭君曰：「去南面，辟王也。」何以不言滅也？據宗廟既毁，樂器已徙，則是滅也。欲存楚也。【補曰】書入見其滅，但書入又欲見其不滅。其欲存楚柰何？昭王之軍敗而逃，【補曰】昭王自郢西涉睢也。父老送之。曰：「寡人不肖，亡先君之邑。【補曰】邑，國也，散文通。左傳楚鬬廉曰：「日虞四邑之至。」杜預曰：「四邑，隨、絞、州、蓼也。邑，亦國也。」父老反矣，何憂無君？寡人且用此入海矣。」【補曰】且，將也。司馬彪莊子注曰：「凡言入者，皆居於州島之上與其曲隈中也。」案：此陸贄所謂楚昭以善言復國也，故勸德宗不吝改過，以言謝天下，卒使遠近感奮，用定唐之多難。父老曰：「有君如此，其賢也。」【補曰】此者，指上語。以衆不如吴，以必死不如楚，雍曰：「吴勝而驕，楚敗而奮。」【補曰】案：吴闔廬時，孫武典兵，仁義機權，其法詳備。而楚父老二語足以勝之，可以識用兵之本，故淮南子曰「百人之必死，賢於萬人之必北」，又曰「兵之所以强者必死也，民之所以必死者義也」。相與擊之，一夜而三敗吴人，復立。楚復立也。【補曰】因楚能存，故欲存楚。賈子曰：「楚昭王當房而立，愀然有寒色，曰『寡人朝飢時，酒二䣐，王念孫曰：「䣐與觛同。說文：『觛，重裘而立，猶憯然有寒氣，將柰我元元之百姓何？』是日也，出府之裘以衣寒者，出倉之粟以振飢者。居二年，闔閭襲郢，昭王奔隨，諸當房之賜者請還致死於寇。闔閭一夕而五徙卧，不能賴楚，曳師而去。昭王乃復。」何以謂之吴也？據戰稱子。狄之也。何謂狄之也？君居其君之寢而妻其君之妻，大夫居小觶也。」廣雅：「卮也」。」白虎此說無宋樊。

其大夫之寢而妻其大夫之妻，蓋有欲妻楚王之母者，【補曰】王母，伯嬴也。闔閭盡妻後宮，次至伯嬴，伯嬴持刃拒之。劉向列女傳載其事。蓋者，承上語辭。不正。乘敗人之績而深爲利，居人之國，故反其狄道也。【補曰】公羊同。左傳亦有其事。秦穆爲晉所敗，亂人子女之教，無男女之別，秦所以爲狄也。吳入楚，君妻君妻，大夫妻大夫妻，吳所以反狄也。白虎通論周代五霸，秦穆、吳闔閭並列，春秋於二君但有狄文，何霸之足云？

五年春王三月辛亥朔，日有食之。○【撰異曰】三月，公羊作「正月」。段玉裁曰：「蓋誤字。」案：陸淳纂例所據已誤。

夏，歸粟于蔡。蔡侯比年在楚，又爲楚所圍餓，故諸侯歸之粟。【補曰】此本杜預。杜無「侯比」以下六字，當删之。末句杜作「魯歸」，杜誤也。粟者，禾實也，粟實曰米。諸侯無粟，諸侯相歸粟，正也。【補曰】周禮大司徒：「大荒大札，則令邦國移民通財。」鄭君曰：「移民辟災就賤，其有守不可移者則輸之穀，春秋歸粟于蔡是也。」孰歸之？諸侯也。【補曰】蓋魯亦在內。不言歸之者，專辭也。不言歸之者，主名若獨是魯也。【補曰】雖魯不在亦然。義邇也。言此是邇近之事，故不足具列諸侯。【補曰】注非也。義，謂公義。邇者，引而近之。言此是諸侯公義之舉，春秋引而近之，比諸內事，猶次陘內桓師，深美之也。此申上句幷通前篇三專辭言之。

於越入吳。舊說：於越，夷言也。春秋即其所以自稱者書之，見其不能慕中國，故以本俗名自通。【補曰】此記越事也。逸周書王會有於越，明其國本自稱於越，與楚、吳稱之異。前自楚、吳言之，故曰越，此自越言之，故曰於越，皆從主人也。陳岳、劉敞、戴溪、李廉、汪克寬說近是。越人皆無月日，皆略之。

六月丙申，季孫意如卒。傳例曰：「大夫不日卒，惡也。」意如逐昭公而日卒者，明定之得立，由于意如，春秋因定之不惡而書日以示譏，亦猶公子翬非桓之罪人，故於桓不貶。【補曰】此本鄭君釋廢疾，見隱元年疏，其說非也。定固不以意如爲罪人，而書日以卒，非欲見此意也。翬不去公子，固明桓不以爲罪人。而翬弒君，意如逐君，翬不書卒，意如書日以卒，非所以爲比也。如其說，則叔孫得臣，宣亦不以爲罪人，何以不書日？明書日之意，不論其君之以爲罪否也。書日自是常例，所以從常例者，前書意如會荀櫟，荀櫟唁公，則逐君事已有所見，不嫌得無惡，故此得仍史文，從常例也。叔孫得臣與聞乎弒君，而其惡未有所見，故須去日以著之。公子益師、俠之惡亦無所見，無侅之惡又不止入極，恐其不明，故皆去日。公子牙之惡亦無所見，而從常例書日者，彼順下諱文，其諱者，亦以其有所見也。左傳曰：「六月，季平子行東野。還，未至。丙申，卒于房。」不書于房從貍脤例者，行東野非公家之事，史本不地也。

秋七月壬子，叔孫不敢卒。【補曰】不敢，婼之子叔孫成子。

冬，晉士鞅帥師圍鮮虞。

六年春王正月癸亥，鄭游速帥師滅許，以許男斯歸。【補曰】陳則通曰：「紀恃魯而誤於魯，黃恃齊而誤於齊，許恃楚而誤於楚，可爲恃人而人不足恃者之戒。」○【撰異曰】速，公羊作「遬」。後同。

二月，公侵鄭。【補曰】陳傅良曰：「自宣之季年，凡伐不言公，魯無君將者八十年矣。至是而書侵鄭，則以公山不狃、侯犯、陽虎之專也，故曰政逮於大夫四世矣，故夫三桓之子孫微矣。」趙鵬飛曰：「魯自舍中軍後，軍皆隸三家，公無一旅之衆。今意如死，定公復自將侵鄭。其後侵齊、會晉師、圍成皆以師行。」黄仲炎曰：「蓋三家之謀使其君親將也。」文烝案：月者，危之。危之者，以晉初失鄭也。

公至自侵鄭。

夏，季孫斯、仲孫何忌如晉。【補曰】斯，意如子季桓子。

秋，晉人執宋行人樂祁犂。

冬，城中城。城中城者，三家張也。大夫稱家。三家，季孫、叔孫、仲孫也。三家侈張，故公懼而脩内城，譏公不務德政，恃城以自固。或曰非外民也。【補曰】或説謂與成九年同義。

季孫斯、仲孫忌帥師圍鄆。仲孫何忌而曰仲孫忌，甯所未詳。公羊傳曰：「譏二名。」【補曰】此注舊在上「如晉」下，其首句之文云仲孫忌，而曰仲孫何忌，轉寫錯誤，妄改耳。今移正之。范引公羊非也。唐虞有咎繇，許慎言文、武賢臣有散宜生、蘇忿生，經必不譏二名，又必不於一人一事譏之。或謂如「夏五」傳疑之例，又非也。地名、人名不得假以示闕疑之義，且同時之人，非隱、桓遠日比也。此蓋聖門相傳二尺四寸之策本少一字，莫敢增益，與蔡侯東正同，前已論之矣。杜預曰：「鄆貳於齊。」○【撰異曰】徐彦公羊疏曰：「仲孫忌，古本無『何』字，有者誤也。穀梁及賈經皆無『何』字。又哀十三年經云『晉魏多率師侵衛』，傳亦云『譏二名』，以此言之，則此經無『何』明矣。而賈氏云『公羊曰「仲孫何忌」者，蓋誤。』」段玉裁曰：「定六年夏曰仲孫何忌，冬則曰仲孫忌。哀七年曰魏曼多，十三年則曰魏多，故公羊釋之。今本左、穀經定六年冬仲孫忌皆不誤，哀十三年皆有「曼」字，蓋誤衍也。」文烝案：唐石經穀梁此處又衍「何」字，猶音義載桓十四年夏五有衍「月」字者，皆寫者之不慎。

七年春王正月。

夏四月。

秋，齊侯、鄭伯盟于鹹。【補曰】鹹，衞地。陳傅良曰：「石門志諸侯之合也，鹹志諸侯之判也。」文烝案：外盟不日，此又不月者，自此而沙、曲濮凡三盟，皆諸侯叛晉之事，故皆略之甚，從邢、鹿上、夷陵、衞人及狄盟之例也。

齊人執衞行人北宮結以侵衞。以，重辭也。【補曰】重發傳者，嫌君臣異也。衞人，重北宮結。齊以衞重結，故執以侵之，若楚執宋公以伐宋。凡言以，皆非所宜以。

齊侯、衞侯盟于沙。沙，地。【補曰】當云衞地。○【撰異曰】公羊作「沙澤」，與成十二年同。左氏彼經傳皆曰「瑣澤」，此傳曰「瑣」。

大雩。【補曰】下有「九月，大雩」，雖言雩，不嫌已得雨。

齊國夏帥師伐我西鄙。

九月，大雩。【補曰】明至此乃得雨也。若此雩猶不得雨，則兩大雩皆不書，當如宣七年書「秋大旱」矣。

冬十月。

八年春王正月，公侵齊。

公至自侵齊。

二月，公侵齊。未得志故。【補曰】此本杜預。

三月，公至自侵齊。公如，往時致月，危致也。往月致時，危往也。往月致月，惡之也。【補曰】此發往月致時之通例，因重明往時致月、往月致月之例也，知是特發往月致時例者。案：左氏賈逵注曰：「還至不月，爲曹伯卒月。」賈明於穀梁，必用穀梁家之義，明此年兩侵兩致皆是往月致時之例，而傳特發之。凡公如、某公至在正月者，例皆書月，苟非危之，則書月猶書時。此正月一侵一致，侵自以月爲義，致自以時爲義，不足疑也。莊二十三年通說往時致月、往月致月之例，未著往月致時之文，則此傳之爲往月致時特發例，尤足明也。傳以此二侵在一時之閒，往致四文，皆相承接，有異凡常，故特發以明例。莊二十三年傳曰「致月，故也。往月致月，有懼焉爾」，危致卽故，惡之卽有懼，重說之以見一經全例。又錯其文於上下者，危往甚於危致，惡之又甚於危往，故次第言之。二侵皆爲危者，以晉初失齊也。

曹伯露卒。

夏，齊國夏帥師伐我西鄙。【補曰】許翰曰：「宣以後，用兵則侵多而伐少，被兵則伐多而侵少。」文烝案：自此後不言某鄙矣。

公會晉師于瓦。瓦，衞地也。【補曰】此晉士鞅救我之師，公逆會之也。不以善辭書救我者，杜預以爲齊師已去，未入竟也。不言公會晉士鞅者，公不會大夫，又不如嬰齊後有屈文也，不從包來之例。言公會晉人者，兵會非好會也，此與趙盾稱師同而不同。杜諤曰：「若言晉士鞅，則無以見其帥師。」高澍然曰：「使書晉救，似齊師因救而解；使書會晉士鞅，似期會而非因救我。必如是而後見事實也。」宣元年趙盾救陳亦未逮救而書者，不書則不知棐林之晉師爲救陳而至，以四國同會，無適主也。此言公會，則知爲救我，雖不言救而救已明也。彼書四國會于棐林，雖言救而未逮救亦明也。

公至自瓦。【補曰】凡會大夫皆不致，此致者，兵會非好會，重其事，故從離會危致之例，以地致也。危之者，晉新失諸侯，是其事危。

秋七月戊辰，陳侯柳卒。

晉士鞅帥師侵鄭，遂侵衛。【補曰】兩事蓋並受命，直爲繼事辭，不從公子遂盟暴之例，轉與季孫宿入鄆同文，明外與內異例也。沈棐曰：「定、哀之閒，晉不足以主盟，征伐四起，交亂天下，國君弱於大夫，齊、晉夷於魯、衛。」〇【撰異曰】公羊作「趙鞅」。

葬曹靖公。〇【撰異曰】靖，公羊作「竫」，亦或作「靖」。案：說文：「竫，亭安也。」「靖，立竫也。」

九月，葬陳懷公。

季孫斯、仲孫何忌帥師侵衛。

冬，衛侯、鄭伯盟于曲濮。曲濮，衛地。

從祀先公。貴復正也。文公逆祀，今還順。【補曰】公羊曰：「從祀者何？順祀也。」葉夢得曰：「古者謂從爲順，橫爲逆。」何休曰：「不書禘者，後祫亦順，非獨禘也。言祀者，無已長久之辭。不言僖公者，閔公亦得其順。」何氏訓「祀」與說文同。以先公專屬閔、僖未是。先公者，統辭也。服虔曰：「自躋僖公以來，昭穆皆逆。」賈公彥周禮冢人疏以爲兄弟別昭穆。既躋僖，則於後諸公昭穆皆亂也。趙汸曰：「前言躋則後爲降，後言從則前爲逆，互文見義。」文烝案：左傳曰：「冬十月，順祀先公而祈焉。辛卯，禘于僖公。」杜預謂於僖廟行順祀。此於傳文不合，又無其理也。順祀者，禘於大廟，正閔、僖之昭穆，時僖廟雖不毁，實在毁數，故閔從穆班，則僖在昭而文在穆矣。大廟之外又禘於宣、成、襄、昭四親廟，各更其昭穆，而世室及煬宮、武宮、桓宮、僖宮當皆各禘焉，傳獨舉僖公，又似與順祀異日，皆所未喻。杜以辛卯爲十月二日，若順祀在前，不應魯祭乃用剛日。又此事在曲濮盟後，或左傳月日都未可據也。○凡祭宗廟，筮日爲重，而春秋或月或時焉，則謂春秋不以時月日爲例者，妄矣。當定之世而不日不月焉，則謂策書久遠遺落，不與近同者，又妄矣。「從祀」下連「盜」文，明陽虎爲之，此陳師道、王沿、杜諤等說。

盜竊寶玉大弓。【補曰】季氏之宰陽虎竊於季氏家，見下傳。寶玉者，封圭也。始封之圭。【補曰】詩言宣王命申伯曰：「錫爾介圭，以作爾寶。」毛傳曰：「寶，瑞也。」案：周禮有六瑞：王執鎮圭，公執桓圭，侯執信圭，伯執躬圭，子執穀璧，男執蒲璧，六者皆爲瑞，皆當謂之寶玉。此寶玉爲魯封圭，其是信圭與否，無以言之。或成王褒大魯國，特用桓圭，或魯得用天子禮亦爲鎮圭也。鄭君詩箋云：「圭長尺二寸謂之介。非諸侯之圭，故以爲寶。」其解「寶」字與毛異義。鄭以爾雅云：「珪大尺二寸謂之玠」，卽詩「介」字，乃是王之鎮圭，韓奕之介圭，爲韓之所貢，故改毛義。如鄭言，則惟鎮圭稱寶玉矣。凡瑞玉、鎮圭長尺二寸，桓圭九寸，信圭、躬圭皆七寸，穀璧、蒲璧皆五寸。鄭君周禮注曰：「瑞，符信也。」何休說公羊曰：「謂之寶者，世世保用之辭。」**大弓者，武王之戎弓也。**是武王征伐之弓。【補曰】明堂位曰：「越棘、大弓，天子之戎器也。」何休曰：「言大者，力千斤。」杜預曰：「寶玉，夏后氏之璜。大弓，封父之繁弱。」案：此本劉歆以來左氏說。據衛祝佗言魯分器也。**周公受賜，藏之魯。**周公受賜於周，藏之魯者，欲世世子孫無忘周德也。【補曰】鄭君說周公居攝五年，營雒作召誥，大保以庶邦冢君出取幣，復入錫周公。其時以王命賜寶玉大弓。**非其所以與人而與人謂之亡，**亡，失也。【補曰】疏曰：「經言饑、大饑，而康饉無例應之，今因盜而發亡例，經亦無應之。或說非其所以與人謂之亡，梁伯可以應其義。」文烝案：如疏前解，當以有或二言贈賻二事爲比也。**非其所取而取之謂之盜。**【補曰】案：何休曰：「不言取而言竊者，正名也。定公從季孫、假馬。孔子曰『君之於臣，有取無假』，而君臣之義立。」疑此謂之盜當爲謂之竊，涉後哀四年傳而誤。假馬事見韓詩外傳、新序。○家鉉翁曰：「此一事自常情而觀，必以家臣執大夫、賤人謀國，爲事之最重而當書矣。」

九年春王正月。

夏四月戊申，鄭伯蠆卒。○【撰異曰】蠆，公羊作「囆」。

得寶玉大弓。杜預曰：「弓、玉，國之分器也。得之足以爲榮，失之足以爲辱，故重而書之。」【補曰】杜意本公羊也。左傳例獲器用曰得。劉敞曰：「向曰竊者，失之也。失得相對，言得所以見失也。」**其不地何也？**【補曰】疏曰：「據獲宋華元等皆蒙上戰地。」**寶玉大弓，在家則羞，不目，羞也。**國之大寶，在家則羞也，況陪臣專之乎？恥甚而不目其地。【補曰】注非也。家者，季氏之家，季氏專魯，取寶玉大弓藏於家，陽虎從而竊之，經以國寶在季氏家爲羞，故不目言所從竊之地也。上問不地，本謂文無可蒙，此三句乃論上竊不地之意，非論得之之地。下文云「堤下」者，又别自起義也。何休説公羊謂季氏逐昭公後，取寶玉藏於其家，虎拘季孫，奪其寶玉。其事與左傳不同。**惡得之？**惡，於何也。【補曰】小爾雅曰：「惡乎，於何也。」公羊、檀弓注並同。宋翔鳳曰：「於何合言爲惡，或言惡，或言惡乎，言有長短緩急。」**得之堤下。**【補曰】玉篇引劉兆注曰：「堤，緣邊也。」文烝案：「堤」本作「隄」。説文：「防，隄也。」「隄，唐也。」玉篇：「隄，塘也，橋也。」爾雅曰：「隄謂之梁。」李巡曰：「隄，防也，障也。」然則隄者，積土高爲之，以障外水，其名亦通於橋梁也。言得之堤下，則非陽虎所歸矣。」**或曰陽虎以解衆也。**【補曰】疏曰：「或曰之義，以爲得非魯力也。陽虎竊國重寶，非其所用，畏衆之討，送納歸君，故書而記之。」文烝案：如疏説，「解」當爲「解説」之義，或是解散衆人之追。又或承「堤下」説讀爲「解墮」之「解」，謂虎置之堤下以怠追者也。依左傳，虎歸弓玉後魯乃討虎。孫復曰：「不曰盜歸者，盜微賤，不可再見也。」

六月，葬鄭獻公。

秋，齊侯、衛侯次于五氏。五氏，晉地。【補曰】畏晉也。

秦伯卒。【補曰】上無月，則時卒也，疑康公、共公、桓公、景公亦皆在時卒例，與楚及莒、吴皆不同。

冬，葬秦哀公。

十年春王三月，及齊平。平前八年再侵齊之怨。【補曰】此本杜預。

夏，公會齊侯于頰谷。【補曰】頰谷，蓋齊地。○【撰異曰】頰，左氏作「夾」。下同。

公至自頰谷。離會不致，雍曰：「二國會曰離。各是其所是，非其所非。然則所是之是未必是，所非之非未必非。未必非者不能非人之真非，未必是者不能是人之真是，是非紛錯則未有是，是非不同故曰離，離則善惡無在，善惡無在則不足致之于宗廟。【補曰】史本書至，君子以爲不足致。何爲致也？危之也。【補曰】例當致者，以謹月爲危，例不致者，以致爲危。危之則以地致何也？【補曰】據猶當言會。爲危之也。【補曰】危之，若其不成會。其危柰何？曰頰谷之會，孔子相焉。【補曰】相，相會儀。時重孔子知禮，蓋使攝卿以行。如論語「賓退復命」亦是攝上擯，賈公彥謂與此同。知者、慮義者行，春秋之會，此爲最善。案：史記世家孔子由中都宰爲司空，又爲司寇。而戰國策奉陽君云「陽虎之難，孔子逃於衞」，明上年虎亂既平，乃反魯而仕也。左傳、孟子、檀弓皆言孔子爲司寇。兩君就壇，兩相相揖，將欲行盟會之禮。【補曰】公羊莊十三年何休注曰：「土基三尺、土階三等曰壇。會必有壇者，爲升降揖讓，稱先君以相接，所以長其敬。揖者，推手。」齊人鼓譟而起，欲以執魯君，羣呼曰譟。孔子歷階而上，不盡一等，而視歸乎齊侯，階，會壇之階。【補曰】歷階，謂左右足相過，不連步，急於上也。檀弓曰：「杜蕢入寢，歷階而升。」燕禮記作「栗」字，云「凡栗階不過二等」，謂惟上二等，足各一發，其下猶連步。此會壇之階未知同異。曰：「兩君合好，夷狄之民何爲來爲？」命司馬止之。兩君合會，以結親好，而齊人欲執魯君，此無禮之甚，故謂之夷狄之民。司馬，主兵之官，使禦止之。【補曰】夷狄之民，據左傳謂萊人也。上文鼓譟者卽萊兵。下「爲」字，語辭。司馬，掌軍大夫也。周禮小司馬之下有軍司馬、輿司馬、行司馬。晉之中軍司馬曰元司馬，上軍司馬曰輿司馬。齊侯逡巡而謝曰：「寡人之過也。」【補曰】廣雅曰：「逡巡，卻退也。」退而屬其二三大夫曰：「夫人率其君與之行古人之道，二三子獨率我而入夷狄之俗，何爲？」屬，語也。夫人謂孔子也。齊人欲執魯君，是夷狄之行。【補曰】王念孫曰：「屬，會也，聚也。孟子曰『乃屬其耆老而告之』，呂氏春秋曰『於是屬諸大夫而告之』，趙岐、高誘注並曰：『屬，會也。』屬而後語，『屬』非語也。」文烝案：爾雅曰：「率，自也」。自者，從也。又說文：「逹，先道也。」玉篇：「衛，導也。」字並通。行古道，謂動必以禮。入夷狄之俗，謂以裔謀夏，以夷亂華也。罷會。齊人使優施舞於魯君之幕下。優，俳。施，其名也。幕，帳。欲嗤笑魯君。【補曰】國語晉獻公之優曰施，此同名也。左傳虢、齊並有史嚚，鄭、衛並有行人子羽，又衛有祝佗，晏子春秋齊亦有之，復有行人子羽，蓋古人官職同者，名字或相因矣。陸賈新語載此事作「優旃」，亦與史記楚優同名也。周禮注曰：「在旁曰帷，在上曰幕，皆以布爲之。四合象宮室曰幄幕，幄中坐上承塵曰帟，皆以繒爲之。」新語又曰：「傲戲欲候魯君之隙以執定公。」孔子曰：「笑君者，罪當死。」【補曰】急就篇曰：「倡優俳笑，笑者戲謔。」使司馬行法焉，首足異門而出。【補曰】後人或疑此事，謂爲已甚。非也。魯爲齊弱已久，時見萊兵既卻，復使優施害公，戲笑而舞，意不在舞。與史記項莊舞劍相似，陸生所謂候隙也。夫子先事誅之，隱折强鄰奸惡之謀，明正匹夫熒惑之罪，不如是則先王無刑罰而聖人將率其君爲宋襄公矣。張九成嘗謂孔子卻萊人，戮侏儒，比之大禹、周公盛矣哉。文烝以爲聖人之事，固非一端，故曰焉用殺，又曰刑罰中，曰軍旅未學，又曰我戰則克。齊人來歸鄆、讙、龜陰之田者，蓋爲此也。何休曰：「齊侯自頰谷歸，謂晏子曰：『寡人獲過於魯侯，如之何？』晏子曰：『君子謝過以質，小人謝過以文，齊嘗侵魯四邑，請皆還之。』」【補曰】杜預曰：「三邑皆汶陽田。」文烝案：鄆、讙，二邑名。「田」字專繫龜陰，龜山北之田也，三者皆在汶水北。徐彦以賈服意分別田邑是也，其曲解何注「四邑」非也。徐以爲注出晏子春秋及家語、孔子世家，今檢新語亦云「四邑」，殆諸書誤耳。蓋者，辜較之辭。胡安國本劉敞說，謂仲尼一言威重於三軍，亦順於理而已矣，故天下莫大於理，而强衆不與焉。**因是以見雖有文事，必有武備，孔子於頰谷之會見之矣。**【補曰】古者武備之設，不以文事而廢，傳言因是，可以見古者之法，而孔子之有備亦於此會見之也。案：此會雖危，因孔子而無危。還從危文，與唐、穀、瓦、黄不别者，下有歸田文，則此之危而獲安昭然可見，不嫌與唐、穀、瓦、黄相同，故可書至也。○此傳與左氏有同有異，而文事武備之説正所謂行古人之道者，其陳義甚大，其述事獨真也。文王以文治，武王以武功，夫子學文、武之道曰「如有用我者，吾其爲東周乎」。此楊子法言所謂「魯作東周」，即莊子所謂「行周於魯」。論語東周謂東方之周。鄭注以爲據時成周非其義，而俗儒增飾爲王魯之説，又失之。

晉趙鞅帥師圍衛。

齊人來歸鄆、讙、龜陰之田。○【撰異曰】説文邑部引春秋傳「齊人來歸酄」，此「之」字衍文，涉上傳誤衍也。左氏、公羊皆無「之」。

叔孫州仇、仲孫何忌帥師圍郈。郈，叔孫氏邑。【補曰】州仇，不敢子叔孫武叔。

秋，叔孫州仇、仲孫何忌帥師圍郈。○【撰異曰】此郈、公羊作「費」。徐彦曰：「左氏、穀梁此『費』字皆爲『郈』。但公羊正本作『費』字，與二家異。賈氏不云『公羊曰費者』，蓋文不備，或所見異也。」陸淳曰：「公羊誤也。」

宋樂大心出奔曹。○【撰異曰】公羊此「世心」，徐彥疏曰：「『世』字亦有作『泄』字者，故賈氏言焉。」左氏、穀梁作「大」字。」

宋公子地出奔陳。○【撰異曰】地，公羊作「池」，下同。

冬，齊侯、衞侯、鄭游速會于安甫。安甫，地名。【補曰】當云地闕。○【撰異曰】公羊作「會于窐」。徐彥曰：「左氏、穀梁作『安甫』，賈氏不云『公羊曰窐者』，亦是文不備。穀梁經『甫』亦有作『浦』字者。」陸淳纂例曰：「公羊作『窐父』。」

叔孫州仇如齊。

宋公之弟辰暨宋仲佗、石彄出奔陳。辰爲佗所强，故曰暨。【補曰】傳例曰：「以外及內曰暨。」言暨則以佗、彄爲主，故仲佗上復加宋。○【撰異曰】左氏直作「暨仲佗」。

十有一年春，宋公之弟辰，【補曰】各本此經下衍「及仲佗、石彄、公子地自陳入于蕭以叛」十五字，傳文又衍「宋公之弟辰」五字，今並依唐石經、十行本删正。未失其弟也。言辰未有失其爲弟之道，故書弟以罪宋公。【補曰】未失其弟，故爲親之之辭，并解上也。

及仲佗、石彄、公子地以尊及卑也。【補曰】上言暨，明非辰志，故此仍從以尊及卑之常例，不嫌也。重發傳者，上言暨故也。

自陳。陳有奉焉爾。

入于蕭以叛。蕭，宋邑。【補曰】本蕭國，楚所滅。入者，內弗受也。以者，不以者也。叛，直叛也。【補曰】疏曰：「案：辰以前年出奔，離骨肉之義。今歲入邑，有叛國之罪，失弟之道，彰於經文。而曰未失何也？公不能制御彊臣，以撫其弟，而使二卿脅以外奔，故著暨以表彊辭。稱弟以見無罪，罪在仲、石亦可知矣。今而入國，兩子之情，非辰之意，書及以辨尊卑，言弟以顯無失。然則自陳之力，力由二卿，入蕭之叛，專歸仲、石，故重發例以明無罪。」文烝案：疏說非也。辰固未失弟道，而入邑以叛，安得無罪？辰及佗、彄、地無優劣也。傳以辰未失弟道，嫌言自、言入、言以、言叛，與他處有異，故皆重發例以同之。劉敞引表記「事君可貴可賤，可富可貧，可生可殺，而不可使爲亂」，此得其旨。叛則位不復可知，故不言復入也。「不以」下各本脫「者」字，今依呂本中集解本、張洽集註補正。

夏四月。

秋，宋樂大心自曹入于蕭。入蕭從叛人，叛可知，故不書叛。【補曰】此本杜預注，亦即何休注說也。春秋謹嚴，此類最著。

冬，及鄭平。平六年侵鄭之怨。傳例曰：「盟不日者，渝盟惡之也，取夫詳略之義。」則平不月者，亦有惡矣，蓋不能相結以信。【補曰】注首句本杜預，其說不月義非也。平者，以道成也，且下有「莅盟」，豈不能結信乎？此與上年「及齊平」相承相對。彼平而公會，既從正例月，此平而大夫盟，不可無以別之，故特略之矣。昭七年「暨齊平」亦大夫莅盟，而月，足明不月爲變例。若左氏載續經哀十五年「及齊平」，文承「冬」下，則史以齊、魯事屢見，故略之耳。鹽鐵論曰：「孔子仕於魯，前仕三月，及齊平，後仕三月，及鄭平，務以德安近而綏遠。當此之時，魯無敵國之難、鄰境之患。」案：桓寬言前仕三月、後仕三月，猶公羊於歸田、墮費兩傳兩言「行乎季孫，三月不違也」。齊既服義，魯復無患，所謂齊一變至於魯，魯一變至於道，蓋此時之言也。國家閒暇則專意內治，故又曰「聽訟吾猶人也，必也使無訟乎」，此自說司寇之官，亦足知春秋之志也。○凡不和而訟，無施而可，故事大比小，親仁善鄰，亦無訟之道也。兒善訟，飲食必訟，訟者亂之所起，外內無訟則大平功成矣。此所謂定、哀之閒著治大平者也。春秋以平二國書而內治可推焉，論語以治一官言而王道可見焉。

叔還如鄭莅盟。【補曰】叔還，叔弓曾孫成子也。前定之盟不日，此與會頰谷文相當，會不月，故盟亦不月。又或與平同月。

十有二年春，薛伯定卒。【補曰】時卒者，惡之。

夏，葬薛襄公。

叔孫州仇帥師墮郈。【補曰】墮，壞也。啖助曰：「毁，全除之也。墮，但損之，令不周爾。」蕭楚曰：「壞而撤之曰毁，夷其險阻曰墮。」墮，猶取也。陪臣專强，違背公室，恃城爲固，是以叔孫墮其城，若新得之，故云墮猶取也。墮非訓取，言今但毁其城，則郈永屬己，若更取邑於他然。【補曰】疏曰：「傳言墮猶取也，卽其訓矣。而注曰非者，何休難云，實取當言取，不言墮，墮實壞耳，無取於訓詁。鄭君如此釋之。」文烝案：范依釋廢疾爲注，非傳意也。傳專釋「墮郈」，乃承上十年兩圍郈言之。十年圍其邑而此年墮其城，明至此始取之也。左傳稱侯犯以郈叛，一再圍之，而駟赤設謀，納魯圍師，侯犯奔齊，齊人致郈。其事並在十年秋，依此傳則彼時魯雖克郈，齊雖致郈，而郈猶兩屬，不專屬魯。今此墮壞其城，魯乃取之，故曰墮猶取也。言猶者，以事釋義，比之他言猶者則小異也。墮之本訓爲壞，世所共知，故不煩釋。至下墮費圍成，又因墮郈及之，其理易見，故不復發傳也。魯所以墮郈、費者，自爲城固數叛而起，注首四句可用，亦可依左氏、公羊以爲夫子、子路之謀也。

衞公孟彄帥師伐曹。

季孫斯、仲孫何忌帥師墮費。【補曰】王葆曰："墮郈以一卿，墮費以二卿者，費强於郈也。"文烝案：季氏有費，猶衞孫氏之戚，晉趙氏之晉陽矣。

秋，大雩。

冬十月癸亥，公會齊侯盟于黄。【補曰】黄，齊地。○【撰異曰】齊，公羊作"晉"。張洽曰："誤也。"

十有一月丙寅朔，日有食之。

公至自黄。【補曰】離會致者，齊景無信，猶危之。

十有二月，公圍成。【補曰】月者，危録之，異於昭。非國不言圍，圍成，大公也。以公之重而伐小邑則爲恥深矣，故大公之事而言圍，使若成是國然。【補曰】傳義已於昭篇論之，注非也。公實圍成，非伐成。成而言圍，郈爲大，非强使成同於國也。重發傳者，月與不月、致與不致，嫌有異也。左傳稱孟孫不肯墮成，公圍成，弗克。何休曰："天子不親征下土，諸侯不親征叛邑。"傳"不"字各本脱，今依唐石經、余本、俞臯集傳釋義本補正。

公至自圍成。何以致？【補曰】據竟内兵不致，昭公圍成猶不致也。危之也。【補曰】時特告廟，危而書至，經因其危而危之。諸公唯定之行皆致。何危爾？邊乎齊也。邊，謂相接。【補曰】爾雅「邊，垂也。」與疆界衞圉同訓。說文曰：「垂，遠邊也。」國語曰：「思邊垂之小怨。」玉藻：「邊邑。」鄭君曰：「謂九州之外。」是邊之言遠也。遠乎此則近乎彼，故轉其義而爲近。史記高祖本紀「齊邊楚」，文穎曰：「邊，近也。」是即范注「相接」之訓，猶言瀕河傍海也。成在魯北竟，爲魯之遠垂，而接近乎齊，與竟外兵不異，故危之矣。

十有三年春，齊侯次于垂葭。【補曰】垂葭，衞地。亦畏晉。○【撰異曰】「齊侯」下當有「衞侯」，此脱也，左氏、公羊皆有「衞侯」。葭，公羊作「瑕」。

夏，築蛇淵囿。蛇淵，地名。

大蒐于比蒲。【補曰】李光地以爲是年春郊後夫子去魯，築囿大蒐，皆夫子去後事。胡宏已有此義，李廉、季本皆以爲然。又論於後。○【撰異曰】蒐，公羊或作「廋」。

衞公孟彄帥師伐曹。

秋，晉趙鞅入于晉陽以叛。以者，不以者也。叛，直叛也。【補曰】重發傳者，非自外入，嫌異也。或又以其非自外入，故不釋入。疏曰：「趙鞅自入己邑，以其無君命，同于内弗受之文耳。」文烝案：孫林父亦同矣。

冬，晉荀寅、士吉射入于朝歌以叛。【補曰】朝歌，晉人謂之舊衞。胡安國以爲晉至是諸侯叛於外，大夫叛於內。又以左傳事論之曰「晉卿始禍，緣衛貢也。樂祁見執，獻楊楯也；蔡侯從吳，荀寅貨也；昭公弗納，范鞅賂也。晉自是不復能主盟矣，故爲國以義不以利。〇【撰異曰】公羊作「及士吉射」。

晉趙鞅歸于晉。此叛也，其以歸言之何也？據叛惡而歸善。貴其以地反也。【補曰】以地反則非叛矣，叛則惡之，故上言入。非叛則貴之，故此言歸。若言入于晉，是仍叛也。吕本中曰：「不言入，不以叛入。」此説是。貴其以地反則是大利也。【補曰】疑若大其利。非大利也，許悔過也。【補曰】過而能改，善莫大焉，於是許之，故貴之矣。不言復歸者，非自外歸，位未絶。許悔過則何以言叛也？【補曰】能悔過者似不宜有叛君之事。以地正國也。地，謂晉陽也，蓋以晉陽之兵還正國也。公羊傳曰：「逐君側之惡人。」【補曰】鞅爲荀寅、士吉射所伐，奔保晉陽，其意欲以晉陽之兵還正國也。正國者，謂逐寅、吉射。公羊言以地正國，而説之如此。以地正國則何以言叛？據是善事。其入無君命也。凱曰：「專入晉陽，以興甲兵，故不得不言叛，實以驅惡而安君，則釋兵不得不言歸，春秋善惡必著之義。」【補曰】公羊亦云「無君命也」。聖人之論人亦多術矣，其粗者，趙鞅之惡亦善其可善；其精者，則士匄爲非而管仲猶有憾，所謂無可無不可者歟？可而有不可焉故無可，不可而有可焉故無不可，或嚴或寬，誰毀誰譽，裁自聖心，唯變所適。

薛弑其君比。【補曰】疏曰：「傳於剽弑發不正書日之問，則庶子爲君而被弑者當書月矣。於例時卒惡之，則薛比亦惡也。

十有四年春，衛公叔戍來奔。【補曰】段玉裁曰：「春秋宋公戌、向戌皆十二辰之『戌』也，衛公叔戍則『戍守』字，傷遇切。世本作『朱』，『朱』與『戍』音相近。」

晉趙陽出奔宋。○【撰異曰】晉，左氏作「衞」。徐彦公羊疏曰：「穀梁與此同。左氏作『衞趙陽』字也。」陸淳纂例唯云公羊作「晉」。汲古閣公羊誤作「晉趙鞅」。

二月辛巳，楚公子結、陳公孫佗人帥師滅頓，以頓子牂歸。【補曰】葉夢得曰：「不別以歸何國者，楚强且主兵可知。」○【撰異曰】二月，公羊、唐石經初刻及板本作「三月」。陳公孫，公羊作「陳公子」。牂，作「牄」，鄂本公羊作「搶」，蜀大字本作「愴」，皆誤也。徐彦曰：「左氏、穀梁皆作『頓子牂』字，賈氏不注，文不備。」

夏，衛北宮結來奔。

五月，於越敗吴于檇李。檇李，吴地。【補曰】當云越地。賈逵、杜預同。杜曰：「吴郡嘉興縣南醉李城。」國語曰：「句踐之地。北至于禦兒。」韋昭曰：「今嘉興禦兒鄉是也。」何休曰：「月者，爲下卒出。」○【撰異曰】檇，公羊作「醉」，又作「儁」。國語注或作「鄅」。

吴子光卒。【補曰】吴闔廬也。案：左傳：「靈姑浮以戈擊闔廬，闔廬傷將指，取其一屨。還卒於陘，去檇李七里。」杜預曰：「釋經所以不書滅。」趙汸曰：「吴、楚之君，雖卒於外不地，略夷狄。」案：哀六年左傳楚昭王救陳卒于城父亦不地也。

公會齊侯、衛侯于牽。牽，地。【補曰】當云衞地。○【撰異曰】牽，公羊作「堅」，又作「掔」。

公至自會。

秋，齊侯、宋公會于洮。【補曰】洮，曹地。

天王使石尚來歸脤。脤，祭肉。天子祭畢，以之賜同姓諸侯，親兄弟之國，與之共福。【補曰】注後三句本杜預，依周禮也。謝湜曰：「王受神福，賴諸侯所致，則宜與諸侯共之，故不曰賜而謂之歸。」黃道周曰：「歸脤而不舉月日何也？其來者遠矣。紀受者則不尊，紀賜者則不親，爲之紀時焉。」脤者何也？俎實也，祭肉也。【補曰】說文：「俎，從半肉，在且上。」禮所謂房俎也。俎實即祭肉。生曰脤，熟曰膰。【補曰】公羊與此同。左氏說宜社之肉曰脤，爲其盛以蜃器。祭宗廟之肉曰膰。音義曰：「膰，本或作『燔』。」其辭石尚，士也。辭，猶書也。【補曰】上士或中士也。何休以爲上士。案：上士亦有采，則石亦以采氏矣。石尚者，石速、石張之後。石速爲惠王膳夫。周禮膳夫上士二人，中士四人，下士八人。何以知其士也？【補曰】問經文何以見之？天子之大夫不名，【補曰】大夫通上、中、下大夫言之。案：曲禮曰：「列國之大夫入天子之國曰某士。」左傳晉韓宣子聘周曰「晉士起」是也，故春秋天子之士則與列國之大夫皆名。石尚欲書春秋，欲著名于春秋。【補曰】春秋者，魯史記也，此即左傳晉韓起所見之魯春秋，公羊所謂不脩春秋。石尚所以欲書者，蓋以其承周公典策之制，備有王禮，所謂天下資禮樂而周禮盡在魯者也。嘗竊論之，此傳言石尚欲書春秋，左傳言韓起見魯春秋，坊記、孟子皆言魯春秋，是夫子據魯史記脩經之明文也。公羊引不脩春秋，亦似謂魯史記也。而漢世諸公羊家及諸讖緯及何休說，並以爲夫子廣采諸國史記，特造此經，非因魯史記之舊。以爲使子夏等十四人求周史記，得百二十國寶書，刊而脩之，託新王受命於魯。司馬遷作史記亦言孔子西觀周室，論史記舊聞，與於

「親周」即「新周」，董仲舒書亦作「親」字。

魯而次春秋，約其辭文，去其煩重。又言因史記作春秋十二公，據魯親周故殷，蓋皆秦、漢閒齊、趙俗師之夸辭，而胡毋子都、董仲舒輩沿用之，斯王充所謂語增者歟？諫曰：「久矣，周之不行禮於魯也，請行賑。」【補曰】請王使己歸魯。貴復正也。【補曰】經貴王能復正，與志會葬同，與聘異。疏曰：「自此以前，無失正之文，而曰貴復正者，天王不行禮於魯即是失正，今由石尚而歸脤美之，故曰貴復正也。」王樵曰：「書天王止此，所謂天子之在者惟祭與號。」

衛世子蒯聵出奔宋。

衛公孟彄出奔鄭。

宋公之弟辰自蕭來奔。稱弟猶未失爲弟之行。【補曰】前有以文，亦不嫌與自夢同言自不言以，非邾庶其等比也。

大蒐于比蒲。【補曰】疏曰：「此年無冬，蒐文承秋下，秋蒐則常事也。常事而書者，上年夏蒐失正，書正以明前不正，與書蒐紅意同。」文烝案：此年無冬，此蒐或在冬，亦未可知。左傳載蒯聵、彄事在秋辰奔以下，俱無傳。何休以爲五年大簡車徒謂之大蒐，故其注此云「譏亟也」。

邾子來會公。會公于比蒲。【補曰】此本杜預也。在魯地，與蕭叔朝穀異，故言來，實非公會，故言會公，從沓、棐之例。不地者，文承蒐下可知。

城莒父及霄。無冬，甯所未詳。【補曰】杜預曰：「公叛晉助范氏，故懼而城二邑。」論語子夏爲莒父宰，閻若璩以爲莒父，魯之西鄙。子夏，衛人，去其家近，蓋或然矣。定之世不得援「夏五」傳疑之例。去冬者，時孔子去魯，已將二年，兆足以行而不行，傷定公季孫之不能有終也。廣韻引尸子、漢書律曆志並云：「冬，終也。」說文：「冬，从仌夂聲。夂，古文終也。」隱十年無正而元年有正，正隱之始也。定十三年有冬而末年無冬，惡定之不終也。壬申失其所繫，其取義亦猶是也。不於明年去冬者，定薨在夏故也。何休以爲是歲齊餽女樂，以閒孔子，定公聽季桓子受之，三日不朝，當坐淫，故貶之。歸女樂不書者，本以淫受之，故深諱其本。又三日不朝，孔子行，魯人皆知孔子所以去，附嫌近害，雖可書猶不書。孔廣森曰：「史記孔子世家，定公十四年，季桓子受齊女樂。子路曰：『夫子可以行矣。』孔子曰：『魯今且郊，如致膰乎大夫，則吾猶可以止。』云且郊者，謂明年春當郊，明女樂事實在是冬也。」文烝案：受女樂之後即郊，郊膰不至，孔子即行，事皆相接。而明年郊在五月，知女樂事不在是冬矣。史記十二諸侯年表、魯世家皆於定十二年書女樂去魯事，年表、衞世家皆於靈公三十八年書孔子來，當定之十三年。又孔子世家云「孔子之去魯凡十四歲而反乎魯」，江永據此諸文以爲女樂事在十二、十三冬春之閒，去魯在十三年春郊時，最得其實也。女樂事史本無之，何氏說皆不可用。而此年無冬，就孔子去魯事生義，則其來古矣。

十有五年春王正月，邾子來朝。【補曰】月者，爲下牲變起。

鼷鼠食郊牛，牛死，改卜牛。不言所食，食非一處，以至死。【補曰】公羊曰：「漫也。」何休曰：「偏食其身。」俞樾以爲「漫」即「曼」字。唐石經元本作「曼」。曼者，延也。初食雖止一處，而其傷曼延，不能知其初食處也。趙匡曰：「常怪鼷鼠食郊牛致死。上元二年，因避兵旅於會稽，時有水旱疫癘之苦，至明年而牛災，有小鼠能噬牛，纔傷皮膚，無有不死者。」不敬莫大焉。定公不敬最大，故天災最甚。【補曰】注不達傳意。下年「食角」，傳曰「志不敬也」；成七年「食角」，傳曰「過有司」，亦是志不敬也。不敬，謂備災之道不盡，此以其偏食，故曰不敬莫大。牛災也，廟壞也，烝也，嘗也，諸言不敬，皆同義，並指實事，不涉空言。

二月辛丑，楚子滅胡，以胡子豹歸。

夏五月辛亥，郊。譏不時也。【補曰】正月改卜牛，不可知其在某日，若使正月上辛，本不當郊。而上辛前或其後，至下辛前，忽有改卜牛事，或正月上辛本當郊，而上辛前有改卜牛事，於是而卜郊，則除前年十二月下辛之卜不計，正月下辛爲初卜，二月下辛二卜，三月下辛三卜，四月下辛四卜，而後從也。若改卜牛在正月下辛後，則無正月一卜，凡三卜而後從也。傳言夏始，猶可承春，此五月不可明矣。

壬申，公薨于高寢。高寢，非正也。高寢，宮名。【補曰】此本杜預也。疏曰：「重發傳者，高者大名，嫌是路寢之流，故明之。」文烝案：劉向説苑以爲諸侯正寢有三：曰高寢，曰左路寢，曰右路寢。高寢在中，但高寢專爲始封君之寢，繼體君世世不可居之，繼體君惟居二路寢耳。路寢有二者，子不居父寢故也。此論寢制頗有理，張尚瑗取之，或穀梁家相傳説歟？

鄭罕達帥師伐宋。○【撰異曰】罕，公羊作「軒」。後同。

齊侯、衛侯次于渠蒢。渠蒢，地也。【補曰】當云地闕。左傳曰：「謀救宋也。」杜預曰：「不果救，故書次。」○【撰異曰】渠蒢，公羊作「籧篨」。板本或作「蘧篨」。徐彥曰：「左氏作『籧挐』字。賈氏無説，文不備也。」陸淳纂例曰：「渠，左氏作「蘧」。」案：今左氏經與穀梁同，左傳作「蘧挐」。

郳子來奔喪。【補曰】杜預曰：「諸侯奔喪，非禮。」公羊曰：「其言來奔喪何？奔喪非禮也。」何休以爲郳、婁與魯無服，故以非禮書。何氏非也。諸侯相弔，當使士或下大夫，從左氏說爲允。此蓋在時例，不蒙月。喪急，故以奔言之。【補曰】疏曰：「奔喪之制，日行百里，故傳言急，所以申匍匐之情也。」文烝案：經諸言奔者，皆是逃避而去，奔訓走，是急辭。喪事以急遽爲主，故謂之奔。檀弓曰：「喪事欲其縱縱爾。」縱縱者，趨事急遽貌。奔喪禮曰：「日行百里，不以夜行，唯父母之喪見星而行，見星而舍。」夫古者師日行三十里，吉行五十里，而奔五服之喪者皆行百里，是喪事貴急之一端。以其事急，故禮謂之奔。而策書因之，君子取之，此與解乞師義正同也。傳曰：「古之人重死，故譏弔含襚賵不及事。」又書奔喪，皆明喪事尚急，其意一也。

秋七月壬申，弋氏卒。○【撰異曰】弋，左氏、公羊作「姒」，下同。徐彥曰：「穀梁作『弋氏』字。」案：襄公母，左、穀作「姒」，公作「弋」。哀公母，左、公作「姒」，穀作「弋」。妾辭也，不言夫人薨。【補曰】既得書，明非妾矣，而其辭猶爲妾辭。哀公之母也。【補曰】哀母，定公妾也。成風以來，妾子爲君母，皆爲夫人。弋氏是哀之母，其殁不可不書，特以未葬，未踰年稱子，未稱公，故不言薨，又不言夫人。公羊是矣。

八月庚辰朔，日有食之。

九月，滕子來會葬。郳、滕，魯之屬國。近則來奔喪，遠則來會葬，於長帥之喪同之王者，書非禮。【補曰】疏曰：「范答薄氏云屬國非私屬，五國爲屬，屬有長，曹、滕、二郳世屬服事我，故謂之屬。」文烝案：此月者，蓋亦爲下葬日。

丁巳，葬我君定公，雨，不克葬。葬既有日，不爲雨止，禮也。雨不克葬，喪不以制也。宣八年注詳矣。【補曰】疏曰：「重發傳者，頃熊，夫人，今此人君，嫌禮異，故明之。」

戊午，日下稷，乃克葬。稷，昃也。下昃，謂晡時。【補曰】何休曰：「昃，日西也。下昃，蓋晡時。」文烝案：稷，卽「昃」字，於六書爲假借。易象傳孟喜本「日中則稷」，諸家皆作「昃」。書中候握河紀漢碑太玄有「日稷」「大稷」語。晡時者，時加申也。史記天官書曰：「日跌至餔，餔至下餔。」「餔」卽「晡」字。漢書天文志皆作「晡」。五行志有「晡時」、「日下晡時」，素問亦有「下晡」，然則下昃者，下晡，申時末也。又疑日跌謂之日中昃，晡時謂之日下昃。○【撰異曰】稷，左氏、公羊作「昃」。

乃，急辭也，【補曰】錢儀吉引夏小正傳説乃瓜曰乃者急瓜之辭。不足乎日之辭也。【補曰】時加於申，是不足乎日，故爲急辭，所謂乃難乎而也。疏曰：「范例云克例有六，克段弗克納。不克葬者二，而克葬乃克葬也。」

辛巳，葬定弋。【補曰】君母録葬，明是小君，猶未踰年，故亦爲妾辭也。此皆史文之舊也。陳壽祺曰：「不夫人不小君者，哀未君，不及尊其母也。且定之適夫人不見於經，容其時尚存，故尊不加於妾母也。」孔廣森曰：「辛巳距戊午二十三日，蓋定公七虞卒哭既畢，然後啟禮也。」文烝案：上書八月庚辰朔，而九月有辛巳，蓋與襄二十八年乙未同例。不如葬齊景公著其不正者，蓋喪服以年計者不數閏，以月計者兼數閏，故依常例立文歟？數閏不數閏之説見鄭志答趙商。

冬，城漆。【補曰】杜預曰：「邾庶其邑。」

春秋哀公經傳第十一補注第二十四

哀公，定公子。史記名將，世本名蔣。母定弋。以敬王二十六年即位。閻若璩曰：「哀公見存，焉得有謚？必後人以例改繫也。汲冢紀年稱魏哀王爲今王，史記紀武帝題今上本紀，孔子當日必稱今公。」

穀梁　范氏集解　鍾文烝詳補

元年春王正月，公即位。

楚子、陳侯、隨侯、許男圍蔡。隨久不見者，衰微也。稱侯者，本爵俱侯，土地見侵削，故微爾。定六年鄭滅許，今復見者，自復也。【補曰】疏曰：「隨自僖二十年以來更不見經，衰微不能自通於盟會也。」文烝案：杜預曰：「隨世服於楚，不通中國。吳之入楚，昭王奔隨，隨人免之，卒復楚國。楚人德之，使列於諸侯，故得見經。定六年，鄭滅許，此復見者，蓋楚封之。」杜說最可據，范本何休非也。

鼷鼠食郊牛角，改卜牛。○【撰異曰】左氏、公羊無「角」字。案：疏引范例云書郊有九，其所數九事，則遺去成十年五卜不數，又以定十五年及此年之食牛合爲一事。云定公、哀公並有牲變，不言所食處，不敬莫大，二罪不異，幷爲一物。又分出上年、今年之辛亥郊、辛巳郊各爲一事，兩年爲三事，舛誤實甚。後人據此疏遂疑此年穀梁之經亦無

「角」字矣。孫志祖曰：「范誤據左、公羊也。」

夏四月辛巳，郊。【補曰】高閌曰：「兩年連書，知魯郊歲一行之。」此該郊之變而道之也。該，備也。春秋書郊終於此，故於此備説郊之變。變，謂郊非其時，或牲被災害。【補曰】此，此經文也。食牛角，四月郊，備郊之變也。傳「郊」字各本脱，今依唐石經、余本、吕本中集解本、俞皋集傳釋義本、李廉會通本補正。於變之中又有言焉。於災變之中又有可善而言者。【補曰】春秋書郊事皆郊之變也，而惟此最爲可言。食角愈於徧食，食角得郊，愈於口傷。及成七年之食角，四月郊愈於五月、九月，又愈於四月免牲不郊，此三句爲一傳綱領。鼷鼠食郊牛角，改卜牛，志不敬也。郊牛日展，觓角而知，傷展道盡矣。展道雖盡，所以備災之道不盡，譏哀公不敬，故致天變。【補曰】先出經上二句也。志不敬，猶成七年傳云「過有司」，謂所以備災之道不盡也。成七年言「展道盡」，又言「備災之道不盡」，此但直言「展道盡」者，此處欲明變中有可言之義，故省其文，乃文章之體也。注皆失之。郊，自正月至于三月，郊之時也。夏四月郊，不時也。【補曰】次出經下二句也。僖三十一年、成十年、襄七年、十一年四月並廢郊，不與此同。此郊或三卜而從，或二卜而從，皆未可知。五月郊，不時也。【補曰】謂定十五年。夏之始可以承春，【補曰】雖不時而猶可。以秋之末承春之始，蓋不可矣。凱曰：「不時之中，有差劇也。夏始承春，方秋之末，猶爲可也。」【補曰】五月以後俱不可，而成十七年之九月爲甚。傳「矣」字或作「也」。九月用郊。用者，不宜用者也。在成十七年。【補曰】以其甚不可，故加「用」文，申上意也。郊三卜，禮也。以十二月下辛卜正月上辛，如不從，則以正月下辛卜二月上辛，如不從，則以二月下辛卜三月上辛，所謂三卜也。鄭嗣曰：「謂卜一辛而三也，求吉之道三，故曰禮也。」【補曰】此三卜，謂襄七年四月三卜也。范言正禮，直用下文語。鄭嗣非也，卜一辛而三，顯與傳背。求吉之道三，公羊文。四卜，非禮也。僖三十一年、襄十一年皆四卜。五卜，强也。成十年五卜。【補曰】「强」或作「彊」。卜免牲者，吉則免之，【補曰】僖三十一年、襄七年是也。不吉則否。【補曰】成十年、襄十一年皆直言不郊，不言免牲，是也。牛傷不言傷之者，傷自牛作也，故其辭緩。宣三年，郊牛之口傷，以牛自傷，故加之，言緩辭。【補曰】此明傷不自牛作則宜爲急辭矣。此年及成七年言郊牛角，皆不加言之，是急辭也。全曰牲，傷曰牛，未牲曰牛，其牛一也，其所以爲牛者異。已卜日成牲而傷之曰牛，未卜日未成牲之牛，二者不同。【補曰】卜牛既定既稱牲，注依左傳卜日始稱牲，非也。此通解言牲、言牛十三文。有變而不郊，故卜免牛也。【補曰】免牛者，成七年是也，時因後牛又有變。已牛矣，其尚卜免之何也？災傷不復以郊，怪復卜免之。【補曰】已以傷而稱牛，疑不若牲，須卜免。禮與其亡也寧有，於禮有卜之與無卜，寧當有卜。嘗置之上帝矣，故卜而後免之，不敢專也。嘗置之滌宮，名之爲上帝牲矣，故不敢擅施也。【補曰】呂氏春秋注、荀子注並云：「置，猶委也。」左傳注云：「委，屬也。」俞樾取其訓，以爲范解增字太多。上帝，天也。王曰天王，以天稱君也。天曰上帝，以君稱天也。此言牛與牲，名異而實同，故皆須卜。卜之不吉則如之何？不免。【補曰】經無不免牛事，故特明之，言與不吉不免牲同。安置之？繫而待六月上甲始庀牲，然後左右之。庀，具也。待具後牲，然後左右前牛，在我用之，不復須卜，已有新牲故也。周禮曰：「司門掌授管鍵，以啟閉國門。」祭祀之牛牲繫焉，然則未左右時監門者養之。【補曰】此承不免牛言之，亦兼説不免牲。子之所言者，牲之變也，而曰我一該郊之變而道之何也？【補曰】疏曰："子者，弟子問穀梁子之辭。"文烝案：言子、言我，設言弟子問夫子也。論語弟子稱夫子皆曰子我者，弟子述夫子自我之意。我以六月上甲始庀牲，十月上甲始繫牲，【補曰】疏曰："我以六月者，穀梁子答辭。"文烝案：我者，我魯，亦夫子自我也。具牲者先取牛於牧，擇其毛而卜之，吉則養之。十月而繫諸滌宮，芻之三月，至正月而郊，是爲在滌三月。春秋緯謂滌爲三牢，牢各主一月也。其牲，帝牲、稷牲各一，帝牲有變則易稷牲爲帝牲。説見宣三年。十一月、十二月牲雖有變，不道也。牲有變則改卜牛，以不妨郊事，故不言其變。【補曰】十二月不道牲變者，經既無其事，傳亦大概言之。若十二月下辛已卜郊，而下辛後正月前有牲變，又不得以二月、三月郊，又不以三月免牲，則亦當道之，從正月牲變例矣。待正月然後言牲之變，此乃所以該郊。至郊時然後言其變，重其妨郊也。十一、二月不道，自前可知也。至正月然後道，則二月、三月亦可知也。此所以該郊，言其變道盡。【補曰】牲變在正月，雖在下辛前，已無十二月一卜，假令卜不遽從，至於三卜，卜尚合禮，郊則踰春，我當以其不時記郊，然後言其牲變。言牲變爲言郊而起，是所以該郊也。以此觀之，襄七年必有牲變，以其不郊，故不言明矣。定十五年與此同例，宣三年、成七年則在再有牲變之例，與此異也。注言二月、三月可知者，謂若二月、三月有牲變，踰春而郊，記其郊必言其變，以經既無其事，故傳亦不言也。傳論正月牲變，但據初時帝牲，若十二月下辛卜郊之前帝牲已有變，改卜稷牲爲帝牲，而正月上辛之前後又有牲變，則不得又有牛，不須又卜郊，經當書之，從再有牲變之例，此亦可推而知也。

郊，享道也。貴其時，大其禮。其養牲雖小，不備可也。享者，飲食之道。牲有變則改卜牛，郊日已逼，庀繫之禮，雖小不備，合時得禮，用之可也。【補曰】此上説春秋所記郊之變，其義已盡，此復論郊道之正也。享謂飲食，飲食者，禮之所始，人之所以相接，聖人推生以事死，又推祖以至天，一以人道接之，從而爲之差等，故曰「郊，享道也。」時，春時也。禮者，前篇云「薦其敬，薦其美」是也。注言郊日已逼，謂猶及二月、三月郊者，牲變在二月下辛前，皆得有其事矣。庀繫釋「養」字，非上文之庀繫也。劉向說上宜興禮樂曰：「爲其俎豆管弦之閒小不備，因是絶而不爲，是去小不備而就大不備，惑莫甚焉。」其言本此傳，可以推明傳旨。

子不志三月卜郊何也？三月，謂十二月、正月、二月也。【補曰】此下復論春月郊否不志之義。三月卜郊謂所卜正月、二月、三月之郊，或從或不從，或郊或不郊也。問春月郊否，何以悉不志？志，各本誤作「忘」，今依唐石經、余本、吕本中集解本、張洽集註、俞皐集傳釋義本改正。郊，自正月至于三月，郊之時也。有變乃志，常事不書。【補曰】覆說前文，明春郊得時，故不志。或三月免牲而不郊，因亦不志。若正月、二月有牲變，而二月、三月得郊，亦不志。又不言牲變，同於常年，其以三月免牲亦如之。我以十二月下辛卜正月上辛，如不從，則以正月下辛卜二月上辛，如不從，則以二月下辛卜三月上辛，如不從，則不郊矣。意欲郊而卜不吉，故曰不從。郊必用上辛者，取其新潔莫先也。【補曰】言下旬卜者，亦大概言之，若使中旬末爲辛而下旬無辛，則以中旬末卜矣。卜必皆前期十日者，周禮大宰職曰：「祀五帝，前期十日帥執事而卜日。」鄭君曰：「十日，容散齊七日，致齊三日。」是其義也。其卜辭當依曲禮，旬之外，曰遠某日。以今月下辛卜來月上辛，實爲旬有一日，是旬之外日也。卜至三而止者，公羊曰「求吉之道三」，曲禮亦曰「卜筮不過三」。王肅謂禮以三爲成也。必以春三月卜者，子月有報本之義，寅月有祈穀之義，丑月在其閒，郊非春不可，故因以爲三卜之節。何偃不達禮意，乃以三春皆郊之說證成晉詔膚淺之譏，其誣傳甚焉。何休說公羊以爲正月者歲首，上辛猶始新，皆取其首先之意。范略本之。三卜不從則不郊，謂三月免牲也。傳以祭期卜法，上皆未言，故具述之，申足上意。○嘗論春秋書郊九事而已，錯綜而不可紊，簡質而多所包，所謂化工之文也。其中脈絡盡在於傳，要須悉心推之耳。若左氏、公羊及其注、疏，或有可相補備者，文烝既盡取之矣。今更記其異説於此：左氏、杜、孔之意，禮不卜常祀而卜其牲與日，牛卜日曰牲，謂卜牛既吉未稱牲，卜得吉日乃稱爲牲，但當卜牲與日，不當卜可祀與否。魯諸卜郊書於經者，皆卜可祀與否，故皆爲非禮。四月四卜者，三月每旬一卜，四月上旬更一卜。四月五卜者，三月三卜，四月又二卜。四月三卜者，三月二卜，四月又一卜。郊日用辛，不必上辛，其月以三月爲正，若四月猶在啟蟄中氣内，未過春分，則亦可郊。襄之三卜，春分既耕而後卜郊，故孟獻子譏之。正月牛再有變，猶當更卜牛，郊不可廢，不郊爲非禮。公羊之意，書卜皆是卜日，天子之郊不卜，魯郊非禮故卜，卜吉則郊，不吉則止。求吉之道三，三卜爲禮，四卜爲非禮。定之五月郊爲三卜之運。運，轉也。郊之正禮用正月上辛，徐彦以爲襄之三卜在四月，亦是不時。何休以爲魯郊轉卜春三正，三王之郊一用夏正，春秋之義，當用周正。三卜吉凶必有相奇者，可以決疑，故求吉必三卜。定五月郊者，已卜春三正不吉，復轉卜夏三月、周五月，得二吉。文烝以爲禮莫重於祭，祭莫大於郊，廣采異聞，可資博物。至於圜丘一祭，用冬至不用辛日，周官以外，不見他書，而考大司樂章，與漢孝文時竇公所獻書同。竇公本魏文侯樂人，其來已古。自史記封禪書約引其文，以爲南郊，而鄭君則分郊丘爲二。彌縫羣經，世所依用，此不復論焉。

「二吉」或作「一吉」。

史記引周官：「冬日至，祀天於南郊。夏日至，祭地祇。」

秋，齊侯、衛侯伐晉。【補曰】許翰曰：「楚得專封，王道盡矣。晉受衆伐，霸統亡矣。春秋之變，至是而窮。」陳傅良曰：「春秋之初，諸侯無王者，齊、鄭、宋、魯、衛爲之也。春秋之季，諸侯無伯者，亦齊、鄭、宋、魯、衛爲之也。」

又似以丘爲郲，今姑從鄭說。

冬，仲孫何忌帥師伐邾。【補曰】趙鵬飛曰：「定公之世，撫邾爲厚，邾亦事魯爲勤。哀卽位而卽伐邾，七年之閒，虐之無所不至，諸大夫之意也。」

二年春王二月，季孫斯、叔孫州仇、仲孫何忌帥師伐邾，取漷東田。【補曰】月者，爲下盟日。各本此經下衍「及沂西田」四字，傳文又衍「取漷東田」四字，今並依唐石經、十行本刪正。漷東，未盡也。及沂西田。沂西，未盡也。漷、沂，皆水名。邵曰：「以其言東、西，則知其未盡也。」【補曰】於此兩言未盡，明前文濟西、汶陽及龜陰亦同也。此與襄十九年「自漷水」爲軋辭正相對，故於此發傳。

癸巳，叔孫州仇、仲孫何忌及邾子盟于句繹。句繹，邾地。【補曰】據左氏續經十四年，則小邾地也。後三年州仇、何忌圍邾、六年何忌伐邾、七年公入邾渝盟，肆虐莫此爲甚。不去盟日者，事近且著，無待去日而見，故還依常例，不與昧、拔同也。上取二邑亦從時例，與文七年異文，卽此意。三人伐而二人盟，何也？各盟其得也。季孫不得田，故不與盟。胡安國曰：「莫强乎季孫，何獨無得？季氏四分公室有其二。昭公伐意如，叔孫氏救意如，而昭公孫陽虎囚桓子，孟孫氏救桓子而陽虎奔，今得邾田，蓋季氏以歸二家而不取也。」胡本王沿說。

夏四月丙子，衞侯元卒。

滕子來朝。

晉趙鞅帥師納衞世子蒯聵于戚。鄭君曰：「蒯聵欲殺母，靈公廢之。」是也。若君薨有反國之道，當稱子某，如齊子糾也。今稱世子如君存，是春秋不與蒯聵得反立明矣。江熙曰：「鄭世子忽反正有明文，子糾但於公子爲貴，非世子也。」【補曰】鄭説固非，江亦失之。鄭昭公前稱鄭忽，後稱鄭世子忽，相對爲義，與蒯聵不同。蒯聵稱世子，自是策書常文。納者，內弗受也。【補曰】重發傳者，納父於子之邑，嫌無弗受之義也。

帥師而後納者，有伐也。

【補曰】納稱帥師，明有伐事，君將言伐，大夫則以帥師當伐文，經辭簡省從可知。何用弗受也？以輒不受也。甯不達此義。江熙曰：「齊景公廢世子，世子還國書篡。若靈公廢蒯聵立輒，則蒯聵不得復稱曩日世子也。稱蒯聵爲世子，則靈公不命輒審矣。此矛楯之喻也。然則從王父之言，傳似失矣。經云納衛世子，鄭世子忽復歸于鄭，稱世子，明正也，明正則拒之者非邪。」【補曰】此連下作注皆非也。齊陽生與子糾同皆正，皆非世子。陽生取國于荼，故以國氏，其與荼又非父子也。靈公自命輒，蒯聵自可稱世子，何相妨乎？傳謂輒有不受父之義，故內弗受之例，同於常文，注誤會傳意，謂輒有不受父之事，而經因明其可以拒父，不思甚矣。晉伐衛喪，蒯聵以詐謀入戚，不聞輒用師相禦，觀左傳所載，固不得云拒父也。公羊下年傳始有「距」字，其事即指圍戚，亦不指此年也。拒父之非，人皆知之，乃因公羊曼姑可拒之謬説，而云拒之者非邪？依違其辭，又可哂也。以輒不受父之命，受之王父也。【補曰】此申上也。兩「受」字與上下文「受」字異。左傳夫人因公子郢言立輒，蓋稱靈公之命以令於國，是受命王父也。公羊曼姑受靈公命之説，臆測不可用。信父而辭王父，則是不尊王父也。其弗受，以尊王父也。【補曰】又申上也。若辭王父之命，避不爲君，志在申父，則以親親害尊尊，非重本尊統之義，故春秋弗受者，明有尊也。傳以子不受父，其事異常，故反覆申言之。公羊下年傳曰：「輒之義可以立乎？曰：可。不以父命辭王父命，以王父命辭父命。」何休以爲輒不可以拒父而可以立，但非義之高者，其説當矣。○孟子論瞽瞍殺人一章，朱子據以斷蒯聵事，竊謂義隨事變，有異有同，輒可以爲舜，而衞之諸臣不得爲臯陶，輒而能逃，義之盡也，衞之諸臣而擅以甲兵伐蒯聵則大罪也，是故衞之諸臣，其義至立輒而止。

秋八月甲戌，晉趙鞅帥師及鄭罕達帥師戰于鐵，鄭師敗績。鐵，衞地。【補曰】杜預曰：「在戚城南。」案：此文全似大棘戰。李廉曰：「夷晉於列國矣。」○【撰異曰】鐵，公羊作「栗」，亦作「秩」。徐彥曰：「及鄭軒達戰于鐵者，諸家之經『軒達』之下皆有『帥師』，唯服引經者無，與諸家異。于鐵者，三家同。有作『栗』字者，誤也。今定本作『栗』字。」

冬十月，葬衞靈公。七月葬，蒯聵之亂故也。【補曰】上下有争國事，無危文者，從鄭莊公例。

十有一月，蔡遷于州來。【補曰】爾雅、淮南有州黎丘，即州來也，鹽鐵論云「孔子飢於黎丘」。案論語「在陳絶糧」，孔安國曰：「吳伐陳，陳亂，故乏食。」是後六年事也。其地與故蔡都接，故曰從我於陳、蔡。孟子亦曰「戹於陳、蔡之閒」，後人遂以黎丘目蔡矣。

蔡殺其大夫公子駟。

三年春，齊國夏、衞石曼姑帥師圍戚。此衞事也。【補曰】戚不繫衞者，主衞之辭，足見其爲衞事。此經文首尾相明，自然之妙。李光地嘗發此義。其先國夏何也？子不圍父也。不繫戚於衞者，子不有父也。江熙曰：「子圍父者，爲人倫之道絶，故以齊首之。國夏首兵，則應言衞戚，今不言者，辟子有父也。子有父者，戚繫衞則爲大夫屬于衞。」【補曰】公羊以爲曼姑之義可以爲輒距蒯聵，此拒父之説也，謂可拒非也。子不可圍父，故不從邾人、鄭人、宋人、齊人之例，子不可有父，故不從宋彭城之例，此論語不爲衞君之意也。兄弟交讓，無怨則以爲賢且仁，子與父争國則爲之深正其義。明父雖不父，子不可不子，父雖以戚事晉，子終當以衞事父，既不能舍國而逃，以從其父則亦已矣。柰何以兵圍之哉？公羊亦謂父有子，子不得有父，乃發其義於上文納世子之經，而與衞侯入于夷儀並以不言入于衞爲説，足知其流傳之誤。而左氏於此但曰「齊、衞圍戚，求援于中山」，絶不一言其義，則論語爲何説乎？明左氏有考史之功，無受經之事矣。○案：左氏考史之功，自僖、文以後尤爲該備詳密，如此文「齊、衞圍戚，求援于中山」，自足見當時情事。時晉之荀寅、士吉射與趙鞅爲敵，搆兵不已，齊、衞及魯、宋、鄭、鮮虞皆助士氏、荀氏，而齊、衞救之尤力。左氏詳載其事始於定十四年會牽之謀，終於哀五年荀、士之奔齊，本末具備。此年圍戚亦其事也，趙鞅居蒯聵於戚，以爲晉援則戚已屬晉矣，齊、衞圍戚乃是伐晉以救其叛人，因鮮虞嘗與伐晉，故仍求其爲援，論其本謀，固非衞圍父而齊助之。左氏序事，實有條理，但蒯聵實在戚，齊視之則晉之援也爲我寇者也，衞視之則父也。齊圍戚則可曰我以敵晉，衞圍戚則是圍父而已矣。君子作春秋，正名定分，論其義之大，不論其事之細。策書舊文本書曰「齊國夏、衞石曼姑帥師圍戚」；以其事而論，則是救晉之叛人以敵晉也，齊主兵而衞從焉者也；以其義而論，則是以子圍父也，衞主兵而齊從焉者也。衞主齊從則此事乃爲衞事，以齊首兵之義由此而生，戚不繫衞之義由此而起，文仍舊史之文而義非舊史之義矣。此所謂其義則丘竊取之者，固不必奮筆改易而後謂之竊取也。左傳此條何嘗不信而有徵？而要非經義所在，故惠士奇力辯圍戚之爲救范氏，以駮二千年相傳拒父之説。於左傳之理，上下皆貫，而不知其不可也。何休公羊注引論語文，而鄭君論語注亦引此經，論語不爲衛君之義，正是此經之義，學者明乎春秋事與義之分則可與言春秋矣。

夏四月甲午，地震。

五月辛卯，桓宮、僖宮災。【補曰】左傳：「孔子在陳，聞火，曰：『其桓、僖乎？』」杜預曰：「言桓、僖親盡而廟不毁，宜爲天所災。」服虔曰：「季氏出桓公，又爲僖公所立，故不毁其廟。」服說與漢書五行志同。公羊謂毁而復立。案：毁而復立，謂之不毁亦可也。桓、僖並災，廟必相接，疑其別立廟矣。言及則祖有尊卑，解經不言及僖。由我言之則一也。遠祖恩無差降如一，故不言及。【補曰】公羊亦曰：「何以不言及？敵也。」孔廣森曰：「自義率祖則大廟而外其尊同，自仁率親則高祖而上其疏等。」服虔說左氏曰：「俱在迭毁，故不言及也。」

季孫斯、叔孫州仇帥師城啟陽。稱帥師，有難。【補曰】此注贅。啟陽，魯邑，本鄅國也。杜預曰：「魯黨范氏，故懼晉，比年四城。」許翰曰：「鼠食、地震、廟災，變異之弗圖而取田城邑，兵役相繼，可謂不畏天命矣。中失而外鍵，本亡而末務，此魯之季世也。」○【撰異曰】啟，公羊作「開」。案：公羊經傳，孝景時始著竹帛，故辟諱改之。傳所謂「恆事不志」，公羊則曰「常事」，又曰「常之母」，是辟孝文諱。

宋樂髡帥師伐曹。

秋七月丙子，季孫斯卒。【補曰】曾子問載夫子之言，衛靈公適魯，遭季桓子之喪，弔焉。哀公爲主，康子立於門右北面云云。案：是時靈公已卒，夫子又不得稱輒爲某公，又不得稱哀公、康子謚，春秋又不應不志衛侯來，蓋禮家於春秋事傳聞不審者，多又往往託諸夫子，不可不察。

蔡人放其大夫公孫獵于吳。宣元年，晉放其大夫胥甲父于衛。傳曰：「稱國以放，放無罪也。」然則稱人以放，放有罪也。【補曰】注是也。人者，衆辭。

冬十月癸卯，秦伯卒。【補曰】秦卒至此始書日者，從少進之例，非以正不正論也。敗殽後，秦爲夷狄，少進卒之，先於楚、莒、吳，又少進日之，同於楚，異於莒吳，以此見嬴、芈爲兩雄也。觀於春秋之末，可得戰國大勢，屢書於越，知越將强也。屢書鮮虞，知中山將盛也。書趙鞅歸晉，則三家分晉之局也。書陳乞弒君，則田氏盜齊之形也。書癸卯秦伯卒，則秦、楚從横角勝之漸也。

叔孫州仇、仲孫何忌帥師圍邾。

四年春王二月庚戌，盜弒蔡侯申。○【撰異曰】二月，公羊作「三月」。弒，左氏、公羊音義皆作「殺」。左氏申志反，公羊音試。申，與宣十七年文侯名同，陸德明、孔穎達皆疑高祖玄孫不容同名。段玉裁曰：此當從史記作「甲」字。」稱盜以弒君，不以上下道道也。以上下道道者，若衛祝吁弒其君完之類，是直稱盜不在人倫之序。【補曰】書其君者，以上道道之文也。或書衛祝吁、宋督，或書宋人、齊人，或書莒、晉者，皆以下道道之文也。稱盜以弒君，不得繫國，不得君其君，乃與刑人同文，不以上下道道。內其君而外弒者，不以弒道道也。襄七年，鄭伯將會中國，其臣欲從楚，不勝其臣，弒而死，不使夷狄之民加乎中國之君，故曰鄭伯髡原如會，未見諸侯。丙戌卒于操，是不以弒道道也。春秋有三盜：【補曰】並是士，爲賤辭，而其類有三。微殺大夫謂之盜，十三年冬，盜殺陳夏區夫是。

【補曰】當云如盜殺鄭公子騑之屬是。非所取而取之謂之盜，定八年，陽貨取寶玉大弓是。【補曰】左傳周公作誓命曰：「竊賄爲盜，盜器爲姦。」辟中國之正道以襲利謂之盜。即殺蔡侯申者是，非微者也。【補曰】疏曰：「辟中國之正道，行同夷狄，不以禮義爲主，而徼幸以求名利，若齊豹殺公孟縶之類，故抑而書盜也。」襲，掩也，謂求利之心不以禮義爲意。」文烝案：疏與注異說，然齊豹亦是微殺大夫，則疏非是而注得之。但注謂非微者則亦誤也。時蔡已遷于吳之州來，據左傳，是年蔡昭侯將朝于吳，諸大夫恐其又遷，公孫翩逐而射殺之。史記蔡世家以爲諸大夫令賊利殺之。傳云辟中國之正道以襲利，則此弒蓋吳意也。中國者，對吳之稱，事或然歟？

蔡公孫辰出奔吳。

葬秦惠公。

宋人執小邾子。【補曰】宋公稱人者，小邾有罪。

夏，蔡殺其大夫公孫姓、公孫霍。

晉人執戎蠻子赤歸于楚。【補曰】此執據左傳是士蔑請於趙鞅而執之，則晉人非是晉侯。以蠻子非中國，不入諸執例，故略稱人，與君執有罪同辭也。蠻子名者，有歸于楚文，若不名，則與凡歸于京師文全同。以蠻子非中國，無嫌於生名，故名以別其文也。公羊引子北宮子曰：「辟伯晉而京師楚也。」何休以爲此解稱名之意，深得其旨，但又加以迂曲漫衍之說則非也。張自超曰：「晉執曹伯曰畀宋人者，曹伯，晉之所欲得，非宋之所欲得也。執戎蠻子曰歸于楚者，戎蠻子，楚之所欲得，非晉之所欲得也。」高澍然曰：「不曰畀而曰歸，爲楚執也。且畀對人言，歸對國言也。」○【撰異曰】

鑾，公羊作「曼」。徐彦曰：「左氏作『戎蠻子』也。」

城西郛。郛，郭也。【補曰】杜預曰：「魯西郭。」

六月辛丑，亳社災。殷都于亳，武王克紂而班列其社于諸侯，以爲亡國之戒。劉向曰：「災亳社，戒人君縱恣不能警戒之象。」○【撰異曰】亳，公羊作「蒲」。徐彦曰：「賈氏云公羊曰『蒲社也』者，蓋所見異。」文烝案：「薄」即「亳」字，與僖二十一年盟薄同也。何氏所據本作「蒲」者，蓋「薄」字右旁脱其下半，遂誤爲「蒲」，而何注乃以爲先世亡國在魯竟，其説殊妄。亳社者，亳之社也。亳，亡國也，亳即殷也，殷都于亳，故因謂之亳社。亡國之社以爲廟屏，戒也。立亳之社於廟之外以爲屏，蔽取其不得通天，人君瞻之而致戒心。【補曰】廟在雉門內之東，明亳社亦在東矣。周社則在西，所謂左宗廟右社稷。左傳説季氏執政曰「閒于兩社」，謂周社、亳社。吕氏春秋狐援曰：「殷之鼎陳於周之廷，其社蓋於周之屏。」其屋亡國之社，不得達上也。必爲之作屋，不使上通天也。緣有屋，故言災。【補曰】郊特牲曰：「喪國之社屋之，不受天陽也，薄社北牖，使陰明也。」公羊以爲揜其上而柴其下。汪克寬曰：「七年左傳云『以邾子益來獻于亳社』，則新脩亳社之屋可知。」文烝案：達上，十行本作「上達」，蓋誤倒。

秋八月甲寅，滕子結卒。

冬十有二月，葬蔡昭公。不書殺弒君之賊而昭公書葬，既謂之盜，若殺微賤小人，不足録之。【補曰】據左傳，翩弒後即見殺，不書殺者，書葬則殺之可知，盜賤不足言殺也。

葬滕頃公。

五年春，城毗。【補曰】高士奇引汲冢紀年：「殷祖乙二年自耿遷于庇，八年城庇，至南庚三年遷于奄。」○【撰異曰】毗，公羊作「比」，又作「芘」，或作「庇」。

夏，齊侯伐宋。

晉趙鞅帥師伐衛。

秋九月癸酉，齊侯杵臼卒。○【撰異曰】杵，公羊作「處」。

冬，叔還如齊。

閏月，葬齊景公。不正其閏也。閏月，附月之餘日，喪事不數。【補曰】不正其數閏，故明言閏月，不如書楚子昭卒依常例。傳省一數字，注所用，文六年傳文也。洪咨夔曰：「三年之喪，二十五月再朞，若於再朞之中以閏數，則朞不再矣，是不能三年也。列國喪娶、喪會、喪師不能通喪者皆是，獨於此託閏月以著喪期之縮，禮壞不可盡紀，因事以正之。」文烝案：下有陽生、荼事，無危文者，亦從鄭莊公例。

六年春，城邾瑕。【補曰】邾瑕，魯邑。何休以爲取邾婁之葭邑，蓋失之。○【撰異曰】公羊作「邾婁葭」。

晉趙鞅帥師伐鮮虞。

吳伐陳。

夏，齊國夏及高張來奔。【補曰】言及者，以尊及卑，或是累也。國、高奔而荼弒，於是陳氏有齊，見國家不可一日無世臣。此許翰、洪咨夔、楊于庭說。

叔還會吳于柤。

秋七月庚寅，楚子軫卒。【補曰】楚昭王也。不地，說見定十四年。

齊陽生入于齊。

齊陳乞弑其君荼。不日，荼不正也。【補曰】此二事蓋蒙上月。荼，安孺子。○【撰異曰】荼，公羊作「舍」，音舒。案：古讀「舍」皆如此，予聲、余聲之字通。陸淳曰：「誤也。」陽生入而弑其君，以陳乞主之何也？【補曰】陽生不入則乞不弑，入而後乞弑焉，宜以陽生主之。不以陽生君荼也。【補曰】既用史文，則取此義。其不以陽生君荼何也？陽生正，荼不正。【補曰】新入者正，新立者不正，故不宜君之也。公羊亦曰「廢正而立不正」。晏子春秋曰：「湻于人納女于景公，生孺子荼，景公愛之。諸臣謀欲廢公子陽生而立荼，公以告晏子，晏子曰：『不可。夫以賤匹貴，國之害也；置子立少，亂之本也。夫陽生長而國人戴之，君其勿易。』」不正則其曰君何也？荼雖不正，已受命矣。已受命于景公而立，故可言君。【補曰】自非亡公子之本正者，皆有君臣之義。入者內不受也，【補曰】重發傳者，以正奪不正，嫌異故也。不，各本作「弗」，今依唐石經改。荼不正何用不受？以其受命，可以言不受也。先君已命立之，於義可以拒之。【補曰】二「不受」亦依唐石經改。陽生其以國氏何也？【補曰】據正。取國于荼也。何休曰：「即不使陽生以荼爲君，不當去公子，見當國也。」又穀梁以爲國氏者，取國于荼，齊小白又不取國于子糾，無乃近自相反乎？鄭君釋之曰：「陽生簒國，故不言公子。不使君荼，謂書陳乞弑君爾。荼與小白，其事相似，荼弒乃後立，小白立乃後殺。雖然，俱簒國而受國焉爾。傳曰齊小白入于齊，惡之也；陽生其以國氏何？取國于荼也，義適互相足，又何自反乎？子糾宜立而小白簒之，非受國于子糾則將誰乎？」【補曰】何既失之，鄭又非也。此與上不以陽生君荼各自爲義。荼以不正新立，故正者不宜君之。荼已受命，國實其國，故謂之取國于荼。不君之可，取其國不可，此經義之精而傳發之也。陽生事與小白不同，小白以不正殺正，正者實未有國；陽生以正弒不正，不正者實已有國。齊小白、齊陽生文同事異，其義亦異。傳一曰惡之，一曰取國，各順經意爲説，非自相反，亦不得以爲互相足。穀梁之文，圓轉無窮，鄭君猶惑焉，何怪劉敞、葉夢得之倫矣。王晳曰：「鄭氏經傳洽熟，獨出時輩，然其於春秋之意多不知聖人微旨，又性好穀梁，往往回護。」文烝以爲穀梁何事回護？鄭君於穀梁正患其不精耳，乃以回護爲病乎？

冬，仲孫何忌帥師伐邾。

宋向巢帥師伐曹。

七年春，宋皇瑗帥師侵鄭。

晉魏曼多帥師侵衞。

夏，公會吳于繒。【補曰】繒本繒國，魯所取。左傳曰：「盟于鄫衍。」不書盟者，杜預以爲「禮儀不典」。今以爲諱也。不致者，會夷狄又離會。○【撰異曰】繒，左氏、公羊作「鄫」。

秋，公伐邾。八月己酉，入邾。【補曰】入不言伐，並舉之惡内也，公羊失之。薛季宣曰：「伐邾本三家之謀，而公親之，不得已也。」文烝案：傳例曰：「日入，惡入者也。」以郜子益來。以者，不以者也。夫諸侯有罪，伯者雖執，猶以歸于京師，魯非霸主而擅相執獲，故日入以表惡之。【補曰】注末句當改云「故曰以者不以者也」。傳發例於此者，因內以見外。益之名，惡也。惡其不能死社稷。【補曰】荆以獻武歸。傳曰：「何爲絶之？獲也。」此曰惡也，互以見義。春秋有臨天下之言焉，徐乾曰：「臨者，撫有之也。王者無外，以天下爲家，盡其有也。」【補曰】疏曰：「謂若守于河陽，是內辭也，出居于鄭則爲外辭。」有臨一國之言焉，諸侯之臨國亦得有之，如王於天下。【補曰】謂若公居于鄆，地屬公，爲竟內。不言次鄆，未潰不言所在；公觀魚于棠，竟內不言如；晉侯卒于扈，未踰竟不言會；宋公見釋于薄，不言歸；明不當言公來也。疏但引卒于扈而曰以內外顯地，説不了。有臨一家之言焉。大夫臨家，猶諸侯臨國。【補曰】謂若天子之三公以下氏采爲家也。疏但舉毛伯、劉卷，亦漏略。其言來者，有外魯之辭焉。非己內有從外來者曰來。今魯侯身自以歸而曰來，是外之也。【補曰】言來，非臨一國之辭，是外之也。外之者，所以惡之，如不欲爲外辭，當如徐彥説云「以郜子益至自某」，或云還。○案：春秋於魯君臣未有外之如此者，時異事異而文異也。趙鵬飛曰：「説者曰定、哀多微辭，吾讀春秋，未見其微辭也，於此尤足證説者之謬。」趙説愚深取焉。杜預駁公羊曰：「制作之文，所以章往考來，情見乎辭。言高則旨遠，辭約則義微，此理之常，非隱之也。聖人包周身之防，既作之後，方復隱諱以避患，非所聞也。」

宋人圍曹。

冬，鄭駟弘帥師救曹。

八年春王正月，宋公入曹，以曹伯陽歸。【補曰】公羊曰：「曷爲不言其滅？諱同姓之滅也。何諱乎同姓之滅？力能救之而不救也。」何休曰：「不日者，深諱之。」文烝案：春秋之文，多殷勤致意於魯，哀篇尤甚焉。以諱爲說，當得經旨。鄭玉曰：「或謂滅者亡國之善辭，上下之同力。曹亡與虞同，故不書滅，言自滅也。」案：曹之與虞事既不同，書法亦異，難以例觀。或又以爲曹亡於春秋之終，夫子興滅繼絶之心不忍言滅，義失之巧。

吳伐我。【補曰】據左傳，吳師直造城下。雖造城下，猶應先言某鄙，再爲加文，從不以難邇國之例。今直言伐者，內無政事，外召兵戎，將不能守其國，故直文同魯於諸侯也。吳伐本爲前年入邾，前年有外魯之辭，此亦相因見義。傳發外辭義，則此可知也。董仲舒論哀篇事曰：「微國之君，卒葬之禮，録而辭繁。遠夷之君，內而不外。當此之時，魯無鄙彊，諸侯之伐哀者皆言我。」繁露之言，足明變文之義矣。何休曰：「不言鄙者，起圍魯也。不言圍者，諱使若伐而去。」文烝案：何說失之。言伐爲平文，非諱圍也。不言鄙爲直文，爲變文，非起其圍也。左傳亦不言圍，但以內外之文相準。伐衞、侵宋之等則當彼言鄙之文，入許、圍鄎之等則當此不言鄙之文耳。左傳曰：「吳人盟而還。」不書盟，亦諱也。杜預所謂「恥吳夷」。

夏，齊人取讙及闡。宣元年傳曰：「內不言取，言取，授之也。以是爲賂齊。」此言取，蓋亦賂也。魯前年伐邾，以邾子益來。益，齊之甥也，畏齊，故賂之。【補曰】注皆是也。爲邾故賂齊，本公羊。益爲齊甥，依左傳。○【撰異曰】讙，漢書地理志應劭注引作「鄞」。闡，公羊作「僤」。下同。玉篇阜部作「⿰阝單」，字林、廣韻並同。徐彥曰：「左氏、穀梁作『讙』、

【闡】字。」惡内也。【補曰】疏曰：「此傳與齊人取濟西田、齊侯取鄆不同者，以哀公犯齊陵邾而反喪邑，故言惡内。取是易辭，已有明文，而惡内之理未顯，故此特言之。」

歸邾子益于邾。畏齊故也。【補曰】不言邾子益歸，言歸之者，以魯主其事，内外異辭。張大亨以爲「畏强國而歸之，故變文書之」。非也。益之名，失國也。於王法當絶故。【補曰】重發傳者，以内歸之爲文，嫌與衛侯、鄭等異也。

秋七月。

冬十有二月癸亥，杞伯過卒。

齊人歸讙及闡。凱曰：「歸邾子，故亦還其賂。」【補曰】杜預曰：「不言來，命歸之，無旨使也。」文烝案：此亦無專使接公。

九年春王二月，葬杞僖公。

宋皇瑗帥師取鄭師于雍丘。雍丘，地也。【補曰】雍丘，宋地。左傳有明文。十三年取師不月，知此不蒙上月。何休曰：「疾略之。」○【撰異曰】陸淳纂例第十七篇用兵例引趙子曰：「不言帥師，闕文也。」而第三十六篇脱繆略、三十七篇三傳經文差繆略並無此條。今三家皆有「帥師」。取，易辭也。【補曰】與諸取同例。以師而易取，鄭病矣。以師之重而宋以易得之辭言之，則鄭師將劣矣。【補曰】以鄭師之重而令宋得以易辭言取，經以爲病，病其不戒備也。蕭楚、謝湜、高閌等説是。公羊曰：「其言取之何？易也。其易柰何？詐之也」。左傳例曰覆而敗之曰取某師，趙匡用左氏之意，又用啖助說。取以得爲義，謂凡悉俘之曰取，不但敗之。劉敞則謂覆而敗之，不遺一人之辭。戴溪又因謂取師獨哀篇兩見，蓋春秋末年，用師無復節制，以至大敗，見世變之愈下。文烝案：穀梁但言易辭，此是春秋著例，以易見病，明非取義於詐之、覆之。詐之、覆之經皆通言敗，故乘丘疑戰之等皆言敗：晉敗秦于殽，匹馬倚輪不反，亦言敗也。言敗者，易與不易皆得包之，故前此無取師文，今以宋、鄭互喪其師，近在五年內，特變敗而言取，別爲一例。其辭皆易辭，其義以病鄭病宋相對，故唯哀篇兩見也。戴氏節制之說，失其本指，而考之又不詳。左傳昭二十三年，邾人城翼，還過武城，武城人取邾師。此左氏言取師之明文，若以鄭莊取戴爲取三師，則固解經之誤耳。

夏，楚人伐陳。

秋，宋公伐鄭。

冬十月。

十年春王二月，邾子益來奔。【補曰】書名者有罪，亦所謂奔而又奔之也。何休曰：「月者，魯前獲而歸之，今來奔，明當尤加禮厚遇之。」文烝案：何氏非也。月者，以邾最近魯，故仍史文錄月也。郕、邾皆月，皆別於他小國。

公會吳伐齊。

三月戊戌，齊侯陽生卒。【補曰】陽生雖正，然篡也，書日，蓋與小白同。據左傳，是弑也，不書弑，與楚子卷同。

夏，宋人伐鄭。

晉趙鞅帥師侵齊。

五月，公至自伐齊。傳例曰："「惡事不致，公會夷狄、伐齊之喪而致之何也？」莊六年，公至自伐衛，傳曰不致，則無用見公之惡事之成也。將宜從此之例。"【補曰】伐時齊侯未卒，注當言會夷狄伐鄭近大國，又當引僖二十六年傳「危之」之例，無取於見惡事之成。月者，爲下葬。

葬齊悼公。【補曰】不去葬，蓋從鄭厲公例。

衞公孟彄自齊歸于衞。【補曰】言自齊者，左氏定十四年傳云「自鄭奔齊也」。史例不志，故經無文。不言復歸者，蓋雖歸不復其前日在國之位。

薛伯夷卒。○【撰異曰】夷，公羊作「寅」。

秋，葬薛惠公。

冬，楚公子結帥師伐陳。

吴救陳。【補曰】凡書救，皆善也。伯舉戰稱吴子，故不言救。今還稱吴，從其常文，不嫌同中國也。狄救齊後有進文，此但以書救爲善者，事各異也。據左傳，此救是延州來季子主之，不交兵而退。不書人，不書大夫名，例之常也。延州來季子，杜預謂是季札，蓋年九十餘。孫毓謂是札之子與孫也。趙汸曰："「救晉、救曹、救陳，春秋末世書救三事，可觀世變。其始伯主不能自立而諸侯救之，其繼中國無伯主可控告而諸侯自相救，其終中國不足以爲中國而夷狄救諸夏矣，」

十有一年春，齊國書帥師伐我。【補曰】據左傳，伐我及清、戰于郊、涉泗，是未造都城也。直言伐不言其鄙，明以魯之不國，特爲變文，足知吴伐我不言鄙者非爲圍矣。是役也，冉求帥左師，樊須爲右，實入齊軍。許翰論之曰：「以魯之微，搆怨大國，郊之戰，非其風俗禮義正勝則國幾亡，此仲尼之化也。」

夏，陳轅頗出奔鄭。○【撰異曰】轅，公羊作「袁」。

五月，公會吴伐齊。甲戌，齊國書帥師及吴戰于艾陵，齊師敗績，獲齊國書。與華元同義。艾陵，齊地。【補曰】常例戰不言伐，爲不欲以吴及齊，故戰上復言伐。若但書戰，則當言五月甲戌公會吴及齊國書云云，是雖從由内及之之常文，終是以吴及齊，於文不可也。伐戰兩舉，準諸例則爲惡吴而并惡内，此役固可惡也。但雖伐戰兩舉，若使由内及之，猶當直言及齊國書戰，無由辟以吴及齊之文，故没公而以齊及吴。既從以華及夷、以主及客之常例，又無以外及内之嫌也。戰所以可没公者，内兵屬於吴，舉吴則公在可知。上書公會，不嫌戰無公。何休、杜預皆以爲魯與伐而不與戰，非也。趙汸謂以齊主之，從外辭。葉酉謂没魯不書者，窮於辭。其説皆得之。若然，伯舉，吴爲蔡以，而不言伐楚，不以楚及吴者，楚非齊比，彼時又進吴稱子，故不同耳。不致者，會夷狄以伐鄰國，大惡也。前年從僖二十六年之例，再見自從常例。

秋七月辛酉，滕子虞母卒。

冬十有一月，葬滕隱公。

衞世叔齊出奔宋。【補曰】高閌曰：「春秋書内外大夫出奔五十有八，蓋君之股肱，治亂所寄，故重而書之。然春秋之末，何出奔之多也？是時政在大夫，各欲自專，始則相猜相忌，終乃相逐也。」○於是孔子以魯召，自衞反魯。論語識曰：「自衞反魯，删詩、書，脩春秋。」

十有二年春，用田賦。古者九夫爲井，十六井爲丘。丘賦之法，因其田財，通共出馬一匹、牛三頭，今別其田及家財，各爲一賦。言用者，非所宜用。【補曰】注「丘賦」六句，杜預語也。賈逵曰：「田，一井也。周制：十六井賦戎馬一疋、牛三頭。一井之田而出十六井之賦也。」文烝案：賦與税異。賦者，賦其馬牛，賈、杜所同也。但杜意田爲一丘之田。田者，對乎家財之辭，既計一丘民之家資，令出一馬三牛，又計田之所收，更令出一馬三牛也。賈意田爲一井之田，田者對乎丘之辭，以一井之田而令出一丘一馬三牛之賦也。左傳孔子云「以丘亦足矣」，似賈得之。杜以昭四年傳鄭子產作丘賦，亦是於一丘家資之外別賦其田。在鄭謂之丘賦，在魯謂之田賦，其事不異，故既改服虔丘賦復古之説，又改賈逵田賦之説也，凡此皆左傳之學也。國語載孔子之言曰：「先王制土，藉田以力而砥其遠邇，賦里以入而量其有無，任力以夫而議其老幼。於是乎有鰥、寡、孤、疾，有軍旅之出則徵之，無則已。其歲，收田一井，出稯禾、秉芻、缶米，不是過也。」趙汸曰：「此與左傳自不同。」孔廣森解魯語，據異義、周禮説有軍旅之歲，一井九夫，百畝之賦，出禾二百四十斛，芻秉二百四十斤，釜米十六斗，以爲卽此田賦。昔伯禽征淮夷、徐戎，芻茭餱粮，郊遂峙之，田賦之法也。今魯用田賦者，是無軍旅之歲亦一切取之。此説國語之可通者也。公羊何休注曰：「田，謂一井之田。賦者，斂取其財物也。言用田賦者，若今漢家斂民錢以田爲率矣。」洪咨夔亦曰禹貢「厥賦」、「厥田」不同。周禮九賦，斂財賄非出於田，魯既有諸賦，復使出於田，是三農九穀之地亦斂其財賄也。此又於左傳、國語之外其説可通者也。古事無徵，羣言殽亂，今姑並記之。用田賦大惡，甚於丘甲三軍，故略不録月，與税畝同意。左傳曰「春王正月用田賦」，知舊史當有月。**古者公田什一，用田賦，非正也。**古者五口之家，受田百畝，爲官田十畝，是爲私得其什，而官税其一，故曰什一。周謂之徹，殷謂之助，夏謂之貢，其實一也，皆通法也。今乃棄中平之法而田財並賦，言其賦民甚矣。【補曰】宣十五年傳云「古者什一，藉而不税」，此言「古者公田什一」，公田卽藉也。異其文者，彼論税，此論賦。彼當言不税，此不可言不賦也。言非正者，明用田賦爲什二也。用者，不宜用也。此不言初者，蓋亦不以爲常令。左氏七年、十三年傳稱魯賦於吳八百乘，此足明用田賦之故。何休所謂哀公外慕彊吳，空盡國儲。○嘗謂魯於是時匱乏之極矣，而傳釋經義以什一爲説，左傳記孔子之言云「以丘亦足」。又論語：「哀公問於有若曰：『年饑，用不足，如之何？』有若對曰：『盍徹乎？』曰：『二，吾猶不足，如之何其徹也？』對曰：『百姓足，君孰與不足？百姓不足，君孰與足？』」此三文者，其意若一。吕本中以爲君子爲政，民力屈，財用竭，則反其本。譬諸療病者，先實元氣，乃攻其病也。左氏載續經十四年冬饑則論語所記，蓋在其時歟？

夏五月甲辰，孟子卒。孟子者何也？昭公夫人也。【補曰】昭公夫人，吳之女，當時謂之孟子也。論語陳司敗曰：「君取於吳，爲同姓，謂之吳孟子。」賈逵曰：「言孟子，若言吳之長女。」杜預曰：「謂之孟子，若宋女。」孔廣森曰：「孟子者，貴母姊妹之稱。詩曰『齊子由歸』可證也。」文烝案：禮雜記曰：「夫人之不命於天子，自魯昭公始也。」其不言夫人何也？諱取同姓也。 葬當書姓，諱故亦不書葬。【補曰】疏曰：「范據弋氏書葬也。范例夫人薨者十，卒者二，而書葬者十。」文烝案：傳以「諱取同姓」解「不言夫人」者，謂言夫人則當言某氏，不得諱言孟子，故不言夫人某氏，非謂有言夫人孟子之理也。既不言夫人某氏，故亦不得言薨，此與弋氏異。何休曰：「禮不娶同姓，買妾不知其姓則卜之，爲同宗共祖，亂人倫，與禽獸無別。」案：國語又曰：「懼不殖也，務和同也。」和者，以他平他也。左傳：「孔子與弔，適季氏，季氏不絻，放經而拜。」

公會吳于橐皋。 橐皋，某地。【補曰】當云楚地。左傳公使子貢辭盟。不致，與繒同。

秋公會衛侯、宋皇瑗于鄖。 鄖，某地。【補曰】當云吳地。左傳曰：「衛侯會吳于鄖。公及衛侯、宋皇瑗盟，而卒辭吳盟。」不書三國盟者，孔穎達曰：「魯自不書，仲尼亦從而不書之耳。」文烝案：不致者，宋公不在從離會例，與洮、向同。○【撰異曰】鄖，公羊作「運」。

宋向巢帥師伐鄭。

冬十有二月，螽。【補曰】劉向以爲春用田賦，冬而螽。十三年九月螽，十二月螽，比三螽，虐取於民之效也。文烝案：宣十五年蝝生，傳稱非稅畝之災，劉取彼意也。比三螽猶不饑，至十四年冬，續經書饑，公羊解此曰「記異也」，左傳載夫子言「司曆過也」，蓋魯人所託。○【撰異曰】公羊此亦一作「螽」。

十有三年春，鄭罕達帥師取宋師于嵒。【補曰】嵒，鄭地。取，易辭也。以師而易取，宋病矣。【補曰】疏曰：「與上九年事正反，嫌宋爲人所報，非宋之病，故重發以同之。」家鉉翁以爲「先責宋，今責鄭，責在取師則兵端有不論矣」。文烝案：公羊曰：「其易柰何？詐反也。」言詐未盡其義，言反得之。天道好還，出爾反爾，與隱二年入向、入極同義也。春秋後，百有餘年而爲戰國，君子蓋豫見焉，故宋、鄭之特文與莒、魯之變例相爲終始，其戒明，其坊遠也。天下大亂，孔道不絕，自獲麟之明年，凡三百有一年而有文、景之盛，則兵禍盡而儒道興矣。

依馮光、陳晃說則止百八十九年。

夏，許男成卒。【補曰】時卒，亦惡之。○【撰異曰】成，左氏或作「戌」。公羊作「戌」，亦或作「成」。案：戌，音恤。

公會晉侯及吳子于黃池。及者，書尊及卑也。黃池，某地。【補曰】當云鄭地。此地近濟水。疏曰：「凡言會者，皆外爲主，今言公會晉侯則晉侯爲主矣。會無二尊，故言及，以卑吳。」文烝案：疏說未盡。凡公會諸國，晉侯下皆無及文，豈會有二尊乎？爲吳以夷狄進稱子不可，遂從列數之文，與中國同例，故加及文，而注明其爲書尊及卑也。書尊及卑，亦進於前之殊會矣。黎錞曰：「經書及，皆內及外，尊及卑，中國及夷狄，此亦中國及夷狄也。」黃池之會，吳子進乎哉？遂子矣。進遂稱子。吳，夷狄之國也，祝髮文身，祝，斷也。文身，刻畫其身以爲文也。必自殘毀者，以辟蛟龍之害。【補曰】左傳曰：「吳髮短。」又曰：「大伯端委以治周禮，仲雍嗣之，斷髮文身，臝以爲飾。」杜預以爲仲雍效吳俗，權時制宜，以辟災害。孔穎達引漢書地理志「越人文身斷髮，以辟蛟龍之害」。應劭曰：「常在水中，以象龍子，故不見傷害。」欲因魯之禮，因晉之權，【補曰】魯秉周禮，晉爲伯，吳欲冠必因之者。疏曰：「恐臣子不肯變從，以魯禮天下共依，晉權諸侯所服故也。」而請冠端而襲，襲，衣。冠端，玄端。【補曰】疏曰：「吳俗祝髮文身，皮衣卉服，今請加冠於首，身服玄端，則衣冠上下共相掩襲。」文烝案：冠者，委貌冠。俞樾讀「端」字絶句，「而襲」下屬，以爲襲之言入也，如國語「使晉襲於爾門，小國襲焉，大國襲焉」之「襲」。其藉于成周以尊天王，藉，謂貢獻。【補曰】疏曰：「貢獻之物，著於藉録，以爲常職。」吴進矣。【補曰】申美之。吴，東方之大國也，累累致小國以會諸侯，以合乎中國，累累，猶數數也。【補曰】謂次序積之。吴能爲之，則不臣乎？吴進矣。言其臣也。【補曰】又申美之。自「吴夷狄之國」至此，皆申上「進乎哉」句。王，尊稱也。子，卑稱也。辭尊稱而居卑稱，以會乎諸侯，以尊天王。【補曰】子者，四夷之本爵。曲禮曰：「其在東夷、北狄、西戎、南蠻，雖大曰子。」楚子，其大者也。徐子、吴子、越子之等，其次也。弦子、夔子、舒子、宗子、蠻子、萊子、潞子、陸渾子、白狄子、戎子、肥子、鼓子、無終子之等，又其次也。左傳有驪戎男，國語亦謂之驪子。越范蠡曰「吾先君固周室之不成子」，既言不成子，則子爲爵稱甚明。史記孔子世家曰：「吴、楚之君自稱王，而春秋貶之曰子。」是前文諸所書楚子、吴子，皆貶從其本爵也。此傳云辭尊稱居卑稱，是吴於此會自稱本爵也。國語晉董褐對吴曰：「命圭有命，固曰吴伯，不曰吴王。」韋昭以爲「周禮『伯執躬圭』，吴本稱伯，故曰吴太伯。」又曰：「後武王追封爲吴伯，故曰吴太伯。」據此似吴爵是伯非子，但「太伯」之「伯」自當爲字，與仲雍、季歷同，不得爲爵也。國語董褐又言「『君若無卑天子，而曰吴公，孤敢不順從君命。』吴王許諾。乃退就幕而會。吴公先歃，晉侯亞之。」又似此會吴稱公，不稱子。左傳此盟，吴、晉争先，卒先晉人。外傳又與之異，似皆未可據耳。自「王尊稱」至此，皆申上「遂子矣」句。吴王夫差曰：「好冠來。」【補曰】謂所新請得冠。夫差，光子。孔子曰：「大矣哉！夫差未能言冠而欲冠也。」不知冠有差等，唯欲好冠。【補曰】注非也。謂之好冠，是未能言此冠名，必請之，是欲冠。夫差慕中國，故大之也。五句又以足上「吳進」之意。戰國策謂夫差爲黃池之遇，以會爲遇，不足據。左傳曰「秋七月辛丑盟」，陳傅良曰：「盟不書者，吳、晉之盟，春秋終諱之，雖兩伯之辭，終不以吳、晉同主盟也。」又左傳會有單子，陳氏曰：「不書，不忍書也。」公羊解「稱子」曰「吳主會」，解「先晉」曰「不與夷狄主中國」，解「言及」曰「會兩伯之辭。重吳也」。又曰「吳在是則天下諸侯莫敢不至」。何休曰：「時吳敗齊臨菑，乘勝大會中國，齊、晉前驅，魯、衞驂乘，滕、薛俠轂而趨。」程端學曰：「晉主中國會盟百有餘年，自伯舉之戰，晉侯不見者二十四年，至此遂與吳會而魯從之，中國之衰，蠻夷之强極矣。」程略本孫復說。

楚公子申帥師伐陳。

於越入吳。【補曰】薛季宣曰：「吳子忘不共戴天之讎，爭中國諸侯於外，而越卒入吳，所謂無遠慮有近憂矣。」胡安國曰：「夫以力勝人者，人亦以力勝之矣，吳嘗破越，遂有輕楚之心，及其破楚，又有驕齊之志，既勝齊師，復與晉人爭長，自謂莫之敵也，而越已入其國都矣。吳侵中國而越滅之，越又不監而楚滅之，楚又不監而秦滅之，秦又不監而漢滅之。」曾子曰：「戒之戒之！出乎爾者，反乎爾。」老氏曰：「佳兵不祥之器。」其事好還，其言豈欺也哉？春秋初書於越入吳於伯舉之後，再書於越入吳於黃池之後，皆因事屬辭，垂戒後世，深切著明之義也。黃仲炎引魏李克對文侯：「吳所以亡者，數戰數勝，民疲主驕也。」文烝案：伯舉、黃池皆有「進吳」文，而皆書「越入」於下，文少事備，辭約指明，百代史家以是爲楷。○又案：春秋於楚，先州之後乃人之，後乃有君、有大夫、有師，猶以夷狄視之。於吳，皆國之，最後乃爵之。於於越，始終國之。以三國皆夷俗，不可治以周禮，雖有賢君大夫，猶夷也。觀於屈原之書，不言孔子，而孟子稱陳良北學於干卽吳。中國，荀子以干、越、夷貉並言，蓋終周之世，南人隔絶華風焉。

秋，公至自會。吳進稱子，又會晉侯，故致也。【補曰】疏曰：「傳例會夷狄不致，致者，一以吳進稱子，二又爲公會晉侯。」文烝案：注雖兼言之，其意主於吳稱子也。若吳無進文，雖晉侯在不致。此致公，明越入時吳子未歸矣。

晉魏曼多帥師侵衞。○【撰異曰】公羊無「曼」字。段玉裁曰：「二經亦當然。」

葬許元公。

九月，螽。

冬十有一月，有星孛于東方。不書所孛之星而曰東方者，旦方見孛，衆星皆没故。【補曰】此公羊、杜預意也。公羊曰：「其言于東方何？見于旦也。」何休曰：「旦者，日方出時，宿不復見，故言東方，知爲旦。」董仲舒、劉向以爲不言宿名者，不加宿也。以辰乘日而出，亂氣蔽君明也。王應麟曰：「星孛東方在於越入吳之後，彗見西方在衞鞅入秦之前，天之示人著矣。」文烝案：王氏不言其占而言其理，最爲得之。三孛文各不同。又左氏載續經明年冬「有星孛」，不言所在，杜預曰：「史失之也。」今人惑於荒外新法，改九重之稱，增四七之宿，謂彗孛亦可以術推，實蕩且妄。張衡能作器候地震，而今不能，則術亦不精矣。夫日食之道甚著，聖人猶不憑術，況其他乎？堯言洚水警余，以災爲警，卒致太平，受嘉瑞，斯聖人之志事也。大戴禮誥志：「子曰：『古之治天下者必聖人。聖人有國則日月不食，星辰不隕，〔一〕勃海不運，〔二〕

〔一〕「隕」原脱，據大戴禮記誥志補。

〔二〕「勃」原作「孛」，據大戴禮記誥志改。

「閃」即「淰」字。河不滿溢，川澤不竭，山不崩解，陵不施谷，〔一〕川浴不處，〔二〕深淵不涸。於時龍至不閃，〔三〕鳳降忘翼，蟄獸忘攫，〔四〕爪鳥忘距，蜂蠆不螫嬰兒，蟁蝱不食夭駒，雒出服，河出圖。』」

盜殺陳夏區夫。傳例曰：「微殺大夫謂之盜。」○【撰異曰】夏，公羊一本作「廉」。王引之曰：「廉，蓋『廡』字之誤。古聲夏、廡相近。檀弓注以夏屋爲門廡。隸書『廉』作『廡』，與『廡』相似，故『廡』誤爲『廉』耳。」區，公羊作「彄」，一作「嫗」。

十有二月，螽。【補曰】許翰曰：「春秋書魯人事至用田賦，書魯天災至比年三螽，見其重賦害民，傷和致異，民力已窮，天命已去，君子之心於魯已矣。」洪咨夔曰：「星孛在衆星皆没，大明將升之旦，未有烈於此時者也。螽於十三月之閒爲害者三，未有數於此時者也。」

十有四年春，西狩獲麟。杜預曰：「孔子曰：『文王既没，文不在兹乎？』此制作之本旨。又曰『鳳鳥不至，河不出圖，吾已矣夫！』斯不王之明文矣。」夫關雎之化，王者之風，麟之趾，關雎之應也。然則斯麟之來歸於王德者矣。春

〔一〕「陵不施谷」，原脱「谷」字，據大戴禮記誥志補。
〔二〕「浴」原作「谷」，據大戴禮記誥志改。
〔三〕「閃」，大戴禮記誥志作「閉」，疑作「閉」是。
〔四〕「蟄」原作「鷙」，據大戴禮記誥志改。

秋之文，廣大悉備，義始於隱公，道終於獲麟。【補曰】疏曰：「聖人受命則有鳳鳥河圖之瑞，孔子言已無瑞應，道終不王。歸於王德者，謂由孔子有王德也。」文烝案：杜語見左傳序，「斯不王」以下皆無之，范用己意而失於分別也。麟者，太平之嘉應，帝王之極瑞，故以王德言之。麟實爲孔子至，傳下詳其說。爾雅曰：「麟，麕身，牛尾，一角。」何休曰：「一角而戴肉。」京房易傳曰：「麕身，牛尾，狼額，馬蹄。有五采，腹下黃。高丈二。」李光地曰：「石鶚猶書月日，此止書時，蓋欲始於春，終於春。」案：王應麟嘗言易始乾初九，終未濟上九，終始皆陽。此等姑存其說。○【撰異曰】論衡引公羊說稱春秋曰「西狩獲死驎」。案：何注亦曰「時得麟而死。」引取之也。言引取之，解經言獲也。傳例曰：「諸獲者皆不與也，今言獲麟，自爲孔子來魯，引而取之，亦不與魯之辭也。」【補曰】疏曰：「必使魯引取之者，天意若曰以夫子因魯史記而脩春秋故也。」文烝案：注、疏言魯引而取之、言不與魯，皆非也。麟瑞爲夫子脩春秋至，非爲魯至。今言魯獲麟，則是經之文辭，引而歸之於魯，以爲魯取之，如言「引其君以當道，引而進之」是也。此獲爲引取之之辭，則非不與之辭。其事既與他言獲者異，明其義亦不同也。引取之者，謙不敢當麟爲己出，乃善則稱君之恉，正以與魯不得云不與也。書稱鳳皇來儀，汲冢紀年言有麟，此經如下傳所云不可言麟來，不可言有麟，依左傳「少皞摯立，鳳鳥適至」及論語「鳳鳥不至」之文，或當直言麟至，爲欲引諸魯而取之，故不言至而言獲。獲者，通生死之稱，公羊家謂獲死麟，相傳以爲折其前左足而死也。注言麟自爲孔子來，疏言以夫子脩春秋故，此皆穀梁家舊說。五經異義載石渠議奏、尹更始、劉向、周慶、丁姓、王亥諸穀梁家皆以爲麟應孔子至。劉向說苑曰：「夫子行說七十諸侯，無定處，意欲使天下之民各得其所。而道不行，退而脩春秋，采豪毛之善，貶纖介之惡。人事浹，王道備，精和聖制，上通於天，而麟至，此天之知夫子也。」左氏諸家亦同此說。異義載左氏說以毛詩傳亦云「麟信而應」，禮、公羊則云「仁獸」。

爲麟生於火而游於土，中央軒轅大角之獸。孔子作春秋，春秋者，禮也，脩火德以致其子，故麟來而爲孔子瑞。鄭衆、賈逵、服虔、潁容等皆以爲孔子自衛反魯，考正禮樂，脩春秋，約以周禮。三年文成致麟，脩母致子之應。獨公羊諸家及諸讖緯并何休說以爲獲麟面作春秋，春秋乃因麟作。史記孔子世家、杜預注並依用之。而孔穎達引孔衍公羊傳本云：「今麟非常之獸，其爲非常之獸柰何？有王者則至，無王者則不至。然則孰爲而至？爲孔子之作春秋。」與何氏本絕異，是亦與穀梁、左氏諸家同矣。今以爲母子信禮之說，瑣碎未足深據，而麟鳳河圖之屬，實爲古聖嘉瑞。傳言引諸魯而取之，則明麟不爲魯來，不爲魯來則明爲孔子至。穀梁之微言簡語每多如此。左傳曰：「仲尼觀之，曰：『麟也。』然後取之。」公羊曰：「有以告者曰：『有麏而角者。』孔子曰：『孰爲來哉！孰爲來哉！』」是皆謂因孔子言乃知其爲麟，故韓子曰：「麟爲聖人出，聖人者必知麟。」張洽深取之，此不易之論也。夫麟既爲聖人出，而適出於脩春秋三年之後，遂以絶筆焉，於是七十之徒因以爲春秋文成所致。自後學者，相承用之。竊嘗推究而信其必然，未可任意哆口，以相訾議，而亦不必如胡安國之說也。**狩地不地，不狩也。**且實狩當言冬，不當言春。【補曰】注當云實狩當書月，以見非正。又當言公也。傳但略言之。**非狩而曰狩，大獲麟，故大其適也。**適，猶如也，之也。非狩而言狩，大得麟，故以大所如者名之也。【補曰】大所如而言西狩，言狩爲大，大由於實非狩，非狩由於言西，言西從濟西、河陽之例，又足見大也。公羊曰：「孰狩之？薪采者也。」薪采者則微者也，曷爲以狩言之？大之也。曷爲大之？爲獲麟大之也。」左傳曰：「西狩于大野，叔孫氏之車子鉏商獲麟。」左氏直記事，亦言狩、言獲，順經言之耳。**其不言來，不外麟於中國也。其不言有，不使麟不恆於中國也。**雍曰：「中國者，蓋禮義之鄉，聖賢之宅。軌儀表於遐荒，道風扇於不朽。麒麟步郊，不爲暫有，鸞鳳栖林，非爲權來。雖時道喪，猶若不喪。雖麟一降，猶若有恆。鸜鵒非魯之常禽，蜚蜮非祥瑞之嘉蟲，故經書其有，以非常有，此所以取貴于中國，春秋之意義也。」【補曰】左氏賈潁注曰：「書稱『鳳皇來儀』，今麟不言來，非外麟也。」潁本於賈，賈兼通五家穀梁說，故據以爲注。又引虞書文，明春秋之辭不同他經也。此中國不專指魯，公羊謂鸜鵒非中國之禽，麟非中國之獸。孔廣森並以中國爲國中。彼是此非也。夫不外者，實外也，不使不恆者，實不恆也。在中國之外而不恆，故公羊謂之「記異」，要是以極遠之物而爲中國之瑞也。大氏麒麟、鳳皇、龍圖、龜書，於物爲靈，於聖人爲瑞。是故麟鳳之德也靈也，爲聖人至則瑞矣；圖書之神也靈也，爲聖人出則瑞矣。麟鳳生而在遠，猶圖書成而未出，不可以言瑞，言瑞必自聖人，而聖人必在中國。中國者，五政之所加，七賦之所養，以夏別裔，以華殊夷，自天下之生未之有改也，是故春秋貴焉。○王通中說曰：「春秋其以天道終乎？故止於獲麟。」案：此說與文成致麟之義足相發明。夫春秋之世，天道之變也；春秋之書，人道之至也；書成而麟至，則明天道變中有常，而天人之意合也。魯隱讓國而被弑無後，桓弑之而位定。文姜弑夫淫兄而令終，且子孫世國，季氏以盛。紀侯得民而滅，楚商臣弑父而强，衞宣姜以淫長世，宋共姬以貞燔死，此皆衰周運數，適丁極變而然。夫子無位，顏子短命，亦由是也。春秋撥亂世反諸正，以仁施人，以義治我，以智辯理，以禮正名，皆所以立人道而卒之精和聖制，遂致麟祥，與包犧之河圖，舜、文之鳳鳥如出一軌，隱然有垂法百世之象，謂非天道可乎？南宮适問羿，奡不得其死，禹稷有天下而夫子不答，朱子以爲即罕言命之意。竊謂胡安國引孟子「志壹則動氣，氣壹則動志」，天人感應，大略固如此矣。曹大家以百葉一體之義說左傳三變，李士謙引千變萬化之句證佛書五道，蓋亦有理。

律句四十韻

紀世當秦孝，談文妙柳州，其評爲峻厲，柳集報袁君陳秀才避師名書、答韋中立論師道書。於傳最殊尤。若究精微蘊，還須反覆求。柳集答元饒州論春秋書云：「反覆甚喜。」謂陸伯沖書也。善經經獨合，六藝論云：「穀梁善於經。」南宋鄭綺有穀梁合經論。辯理理何幽？法言云：「說理者莫辯乎春秋。」文心雕龍云：「春秋辯理。」聖代風蒸蔚，愚儒志紹搜。字難徵七録，阮孝緒七録云：「穀梁子，名俶，字元始。」他書則云名赤、名寘、名喜，而不記其字。道未喪千秋。體正辭逾切，三家之論穀梁最正，所謂善於經。文清旨自稠。荀崧謂「穀梁文清義約」，其實彌約彌密。孟荀符梗概，孟子同時，荀則弟子也。書多合。桓鄭證源流。觀桓譚新論、鄭君釋廢疾，知穀梁出公羊前。乘記奔陳克，史通引汲冢瑣語晉春秋書「鄭棄其師」，晉乘文也。明魯史舊文亦然，可與傳相證。論箴仕衞由。論語正名章末二句與隕石傳同。內儲韓子述，韓非子內儲說上載夫子解春秋「隕霜」語，卽傳所本。新語陸生修。陸賈爲漢儒開先，新語中兩引傳文，又說宋襄、晉厲及頰谷事，並合傳義。又論衡引其說性道語。歷歷都相印，孜孜不暫休。專精終日夜，一覙廿涂陬。夙昔粗闚豹，蒐羅積汗牛。楊烏初受指，予年九歲、十歲受春秋三傳、國語等書於先君子。高鳳慣埋頭。東晉遺箋注，西京舊校讐。議宗甘露代，漢甘露元年，召五經名儒太子太傅蕭望之等大議殿中，平公羊、穀梁同異，各以經處是非。時公羊博士嚴彭祖、侍郎申輓、伊推、宋顯、許廣，穀梁議郎尹更始、待詔劉向、周慶、丁姓、中郎王亥，各五人，議三十餘事。蕭望之等十一人各以經義對，多從穀梁。名誌晧星儔。江公弟子榮廣、晧星公。梅福陳讜碩，梅明穀梁春秋，上書引傳明夫子爲殷後。劉蕡對策優。策多引傳。旁推何杜冠，近莫澤汸侔。百籍皆葑菲，羣疑幾盾矛。直從明越宋，上溯夏偕游。或者譏膚淺，晉元帝太興初詔語。宋大明二年，何偃議郊猶述之。兹焉定豫猶。墨原輸可發，鄭君發公羊墨守。歆實向之羞。劉向受穀梁春秋，其子歆治左氏，數以難向。五例三科競，杜預説左氏有三體、五例，何休著公羊文謚例有五始、三科、九旨、七等、六輔、二類、七缺。單詞隻義紬。真傳歸魯國，穀梁，魯學。先路導瑕丘。自瑕丘江公遞傳榮廣、蔡千秋、尹更始等。竊比崧扶墜，荀崧請立公羊、穀梁博士，而元帝但許立公羊。非同兆釋仇。晉劉兆以三傳互爲讐敵，著春秋調人七萬餘言，又兼解三傳。憑將孤詣苦，息彼衆人咻。口誦期詳熟，心通異矯揉。章分兼句解，隱索又深鉤。幡布時時拭，甑醪疊疊投。殺青功甫竟，明白語無廋。勿使瑕藏璧，徐看粹集裘。意言書畢貫，摘駮弼全收。吳程秉有周易摘、尚書駮、論語弼。曲説芟燕郢，俄空歎夾鄒。浦陽懷渺渺，宋浦江鄭綺著穀梁合經論三萬言，康熙中，朱檢討彝尊於書賈舟中見一鈔本，未之買，深悔之。溧水悵悠悠。溧水王芝藻者，順治甲午舉人，著春秋類義折衷十六卷，專主穀梁，見四庫附存目。後來説穀梁者則有如鎮江柳氏等書，予俱未得見。周禘殘編檢，閔二年注謂禘祫通於諸侯，文二年注謂禘大祖不及親廟主，皆癸亥所定稾，未知有劉向五經通義語，乙丑秋乃檢得。唐郊贈簡詶。隱九年注，大唐郊祀録、太平御覽引傳云云。今年庚午秋，烏程汪教諭曰楨詒書見际，尤侯幽部韻會以上皆有「詶」字。多悶終有愧，絶學庶長留。老大無生計，窮愁甚拙謀。惟勤思問辨，曷閒疾貧憂？信矣公羊俗，本序。誠哉左氏浮。韓集進學解。未應嫌黨護，柳集陸文通先生墓表云「黨枯竹，護朽骨」，謂說三傳諸家也。是用作歌謳。

同治癸亥三月初稾，庚午臘月改定，將使同志之士知予爲此書之難也，加注附末，以當後序。嘉善鍾文烝伯嬍甫。

翼日又以前詩未盡之意率成二首：

萬派千枝異，茲編自日星。墨朱塗乙編，兵火苦辛經。取善弘高密，鄭君兼取三家，無專注。傳疑慎考亭。朱子於春秋未爲書。兩賢不可作，誰踞竈觚聽。

詁傳焉知傳，河汾漫品題。三家須主一，魯學實先齊。驗決章條備，精詳歲月稽。參驗稽決，擇精語詳，予書要處。謂超文字相，亦妄聽之奚。門人沈善登讀予書，輒謂合於妙有空無之旨，語殊駭俗而會意深矣。

後二年，正副本俱成。予妻言曰：「書末殿以韻語，法言、漢書、說文自序例也。」竊亦爲四言體，仿金石録後序之意。

二十八年，積此篇帙，二百卅部，四庫春秋類著録及附存目二百三十三部。逐此詳密。君子用心，終始若一。病起促書，宵興呵筆。惟我能知，非我弗悉。我學幼昭，陳傅良妻張令人、葉適銘墓謂與夫同志。我懷與弼。吳康齋集言與妻皆夢見孔子。志歟夢歟？亦勿深詰。惟記艱勤，以俟來日。

秀水沈印齡瑑華附記。時壬申三月既望也。